W0012285

Das Buch

Wie fühlt es sich an, als deutscher Soldat in den Straßen von Kabul zu patrouillieren? Wie reagiert man, wenn plötzlich ein Kind mit einer Waffe vor einem steht? Und wie geht man als Soldat mit der ständigen Bedrohung um?

Der Fallschirmjäger Achim Wohlgethan erzählt lebendig und kenntnisreich von seinem Alltag in Kabul. Mit seinem Insiderbericht bringt er uns nicht nur Land und Leute, sondern auch die Probleme der deutschen Armee und der internationalen Afghanistan-Politik nahe. Er nimmt uns mit in armselige Krankenhäuser, gefüllte Waffenlager und idyllische Bergdörfer, die von Warlords verwaltet werden. Er erzählt von seiner Hilfe für einen abgeschobenen Jungen aus Frankfurt und von seinen gefährlichen Operationen, die er für geheime Dienste und mit einer niederländischen Spezialeinheit durchführte. Eindrücklich schildert er, dass die Bundeswehr die Gefährlichkeit ihrer Mission bewusst herunterspielt und die Soldaten oft moralisch, politisch und juristisch im Stich gelassen werden.

Mit seinem Erfahrungsbericht gewährt Achim Wohlgethan erstmals Einblick in den Afghanistan-Einsatz der Bundeswehr und liefert politisch brisante Fakten, die die Diskussion um diesen Einsatz in ein neues Licht rücken. Ein packendes und längst fälliges Buch.

Die Autoren

Achim Wohlgethan, Jahrgang 1966, absolvierte eine zivile Ausbildung zum Hubschrauber-Piloten und kam 1995 als Zeitsoldat zu einem Fallschirmjägerbataillon nach Oldenburg. Nach seinem Einsatz in Kabul wurde er Angehöriger eines Fallschirmjäger-Spezialzuges der »Division Spezielle Operationen« der Bundeswehr. Nach seinem Dienstzeitende arbeitete er weltweit als selbständiger Sicherheitsberater. Er lebt als Autor in Wolfsburg, wo er auch eine eigene Beratungsfirma hat.

Dirk Schulze, Jahrgang 1972, trat 1992 als Wehrpflichtiger in die Bundeswehr ein und verpflichtete sich auf 14 Jahre. Er schlug die Offizierslaufbahn ein und nahm an mehreren Auslandseinsätzen der Bundeswehr teil. Er war Angehöriger der ISAF-Vorauskräfte in Afghanistan und zuletzt als Hauptmann und Presseoffizier tätig. Nach seinem Austritt aus der Bundeswehr arbeitete er als Rechercheur und lebt heute als Autor in Hamburg.

www.endstationkabul.de

Achim Wohlgethan
mit Dirk Schulze

ENDSTATION KABUL

Als deutscher Soldat in
Afghanistan – ein Insiderbericht

Ullstein

Besuchen Sie uns im Internet:
www.ullstein-taschenbuch.de

Eine Übersichtskarte zu Afghanistan und Kabul
finden Sie auf www.endstationkabul.de
unter der Rubrik »Bilder«.

Dieses Taschenbuch wurde auf FSC-zertifiziertem Papier gedruckt.
FSC (Forest Stewardship Council) ist eine nichtstaatliche, gemeinnützige
Organisation, die sich für eine ökologische und sozialverantwortliche
Nutzung der Wälder unserer Erde einsetzt.

Umwelthinweis:
Dieses Buch wurde auf chlor- und
säurefreiem Papier gedruckt.

Erweiterte Ausgabe im Ullstein Taschenbuch
1. Auflage Juli 2009
4. Auflage 2010
© Ullstein Buchverlage GmbH, Berlin 2008/Econ Verlag
Umschlaggestaltung: HildenDesign, München (unter
Verwendung einer Vorlage von Etwas Neues entsteht, Berlin)
© Bilder: Achim Wohlgethan
Satz: LVD GmbH, Berlin
Gesetzt aus der Sabon und DIN
Papier: Pamo Super von Arctic Paper Mochenwangen GmbH
Druck und Bindearbeiten: CPI – Ebner & Spiegel, Ulm
Printed in Germany
ISBN 978-3-548-37277-8

Inhaltsverzeichnis

Prolog

Als ich am Morgen des 11. September 2001 die Wache der Henning-von-Tresckow-Kaserne in Oldenburg passierte, hätte noch niemand ahnen können, wie sich die Welt an diesem Tag ändern würde. Es war ein ganz normaler, eher ruhiger Dienstag. Unser Bataillon, das Fallschirmjägerbataillon 314 innerhalb der Luftlandebrigade 31, wo knapp 3000 Fallschirmjäger ihren Dienst taten, sollte bald aufgelöst werden. Der Dienstbetrieb war bereits auf ein Minimum reduziert. Viele meiner Kameraden hatten schon ihre Versetzung erhalten in die Schwesterbataillone in Varel oder Doberlug-Kirchhain.

Ich ging in den Besprechungsraum, einen gemütlich eingerichteten Gemeinschaftsraum mit den beiden wichtigsten Dingen soldatischen Lebens in einer Kaserne: einer Kaffeemaschine und einem Farbfernseher. Ich setzte mich zu ein paar anderen an den Tisch, um die anstehenden Aufträge für den Tag zu besprechen. Während sich der Raum leerte, weil sich die meisten schon an die Arbeit gemacht hatten, saß ich noch mit ein paar Leuten zusammen. Wie jeden Tag flimmerten dabei irgendwelche Sendungen über die Mattscheibe, aber niemand beachtete sie. Das änderte sich mit einem Schlag, als plötzlich ein Unglück in New York gemeldet wurde: Ein Flugzeug war in einen der Twin Towers des World Trade Centers gestürzt. Wir schauten nicht wirklich interessiert zu.

Die Bilder des rauchenden Wolkenkratzers liefen in Echtzeit über den Fernseher, aber wir hatten keine Ahnung, was das alles zu bedeuten hatte. Doch plötzlich änderten sich die Bilder, und auch der Ton. Es kamen Schreie aus dem Fernseher, und wir sahen fassungslos, wie die zweite Maschine in dem anderen Turm einschlug. In dem sonst so warmen und geselligen Raum mit der Holztäfelung herrschte plötzlich eisige Stille. Immer mehr meiner Kameraden kamen herbeigeeilt, die Neuigkeiten sprachen sich herum wie ein Lauffeuer. Niemand wagte ein Wort zu sagen. Man konnte hören, wie einige Soldaten atmeten, sichtlich bewegt von dem, was sie sehen mussten: Menschen, die aus großer Höhe verzweifelt in den Tod sprangen. Und jeder konnte sich vorstellen, was im Inneren der Twin Towers ablief, wo Menschen auf Hilfe hofften und schließlich die beiden Türme in sich zusammenbrachen. Alles, was außerhalb des Fernsehers geschah, war in diesem Augenblick völlig unbedeutend geworden, es interessierte niemanden von uns. Irgendwo in einem der Büros klingelte ein Telefon, aber keiner nahm ab. Es war, als gäbe es kein Draußen mehr. Es war, als wäre ein Schlag durch den Standort gegangen.

Das Chaos und die Hektik, die wir im Fernsehen sahen, hatten uns erfasst. Aber auf eine seltsame Art sind die meisten von uns – zumindest äußerlich – sehr ruhig geblieben. Viele dachten wohl über die Tragweite dieses terroristischen Anschlags nach. Uns war klar, dass die Amerikaner sich so etwas nicht bieten lassen würden. Sie würden etwas unternehmen, ja unternehmen müssen, und zwar schnellstmöglich. Gegen wen, das stand damals in den Sternen. Aber wir wussten, dass es eine militärische Antwort geben würde und dass das möglicherweise auch für uns Folgen hätte. »Jetzt gibt's Krieg«, kommentierten schließlich einige jüngere Soldaten die Szenen auf dem Bildschirm und durchbrachen die bedrohliche Stille. Die älteren, etwas abgeklärten waren sehr still. Sie wussten, dass die Zukunft nicht angenehm werden würde. Als Angehörigen der Luftlandebrigade 31, eines von drei Großverbänden der »Division Spezielle Operationen«, war uns klar, dass wir die deutsche Speerspitze wären, zu welcher Maßnahme auch immer es kommen würde.

Als auf dem Fernseher die ersten Wiederholungsschleifen der zusammenstürzenden Türme zu sehen waren, gingen viele wortlos nach draußen, um mit ihren Familien zu telefonieren. Einige riefen auch im Stab an. Dort war sehr schnell eine Nachrichtensperre ausgegeben worden. Kein Soldat sollte sich gegenüber der Presse äußern; die Bundeswehroberen wollten sich zu den Folgen für ihre Armee bedeckt halten.

Auch mir war sofort klar gewesen, dass deutsche Soldaten irgendwo hingehen würden, um den Amerikanern zu helfen. Was aber würde das konkret für mich bedeuten? In mir tobte ein Gedanken- und Gefühlsgewitter. Einerseits spürte ich den Wunsch, mich zu engagieren und meine Erfahrungen und Fähigkeiten einzubringen. Konnte ich schon nicht den im World Trade Center Gefangenen und Verschütteten helfen, so wollte ich doch andere vor einem ähnlichen Schicksal bewahren, indem ich etwas Sinnvolles gegen den Terrorismus unternahm und mich dabei mit allem, was ich an Kenntnissen zu bieten hatte, einbrachte. Auf der anderen Seite hatte ich auch Angst, Angst vor der Ungewissheit, was die Zukunft bringen und wohin der nun drohende Konflikt führen würde. Ich war hin und her gerissen zwischen Verantwortung meiner Familie gegenüber und der Verantwortung für die »Firma« inklusive untergebener Soldaten und Kameraden, die ich unmöglich im Stich lassen konnte, niemals im Stich lassen würde. Kurz, all die Gefühle und Gedanken, die wir Soldaten der Einfachheit halber in die Schublade stecken, die wir als »Job« bezeichnen. Welche Ausmaße die Antwort auf den Terror annehmen sollte und was letztendlich daraus geworden ist, beschreibt nun dieses Buch.

Da die beschriebenen Ereignisse schon eine Weile zurückliegen, mögen die Leser und Leserinnen es mir nachsehen, dass die im Buch geschilderten Dialoge unter Umständen nicht im exakten Wortlaut wiedergegeben werden. Da ich während meiner Zeit in Afghanistan Tagebuch geführt habe, sind die Gesprächsinhalte alle verbürgt. Zum Schutz der Betroffenen wurden alle vorkommenden Personen, die nicht Personen des öffentlichen Lebens sind, anonymisiert.

Ich widme dieses Buch allen, die als Soldaten in solchen oder ähnlichen Einsätzen täglich ihr Leben riskierten und riskieren, sowie deren Angehörigen. Insbesondere den Lebenspartnern, die in den Monaten der Einsätze »ihre« Soldaten nicht im Stich lassen. Mein besonderer Dank gilt meiner »Familie«, den Niederländischen Korps Commando Troepen und dort der Kompanie 104 des zweiten und dritten Einsatzkontingents, denen ich vier Monate angehörte und mit denen ich zahlreiche Operationen durchführte. Gleichzeitig soll das Buch ein Gedenken für die Soldaten aller Nationen sein, die in solchen Einsätzen ihr Leben ließen.

Abreise nach Kabul und erste Tage im Camp

Es zeichnete sich sehr schnell ab, dass es auf Afghanistan hinauslaufen würde. Weil die Amerikaner den Drahtzieher der Anschläge, Osama bin Laden, dort vermuteten, marschierten sie im Oktober 2001 in das Land am Hindukusch ein und stürzten die Taliban. Derweil setzte in unserem Nachbarbataillon in Varel bereits hektische Betriebsamkeit ein. Ausgewählte Soldaten erhielten eine erste Vorausbildung, damit sie als Vorauskräfte so schnell wie möglich in das Einsatzland verlegt werden konnten. Der Rest der Truppe verfolgte interessiert diese Vorbereitungen. Würden wir ebenfalls betroffen sein? Wäre es eine gute Idee, sich freiwillig zu melden?

Meine Überlegungen wurden immer wieder von neuen Entwicklungen überschattet. Vom 27. November bis 5. Dezember 2001 tagte in Bonn die »Petersberger Konferenz«, auf der die größten ethnischen Gruppen Afghanistans eine »Vereinbarung über provisorische Regelungen in Afghanistan bis zum Wiederaufbau dauerhafter Regierungsinstitutionen« beschlossen. Auch die Voraussetzungen für einen Einsatz internationaler Truppen wurden zügig geschaffen. Schon am 20. Dezember 2001 verabschiedete der Sicherheitsrat der Vereinten Nationen die Resolution 1386. Diese sah vor, für einen Zeitraum von sechs Monaten eine sogenannte Sicherheitsbeistandstruppe in Kabul zu stationieren, also eine Friedenstruppe zur Aufrechterhaltung der Sicherheit. Wir waren beeindruckt, wie schnell reagiert wurde. Nur zwei Tage nach der Verabschiedung der UN-Resolution folgte der deutsche Bundestag. Am 22. Dezember erteilte er das Mandat für die Beteiligung am ISAF-Einsatz. ISAF – das steht für »International Security Assistance Force«, ist also eine Schutztruppe im Friedenseinsatz, aber nicht zu verwechseln mit den Blauhelmen. Hinter vorgehaltener Hand wurde spekuliert, dass die Bundesregierung die Beteiligung an einem Afghanistan-Einsatz wohl als das geringere Übel ansah, wusste man doch nicht, was die Amerikaner sonst noch planten. Im Nachhinein kann man sagen, dass das eine weise Entscheidung war – denn sonst wäre die Bundeswehr im Irak direkt in ihren Untergang marschiert.

Am 31. Dezember verlegten die Vorauskräfte in Richtung Hindukusch. Wenig später flog das niederländisch-deutsche Vorauskommando ebenfalls ab. Es wurde live auf allen Nachrichtensendern übertragen. Ich saß vor dem Fernseher und sah meine Kameraden Interviews geben. Die meisten von ihnen kannte ich sehr gut. Nun beschloss ich, selbst aktiv zu werden. Noch am selben Tag setzte ich mich vor meinen Computer und schrieb einen Antrag, ebenfalls nach Afghanistan verlegt zu werden. Ich wollte mich aktiv beteiligen und nicht nur vor dem Fernseher sitzen und zusehen.

Außer der Herausforderung, der Neugier und meiner Eignung war der finanzielle Anreiz kein unwesentlicher Aspekt gewesen, mich für diesen Einsatz zu begeistern. 93 Euro pro Tag gab es an Gefahrenzulage, bei einer Einsatzdauer von sechs Monaten kam da ein stolzes Sümmchen zusammen. Das Problem war nur, dass unser Bataillon ja gerade aufgelöst wurde und es schwierig war, eine passende Stelle für mich zu finden, die es zu besetzen galt. Allerdings hatte man mir versprochen, eine meinen Fähigkeiten entsprechende Verwendung zu finden, wenn ich dann vor Ort wäre. Offiziell wurde ich schließlich als Stabsdienstsoldat und Kraftfahrer nach Kabul kommandiert. Mir selbst war das völlig egal gewesen. Wichtig war mir nur, dass es überhaupt losging.

Um in das erste Kontingent Kabul kommen zu können, musste ich noch die notwendige sogenannte Kontingents-Ausbildung für Auslandseinsätze nachweisen. Da die Mühlen der Bürokratie bekanntlich langsam mahlen, dauerte es noch ein paar Wochen, bis es endlich so weit war. Am 18. März 2002 stand ich zusammen mit einem guten Dutzend anderer zukünftiger deutscher ISAF-Soldaten in Hildesheim und erhielt bei der Panzerbrigade 1 meine obligatorische neuntägige Ausbildung – für den Kosovo! Was sicherlich optimal gewesen wäre für einen Einsatz, wenn dieser auch im Kosovo stattgefunden hätte, nur ging es für mich ja ans andere Ende der Welt. Doch die Bundeswehr wusste sich zu helfen und fügte meinem offiziellen Befähigungsausweis ein Papier hinzu, wonach in Vorbereitung auf den ISAF-Einsatz in Afghanistan auch rechtliche Grundlagen und Landeskunde unterrichtet worden seien. Am Tag dieser nicht unwichtigen Einführungen muss ich geistig abwesend gewesen sein, denn ich kann mich an keinen einzigen Vortrag zu diesen Themen erinnern. Gut im Gedächtnis habe ich allerdings ein achtseitiges Papier zum Thema »Afghanistan«, das vom »Amt für militärisches Geowesen« stammte und uns allen kommentarlos in die Hand gedrückt wurde. Das musste wohl als Info über das, was mich und meine Kameraden dort erwartete, genügen.

Danach wurde ich zurück zu meiner Brigade nach Oldenburg geschickt und erfuhr, dass meine Reise am 11. April 2002 losgehen würde und mit der Heimkehr des ersten Kontingents am 30. Juni enden sollte. Ich war froh, endlich ein fixes Datum zu haben, und bereitete mich vor: Ich regelte persönliche Angelegenheiten und verabschiedete mich von meiner Familie und von Freunden. Es konnte mir schließlich niemand garantieren, dass ich sie jemals wiedersehen würde.

In der Kaserne Köln/Mechernich, wohin ich einen Tag vor dem Abflug verlegt wurde, ließ ich zusammen mit den anderen Soldaten, die nach Kabul verlegt wurden, die nötigen Prozeduren über mich ergehen. Wahnsinn, wie viel Papierkram da erledigt werden muss. Die Bürokratie in einer Armee, besonders in der Bundeswehr, ist unglaublich. Alles muss in mehrfacher Ausfertigung vorliegen, das Ausfüllen der Dokumente wird zum Staatsakt. Sogar die Packweise der mitgeführten Ausrüstung wird genau vorgeschrieben, und zwar bis auf solche Details, was man in welcher Hosentasche seiner Tarndruck-Feldhose haben muss: in der linken Hosentasche Gehörschutz und Mückenschleier, in der rechten ein olivgrünes Bundeswehr-Taschentuch, in der linken Seitentasche unter anderem ein Verbandspäckchen und in der rechten – ironischerweise entgegen den internationalen Bestimmungen für die Luftsicherheit – ein an einer Schnur befestigtes Fallschirm-Kappmesser. Auch der Inhalt der Mehrzwecktasche und die Verstauung der ABC-Schutzmaskentasche waren genauestens festgelegt.

Am letzten Abend vor dem Abflug zog ich mit meinen Kameraden durch die Kneipen Kölns. Die Wirte wussten schon, zu was für einem »Verein« wir gehörten, denn diese Praxis hat vor Auslandseinsätzen gute, alte Tradition. Mit gutem Grund. Uns allen war bewusst, dass es in den nächsten Monaten in puncto Freizeit, Entspannung und Party schlecht aussehen würde. Also ließen wir noch mal ordentlich »die Sau raus« und zogen bis morgens in der Früh um die Häuser. Auf Einzelheiten möchte ich nicht näher eingehen, nur so viel: Ich habe es genossen! Am nächsten Morgen standen etwa fünfzehn müde Soldaten am Terminal und ließen die Abfertigungsprozeduren über sich ergehen. Vom Start bekam ich schon nicht mehr viel mit, da mein »schwerer« Kopf schon leicht nach vorne geneigt war. Und so holte ich während des 6,5-stündigen Fluges etwas Schlaf nach.

Die Landung auf dem Luftumschlagplatz in Termez, einer usbekischen Provinzstadt keine zehn Kilometer vor der nördlichen Grenze zu Afghanistan, verlief unspektakulär. Von hier muss man in eine C 160 Transall steigen, um weiter nach Kabul oder Bagram zu reisen. Das ist nicht ganz ungefährlich. Niemand weiß genau, wie viele Raketen es in Afghanistan gibt, ob und wann sie gegen Flugzeuge gerichtet werden. Deshalb sind sämtliche Maschinen mit sogenannten Flares ausgestattet, die im Falle eines Raketenbeschusses ausgestoßen werden. Diese Täuschkörper lösen sich automatisch, wenn das Flugzeug mit einer Rakete oder von einem aktiven Radar vom Boden aus angepeilt wird, und bieten der wärmesuchenden Munition ein Ersatzziel. Mit entsprechend mulmigem Gefühl im Bauch setzte ich mich nach einer relativ ruhigen Nacht im Zeltlager des Luftumschlagpunktes in die Transall. Mir standen vierzig Minuten

Flug in die afghanische Hauptstadt bevor, vierzig Minuten voll lebensgefährlichen Risikos: Wir flogen über eine unwirtliche und lebensfeindliche Sandwüste unter uns. Falls wir notlanden müssten, hätten wir weder Waffen noch Essen noch irgendwas dabei. Wären wir beschossen worden, wären wir nach einer Notlandung jeder kleinen Bande völlig wehrlos ausgeliefert gewesen. Das dumme Gefühl in meinem Bauch verstärkte sich von Minute zu Minute. Mir schwante, dass dieser Einsatz eine Grenzerfahrung werden würde.

Einen guten Vorgeschmack lieferte der Anflug auf Kabul. Der Flughafen Kabuls, der Kabul International Airport oder auch »KIA«, liegt nämlich in einem engen Talkessel. Die Ausläufer des 2199 Meter hohen Berges Rawash gehen bis ans Ende der Landebahn. Als ausgebildeter Hubschrauberpilot hatte ich einen Höllenrespekt vor der Herausforderung und verfolgte gespannt, wie der Pilot den Steilabstieg, ja beinahe Sturzflug bewältigte, um den Bergen nicht zu nahe zu kommen. In der Maschine breitete sich Nervosität aus, nun wurde es ernst. Meine Gedanken waren längst am Boden. Ich fragte mich, wie ich schnell an meine Ausrüstung komme. Diese verfluchte Hilflosigkeit, hier jedem Verrückten oder Terroristen wehrlos ausgeliefert zu sein, war zermürbend. Als Fallschirmjäger war mir eingebläut worden, niemals ohne Waffe irgendwohin zu gehen, und für Afghanistan schien mir dieser Grundsatz erst recht sinnvoll. Diese Ahnung verstärkte sich noch, als ich beim Blick aus dem Fenster etwas mehr vom Flughafen sehen konnte: Überall lagen zerstörte Flugzeuge und Tankfahrzeuge herum, die vor sich hin rosteten, daneben Wracks von abgeschossenen Militärfahrzeugen und Panzern – kein sehr vertrauenerweckender Anblick. Auch dem Allerletzten in der Maschine war nun schlagartig klar geworden, dass wir uns mitten in einem Kriegsgebiet befanden.

Noch während die Maschine rollte, wurde die Heckrampe geöffnet. Sofort breiteten sich die einströmende trockene Hitze und der Staub aus, der sich auf unsere Haut legte und in unseren Atemwegen einnistete. Dabei wurde der unglaubliche Gestank dieser Stadt glücklicherweise von dem Kerosingeruch der Turboprop-Motoren überdeckt – noch! Über der Stadt hing eine dichte Smogglocke, die den uralten Autos und unzähligen Feuern geschuldet war. Weil es kaum Strom gibt, aber Energie zum Heizen oder Kochen benötigt wird, zünden die Afghanen einfach alles an, was nur irgendwie zum Brennen gebracht werden kann. Als wir ausstiegen und alle zusammen einem Feldwebel in einen sicheren Bereich folgten, hatte ich meine erste Extremerfahrung mit dieser Stadt: Ein stechend süßlicher, alles überdeckender Geruch stieg mir in die Nase. Mein ganzes Leben werde ich diesen bestialischen Gestank nicht mehr vergessen können.

In dem abgesperrten Bereich wurden wir alle vom Personalfeldwebel namentlich erfasst. Ich stand etwas unruhig dabei und versuchte, irgendwo unsere Waffencontainer zu erspähen. Leider Fehlanzeige. Sie waren wohl noch nicht ausgeladen worden. Ich würde mich wohl oder übel auf unseren bewaffneten Begleitschutz verlassen müssen. Als wir zu den Bussen geführt wurden, war ich wirklich schockiert. Es waren stinknormale, zivile Charter-Busse! Wir nannten sie »Jingle-Trucks«, weil sie von oben bis unten mit Verzierungen aus Holz sowie Ketten und Glöckchen in jeder Form und Größe behängt waren. Ich wusste nicht, ob ich lachen oder weinen sollte. Wie Touristen auf einer Ferieninsel sollten wir völlig schutzlos mitten durch eines der gefährlichsten Krisengebiete der Welt gekarrt werden. Wenigstens wartete am Ausgang des Flughafens ein Wolf, der typische Bundeswehr-Jeep, mit zwei Soldaten auf uns, um als Eskorte vorauszufahren. Wenn das mal als Sicherung reichte …

Bei der Fahrt ins Camp Warehouse herrschte Totenstille im Bus. Alle waren in Gedanken versunken oder schauten neugierig aus dem Fenster. Mir fiel ein, welche Unter-der-Hand-Informationen über die angespannte Sicherheitslage ich von Kameraden bekommen hatte. Ich versuchte verzweifelt, unsere Fahrt im Jingle Truck mit dem Risiko sowie den Kenntnissen aus meiner militärischen Ausbildung in Einklang zu bringen. Und so schaukelten wir in unserem Bus unter Glöckchenklingeln über die Jalalabadroad in Richtung Camp. Ein Jahr und zwei Monate fuhren die ungepanzerten Busse der Bundeswehr weiter. Dann, am 7. Juni 2003, sprengte sich ein Selbstmordattentäter auf genau dieser Straße in seinem Taxi in die Luft. Ein Bundeswehrbus, das Ziel dieses Anschlags, wurde dabei völlig zerstört. Vier Soldaten kamen ums Leben, 29 wurden zum Teil schwer verletzt und haben teilweise bis heute mit den gesundheitlichen und psychischen Folgen zu kämpfen. Erst danach änderte die Bundeswehr ihre Taktik und setzte für den Transfer zwischen Flughafen und Camp Warehouse gepanzerte Fahrzeuge ein. Wer auch immer für die Entscheidung verantwortlich war, den Terroristen so unbekümmert ein Ziel anzubieten und gegen jegliche militärische Grundsätze zu handeln – ich hoffe inständig, dass er mit dieser Schuld leben kann und niemals den Müttern dieser Kameraden begegnen wird.

Mein Bauchgefühl beruhigte sich, als wir das Camp Warehouse erreichten und durch das Haupttor fuhren. Was ich sah, glich einem Ameisenhaufen. Soldaten und Fahrzeuge verschiedenster Nationen kreuzten unseren Weg, überall zwischen den Zelten und Containern liefen beschäftigte Menschen herum, dazu ein Stimmengewirr aus allen möglichen Sprachen wie im biblischen Babel. Ich erkannte Uniformen und Flaggen aus Spanien, den Niederlanden, Österreich, der Türkei, Bulgarien, Rumänien, Schweden und Dänemark. Sie alle gehörten zur KMNB – jener »Kabul Multinational Brigade«, in der ISAF-Soldaten aus aller Herren Länder im von der Bundeswehr aufgebauten Camp Warehouse gemeinsam ihren Dienst taten. Das versprach eine interessante Arbeit zu werden, mit so vielen unterschiedlichen Soldaten. Doch mich interessierten zunächst nur drei Dinge, und zwar in exakt dieser Reihenfolge: Wo ist mein Bett? Wo ist das Klo? Wo bekomme ich Kaffee her?

Dann erregte das einzige feststehende Gebäude meine Aufmerksamkeit: ein viergeschossiger, älterer und langgezogener Zweckbau, der direkt an der Jalalabadroad im vorderen Bereich des Camps lag. In dieser ehemaligen Straßenmeisterei war der Stab der KMNB untergebracht. Direkt vor dem Gebäude machte sich jemand durch Winken bemerkbar: mein bester Kamerad und Freund Alex. Wir hatten vor meiner Abreise öfter miteinander telefoniert, und so wusste ich, dass er als Verbindungsmann zu den Spezialkräften im Stab abgestellt war. Ich hoffte inständig, dass wir zusammen eingesetzt würden. Zumindest hatte ich ihn vorab darum gebeten, sich nach einem interessanten Aufgabengebiet für mich umzusehen, damit ich nicht als Kraftfahrer mein Dasein fristen musste. Nach der freudigen Begrüßung eiste er mich erst mal aus dem Tross der anderen Neuankömmlinge los und tat etwas ganz Großartiges: Er übergab mir sein Gewehr, ohne große Worte. Endlich war ich nicht mehr auf den irgendwo verschüttgegangenen Waffencontainer angewiesen und konnte mir ganz entspannt von Alex das Lager zeigen lassen.

Ich war stark beeindruckt, wie weit das Camp schon aufgebaut worden war. Die Infanteriekräfte hatten wirklich herausragende Arbeit geleistet, obwohl sie sich nur nebenbei um die interne Infrastruktur hatten kümmern können. Denn mit ihren eigentlichen Aufgaben – wie Wache, Patrouille und die QRF (Quick Reaction Force) zu bilden, also die Schnelleinsatzkräfte für den Fall eines Zwischenfalls außerhalb des Lagers – waren sie bereits voll ausgelastet. Bei unserem Spaziergang durch das Lager berichtete Alex, dass sein Plan geklappt hatte: Er hatte erwirkt, dass ich zusammen mit ihm im Stab der KMNB arbeiten durfte. Meine Ausbildung und mein fließendes Englisch, das für die multinationale Zusammenarbeit in der Zentrale der KMNB sehr hilfreich war, hatte die Vorgesetzten überzeugt. Der einzige Wermutstropfen war der feine Sand, der überall hinwehte. Ich war noch nicht mal eine Stunde in diesem Land, und es knirschte bereits zwischen meinen Zähnen und der Sand rieb sich zwischen Körper und Hemd.

Ich bekam endlich mein Gepäck und wurde in den Bereich geführt, in dem ich die kommenden Monate arbeiten sollte. Dass ich schon wenig später in anderer Mission und unter fremder Flagge unterwegs sein würde, konnte ich damals noch nicht ahnen. Da ich nun offiziell zum Stabspersonal gehörte, kam ich in ein Zelt mit sieben anderen Soldaten, alles Fernmelder und Versorger aus den verschiedensten Standorten in Deutschland. Ich war froh, dass ein paar Bekannte darunter waren, zum Beispiel Wolli. Wir hatten bereits die Vorausbildung gemeinsam durchlaufen, waren gemeinsam hierher geflogen und verstanden uns gut. Ich schaffte meine Ausrüstung ins Zelt und begann, mein Moskitonetz zu befestigen und die kleine Spalte am Zelt zuzukleben, damit die Skorpione, Schlangen und vor allem die allgegenwärtigen Kamelhaarspinnen nicht zu sehr auf Tuchfühlung mit mir gingen. Was leider nicht ganz zu vermeiden war, wie ich später merkte. Kam man nachts von der Patrouille oder irgendeinem anderen Einsatz zurück und schaltete das Licht im Zelt ein, wuselte praktisch der ganze Fußboden von dem unappetitlichen Getier. Und die Viecher waren wirklich riesig! Kein angenehmer Gedanke, sie morgens in einem Schuh zu finden.

Am Abend, nachdem ich mich mit meiner WG auf Zeit bekannt gemacht hatte, atmete ich durch und setzte mich mit Alex auf einen Kaffee zusammen. Die neuen Eindrücke hatten mich praktisch sprachlos gemacht. Auch Alex fiel auf, wie still ich an diesem Abend war. Als ich schließlich in mein Zelt ging, mich auf mein Feldbett legte und versuchte, innerlich etwas zur Ruhe zu kommen, sank ich schnell in einen tiefen und traumlosen Schlaf. Was die kommenden Monate für mich bringen sollten und wie stark diese Eindrücke noch übertroffen werden würden, konnte ich in diesem Moment nicht ahnen.

Ausgeruht ging ich am nächsten Morgen zur OPZ, zur Operationszentrale der KMNB im Stabsgebäude. So eine OPZ ist Herz und Hirn eines jeden Einsatzes, so gut wie alle Informationen laufen dort zusammen. Die gesammelten Erkenntnisse der täglichen Arbeit wurden auf der großen Lagekarte verarbeitet. Umso erstaunter war ich, dass es keine Zugangskontrolle gab. Obwohl mich noch niemand kennen konnte, hatte ich einfach durch die langen Flure und dann direkt in die OPZ hineinspazieren können. Scheinbar glaubte man, dass die Kontrollen am Tor zum Lager ausreichend seien und nur Menschen im Lager sein konnten, die auch dorthin gehörten. Darunter waren auch viele Locals, also Einheimische, die für die Bundeswehr arbeiteten. Als Dolmetscher, als Handwerker, als Hilfskraft in der Küche zum Beispiel. Irgendjemand hatte wohl beschlossen, ihnen so viel Vertrauen zu schenken, dass sie problemlos auch in Sicherheitsbereiche gelangten. Plötzlich kam ein Local herein und leerte die Mülleimer. Ich fasste mir an den Kopf. Hatte niemand daran gedacht, dass er oder seine Kollegen dabei ohne weiteres Einblicke in die geheimen Lagekarten mit allen Aufklärungsergebnissen hatten? Abgesehen davon sprachen die meisten Sprachmittler, die wir als Übersetzer angeheuert hatten, ausgezeichnet Deutsch und bekamen natürlich unseren ganzen Funkverkehr mit. Ich behielt meine Beunruhigung für mich und ließ mich in meine zukünftige Arbeit einweisen.

Am kommenden Tag ging meine eigentliche Arbeit in der OPZ des Stabes los. Um die große Lagekarte in der Mitte des Raumes standen Offiziere aus allen beteiligten Nationen dieses »Friedenseinsatzes«. Es waren Verbindungsoffiziere, die den Kontakt zu den anderen Truppen sicherstellten. Schwerpunktvertreter waren bei uns die Briten und die Österreicher, aber auch ein Verbindungsoffizier der amerikanischen Special Forces war vor Ort. Meine neue Aufgabe war die eines »Watchkeepers«, also die rechte Hand eines Schichtleiters zu sein, in meinem Fall ein Offizier der österreichischen Jagdkommandos. Diese Einheit ist das österreichische Gegenstück zum deutschen KSK, der Eliteeinheit »Kommando Spezialkräfte«, allerdings gibt es die österreichische Spezialeinheit schon ein paar Jahrzehnte länger. Ich notierte die eingehenden Meldungen und leitete auf Befehl des österreichischen Offiziers hin die ersten Maßnahmen ein. Auch unterstützte ich ihn bei den Vorbereitungen für die sogenannten LvU, die Lagevorträge zur Unterrichtung, bei denen jeden Morgen der deutsche General, der Verantwortliche der KMNB, auf den neuesten Stand gebracht wurde. Dabei werden maximal drei Problempunkte angesprochen, die es zu lösen gilt und für die im Anschluss entsprechende Aufträge erteilt werden.

Schnell bildeten Dean, so hieß der Verbindungsmann der US

Special Forces, Alex und ich ein Dreigestirn, wir verstanden uns wirklich super. Die ersten Aufklärungsergebnisse der Amerikaner erhielt ich immer direkt über Dean. Von der kühlen Sachlichkeit und Professionalität der anderen Nationen war ich angenehm überrascht. Man merkte ihnen an, dass sie über jahrelange Einsatzerfahrungen verfügten und sich nicht so schnell aus der Ruhe bringen ließen. Sie wussten einfach, was wichtig war und was nicht.

Bereits nach wenigen Tagen begann ich mit dem Aufbau meines eigenen Netzwerks. Verbindungen und Beziehungen schaden bekanntlich nur dem, der sie nicht hat. Außerdem wollte ich wissen, was außerhalb des Camps so läuft. In meiner dienstfreien Zeit sprach ich mit Kameraden, die auf Patrouille waren. Deren Eindrücke aus der Stadt waren wichtige Informationen für mich, die mir halfen, die Lage vor Ort einzuschätzen. Schwieriger war es, mit den Einheimischen in Kontakt zu treten. Erstens waren die weit weg in ihren Wohngebieten, zweitens hatten wir sehr unterschiedliche Sprachen und Kulturen, und drittens bin ich Fremden gegenüber erst mal eher misstrauisch. Aber durch Plaudereien mit den im Camp beschäftigten Locals bekam ich doch etliche Kontakte und Einblicke. Viele der Locals waren in der damaligen DDR geschult worden, unser Sprachmittler war sogar in Deutschland als Kampfpilot ausgebildet worden, in den siebziger Jahren.

Als mein internes Netzwerk stand, wollte ich endlich eigene Erfahrungen sammeln. Raus in die Stadt, in die wirkliche Welt, weg von diesem »Autistenclub« im Stabsgebäude, wie einige inzwischen witzelten. Alex organisierte einen kleinen Ausflug in die Stadt für mich, sodass ich mir erstmals einen Einblick in diesen verwinkelten, verworrenen Millionenmoloch Kabul verschaffte. Von den Eindrücken war ich wie erschlagen. Zu dieser Zeit dominierten im Stadtbild noch die Eselskarren und die Frauen in ihren blauen Burkas. Aber ich sah auch eine Menge düster aussehender Gestalten mit harten und verschlossenen Gesichtern, allesamt bewaffnet. Wie in Deutschland beinahe jeder sein Handy dabeihat, war es hier die Kalaschnikow. Die Gesichter faszinierten mich. Was diese Menschen wohl schon alles erlebt hatten in der wechselvollen Geschichte Afghanistans? Auch Kriegsinvalide sah ich sehr viele, dazu Kinder, Frauen und Männer mit amputierten Gliedmaßen und Verbrennungen. Vor allem die Beine waren betroffen. Kabul hatte in seiner jüngeren Geschichte oft den »Besitzer« gewechselt, und alle Parteien hatten wahllos Landminen eingesetzt, um ihre Geländegewinne zu sichern. Es tat mir wirklich leid um diese Menschen, gerade die unschuldigen Kinder, die beim Spielen zu Krüppeln geworden waren.

Die Straßen waren eng. Es war ein einziges Schieben und Drängeln, bis wir auf einen großen Platz kamen, auf dem Hunderte von Menschen ihren Geschäften nachgingen. Mir fiel auf, dass keine einzige Frau allein unterwegs war. Es musste mindestens ein männlicher Begleiter dabei sein, und wenn es nur der dreijährige Sohn auf dem Arm war. Offene, etwa 15 Zentimeter tiefe Gräben durchzogen die Straßen. Der Fäkaliengestank machte mir schnell klar, dass dies die Kanalisation Kabuls war. Dass er sich mit dem Geruch nach fauligem Obst mischte, machte die Sache nicht gerade besser. Auf einmal kamen Kinder an unser Fahrzeug, die erschreckend erbärmlich aussahen. In Deutschland wären sie wohl sofort vom Jugendamt abgeholt worden, so verdreckt und unterernährt waren diese Würmchen. »Biscuit, Biscuit?«, riefen sie immer wieder und suchten Körperkontakt zu uns. Ich war voller Mitleid, doch zugleich war mein militärischer Verstand alarmiert. Was wäre, wenn jemand diese Nähe ausnutzt und uns eine Handgranate in den offenen Wagen wirft? Was, wenn wir im Gedränge aus Versehen jemanden angefahren hätten? Wäre die Menschenmenge rachsüchtig über uns hergefallen? Ich wusste es nicht und war heilfroh, dass alles gutging.

Abends lag ich noch lange in meinem Feldbett wach und versuchte, die Eindrücke zu verdauen. Auf den Kulturschock war ich nicht vorbereitet gewesen, die Bilder hatten mich in meinem Innersten berührt und sind mit nichts zu vergleichen, was ich jemals sah. Darauf hatte mich kein Urlaub in einem armen islamischen Land vorbereiten können. Gleichzeitig fühlte ich mich wie in einer Geschichte aus Tausendundeiner Nacht und war beeindruckt von der Mentalität des afghanischen Volkes. Die Afghanen lagen ein- bis zweihundert Jahre zurück in der Zeit, aber sie schauten voller Zuversicht in die Zukunft. Diese Menschen nahmen ihr Schicksal in die eigenen Hände und warteten nicht lange auf Hilfe von außen. Sie packten mit einem Fleiß an, wie ich es mir nicht hatte vorstellen können. Überall sah man Männer, die Häuser ausbesserten, an den Straßen arbeiteten und dabei ein ausgeprägtes Improvisationstalent an den Tag legten. Ich gewann an diesem Tag eine hohe Achtung vor dem afghanischen Volk.

Die Tour in die Stadt hatte mich so stark beeindruckt, dass ich die kommenden Tage meine Umgebung regelrecht nervte. Ich wollte noch mehr von Kabul sehen, war von dieser Stadt fasziniert und angewidert zugleich. Die Verantwortlichen erkannten glücklicherweise recht schnell, dass es auf Dauer keine gute Idee wäre, mich nur in der OPZ einzusetzen. Alex trug ein Übriges dazu bei, mir die größtmögliche Bewegungsfreiheit zu verschaffen. Er hatte sich bei den Österreichern für mich engagiert, und deren Major wurde schließlich mein »Retter«: Er setzte mich bei den österreichischen Jagdkommandos ein. Endlich würde ich eine meinen Fähigkeiten entsprechende Aufgabe haben.

Solche Kommando- oder auch Spezialeinheiten sind keine neue Erfindung in Zeiten des globalen Terrors, sie haben eine lange Tradition. Denn schon immer brauchten militärische Führer Spezialisten, die besondere Aufträge ausführen konnten. Klar, man denkt zuerst an die beiden Weltkriege, aber tatsächlich sind die ersten Spezialeinheiten schon in den Büchern Mose erwähnt worden, sie sind einfach eine militärische Notwendigkeit. Jedenfalls war für mich ganz logisch, dass die Österreicher mich sehr genau unter die Lupe nahmen und nach unseren Standardverfahren befragten, sie wollten sich ja kein zusätzliches Problem einhandeln.

Nach erfolgter Prüfung wurde ich abgestellt, sie bei ihrem

nächsten Auftrag zu unterstützen, der Aufklärung der Evakuierungsrouten. Wir sollten herausfinden, wie das gesamte Kontingent aus dem Land gebracht werden könnte, falls die Sicherheitslage es erfordern würde. Bevor man irgendwo reingeht – und das gilt erst recht für ein völlig fremdes Gebiet –, muss man sich sehr genau darum kümmern, wie man wieder heil rauskommt. Das hatte ich schon in meiner Ausbildung gelernt. Insofern war ich ganz schön verwundert, dass diese Fragestellung bislang offenbar eine geringe Priorität gehabt hatte.

Wir sahen drei Möglichkeiten, aus dem Land rauszukommen: Variante A, die erste Option, war der Überlandweg nach Bagram. Dort, etwa 60 Kilometer nördlich von Kabul, war ein ehemaliger Flugplatz der Russen, der nun der größte amerikanische Stützpunkt im Land war. Die Rote Armee hatte während ihrer Besatzungszeit diesen Stützpunkt als Alternative zum Kabul International Airport (KIA) gebaut, um die geografischen Nachteile des Flughafens Kabul im Kampf gegen die Mudjaheddin auszugleichen. Variante B wäre der Flughafen Kabul selbst gewesen, dafür hätte aber das ganze Personal durch einen Teil der Stadt gemusst. Ganz schön unpraktisch und gefährlich also, wenn es hart auf hart kommen würde. Die letzte Chance, Variante C, wäre eine gemeinsame Evakuierungsoperation mit den Amerikanern gewesen, die uns aus der Luft unterstützen und nach Bagram hätten verlegen sollen. Unser Auftrag umfasste nun die Aufklärung dieser drei Möglichkeiten.

Die Auskundschaftung der örtlichen Infrastruktur, Straßen und Wege war dabei ebenso wichtig wie die Einschätzung, wo es durch feindliche Kämpfer oder andere Unwägbarkeiten zu Problemen kommen könnte. Ganz oben auf der Liste standen dabei die verdammten Minen. Und davon gab es in diesem Land scheinbar mehr als von den Sandkörnern, die sich überall in der Kleidung und den Körperöffnungen festsetzten und die auch den Geräten und Fahrzeugen arg zu schaffen machten. Unsere Aufgabe war, jede noch so kleine Erkenntnis über die Örtlichkeiten in die Karten einzuzeichnen. Skizzen und unsere eigenen Aufzeichnungen auf Diktiergeräten ergänzten die Maßnahmen.

Es sollte schon am nächsten Morgen losgehen. Ich nutzte die Zeit und vertiefte mich auf meinem Feldbett in die Unterlagen. Anhand der Karte lernte ich den geplanten Weg nach Bagram auswendig, um in Notfällen schnell reagieren zu können. Ich überprüfte anschließend meine Ausrüstung, vor allem meine Waffen und die Munition. Aber auch Verpflegung und Wasser, es musste für mindestens zwei Tage ausreichen. Wichtig waren auch die Batterien. Man glaubt kaum, wie hoch heutzutage der Stromverbrauch eines Soldaten ist: Funk, Navigationsgeräte, Laserzielgeräte, man schleppt Unmengen von Batterien mit sich herum. Spät am Abend fiel ich in einen unruhigen Schlaf. Ich wachte ständig auf und überlegte, ob ich irgendwas vergessen hatte. Gedanklich war ich bereits voll in der kommenden Operation und ging sie Punkt für Punkt durch, drückte alle Informationen in mein Unterbewusstsein, damit ich mich im Gefahrenfall richtig verhielt.

Früh am Morgen starteten wir mit unserem Trupp aus acht Personen in Richtung Bagram. Schon nach wenigen Minuten erreichten wir die »Route Bottle«, die Verbindungsstraße zwischen Bagram und Kabul, und begannen mit der Dokumentation. Den wichtigsten Straßen in und um Kabul war von der ISAF-Führung entweder eine Farbcodierung oder ein kurzer, einprägsamer Name zugewiesen worden, um angesichts der Sprachbarrieren die Orientierung zu erleichtern. In der Gruppe wurde es immer stiller. Bald wurde klar, dass dieser Auftrag zum Scheitern verurteilt war. Östlich der Straße stieg das Gelände relativ schnell immer steiler an, bis auf etwa 3500 Meter Höhe. Das zunächst flache Land im Westen war durchzogen von Wadis, ehemaligen Bachbetten. Im Sommer, bei der Schmelze der Gletscher, rauscht das Wasser mit extrem hohen Geschwindigkeiten zu Tal und wäscht die Betten der meistens nur friedlich dahinplätschernden oder sogar versiegten Bäche tief aus. So tief, dass sich ganze Truppen in diesen Wadis verstecken können. Hatten sie auch, wir fanden in diesen natürlichen Gräben unvorstellbar viele Panzerfahrzeuge. Dahinter begann eine Bergkette, die auf Höhen von etwa 2000 Meter anstieg.

Auf einer dieser Höhen entdeckten wir ein sehr stabiles Gebäude mit einer großen Antenne darauf. Je näher wir kamen, umso deutlicher konnten wir erkennen, dass es sich um eine Bunkeranlage handelte. Als wir nur noch wenige Hundert Meter entfernt waren, kamen zwei bewaffnete Afghanen auf uns zu und machten uns unmissverständlich klar, dass wir nicht näher kommen sollten. Links vom Bunker sahen wir ein überschweres Maschinengewehr, das aber nicht besetzt war. Nach dem Austausch von Zigaretten, einer international anerkannten Währung, gewährten uns die Afghanen schließlich doch Zugang zu dieser Anlage. Im Gebäude fanden wir ein Funkgerät, und beim Blick aus dem Fenster wurde uns auch klar, was es von hier aus zu kommunizieren gab: Uns bot sich ein wunderbarer Ausblick auf die Route Bottle und den Flughafen Kabuls – ein idealer Beobachtungspunkt also. Im weiteren Verlauf der Straße stießen die beiden Bergketten rechts und links bis an die Straße heran. Wenn sich nur ein oder zwei Panzer, von diesem Observationsposten alarmiert, dort aufbauen würden, wäre der Weg nach Bagram abgeschnitten. Die Option einer Überlandevakuierung war damit schon mal abgehakt.

Als wir weiterfuhren, sahen wir bereits nach etwa zehn Kilometern zwei T-55-Panzer an einem solchen Nadelöhr. Wir konnten nicht erkennen, ob die beiden Panzer in Betrieb oder funktionsfähig waren, aber es gab Bewegung neben den Fahrzeugen. Unsere Stimmung sank tiefer und tiefer. Wir waren keine 20 Kilometer weit gekommen und hatten schon eine Menge Entmutigendes gesehen. Dazu gehörten auch fantastische Möglichkeiten, einen Hinterhalt für uns zu legen. Die vielen Höhleneingänge in den Bergen im Westen und Osten waren dazu ideal. Doch das Schlimmste waren die roten Farbmarkierungen rechts und links der Straße: Minen! Diese kleinen roten Kreuze am Wegrand zogen sich bis unmittelbar vor Bagram hin. Es gäbe für uns keine Möglichkeit, überhaupt von der Straße runterzugehen, um woanders eine Stellung zu beziehen. Insgesamt kamen wir an sechs Checkpoints der Afghanen vorbei. Wir fragten die mit schweren Maschinengewehren ausgerüsteten Männer, in wessen Auftrag sie dort standen. Ob sie tatsächlich zur afghanischen Armee gehörten, wie sie behaupteten, kann ich nicht sagen. Wir waren diesbezüglich eher skeptisch. Die Aufstellung, Ausbildung und auch Ausrüstung dieser Armee durch die ISAF war zu diesem Zeitpunkt nämlich noch nicht besonders weit fortgeschritten.

Kurz vor Bagram kamen wir dann in eine bewohnte Gegend. Es gab dort viele flache Gebäude, auf deren Dächern wir Flugabwehrkanonen und unzählige Bewaffnete neben der Straße entdeckten. Uns fiel sofort auf, dass diese Menschen hier feindselig auf uns reagierten. Aus Kabul waren wir dies nicht gewohnt, dort kamen wir einigermaßen mit der Bevölkerung zurecht, hier aber schlugen uns eisige Kälte, Misstrauen und offenkundige Ablehnung entgegen. Vielleicht hatte es ja damit zu tun, dass die Amerikaner hier stationiert waren. Mir war schon aufgefallen, wie unterschiedlich die beteiligten ISAF-Nationen mit der Bevölkerung umgingen. Die Zivilbevölkerung trat uns in den verschiedenen Sektoren Kabuls ganz unterschiedlich gegenüber. Das ISAF-Kontingent in Kabul war damals eine multinationale Truppe mit über 20 000 Soldaten, die auf mehrere Standorte innerhalb der Stadt verteilt waren. Wo die Briten und Franzosen das Sagen hatten, traten uns die Bewohner irgendwie verschlossener, ja beinahe reserviert gegenüber.

Wir hatten genug gesehen. Nun, vor den Toren des möglicherweise rettenden Flughafens in Bagram, konnte ich mit Gewissheit sagen, dass wir keine Chance hatten. In einem bewaffneten Konflikt mit 2300 bis 2500 deutschen Soldaten über die Route Bottle nach Bagram zu gelangen, war ausgeschlossen. Selbst mit massiver Unterstützung der Amerikaner aus der Luft wäre dies mehr als fraglich gewesen. Abgesehen davon konnte ich mir nicht vorstellen, dass die Amerikaner überhaupt ISAF-Partner unterstützt hätten, solange auch nur ein eigener Soldat von ihnen noch zu evakuieren gewesen oder in Gefechte verwickelt wäre. Ist ja klar, dass die eigenen Kräfte immer vorgehen. Außerdem ging es ja nicht darum, nur ein paar Soldaten oder eine Kompanie zu evakuieren. Es ging um knapp 21 000 Soldatinnen und

Soldaten aus mehreren Nationen, die in der Mausefalle sitzen würden.

Meines Wissens sind die Evakuierungsmöglichkeiten bis heute ähnlich miserabel. Wenn ich die Berichterstattung im Fernsehen verfolge, dann frage ich mich, warum sich nicht Journalisten oder die vielen selbsternannten Militärexperten des Themas annehmen. Stattdessen lassen sie sich von den Presseoffizieren mit Allgemeinplätzen abspeisen, dass man zuversichtlich hinsichtlich einer Evakuierung sei. Selten so gelacht, kann ich dazu nur sagen. Wie bitte soll das gehen? Wie soll man mittlerweile etwa 3000 deutsche Soldaten, verteilt auf inzwischen vier Stützpunkte, aus diesem Land retten? Und das, wenn zurzeit lediglich sechs Hubschrauber zur Verfügung stehen, die aufgrund der technischen Grenzen nicht über alle Berge kommen. Die Besatzung eines Hubschraubers besteht aus vier Mann (zwei Piloten, ein Bordmechaniker und ein Luftraumspäher), im Bedrohungsfall kommen noch zwei MG-Schützen dazu. Demnach konnte jeder Hubschrauber im Evakuierungsfall maximal zehn zusätzliche Personen aufnehmen.

Die deutsche Politik, das Verteidigungsministerium macht einen großen Fehler, wenn sie leichtfertig ihre Soldaten einer solchen Bedrohung aussetzt. Vielleicht hätten die Herren mal ins Geschichtsbuch schauen sollen. Dann wäre ihnen der Leidensweg der Briten eine Warnung gewesen. 1842 floh die einstmals stolze Kolonialarmee vor den afghanischen Stammeskriegern von Kabul nach Pakistan. 16 000 Mann, zum Teil mit Angehörigen, versuchten, mit den afghanischen Kämpfern im Nacken über die Grenze zu kommen. Nur ein einziger Mann erreichte Pakistan lebend. Mehr tot als lebendig berichtete der Militärarzt William Brydon von unvorstellbaren Massakern an den Soldaten und Zivilisten. Nicht ohne Grund sprachen wir in der Truppe immer vom »Kessel Kabul«. Wir wussten, dass wir keine Chance hätten, wenn die instabile Sicherheitslage in einen bewaffneten Konflikt umschlüge. Und wir wussten, dass die Situation dem Bundestagsmandat der Bundeswehr in diesem Land widersprach. Unser militärischer Auftrag bestand nämlich eindeutig auch gerade darin, uns selbst im Bedarfsfall evakuieren zu können, wie auch die »Bundesdrucksache 14/7930« unmissverständlich festlegt.

Eine sichere Evakuierung war absolut unmöglich, weil uns dafür die Mittel und Wege fehlten. Wir fühlten uns von der Politik, die ja den finanziellen Rahmen für die Bundeswehr vorgibt, im Stich gelassen. Da schickte sie uns nach Afghanistan und wollte die immensen Kosten für Hubschrauber, Fahrzeuge, gepanzerte Verbände, die für eine sichere Evakuierung unweigerlich anfallen, nicht auf ihre Kappe nehmen. Diese Doppelzüngigkeit macht mich bis heute wütend. Wenn es der Wille der Bundesregierung ist, sich mit internationalen Einsätzen der Bundeswehr zu profilieren, dann soll sie bitte schön auch die entsprechenden finanziellen Rahmenbedingungen für entsprechende Sicherheitsvorkehrungen schaffen. Im Kosovo-Konflikt zum Beispiel wäre die sichere Verlegung der Soldaten im Evakuierungsfall kein Problem gewesen. Tja, war halt quasi »um die Ecke« und entsprechend billiger. Dabei waren in den vergangenen Jahren immer wieder deutsche Politiker im Kessel Kabul zu Besuch und konnten sich selbst ein Bild von der Lage machen. Aber sie haben wohl alle ihren Scholl-Latour nicht aufmerksam gelesen. In »Der Fluch des neuen Jahrtausends. Eine Bilanz«, erschienen im Februar 2002, hat er bereits eindrücklich auf die geografisch schwierige Lage für Truppen in Afghanistan hingewiesen und sich oft zu den Schwierigkeiten einer Evakuierung geäußert. Zumindest Leute mit etwas militärischem Sachverstand (die es wenn schon nicht in der Politik, dann doch wenigstens in der Bundeswehr oder im Verteidigungsministerium geben müsste) wussten um die Lage – und nichts Entscheidendes passierte.

Auf dem Rückweg nach Kabul fuhren wir über die weiter westlich zur Route Bottle gelegene Route Horseshoe. Das Bild ähnelte dem der Hinfahrt. Es gab allerdings mehr Ansiedlungen und noch mehr Panzer. Diese Option entfiel also ebenso wie die Bottle, zumal der Zugang zu dieser Straße aus Kabul nur über den nördlichen Stadtbezirk möglich war, also wieder ein Nadelöhr. Man konnte es drehen und wenden, wie man wollte: Eine

Überlandroute war nicht realisierbar, ohne dass wir auf das Übelste zusammengeschossen worden wären.

Endlich erreichten wir nach achtstündiger Erkundungsfahrt wieder die Stadtgrenzen von Kabul, und ich fühlte die enorme Anspannung von mir abfallen. Obwohl wir uns nur wenig außerhalb der Fahrzeuge bewegt hatten, waren wir alle körperlich völlig am Ende. Endlich konnten wir die schweren Bristol-Schutzwesten ausziehen. Diese Westen schützen sogar vor Beschuss aus einem Maschinengewehr, allerdings hat diese Sicherheit auch ihren Preis. Das Gewicht! Schwere Titanplatten sorgen dafür, dass die Geschosse gebremst und anschließend von den Kevlarfasern aufgehalten werden. Zu den 15 Kilogramm der Weste kam noch die Munition, insgesamt kamen ganz schnell mehr als 20 Kilo zusammen. Kein Wunder, dass am Anfang alle Nackenschmerzen hatten, weil das ganze Gewicht auf den Schultern lastete. Schlimmer war aber, dass unter der engen Weste Luftzirkulation praktisch ausgeschlossen war. Bei 30 Grad und mehr im Schatten hatte der Kreislauf also ordentlich zu tun.

Nachdem wir erst mal unser ganzes Material zur Auswertung in der OPZ der KMNB abgegeben hatten, machte sich schnell Ernüchterung breit. Die Annahme, dass die von uns ausgekundschafteten Routen keinesfalls geeignet waren zur Evakuierung eines so großen Verbands, hatte sich vollends bestätigt und wurde auch von den Offizieren des internationalen Einsatzverbands bestätigt. Nachdem ich meine Waffen und meine Ausrüstung gereinigt hatte und auf dem Feldbett lag, ließ ich die Eindrücke des Tages nochmals Revue passieren. Es war frustrierend gewesen, diese Strecke mit eigenen Augen gesehen zu haben. Ich konnte nur inständig hoffen, dass niemals eine solche Evakuierung würde durchgeführt werden müssen. Das Selbsterlebte war überwältigender als meine ungute Vorahnung oder eine reine Lageeinschätzung am Kartentisch.

Gefechtsfeldtourismus und andere deutsche Spezialitäten

Drei Tage später kündigte sich der stellvertretende Kommandeur der Luftlandebrigade bei uns an. Er hielt am Standort in Oldenburg die Stellung und wollte sich informieren, wie es seinen in Kabul eingesetzten Soldaten erging, und ein bisschen was von der Stadt sehen. Für solche Besuche hatte sich bereits nach wenigen Wochen in diesem Land eine Sightseeingtour etabliert, in deren Genuss alle Besucher kamen. Die Route führte für gewöhnlich an einem markanten Punkt, dem »Hotel Kabul« vorbei, direkt in den inneren Stadtbezirk mit seinen Märkten. Es lag in unmittelbarer Nachbarschaft zum Regierungsviertel und hatte einst vielen Staatsgästen als Unterkunft gedient. Doch dann war es bei einem Sprengstoff-Anschlag auf Ahmad Massud, einen wichtigen Führer der Nordallianz im Kampf gegen die Taliban, zur Hälfte zerstört worden und bot so ein eindrucksvolles Bild der widerstreitenden Mächte in diesem Land. Dann ging es weiter vorbei am Stadion und meist zum Hotel Interconti hinauf, das einen sehr guten Ausblick über die ganze Gegend bot. Der Rückweg führte über den Südteil der Stadt zum alten Königspalast und dann über das Königsgrab zurück ins Camp Warehouse. Ich mochte diese »Gefechtsfeldtouristik« überhaupt nicht. Sie machte nur Arbeit, war sinnentleert und brachte überflüssige Risiken. Alex und ich sollten den Personenschutz für den Herrn Oberst übernehmen und erkundeten im Vorfeld die Route. Die Tour wurde auf unsere Erkenntnisse hin in zwei Punkten geändert, weshalb wir uns etwas wohler fühlten.

Nachdem wir den Herrn Oberst vom Flughafen abgeholt hatten und er durchs Camp geführt worden war, stand am Folgetag die obligatorische Sightseeingtour auf dem Programm. Kabul zeigte sich von seiner besseren Seite. Es wehte eine leichte Brise, und der entsetzliche Gestank und die Smog-Glocke waren an diesem Tag halbwegs erträglich. Wir hatten das Botschaftsviertel durchfahren und fuhren nun in den nördlichen Bereich Kabuls, zum Königspalast. Der Major, der unsere kleine Reisegruppe begleitete und den Fremdenführer spielte, stieg mit dem Oberst aus, weil dieser die Zerstörungen am Palast näher in Augenschein nehmen wollte. Sie waren keine zehn Meter von den Fahrzeugen entfernt stehen geblieben, als ich von rechts einen Afghanen in Polizeiuniform auf uns zukommen sah. Alex sicherte die beiden Offiziere im Nahbereich und ich nach rechts über die Straße, der Afghane fiel damit in meinen Sicherungsbereich. Seine nagelneue Uniform und der sehr gepflegte Bart stachen mir sofort ins Auge. In meiner Ausbildung hatte ich gelernt, dass Selbstmordattentäter sich vor einem Anschlag sehr pflegen, da sie ja bald Allah gegenübertreten wollen. Außerdem musste der Träger einer Polizeiuniform nicht unbedingt ein Angehöriger der afghanischen Polizei sein, Uniformen wurden dort von allen möglichen Leuten getragen. Ich war also alarmiert. Je näher er kam, umso misstrauischer wurde ich und behielt ihn genau im Auge. Seine Kleidung lag eng an, ich konnte keine Waffen oder einen Sprengstoffgürtel darunter erkennen, auch in seinen Händen hielt er nichts. »Achte immer auf die Hände, denn die Hände töten!«, hatte ich gelernt.

Ich stand im Low Ready, also mit der Schulterstütze des Gewehrs an meiner Schulter und die Gewehrmündung auf den Boden gerichtet – eine Position, aus der heraus man schnell reagieren und notfalls schießen kann. Mit einem kurzen Nicken bestätigte mir Alex, dass er den afghanischen Polizisten ebenfalls gesehen hatte. Ich hatte ihm nur ein kleines Zeichen geben müssen, wir waren ein eingespieltes Team. Der Afghane war nun nur noch etwa drei Meter von mir entfernt und ging freundlich lächelnd an mir vorbei. Dann verharrte er kurz, drehte sich um und kam wieder auf mich zu. Dabei redete er in seiner Muttersprache auf mich ein. Ich verstand kein einziges Wort, konnte ihn aber durch mein Gewehr etwas auf Distanz halten und achtete genau auf seine Hände. Mir war sofort aufgefallen, dass mit ihm etwas nicht stimmte: Seine Augen waren glasig, er redete so viel und so verwaschen wie ein Wasserfall und schwankte leicht. Dieser Mann stand offensichtlich unter Drogen. Viele meiner Kameraden hatten mir bereits erzählt, wie die Drogenbekämpfung in diesem Land funktioniert: Vernichtung durch Konsum. Davon hatten sie sich bei ihren gemeinsamen Patrouillen mit der afghanischen Polizei, den »Joint Patrols«, überzeugen können. Die ihnen angebotenen Haschzigaretten und Opiumpräparate schlugen sie natürlich aus, schließlich wollten sie klar denken können. Und was wäre es für ein Skandal gewesen, wenn bekiffte oder gar von harten Drogen vollgedröhnte Afghanen und Deutsche in einem ganz anderen Sinne als »Joint Patrols« gemeinsam auf Patrouille gewesen wären. Die Gruppenführer räumten das enorme Sicherheitsrisiko aus, indem sie unter Drogen stehende Afghanen vom Dienst ausschlossen.

Dieser afghanische Polizist musste das Drogenverbot irgendwie umgangen haben. Als er merkte, dass ich nicht auf ihn einging und ihn zum Weitergehen aufforderte, zog er völlig unvermittelt eine russische Makarov-Pistole. Verdammt, er hatte dieses Ding schneller aus dem Hosenbund gezogen, als ich es ihm zugetraut hätte. Die Mündung der Pistole drückte er direkt auf meine Brust. Er war so high, dass er absolut unzurechnungsfähig war und womöglich auch abgedrückt hätte, wenn ich nicht schnell reagiert hätte. Instinktiv riss ich meine Waffe hoch und stieß ihm die Mündung meiner Waffe ins Gesicht. Während er auf die Knie sank, schrie ich laut »Waffe«, damit jeder in meiner Umgebung wusste, was los war. Ich fixierte ihn, indem ich mein linkes Bein auf seinen Oberkörper presste, und nahm die Makarov auf, die er hatte fallen lassen. Das Magazin war voll, und sogar eine Patrone war im Lauf, die Waffe war entsichert. Er hätte nur abdrücken müssen, und ich wäre Geschichte gewesen.

Bei seiner Überprüfung fanden Alex und ich tatsächlich Ausweispapiere, die ihn als Polizisten auswiesen, unterzeichnet von einem afghanischen Oberst und mit Stempeln drauf. Da kamen auch schon der Oberst und der Major und erkundigten sich, was passiert war. Der Oberst forderte mich auf, dem Mann aufzuhelfen und ihm seine Waffe zurückzugeben. Alex entlud das Magazin und hielt ihm seine Pistole hin, doch plötzlich brach ein wildes Chaos aus. Der Mann glaubte wohl, dass wir ihn erschießen würden, sobald er seine Waffe zurücknahm. Er drehte regelrecht durch, zeigte wild gestikulierend auf mich und verweigerte vehement unter allerlei afghanischen Kraftausdrücken die Annahme seiner eigenen Pistole. Ich fühlte schon wieder meinen Adrenalinpegel ansteigen, langsam hatte ich die Schnauze voll von dem Mann. Ich schrie zurück und forderte den Mann auf, mit diesem Affentheater aufzuhören. Der aber drehte völlig durch und versteckte sich wie ein kleines Kind hinter Alex, der ihm noch immer seine Waffe entgegenhielt. Jetzt glitt die Situation völlig ins Groteske ab, fast hätte ich laut loslachen müssen. Ich konnte mich aber gerade noch beherrschen, denn das wäre ein Gesichtsverlust für den armen Mann gewesen und die Situation hätte wieder eskalieren können. Was blieb mir also anderes übrig, als dem Afghanen zu verstehen zu geben, dass er sein Waffe nehmen und endlich abhauen sollte?

Der Oberst und der Major schauten verwundert zu, wie ich versuchte, den Polizisten zu fassen zu kriegen, und wir immer im Kreis um Alex herumliefen, der Afghane schreiend vorneweg und ich schreiend hinterher. Es war Slapstick pur. Anscheinend hatte ich eine Art Fernbedienung für den Afghanen erfunden: Nahm ich die Waffe hoch, heulte er theatralisch los, nahm ich sie runter, beschimpfte er mich auf das Übelste und zeterte wie ein Rohrspatz. Das ging so eine halbe Ewigkeit, bis auch Alex die Schnauze voll hatte und ein zufällig vorbeikommendes Taxi anhielt. Wir warfen die Pistole auf den Rücksitz, den Mann hinterher und bedeuteten dem Fahrer mit leichten Schlägen auf das Dach, dass er losfahren sollte. Die Lage war endlich gelöst, nicht ganz nach Lehrbuch – aber in welcher Armee gehören schon Zweikämpfe à la Tom und Jerry zur Grundausbildung?

Als das Taxi losfuhr, atmete ich erst einmal tief durch und drehte mich um. Zwei völlig entgeisterte Gesichter – der Oberst und der Major – und ein schmunzelndes, natürlich Alex, sahen mich an. »Alles in Ordnung?«, wollte Alex wissen. Noch während ich bejahte, setzte schon plötzlich und heftig das Donnerwetter ein. Der Oberst, vermutlich sauer wegen der Unterbrechung seiner schönen »Sightseeing-Tour«, fuhr mich an: »Haben Sie noch nie was von den RoEs gehört?« Was für eine Frage. Die »Rules of Engagement«, also die Regeln des Einsatzes, konnte ich beinahe im Schlaf auswendig. Sie waren groß und breit in der Taschenkarte abgedruckt, die jeder Soldat mit sich führte. Und ich wusste sehr genau, was darin geschrieben stand. Dass ich nämlich das Recht hatte, mich »jederzeit und überall gegen einen Angriff zu verteidigen«.

Wenn eine Pistolenmündung auf meiner Brust kein Angriff war, dann wusste ich auch nicht. Der Oberst sah die Sache offensichtlich anders. Er überlegte ernsthaft, diesen Vorfall wegen eines Verstoßes gegen die Richtlinien für die Anwendung von Gewalt dem General zu melden, ließ er mich wissen. Ich konnte nicht glauben, was er da von sich gab. Seiner Meinung nach hätte ich mit der Person reden sollen, um die Situation zu entschärfen. Ich dachte nur, wie hätte ich mit dieser Person reden sollen? Auf Dari oder Paschtu etwa? Mit der Pistole auf meiner Brust wäre ich sehr gespannt auf den Dialog gewesen, der sich dabei entwickelt hätte. Die Person, zu deren Schutz wir ja abkommandiert waren, klagte uns an, dass wir unseren Auftrag konsequent und unter hohem persönlichem Risiko ausführten?

Ich entgegnete dem Oberst nicht, dass ich den »Rules of Engagement« zufolge in so einer Lage sofort meine Schusswaffe hätte einsetzen können und dürfen. Ich hielt einfach den Mund, um diese Situation nicht auch noch eskalieren zu lassen. Natürlich auch, weil ich gegen den Oberst garantiert den Kürzeren gezogen hätte. So ließ ich den Sermon über mich ergehen – von jemandem, der vor noch nicht einmal 24 Stunden in dieses Krisengebiet eingeflogen worden war. Ich hatte schon öfter die Erfahrung gemacht, dass gerade in der hohen und höchsten Führungsebene ein ausgeprägtes Gutmenschendenken zu finden war. Eine Einstellung, die vor dem Hintergrund der deutschen Geschichte durchaus nachvollziehbar, hier aber einfach fehl am Platze und sogar höchst gefährlich war. In diesem Land ließ sich eben nicht alles mit gesundem Menschenverstand und Appellen an die Vernunft regeln. Hier liefen die Uhren ein bisschen anders.

Von Kameraden wusste ich, dass es seit Einsatzbeginn immer wieder zu Problemen wegen unterschiedlicher Einschätzungen gekommen war. Der Bundeswehrführung musste an einem guten Image in der Bevölkerung gelegen sein. Und das drohte schon mal auf Kosten der Sicherheit ihrer Soldaten zu gehen. Ein General der ersten Kräfte wollte beispielsweise verbieten, dass die minengeschützten Fahrzeuge, die sogenannten Dingos, mit aufgerüstetem Maschinengewehr benutzt werden, weil das von den Afghanen als aggressive Geste aufgefasst werden könnte. Und das, obwohl historisch und kulturell bedingt Waffen im Alltag der Afghanen das Normalste auf der Welt sind und nicht wenige mit Revolver oder Gewehr durch die Gegend laufen. Ich hatte die Erfahrung gemacht, dass man sich mit einer angemessenen Ausrüstung gegenüber den Afghanen den nötigen Respekt verschaffte. Auch wenn man das Maschinengewehr, das vom Fond des Dingo aus bedient wird, gar nicht einsetzen will, sollte man es gerade in schlecht einschätzbaren Situationen immer installieren. Es eignet sich nämlich hervorragend dafür, den Feind in Deckung zu zwingen, also niederzuhalten, während der Konvoi sich aus der unmittelbaren Gefahr herausbegibt.

Ich stellte also auf »Durchzug« und wartete stoisch ab. Auch Alex sah aus, als wollte er sich diesen Schwachsinn nicht länger anhören. Vermutlich hatte er auch schon eine Kosten-Nutzen-Rechnung aufgestellt, und da sie negativ ausfiel, mischte er sich nicht ein. Selbst der Major versuchte, den Oberst zu beruhigen. Ich war nach diesem Zwischenspiel einfach nur enttäuscht. Ich hatte meinen Auftrag erledigt, professionell und mit der geringsten Eskalationsstufe, und wurde von meiner Schutzperson als hirnloser Rambo hingestellt! Noch als wir zurück im Camp Warehouse waren und ich mich um die Nachbereitung kümmerte, arbeitete es in mir, und ich fragte mich ernsthaft, welchen Fehler ich denn begangen hatte. Ich reinigte meine Waffe und kam für mich zu dem Ergebnis: keinen!

Wie oft ich diese vollkommen mechanisch ausgeführten Tätigkeiten wie Waffe reinigen und Ausrüstung überprüfen in meiner Zeit beim Militär durchgeführt habe, kann ich beim besten Willen nicht mehr sagen. Allerdings sind mir diese Tätigkeiten zu meiner zweiten Natur geworden, bis heute und sogar im Zivilleben. Selbst bei kleinen Gängen vor die Tür überprüfe ich meine »Ausrüstung« und vergewissere mich lieber zweimal, ob ich alles, was ich brauche, dabeihabe. Diese Routinen kann man einfach nicht mehr ablegen. Besonders, wenn man sie unter so speziellen Begleitumständen wie in Afghanistan verinnerlicht hat, wo diese Prozesse ja eine Art Lebensversicherung sind. Mir ist zum Beispiel bis heute zuwider, über offene Rasenflächen zu laufen, wegen der Minengefahr. Rasen und Minen – die beiden Dinge scheinen unwiderruflich und untrennbar in meinem Kopf zusammen abgespeichert zu sein. Niemand von meinen Verwandten, Freunden oder Bekannten, die nicht in ähnlichen Situationen waren, versteht, warum ich noch heute ungern über eine Wiese gehe. Ich habe von vielen anderen gehört, dass sie aus Einsätzen solche Macken mitgebracht haben. Ein Soldat hat sich, wenn er nachts zu Hause in seiner Privatwohnung auf Toilette musste, automatisch erst mal komplett angezogen – weil er das von Camp Warehouse so gewohnt war. Er hätte ja schlecht in Unterhose aus seinem Zelt krabbeln und durch die eiskalte Nacht zu den Sanitäreinrichtungen marschieren können. Einige ertappen sich dabei, wie sie beim Stadtbummel immer die nächstmögliche Deckung ausspähen, um bei einem Beschuss schnell reagieren zu können.

Haben wir alle einen Schaden erlitten? Sind wir alle nicht normal? Meine Meinung ist: ja, und zwar aus dem einfachen Grund: Dieser Einsatz in diesem Land war eine extreme Erfahrung. Besonders für einen Mitteleuropäer, im Durchschnitt nicht älter als 25 Jahre. Meine Tante hat fast ihre gesamte Verwandtschaft im Zweiten Weltkrieg verloren. Als ich zum Militär gehen wollte, versuchte sie es mir auszureden. Bis heute erzählt sie von den schrecklichen Erlebnissen der Bombennächte und den Briefen, in denen ihr mitgeteilt wurde: »… gefallen für Führer und Vaterland …« Mit wem sollte ich, mit wem können wir Soldaten über unsere Erfahrungen reden, wenn wir von den Einsätzen nach Hause kommen? Viele Soldatinnen und Soldaten wollen ihre Familie in Deutschland nicht über Gebühr mit »Schauergeschichten« beunruhigen. Wer versteht in Deutschland, was wir erlebt und gesehen haben?

Bei den Amerikanern wird in aller Regel niemand nach einem mehrmonatigen Auslandseinsatz erst mal in den Urlaub geschickt, wie das bei der Bundeswehr Usus ist, und zwar aus ganz pragmatischen Gründen: Die Soldaten, die oft nonstop gearbeitet haben, sollen ihre vielen Urlaubstage abbauen. Angehörige der amerikanischen Armee hingegen werden noch ein bis zwei Wochen in die Nachbereitung am Standort integriert, damit die Anpassung leichter fällt. Kein von hundert auf null wie bei uns. Belastend kommt für die Heimkehrer hinzu, dass einige abrupt ins Privatleben abkommandierte Soldaten sich wie überflüssige Eindringlinge vorkommen, da die Familie in den sechs Monaten ohne Vater ihre Arbeitsaufteilung völlig geändert hat und sie plötzlich nicht mehr ins Gefüge hineinpassen. Eine schreckliche Situation für beide Seiten. Gerade in diesem Bereich merkt man die Unerfahrenheit der politischen und militärischen Führung gegenüber diesen Problemen.

Der truppenpsychologische Dienst der Bundeswehr hat auch seine Tücken. Gerade in einer Truppengattung wie den Fallschirmjägern. Niemand möchte als Weichei verspottet werden oder den Makel des »psychischen Wracks« angehängt bekommen, wenn Kollegen merken, dass man zum Psychologen geht. Besonders Berufssoldaten befürchten auch Laufbahnnachteile, wenn sie dort vorstellig werden. Andere Armeen sind da schon viel weiter und akzeptieren, dass es bei manchen Soldaten zu Stresssymptomen kommen kann. Dieser Person wird professionell geholfen, um sie schnellstmöglich wieder integrieren zu können. Oftmals helfen schon ein, zwei Tage Ruhepause vom normalen Dienstbetrieb. Wenn man nicht jeden Tag diese Anspannung in Kabul, nicht jeden Tag die menschlichen Tragödien erleben muss.

Glücklicherweise hatte ich immer Strategien, die mir bei der Verarbeitung meiner Erlebnisse geholfen und mich entspannt haben, so alltägliche Dinge wie eben Waffenreinigen. Auch der Sport hat mir sehr geholfen. Wir konnten zwar wegen der zunehmenden Bedrohungslage nur auf staubigen Straßen innen an der Campmauer entlang joggen, aber danach war ich immer ruhig und ausgeglichen. So hat jeder seine kleinen Tricks, wie er mit der Belastung fertig wird. Allerdings habe ich auch erlebt, dass nicht jede Entspannungsmethode gern gesehen ist. Wenn Soldatinnen oder Soldaten sich zum Beispiel sonnten, ist die Führung fast sofort dagegen eingeschritten. Die Begründung dabei war immer die gleiche: Wie sieht das denn aus, wenn andere Nationen dieses Verhalten sehen! Ich finde diese Argumentation total daneben. Die Soldatinnen und Soldaten im Einsatz haben keinerlei Privatsphäre. Sechs Monate mit bis zu zehn Mann in einem Zelt zusammengepfercht. Unter schwierigen klimatischen Bedingungen. Ohne richtige Freizeit und nur in Uniform, die Waffe ständig am Mann. Ganz zu schweigen von der permanenten Bedrohungslage. Und dann sollen sich diese Soldaten nicht sonnen dürfen, wenn sie mal Zeit haben?

An den nächsten Tagen stand für Alex und mich schwerpunktmäßig die Arbeit in der OPZ auf dem Programm. Wir haben allerdings in der Zeit öfter die Straßenseite gewechselt, denn schräg gegenüber dem Camp Warehouse, keine 400 Meter entfernt, lag das Camp der Amerikaner. In einer ehemaligen Offiziersakademie der afghanischen Armee hatten die Amis Kräfte für die »Operation Enduring Freedom« (OEF), also die militärische Operation gegen den Terrorismus, untergebracht: die 2nd Special-Forces Group, die Spezialkräfte für den asiatischen Bereich. Wir trafen uns dort zum Kaffeetrinken und tauschten auch Informationen aus. In dieser Zeit häuften sich gerade die sogenannten Thread-Warnings: Warnungen über Bedrohungslagen aus den verschiedensten Quellen – nicht nur von Teilen der ISAF-Schutztruppe, sondern auch von Einheiten der »Operation Enduring Freedom«. Demnach waren oft Taxis aus dem Grenzgebiet von Pakistan nach Kabul unterwegs, vollgepackt mit Sprengstoff. Teilweise wurden sogar die Kennzeichen der betroffenen Fahrzeuge genannt. Aber versuchen Sie mal, im Gewusel dieser Stadt ein Taxi mit einem ganz bestimmten Kennzeichen zu finden! Zumal die fremden Schriftzeichen auf den Nummernschildern auch noch extrem klein waren.

Etwa zu dieser Zeit bekam ich auch die Information, dass die Reste der afghanischen Armee noch über vier Jagdflugzeuge vom russischen Typ MIG-21 verfügten. Diese würden wir in den nächsten Tagen in Aktion sehen, weil für eine Militärparade zur Feier des russischen Abzugs vor dreizehn Jahren ein Überflug geplant war. Als ich eines schönen Morgens mit Alex zusammen in der OPZ saß, hörten wir auf einmal aus dem hinteren, südöstlichen Bereich des Camps einen ohrenbetäubenden Knall. Über Funk bekamen wir mit, dass dort ein Flugzeug abgestürzt sei. Die QRF, die schnelle Einsatztruppe, wurde sofort alarmiert und zur Absturzstelle beordert. Alex und ich fuhren ebenfalls hin.

Als wir ankamen, sahen wir nur kleinere Trümmer des Flugzeugs. Von der Bauart war zu erkennen, dass es sich um eine MIG-21 handelte. Allerdings war dies ein Trainer, denn er hatte zwei Sitze: für den Flugschüler vorn und den Trainer hinten; sonst ist die MIG-21 ein Einsitzer. Komischerweise waren die Amerikaner bereits dabei, die Absturzstelle abzusperren. Nicht einmal die QRF war früher da, obwohl sich der Unglücksort genau hinter unserem Lager befand. Noch komischer war, dass sich einige Amerikaner ohne Uniform unter diesen Kräften vor Ort befanden, was mich noch misstrauischer machte. Einen Mann, etwas beleibter und mit schwarzem, zurückgegelten Haar, traf ich in einer anderen heiklen Situation wieder, wie ich noch berichten werde. Dort stellte er sich als Angehöriger eines amerikanischen Geheimdienstes vor, was ich bei dem MIG-Absturz lediglich vermutete. Die Amerikaner nahmen uns sofort zur Seite und sagten uns, das Flugzeug sei abgestürzt. Während meiner Ausbildung zum Berufshubschrauberpiloten hatte ich gelernt, dass man nach dem Absturz eines Luftfahrzeugs immer erst eine Untersuchung abwarten muss, bevor man eine Diagnose vorlegt. Alex und ich quittierten diese Erklärung mit einem Nicken und unterdrücktem Lächeln.

Wir standen circa fünf Meter vor einem etwas größeren Trümmerstück der Tragfläche und hatten bereits gesehen, dass sich an der Unterseite eingewölbte Löcher und an der Oberseite vergratete Löcher befanden. Ganz so, als sei dort etwas von unten eingedrungen und habe die Tragfläche durchschlagen. Die Optik erinnerte mich sehr an Ergebnisse von Übungen, die ich bei einer Scharfschützenausbildung an einer internationalen Schule genossen hatte. Dort hatten wir mit einem Kaliber-50-Gewehr auf verschiedenste Materialien geschossen. Und ich muss sagen, diese Löcher in den Tragflächen sahen genauso aus. Für mich stellte sich nur eine Frage zusätzlich: Wo ist der Pilot? Wie ich erst später hörte, hatte er sich noch mit dem Schleudersitz aus der Maschine retten können. Wegen der schlechten Wartung der Flugzeuge und des veralteten Materials riss aber das gesamte Gurtzeug. Der Pilot, ein sehr erfahrener Kampfflieger und vom Rang her General, stürzte zu Tode.

Alex und ich fotografierten das Trümmerteil. Oberleutnant Schulze, der Führer der Quick Reaction Force (QRF) und übrigens Koautor dieses Buches, tat es uns gleich. Auch er quittierte die Erklärung der Amerikaner mit einem neutralen Gesicht und dachte sich seinen Teil, wie er mir hinterher erzählte. Auch er fand seltsam, dass seine schnelle QRF die Amerikaner schon bei Absperrungsarbeiten an der Unfallstelle vorfand, obwohl diese doch einen viel weiteren Weg hatten. »Was hältst du von der Sache, Achim?«, sprach er mich später im Camp an. Ich sagte ihm ohne Umschweife, dass ich sehr sicher sei, einen Abschuss zu erkennen, wenn ich einen sehe: »Wenn etwas aussieht wie eine Ente, quakt wie eine und watschelt wie eine, ist es sehr wahrscheinlich eine Ente!« Er meinte: »Ganz meine Rede, Achim. Und genauso werde ich das auch in meinen Bericht schreiben.« Alex und ich versuchten, durch Dean an weitere Informationen über diesen »Absturz« zu kommen. Auch er hielt sich vollkommen bedeckt und druckste nur herum. Seine Gestik sprach allerdings Bände. Wir haben diesen Vorfall dann nicht weiter verfolgt, da die Amerikaner ihre Hände darauf hatten und jede weitere Nachforschung reine Energieverschwendung gewesen wäre.

Die nächsten Tage wurden Alex und ich immer mobiler. Wir griffen uns die verschiedensten Aufklärungsaufträge, vor allem im Raum Kabul. Mir wurde die Informationsbeschaffung fast zur Obsession. Ich war schon immer ein neugieriges Kerlchen, aber zusätzlich empfand ich das Gut Information als fast wichtiger als die Luft zum Atmen. Entsprechend verbrachte ich kaum noch Zeit in der OPZ. Auch der Schießbahn statteten wir immer öfter einen Besuch ab, um uns im Schießen fit zu halten. Für unsere Aufklärungstouren benötigten wir nun dringend einen Dolmetscher, einen sogenannten Sprachmittler, damit wir uns auch mit Einheimischen unterhalten konnten, um an Informationen zu kommen. Wir bekamen einen neuen Übersetzer zugeteilt, der sich unmittelbar nach dem »Absturz« der MIG-21 hinter dem Camp gemeldet hatte. Interessanterweise war er der Sohn des afghanischen Generals, der bei dem Unglück zu Tode kam. Alex und ich dachten sofort: Da möchte jemand etwas gutmachen. Warum sonst hatte ausgerechnet er den Job bekommen? Deutschsprachige Afghanen gab es in Kabul nämlich ganz schön viele.

Für mich war das eine ganz neue Situation, mit der ich anfangs ein Problem hatte. Ich hatte bislang kaum mit Sprachmittlern zu tun gehabt und musste mich nun an den Gedanken gewöhnen, dass ab jetzt hinter uns im Fahrzeug ein Afghane sitzt. Erst mal vertraute ich ihm nicht. Respekt gegenüber diesen Leuten ist eine Selbstverständlichkeit – aber Vertrauen muss man sich bei mir schwer verdienen. In den folgenden Tagen kamen wir natürlich auch ins persönliche Gespräch mit ihm. Jussuf erzählte uns, dass er einen kleineren Bruder hatte: Amir, der nun mit dreizehn Jahren Halbwaise geworden war und unter dem Tod seines Vaters sehr litt. Schon davor hatte das Schicksal es nicht gut mit Amir gemeint: Er war nahezu blind, weil er bei der

Explosion einer Handgranate einen Splitter in sein rechtes Auge bekommen hatte. Die Ärzte hier in Kabul hatten nichts anderes tun können, als seine restliche Sehkraft zu messen. Diese lag bei knapp dreißig Prozent. Schlimm genug, in diesem Alter seinen Vater zu verlieren, aber dass Amir auch noch so gut wie blind war, hinterließ bei uns einen tiefen Eindruck. Alex und ich beschlossen, dem Jungen zu helfen, und fragten in unserem Lazarett nach, ob es dafür Möglichkeiten gab. Die Ärzte winkten bedauernd ab. Das mobile Lazarett war zwar auf dem Niveau eines gut ausgestatteten Kreiskrankenhauses in Deutschland, aber eine so komplizierte Operation am Auge sei nicht machbar. Für uns war das natürlich sehr enttäuschend. Auch unser Sprachmittler Jussuf war etwas geknickt, aber zugleich sehr dankbar, dass wir es wenigstens versucht hatten.

Doch dann ergab sich eine glückliche Fügung: Alex hatte nämlich einen Verwandten, der uns womöglich weiterhelfen konnte. Er war pensionierter Augenarzt. In einem langen Telefonat überzeugte Alex seinen Onkel, den halbblinden Amir zusammen mit einem Kollegen in Deutschland zu operieren. Natürlich unentgeltlich. Unser nächstes zu lösendes Problem hieß also: Wie bekommen wir diesen Jungen nach Deutschland?

Über unseren Stab versuchten wir, einen Platz in einer Militärmaschine, die eh nach Deutschland flog, zu bekommen. Dies wurde aber leider von allen Entscheidungsträgern kategorisch abgelehnt. Von der militärischen Führung hatten wir keinerlei Hilfe zu erwarten. Also begannen wir damit, in unserer Freizeit sämtliche Hilfsorganisationen in Kabul anzufahren, um dort eventuell Unterstützung zu bekommen. Dabei kamen wir auch in viele Krankenhäuser. Was wir mit ansehen mussten, unter welchen Bedingungen dort gearbeitet wurde, lässt mich heute noch würgen.

Der Geruch und das Leid, das wir in den Krankenhäusern sahen, spotteten jeder Beschreibung. Weibliche Opfer von Selbstanzündungen lagen in den überfüllten Zimmern und auf den Fluren. Verstümmelte Kinder, die beim Spielen auf eine Mine getreten waren; gebrechliche ältere Menschen mit leerem Blick und eingefallenen Gesichtern, denen man ihre Mangelversorgung ansehen konnte. Überall herrschte ein durchdringender Fäulnisgeruch. Alex und ich ließen uns von diesen extremen Eindrücken jedoch nicht abschrecken und zogen weiter, schilderten gefühlte hundertmal »unseren« Fall. Immer wieder wurde unser Ansinnen abgelehnt, da eh schon viel zu wenige Hilfsgelder zur Verfügung standen. Aber plötzlich ein Lichtstrahl am Ende des Tunnels: In einem Krankenhaus in der Nähe des Botschaftsviertels wurden wir endlich fündig und konnten mit einem verantwortlichen Arzt reden, der aus Deutschland kam. Was Menschen wie er in diesem ganzen Leid und Elend leisten, gleicht einer Herkulesaufgabe. Unter unvorstellbaren hygienischen Bedingungen wird dort gearbeitet. Ich war keine fünf Minuten in diesem Krankenhaus und wäre am liebsten sofort Richtung Ausgang geflüchtet. Nur weg von den wimmernden, verbrannten Menschen, die kaum mehr als Menschen erkennbar waren. Ich verstehe bis heute nicht, wie diese Helfer das tagtäglich aushalten. Meine Hochachtung und eine ganz tiefe Verbeugung vor allen Ärztinnen und Ärzten, die so eine Tätigkeit freiwillig ausführen!

Nachdem wir schon erstaunt waren, dass der Arzt sich trotz der vielen Arbeit für zwei hereinschneiende Bundeswehrsoldaten Zeit nahm, waren wir nach dem Gespräch erst recht baff. Er sicherte uns nämlich zu, das Schicksal des kleinen Amir bei seinem Vorgesetzten anzusprechen. Er konnte uns natürlich nicht versprechen, dass es klappte. Aber sein Tatendrang und seine Verbindlichkeit waren wie Balsam für uns. Nach zwei Tagen besuchten wir diesen Arzt wieder im Krankenhaus. Und er hatte eine gute Nachricht: Seine Organisation würde den Flug nach Deutschland übernehmen. Ich war von mir selber überrascht. Ich freute mich wie ein kleines Kind über diese Zusage. Schon in den nächsten Tagen würde dieser Flug nach Deutschland starten, und »unser« Junge stand bereits auf der Liste! Ich freute mich fast diebisch auf das Gesicht seines großen Bruders Jussuf, der nun zum Ernährer und Erzieher in der Familie geworden war, wenn wir ihm davon erzählen würden. Ich kann mit Worten nicht beschreiben, wie er sich über die Neuigkeiten freute. Alex und ich freuten uns mit ihm. Wir hatten unsere Hilfe aus Überzeugung und ganz ohne Hintergedanken angeboten. Als positiven Nebeneffekt hatten wir in Jussuf einen loyalen und vor allem treuen und dankbaren Verbündeten gewonnen.

Der 1. Mai rückte näher und somit auch die erste große Party, die im Camp Warehouse steigen sollte. Dieser Tag wurde als »German Day« bezeichnet, und alle beteiligten Nationen sollten mitfeiern. Jeder freute sich auf etwas Entspannung und Musik. Die Party war eine willkommene Gelegenheit, den Alltag auszublenden und trotz der Uniformen und des schwierigen Jobs in diesem Land ein bisschen Spaß zu haben. Nach meinen ersten drei Wochen in Kabul freute auch ich mich auf die Party, deren Vorbereitungen ich schon mitbekommen hatte. Organisiert wurde die Feier fast ausschließlich von einem Oberstabsfeldwebel der Fallschirmjäger. Im normalen Dienstbetrieb war er Spieß, also die »Mutter der Kompanie«, und kümmerte sich um jegliche Personalien. Jetzt konnte er sich mal so richtig austoben und übertraf sich selbst und alle Erwartungen mit dieser Party.

Als ich in der OPZ die Patrouilleneinteilung für die nächsten Tage sah, konnte ich es nicht glauben. Am »German Day« würden etliche deutsche Soldaten nicht teilnehmen können, da ausgerechnet die deutschen Fallschirmjäger fast ausnahmslos zu Nachtpatrouillen eingeteilt waren! Ich konnte es nicht fassen. Ich kannte die Jungs der ersten Stunde und wusste, dass sie seit Januar hohen Belastungen ausgesetzt waren, und nun wurde ausgerechnet diese Truppe zur Patrouille eingeteilt.

Das war mal wieder ein schönes Beispiel für die falschen Proportionen und Prioritäten beim Einsatz der deutschen ISAF-Truppen. Der Masse des Führungs- und Logistikpersonals (zum Beispiel Fernmelder, Stabsdienstsoldaten, Küchenkräfte, Instandsetzer, Fahrer usw.) auf der einen Seite standen relativ wenige Soldaten mit militärischer Kampfausbildung gegenüber, die außerhalb des Lagers für Patrouillen und Aufklärungsarbeiten eingesetzt wurden. Diese gerade mal 150 potentiellen »Kämpfer« waren ganz klar in der Minderheit, hatten aber oftmals eine doppelte, wenn nicht sogar dreifach höhere Dienstbelastung, weil sie durch die Patrouillen »ständige Präsenz im Raum« zeigen sollten, für die Absicherung des gesamten Lagerbereichs zuständig waren oder die »Quick Reaction Force« bildeten. Weil die Bundeswehr aber zu wenige Soldaten mit Kampf- oder infanteristischer Ausbildung nach Kabul geschickt hatte, mussten sie Tag und Nacht patrouillieren, Wache schieben oder mit der QRF ausrücken. Vor Kurzem wurde die grundsätzliche Schieflage bei solchen Auslandseinsätzen in einer großen deutschen Tageszeitung anschaulich wiedergegeben. Nach einer Auflistung aller Bundeswehreinheiten im Auslandseinsatz per 1. August 2007 stehen 1711 Soldaten im Mannschaftsdienstgrad sage und schreibe 5742 Offiziere und Unteroffiziere gegenüber. Auf fast dreieinhalb Häuptlinge kommt also ein Indianer! Ein Wirtschaftsunternehmen mit so einem Zahlenverhältnis zwischen Top- und Mittelmanagement gegenüber den Sachbearbeitern hätte schon längst Bankrott gemacht.

Die Fallschirmjäger, die nun auch am »German Day« auf Streife gehen mussten, murrten zwar. Aber natürlich ließ ihr Stolz es nicht zu, sich darüber zu beschweren. Die Begründung für den Patrouillendienst der Fallschirmjäger klang wie Hohn in meinen Ohren: Sie würden den »Tanz in den Mai« ja von zu Hause kennen und würden also nichts verpassen. Total bescheuert. Zum Glück galt dieser Dienstplan nicht für die OPZ der KMNB, zumindest ich hatte also Glück.

Die sogenannte »2-Dosen-Bier-Regelung«, die den maximal erlaubten Bierkonsum pro Nase und Tag regelt, wurde für die Feierlichkeiten nicht außer Kraft gesetzt. In meinem ganzen Leben habe ich noch nie so viele Menschen gesehen, die nach dem Genuss von zwei Bieren so betrunken waren wie an diesem Abend. Und zwar durch alle Verwendungsbereiche und Dienstgradgruppen hindurch. Niemand erhob einen Einwand gegen das Treiben, das sich vor unserer Betreuungseinrichtung, der »Drop Zone«, abspielte. Alle machten mit – bis auf die Fallschirmjäger, die ja zu unserer Sicherheit patrouillierten. Wegen meiner Zugehörigkeit zu dieser Truppengattung wusste ich, wie ausgelassen die Jungs zu feiern pflegten. Vermutlich war genau das der Grund, sie anderweitig zu beschäftigen. Wären diese Männer dabei gewesen, wäre das Camp am nächsten Tag wahrscheinlich unter einer anderen Adresse aufgewacht.

Ich trank selbstverständlich nur meine mir gestattete Ration von zwei Dosen Bier und feierte ausgelassen mit. Erst nach der Feier merkte ich, wie gut mir diese Abwechslung getan hatte. Allerdings nicht gleich am Morgen danach, an dem ich zerschlagen und vollkommen fertig zu mir kam. Das lag wohl auch an der Haltung, in der ich die Nacht verbracht hatte: Ich wurde vor meinem Zelt auf ein paar dort liegenden Sandsäcken wach, mein Gewehr auf dem Rücken und meine Pistole in meinem Beinholster. Ich fühlte mich wie nach einem Artillerieschlag, den ich voll abbekommen hatte. Allerdings war ich augenscheinlich nicht der Einzige, dem es so erging. Auf meinem Weg zum Waschcontainer bot sich mir ein Bild wie nach einem Mörserangriff. Überall, wirklich überall, lagen Soldaten auf Bierzeltbänken, Sandsackstellungen und sogar auf den Straßen und Wegen. Sodom und Gomorrha! Mich amüsierte der Anblick sehr, dann aber machte sich Ernüchterung breit: Was wäre gewesen, wenn es in der Nacht zu einem Vorfall, welcher Art auch immer, gekommen wäre? In meinem Zustand hätte mich wahrscheinlich ein Dreijähriger, bewaffnet mit einem trockenen Handtuch, erschlagen! Mir wurde heiß und kalt bei dem Gedanken. Und ich schwor mir auf der Stelle, mich nie wieder im Einsatz in so einen Zustand zu katapultieren.

Für mich sollte es die erste und letzte ausschweifende Party gewesen sein. In meiner restlichen Zeit im Camp sah ich nicht an einem Abend, dass die »2-Dosen-Bier-Regelung« eingehalten wurde. Viele Soldatinnen und Soldaten tranken »nach Dienstschluss« wesentlich mehr. Besonders die, die nicht tagtäglich das Camp verließen, um auf Patrouille zu gehen oder zu fahren, sondern fast ihre gesamte Zeit im Camp verbrachten. Und das war schließlich bei der Mehrheit der Fall. Mir waren mehrere Soldatinnen und Soldaten persönlich bekannt, die nur zweimal außerhalb des Camps waren; nämlich bei ihrer Ankunft und bei ihrem Abflug. Die gesamte Einsatzdauer, also für ein halbes Jahr, hockten diese Soldaten auf einer Fläche von knapp einein-halb Quadratkilometern im Camp – Lagerkoller vorprogram-miert. Teils aus Langeweile, teils aus Frust wurde deswegen abends getrunken. Einige erzählten mir auch, dass sie den Alko-hol brauchten, um abends einschlafen zu können. Auch solche Leute, die vor dem Einsatz so gut wie abstinent gewesen waren. Dass es in den PX-Läden mit zollfreien Waren alle Arten von Al-kohol unglaublich billig zu kaufen gab, machte die Sache nicht leichter. Ich verstand auch, warum die militärische Führung in der Regel weder bei den Party-Exzessen noch beim schleichen-den Alkohol-Konsum vehement einschritt. Sie hätten ansonsten nämlich gut ein Drittel der Truppe, wenn nicht noch mehr, nach Hause schicken müssen. Man duldete den Alkohol, damit die Soldatinnen und Soldaten beschäftigt und zufrieden waren.

Die Alkohol-Exzesse bei anderen Nationen mit mehr Aus-landseinsatzerfahrung hielten sich dagegen in Grenzen. Ich hörte nur vereinzelt von ausländischen Soldaten, die über die Stränge geschlagen hatten. Ich kann nicht sagen, woher das un-terschiedliche Verhalten im Umgang mit Alkohol kommt – ob die anderen ISAF-Nationen den Konsum strenger kontrollier-ten und bestraften oder ob es an den besseren Freizeitmöglich-keiten lag. Das Freizeitangebot für die deutschen Teile war zu diesem Zeitpunkt jedenfalls nicht sehr üppig. Später gab es im Camp sogar ein Fitnesszelt, so groß wie eine Turnhalle mit Stepp-geräten, Hantelbänken, Laufbändern und allem Pipapo. Sogar isotonische Durstlöscher wurden dort an einer Theke ausge-schenkt. In einem abgetrennten Bereich wurden abends Filme auf einem Beamer gezeigt. Doch während meiner Zeit be-schränkten sich die Möglichkeiten auf die »Drop Zone«, eine Art bewirtschafteten Gemeinschaftsraum zum Zusammensit-zen und Klönen. Außerdem konnte man den Joggingweg benut-zen und zur Abwechslung bei den Betreuungseinrichtungen an-derer Nationen vorbeischauen, das war's schon.

Freizeit war für die deutschen Kräfte vielleicht auch deshalb nicht so wichtig, weil ein guter Teil der Soldaten nur dreißig Tage Einsatz in Afghanistan leistete. Denn nach diesen dreißig Tagen bekommt man bei der Bundeswehr eine Einsatzmedaille. Und die ist mehr als hilfreich, wenn man in der militärischen Hierarchie nach oben kommen will. Diese »Dreißig-Tage-Offiziere« waren natürlich nicht so eingebunden, dass sie jeden Tag Vollgas geben mussten. Meist wurden sie auf sogenannten z. b. V.-Stellen eingesetzt, also »zur besonderen Verfügung«. Dann konnte ein hoher Offizier schon mal auf einer Kraftfahrer-Stelle sitzen. Doof nur, dass diese Stelle damit praktisch unbesetzt war. Oder glauben Sie, dass so ein Offizier einen ordentlichen Kraftfahrer abgibt? Ein anderer, einfacher Soldat muss seinen Job also zusätzlich übernehmen.

Diese Praxis führte zu manch grotesken Situationen und Mehrfachbefehlen. Oft ging wichtige Zeit verloren, da mancher Soldat zwei bis drei widersprüchliche Befehle erhielt und erst mal nachfragen musste, welcher denn nun Vorrang hatte bzw. letztendlich ausgeführt werden sollte. Bei meinem zweiten Afghanistaneinsatz in Kunduz wurde diese Praxis meiner Meinung nach auf die Spitze getrieben. Ein Oberstleutnant stellte sich dort vor seine angetretene Truppe hin und sagte uns frank und frei, dass er eigentlich nur hier sei, um die Einsatzmedaille zu erhalten. Nach der dafür nötigen Zeit würde er das Land umgehend wieder verlassen. Was natürlich keine sehr große Motivation für die Soldaten war.

Anfang Mai häufte sich der Besuch von »Gefechtsfeldtouristen«. Es kamen eine Menge Politiker, Generäle und Obristen der verschiedensten Truppengattungen ins Land, um ihren dort eingesetzten Soldaten einen Besuch abzustatten. Oft blieben sie nur einen Tag. So musste man auch nicht lange unbequem in Zelten auf Feldbetten schlafen. Der organisatorische Aufwand, der für diese Besucher betrieben wurde, war enorm. Zum Teil wurden Wege nur angelegt, damit die VIPs trockenen Fußes von A nach B kamen. Schon Wochen davor ging der Stress los. Soldaten wurden zur Sicherung von Touren durch die Stadt abgestellt, mussten schicke Präsentationen erstellen und den Sermon der

Politiker über sich ergehen lassen. Der eigentliche Auftrag der Bundeswehr in Afghanistan litt zwangsläufig darunter, und es kam zu einer sehr starken Mehrbelastung der eingesetzten Soldaten. Besonders am Tag des Besuchs. Da wurde zum Beispiel das Verpflegungszelt geschlossen und die Tische wurden eingedeckt, wie man es sonst nur in einem Fünf-Sterne-Hotel sieht. Waschcontainer wurden, nachdem man sie auf Hochglanz poliert hatte, komplett geschlossen, damit die VIPs, teilweise nur eine Person, bloß nicht mit den Soldaten zusammen im Bad stehen mussten. Der Rest des Kontingents guckte dumm aus der Wäsche, weil jetzt noch mehr Soldaten in engen Containern ihre Körperpflege betreiben mussten. Auch wurden Räume oder Zelte geräumt und noch extra klimatisiert, um den VIPs einen angenehmen Schlafplatz bereitzuhalten. Da wurde ein Luxus nur für einen Tag, nur für eine Person betrieben, der oftmals jeden vernünftigen Rahmen sprengte.

Im Camp sprach man ganz offen von einer »Monkey-Show«, die da veranstaltet wurde. Dazu gehörte auch die Außendarstellung gegenüber der Presse, die zum Großteil aus »Show-Elementen« bestand. Die Zugführer stöhnten schon auf, wenn sie hörten, dass Politiker, Presse oder hohe Militärs im Anmarsch seien, weil sie den ganzen Zirkus vorbereiten und mit veranstalten mussten. Es hieß dann schon mal: Ihr macht eine Befehlsausgabe für eine Patrouille, wenn wir – natürlich rein zufällig – durch das Camp gehen. Oft standen die Kameraden sehr lange untätig herum, bis diese Delegation endlich vorbeikam. Die Befehlsausgaben bei diesen Anlässen waren natürlich grundsätzlich »voll durchgestylt«, ähnelten einer Choreografie. Da wurden Flipcharts aufgestellt mit den allerneusten Erkenntnissen und einer Menge Fotos bis hin zu Satellitenaufnahmen. Die Soldaten standen herausgeputzt in Reihe vor dem Gruppen- oder Zugführer und lauschten andächtig (wenn sie nicht gerade damit kämpften, ihr Grinsen zu unterdrücken). Die normale Befehlsausgabe sah natürlich ganz anders aus: Die Soldaten versammelten sich vor einer Karte, die zum Beispiel auf der Motorhaube eines Fahrzeugs ausgebreitet wurde, und erhielten ihre Einweisungen und

Befehle für Route und Notverhalten. Wenig kameratauglich! Natürlich schmissen sich einige bei diesen Veranstaltungen richtig in Pose und nutzten jede Gelegenheit, in die Kameras oder Fotoapparate zu lächeln.

An ein Gespräch im Zuge eines solchen Besuches kann ich mich noch sehr gut erinnern. Dies war der Besuch der verteidigungspolitischen Sprecherin der Grünen, Angelika Beer. In einer der Pausen saß sie auf einer Mauer vor dem Camp, und ich sicherte diesen Besuch mit ab. In einem Vier-Augen-Gespräch fragte sie mich nach der Stimmung, ohne Kameras oder sonstige Ablenkung. Ich erzählte ihr daraufhin, dass sie Zeugin einer Show geworden sei, speziell für diesen Tag entworfen. Was sich hier vor ihren Augen abspiele, spiegele nie und nimmer die realen tagtäglichen Belastungen der deutschen Soldaten wider. Frau Beer bestätigte mir, dass viele in der Regierung wüssten oder es sich zumindest vorstellen können, wie groß die Belastung vor Ort tatsächlich sei. Es freute mich zwar, so ehrliche Worte aus dem Mund eines Politikers zu vernehmen, aber es brachte uns nicht einen Zentimeter weiter nach vorn, wenn dieses Wissen nicht publik wurde.

Die Berichterstattung in Deutschland war natürlich darauf zugeschnitten, dass im Land und im Camp alles ruhig ist und keine große Gefährdung für die Soldatinnen und Soldaten in diesem Einsatz besteht. Die Realität sah und sieht leider anders aus. Was mich dabei am meisten erschütterte, war, dass nicht wenige schon sehr früh wussten, dass etwas im Argen liegt, dass sie es aber niemals öffentlich ansprachen. Kein sehr schönes Gefühl, wenn man dort seinen Kopf hinhält.

Aber es gab eine kleine Verbesserung für das deutsche Kontingent. Endlich, nach etlichen Monaten, war eine Satellitentelefonanlage im Camp installiert worden. Ich besorgte mir gleich einen Vertrag und ein Telefon, das ich mir mit Wolli teilte. So konnten wir im Bereich des gesamten Camps in Eins-a-Qualität nach Deutschland telefonieren. Vorher hatte man bloß von zwei Anschlüssen im Stabsgebäude aus zu Hause anrufen können. Lange Wartezeiten, bei einem Kontingent von an die 2500 Mann, natürlich inklusive. Von einigen wurden die neuen Telefonverbindungen so exzessiv genutzt, dass viele Kameraden am Monatsende eine mordsmäßige Rechnung zu bezahlen hatten. Ein nicht geringer Teil des Gefahrenzuschlags ging bei einigen dafür drauf. Positiv war auch, dass der Soldatensender »Radio Andernach« seine Arbeit im Camp aufnahm und am Abend mehrere Stunden Live-Programm aus dem Camp sendete.

Das absolute Highlight, nicht nur für mich, sondern auch für viele andere Soldatinnen und Soldaten unabhängig von der Truppengattung oder Dienstgradgruppe, war, dass an jedem Abend um 21.55 Uhr das Lied »Lili Marleen« ertönte. Man kann gar nicht beschreiben, was dieses Ritual und dieses Lied bei vielen auslöste. Ich bekomme heute noch eine Gänsehaut, wenn ich daran denke. Fast im gesamten Lager herrschte Totenstille, wenn dieses sehr geschichtsträchtige Lied begann. Schon mein Opa hatte im Zweiten Weltkrieg seine Erfahrungen mit diesem »Lied eines jungen Wachpostens« für die Soldatenbraut »Lili Marleen« gemacht. Als ich es selbst zum ersten Mal im Camp hörte, konnte ich verstehen, warum damals wie heute sich die Soldaten um die Empfänger drängten, um dieses Lied zu hören. Nicht aus falsch verstandenem Patriotismus oder Ehrgefühl, sondern einfach aus einem Zusammengehörigkeitsgefühl heraus. »Lili Marleen« war etwas Besonderes, es schweißte uns zusammen. Generationen von Soldaten vor uns hatten sich bei diesem Lied an die Lieben daheim erinnert, und so passierte es auch hier, im Wüstensand von Kabul. Obwohl es ehrlich gesagt ein sehr kitschiges Lied ist, traf es den Nerv der Soldatinnen und Soldaten – und das jeden Abend aufs Neue. Eine melancholische, fast sakrale Stimmung breitete sich über das Lager, wenn wir zusammensaßen und uns Lale Andersens Lied anhörten unter dem beeindruckenden Sternenhimmel von Kabul. Zu Hause hätte ich bei diesem Song wahrscheinlich am Radio den Sender verstellt, aber im Einsatz entwickeln sich ganz eigene Gesetze und Regeln. Meine Liebe zu »Lili Marleen« ging sogar so weit, dass ich meine niederländischen Kameraden bei den Kommandotruppen, zu denen ich später versetzt wurde, damit ansteckte. Wenn wir bei

Operationen manchmal über Nacht in den Bergen unterwegs waren, bauten wir uns aus Kabeln eine Dipol-Antenne. Die richteten wir in Richtung Camp und hörten das schnulzige Lied über unsere »Headsets«. Auch meine niederländischen Kollegen konnten sich dem ganz eigenen Charme dieses Liedes nicht entziehen. Auch Kleinigkeiten können eben einen tiefen und bleibenden Eindruck hinterlassen.

Falsche Waffen und ein echter Raketenbeschuss

Nach der Mai-Party und den hohen Besuchen war bei Alex und mir wieder Routine angesagt. Hauptsächlich trieben wir uns in den nächsten Tagen in Kabul herum. Im Auftrag der internationalen Offiziere in der OPZ erkundeten bzw. überprüften wir die verschiedensten Örtlichkeiten in der Stadt. Dies rückte deshalb in den Fokus, da sich am Horizont bereits die Loya Jirga abzeichnete, die Anfang Juni für eine Woche stattfinden sollte und immens wichtig war. Die Loya Jirga ist eine traditionsreiche große Ratsversammlung, die zur Klärung nationaler Fragen abgehalten wird. Sie geht zurück auf eine mongolische Tradition und ist wohl über tausend Jahre alt. Auf dieser Versammlung sollten nach dem Sturz der Taliban die Interimsregierung dieses Landes gewählt und somit die Weichen für die Zukunft gestellt werden. Dazu kamen etwa 660 bis 700 Delegierte der verschiedensten Distrikte und Ethnien in Kabul zusammen, übrigens das erste Mal seit siebzehn Jahren. Vieles hing von der Wahl ab, auch unsere Sicherheit.

Die quälendsten Fragen waren: Was passiert, sollte es zu Ausschreitungen während der Versammlung kommen? Wie verhindern wir mögliche Anschläge und wer könnte ein mögliches Ziel sein? Auf wessen Seite würden sich die Warlords schlagen, die durch ihre militärische Stärke tatsächlich die Macht im Lande hatten? Mir lag bei all diesen Fragen ein großer, schwerer Stein im Magen. Immerhin war ich an der Aufklärung der möglichen Evakuierungsrouten beteiligt gewesen und wusste, wie schwierig, wenn nicht unmöglich ein schneller Abzug aus dem Land wäre, sollte der »Falsche« diese Wahl gewinnen. Dem Hotel Interconti galt unser besonderes Augenmerk, weil dort etliche Delegierte und westliche Medienbeobachter untergebracht sein würden. Wir fuhren also mit zwei Fahrzeugen, wie es Vorschrift war, die zwölf Kilometer zum Hotel und sahen uns die nähere Umgebung an.

An diesem Tag hatten wir Wolli als »Backseater« dabei. Mein Zelt-Mitbewohner war eigentlich Profi für Kommunikationssysteme und das typische Beispiel für die Logik der Bundeswehr. Da ein Offizier, für den es keine Verwendung gab, auch nach Kabul wollte, hat man ihn auf der Stelle von Wolli geparkt, der dann irgendwie anders beschäftigt werden musste. Nun war Wolli ein herzensguter Mensch, aber als Kommunikationsexperte alles andere als ein »kampffähiger« Soldat. Entsprechend orientierte er sich ein wenig an mir, und ich brachte ihm die allernötigsten Sachen bei. Ich wurde eine Art großer Bruder für ihn, fühlte mich für ihn verantwortlich und passte ein bisschen auf ihn auf. Eine Fahrt mit Alex und mir würde ihm guttun und den sicheren Lagerkoller vermeiden. Während Wolli mit unseren Fahrern auf dem Hotel-Parkplatz bei den Fahrzeugen blieb, machten Alex und ich uns an die Arbeit. Wir übernahmen je einen Bereich und trugen markante Punkte im Gelände in unserer Karte ein und vermerkten, wo wir einen »Observation Point« (OP), also Beobachtungspunkt, errichten könnten. Nachdem ich mir einen Überblick verschafft hatte, ging ich zurück in Richtung Fahrzeug. Doch auf diesem Weg sollte ich eine folgenschwere Begegnung erleben.

Es wurden immer mehr Warnungen an uns weitergegeben, wonach Kinder von den verschiedensten Interessengruppen dafür eingesetzt wurden, ISAF-Soldaten zu provozieren und eine Gewaltreaktion hervorzurufen. Im Vorfeld wurde bereits beobachtet, dass an Kinder Plastikwaffen verteilt wurden, echten Waffen in Farbe und Form täuschend ähnlich. Damit sollten die Kinder auf vorbeifahrende ISAF-Fahrzeuge zielen. Gemäß den »Rules of Engagement« hätte der Soldat in so einer Situation das Recht, seine Waffe einzusetzen, um eine tödliche Bedrohung für sich oder Kollegen auszuschließen. Und genau das sollte auch erreicht werden. Sollte dabei ein Soldat der ISAF ein Kind erschießen, wäre das natürlich ein Politikum sondergleichen. Mit unseren abgeplanten, oftmals ungepanzerten Jeeps waren wir natürlich Ziel Nummer eins für solche Provokationsversuche.

All das schoss mir durch den Kopf, als ich auf dem Weg zurück zum Fahrzeug ein kleines Mädchen, vielleicht sechs oder acht Jahre alt, auf mich zukommen sah. Die Kleine hatte ein undefinierbares Päckchen um den Hals. Aus der Entfernung sah es aus, als wäre braunes Brotpapier darumgewickelt. Unten hingen ein paar Schnüre heraus. Bei mir gingen sofort alle Alarmglocken an. Genau vor solchen Situationen und Bombenkonstruktionen waren wir immer gewarnt worden! Ich versuchte, das Mädchen durch Gestik davon abzuhalten, in meine Nähe zu kommen, was aber nicht klappte. Die Kleine kam weiter lächelnd auf mich zu. Mir schossen in diesem Moment tausend Gedanken durch den Kopf. Eines stand aber von Anfang an fest: dass ich meine Waffe nicht einsetzen würde – und dies vermutlich gar nicht könnte. Alleine der Gedanke daran bereitete mir körperliches Unbehagen. Trotzdem musste ja irgendetwas passieren, und zwar schnell. Also versuchte ich, ihr auszuweichen. Wenn sie einen Schritt nach vorne ging, machte ich einen zurück. Schritt für Schritt hielt ich den Abstand aufrecht, was aber nicht lange von Erfolg gekrönt war. Denn plötzlich stand ich mit dem Rücken an einer Mauer. In meiner Verzweiflung brüllte ich nun dieses Mädchen an: »Stop! Stay where you are!« Tatsächlich blieb sie stehen, was wohl mehr daran lag, dass ich sie so heftig angeschrien, als dass sie mich verstanden hätte. Erschrocken blickte sie über ihre Schulter nach hinten. Ich spähte an ihr vorbei, sah aber niemanden. Nach einem kurzen Zögern setzte sie ihren Weg weiter in meine Richtung fort. Ich wusste nicht mehr weiter: Sie hatte mich mattgesetzt.

In meiner Not griff ich mir Steine, die dort überall herumlagen, und warf sie grob in die Richtung des Mädchens, versuchte aber, es nicht zu treffen. Beim zweiten oder dritten Stein, der sie knapp verfehlt hatte, rannte sie zum Glück davon. Ich stand paralysiert an der Mauer und schwitzte wie ein Tier. Ich fühlte mich wie durch den Wolf gedreht und hatte auch noch schweißnasse Hände. Erleichterung durchflutete mich, und langsam hörten die Bilder in meinem Kopf auf herumzusirren. Bilder, auf denen das Mädchen mich erreichte, an einer der Schnüre zog und ich von einer Detonation nach hinten gegen die Mauer geschleudert wurde. Ich war mir in diesem Moment absolut sicher, dass das Paket auf ihrer Brust Sprengstoff enthielt und ich dem Tod nur sehr, sehr knapp entkommen war. Nie zuvor und danach habe ich mich so leer und ausgebrannt gefühlt wie an diesem strahlend schönen und sehr warmen Tag in Kabul. Der ganze Einsatz und mein Leben kamen mir nur noch sinnlos vor. Ja, ich ekelte mich geradezu vor mir selbst. Was hätte dieser Einsatz und speziell meiner für einen Sinn, wenn ich gezwungen würde, auf Kinder zu schießen? Wenn diejenigen, für deren Schutz, Zukunft und Sicherheit wir im Land waren, als potentielle Waffen gegen uns eingesetzt werden? Am liebsten wäre ich mit dem Rücken an der Wand heruntergerutscht und ewig so sitzen geblieben. Nach ein paar Minuten hatte ich mich wieder halbwegs unter Kontrolle und straffte mich, zumindest innerlich. Eines aber stand mir nach dieser Situation glasklar vor Augen: Ich kann viel ertragen, aber auf Kinder schießen könnte ich niemals!

Als ich zu unseren Fahrzeugen kam, saß Wolli schon abfahrbereit im Fond und winkte mir zu. Alex schaute mich prüfend an und wollte wissen, ob irgendetwas los sei. Ich schüttelte den Kopf. »Alles okay, lass uns hier abhauen.« Er kannte mich gut und wusste sofort, dass irgendwas nicht stimmte, drang aber in diesem Moment nicht weiter in mich, wofür ich ihm sehr dankbar war. Die Fahrt zurück war noch komplett von meinem Erlebnis mit dem Mädchen überschattet. Trotzdem versuchte ich, mich auf die Geschehnisse draußen auf der Straße zu konzentrieren. Auf der Jalalabadroad kurz vor dem Camp sah ich einen Jungen neben einem Haus stehen, der plötzlich seine Hand hob. Ich dachte, er wolle uns zuwinken, doch dann erkannte ich eine Waffe in seiner Hand. Warum passiert alles komprimiert an einem Tag, ja sogar binnen einer Stunde? Und viel wichtiger: Warum gerade mir?

Schon hörte ich über Funk von Alex »Waffe!«. Ich kam mir vor, als wäre ich in einem Alptraum gefangen. Beide Fahrzeuge stoppten. Alex sprang heraus und zielte auf den Jungen, ich zog an Alex vorbei, Richtung Junge, und die Schreierei begann. Auf einmal merkte der Lausebengel, in was für ein Schlamassel er hineingeraten war. Alex zog wieder an mir vorbei und wir waren kurz vor dem Jungen. Ein älterer Mann neben dem Kleinen sagte etwas zu ihm, daraufhin schmiss der Junge die Waffe weg und gab Fersengeld. Ich kümmerte mich nicht weiter um das Teil, ich wollte nur den Jungen kriegen und ihm die Ohren langziehen. Ich setzte ihm nach, schnappte ihn mir und brachte ihn zurück zu Alex. Der hob die Waffe auf und warf sie mir zu, mit den Worten: »Plastik.« Ich schnappte den Jungen am Kragen, schüttelte ihn wie einen jungen Welpen und zerdrückte die Waffe vor seinen Augen. Alex entwand ihn mir dann und sagte »Buro, buro!« (»Hau ab!«). Das Ganze konnte keine halbe Minute gedauert haben, denn als ich mit noch immer klopfendem Herzen wieder aufsaß, guckte mich ein entspannter und ahnungsloser Wolli an. Wahrscheinlich war es besser, dass er von der brenzligen Situation gar nichts mitbekommen hatte.

Als wir in der OPZ unseren Bericht abgaben, hörte ich vom Schichtleiter, dass heute bereits etliche Patrouillen von Provokationen dieser Art berichtet hatten. Das kann ja noch heiter werden!, dachte ich. Aber dann freute ich mich auf eine warme Dusche und ein gekühltes mexikanisches Bier der Marke »Desperados« in meinem Feldbett. Genau diese Reihenfolge brauchte ich jetzt. Bis heute kann ich die Bilder dieses Nachmittags nicht aus meinem Kopf bekommen. Dieses kleine, verängstigte Mädchen vor mir – und ich ausgerüstet mit Waffen und kugelsicherer Weste und bewerfe sie mit Steinen. Bestimmte Gerüche und Szenarien, Schlüsselreize – und ich sehe alles wieder vor mir und könnte kotzen!

Aufgrund unserer guten Aufklärungsergebnisse waren Alex und ich längst nicht mehr in den normalen Dienstbetrieb der OPZ eingebunden. Wir erhielten nur noch Sonderaufträge, was mir ganz lieb war. So gut wie jeden Tag verbrachte ich nun mit

Alex in Kabul und Umgebung zur Aufklärung. Sauer stieß mir dabei unsere »Mine Map« auf, in die viele minenverseuchte Gebiete eingezeichnet waren. Diese Karte war anhand der Aussagen von Einheimischen erstellt worden, die zum Beispiel gesehen hatten, dass irgendwann an Punkt A von der Partei Z Minen verlegt worden waren. Aber auch eigene Aufklärungsergebnisse der ISAF-Truppen flossen dort mit ein.

Das Problem war nun, dass diese Mine Map nicht wirklich vollständig war. Zudem kamen die vielleicht fünfzehn Spezialisten nicht mit der Entschärfung hinterher. Schon jetzt waren zwei-, dreimal am Tag die kontrolliert herbeigeführten, aber ohrenbetäubenden Detonationen vom etwa zwei Kilometer entfernten Sprengplatz zu hören. Das ganze Camp wackelte darauf wie bei einem Erdbeben. Da es keine festen Sprengzeiten gab und am Anfang jedes Mal eine kleine Panik ausbrach, wurden die Explosionen schließlich per Hupton angekündigt. Diese EOD-Kräfte (»Explosive Ordnance Disposal«) – spezielle und sehr gut geschulte Soldaten zur Erkennung sowie Entschärfung von Minen und Sprengmitteln aller Art – hatten alle Hände voll damit zu tun, all die geborgenen Minen, Raketen und Sprengmittel unschädlich zu machen. Und dann sollten wir ihnen gleich neue Arbeit beschaffen, indem wir unter hoher persönlicher Gefahr neue Routen erkundeten, deren Minenlage noch nicht geklärt war? Eine undankbare Aufgabe, aber einer musste es halt machen, damit die Mine Map vervollständigt und die Sicherheit erhöht werden konnte. Immerhin hatten wir Glück, es passierte nichts. Vielleicht lag es ja an unserem fatalistischen Motto: »Wer sucht, der findet – wer drauftritt, verschwindet!«

Währenddessen rückte die Loya Jirga immer näher. Man merkte es am Anstieg der Gewalt, die oft von außen nach Kabul hereingetragen wurde. Demonstrationen vor dem Haupttor wurden zur allgegenwärtigen Plage. Jeden Tag versuchte ein Pulk von Afghanen aus unbekannten Motiven ins Camp einzudringen, was Kraft kostete und zusätzliches Personal band. Dabei kam es immer wieder zu handfesten Auseinandersetzungen am Tor, die nicht selten blutig endeten. In einem Fall eskalierte die Situation. Die Wachen wussten sich nicht mehr zu helfen und baten um weitere Unterstützung, die dann in Form der Diensthundestaffel der deutschen Fallschirmjäger zügig eintraf. Weil im Islam Hunde als unreine Tiere gelten und die Menschenmenge deshalb auseinanderstob, konnte Schlimmeres verhindert werden. Auch der Bevölkerung merkte man die Unruhe wegen der bevorstehenden Loya Jirga an, es ging ja schließlich um die Zukunft eines jeden Einzelnen.

Nur allzu bekannt waren die blutigen Gewaltorgien, die einige Warlords in der Bevölkerung angerichtet hatten. Diese Warlords – mächtige und militärisch hochgerüstete Stammesherren – bewarben sich offen, zum Teil verdeckt in »unheiligen Allianzen« mit ehemaligen Todfeinden, um begehrte Plätze in der neuen Regierung und somit um legitimierte Machtpositionen. Darunter waren übelste Schlächter. Zuerst im Krieg gegen die Russen, anschließend gegen die eigene Bevölkerung und zu guter Letzt gegen die Koranschüler, die Taliban. Diese unberechenbaren Machtmenschen, oftmals tief in Drogengeschäfte verstrickt, schreckten im Vorfeld der Loya Jirga vor keiner wie auch immer gearteten Diskreditierung ihrer politischen Feinde zurück und taten alles, die Geschicke des afghanischen Volkes künftig maßgeblich zu bestimmen. Es brodelte. Nicht nur im Camp, sondern in der ganzen Stadt. In manchen Bezirken, wo verschiedene Ethnien Tür an Tür wohnten, kam man sich vor wie in einem Schnellkochtopf, kurz vorm Platzen. Den Soldaten, die tagtäglich zum Patrouillieren nach Kabul fuhren, merkte man die hohe Anspannung und Konzentration an. Jetzt steuert alles unweigerlich auf einen Höhepunkt zu, dachte ich. Ob gut oder schlecht, das hatten wir nicht in der Hand. Nur bei der Sicherheit und dem Drumherum konnten wir unseren Beitrag leisten.

Im Rahmen unserer Aufklärungsfahrten lernten wir das Hotel »Interconti Kabul« immer besser kennen. Es begann allmählich aus allen Nähten zu platzen. Pressevertreter aus aller Welt hatten sich hier einquartiert, weil sie sich dieses Schauspiel nicht entgehen lassen wollten. Jedes der über 300 Zimmer war belegt. Wobei sowohl der Name »Interconti« als auch die Bezeichnung

»Hotel« ein bisschen irreführend sind. In vielen Zimmern gab es keine Teppichböden, geschweige denn Toiletten. Auch richtige Betten waren rar gesät. Die wenigen gutausgestatteten Zimmer gingen an die einheimischen VIPs, alle anderen – vom Militär bis zu den Presseleuten – brachten sich ihre Feldbetten und teilweise sogar die Kochausrüstung selbst mit. Der Service beschränkte sich auf den Bereich in der Lobby, wo man auch essen und trinken konnte. Sogar Alkoholika waren zu bekommen. Einmal inspizierte ich auch die Küche. Und wenn ich verhungert wäre: Eine dort zubereitete Mahlzeit hätte ich unter keinen Umständen zu mir genommen, so übel waren die hygienischen Zustände.

Man muss dazu sagen, dass das Hotel schon lange nicht mehr zur Intercontinental-Hotelkette gehört. Auch wenn die Siebziger-Jahre-Plattenbauweise nicht unbedingt mein Fall ist, muss es einmal ein wunderschönes, komfortables und gepflegtes Haus gewesen sein, ein echtes Schmuckstück. Es lag mitten in der Stadt auf einem Höhenrücken, der Kabul fast in der Mitte in Nord und Süd unterteilt. An den Hängen standen, dicht an dicht, Weinreben, ein Geschenk aus Frankreich. Der Pool hinter dem Hotel glitzerte in der Dämmerung. Ich sah viele imposante Bilder des Hotels aus den Siebzigern; auch berichtete mir ein alter Hotelportier, mit Wehmut in den Augen, aus diesen Zeiten. Eine vergessene Ära, erzählt mit dem sentimentalen Blick eines alten Mannes. Dreiundzwanzig Jahre später war von diesem einstigen Glanz nichts übrig. Dreiundzwanzig Jahre Krieg, Bruderkrieg und Zerstörung hatten auch dieses Hotel und den bärtigen alten Portier zugrunde gerichtet. Ich hatte Mitleid mit dem alten Kämpen und brachte ihm, wann immer wir im Hotel vorbeikamen, irgendwelche Leckereien oder Zigaretten mit.

Etwa Mitte Mai erhielten Alex und ich nun auch offiziell den Titel »z. b. V.« – zur besonderen Verfügung. Wir hatten keinen normalen Dienstbetrieb mehr, sondern waren nur noch für Sonderaufgaben da. Wir ergänzten uns hervorragend, die Herausforderungen und die gemeinsame Arbeit machten mir großen Spaß. Besonders die Abteilung 2 forderte uns immer wieder für die verschiedensten Aufträge an. Diese »J2« genannte Abteilung ist für das militärische Nachrichtenwesen innerhalb der Bundeswehr zuständig. Die Feindlage und die Aufklärung sind ihre wichtigsten Aufgaben. Sie verwaltete die Ressourcen für elektronische Aufklärung wie Radar und die »Humint« genannte Gesprächsaufklärung und hielt Verbindung zu den verschiedensten auch internationalen Diensten. Die Aufgaben dieser Abteilung waren besonders brisant und unterlagen meist besonderer Geheimhaltung. Zum Glück gab es so viele Baustellen, dass wir uns bei der Vorstellung der Aufträge die interessantesten herauspicken konnten. Bei dieser Gelegenheit fiel mir wieder auf, dass jede Menge Locals ständig unbeaufsichtigt durch das Lager flitzten. Mir gefiel das überhaupt nicht. Eines Tages sah ich eine Gruppe von drei einheimischen Arbeitern den Müll durchwühlen. Dies war leider kein ungewöhnlicher Anblick, weil diese armen Menschen wirklich alles verwerteten, was sie fanden. Als einige Soldaten stolz ihre auf dem Markt gekauften Satellitenschüsseln vorzeigten, sah man noch an der Rückseite, woraus diese hergestellt worden waren: aus aufgeschnittenen und plattgedrückten Cola-Dosen. Der Erfindungsreichtum dieser Menschen, aus dem Mangel geboren, war sagenhaft.

Die Wache drückte oft ein Auge zu, wenn die Locals Plastiktüten oder Pappen aus dem Camp mit nach Hause nahmen, um ihre Hütten abzudecken, obwohl das verboten war. Nachdem ich aber bemerkte, wie die Locals zum Teil gezielt einzelne Papiere aus dem Abfall zogen, ging ich zu ihnen hin und verlangte zu sehen, was sie sich unter den Nagel gerissen und in ihren Plastiktüten verstaut hatten. Zuerst mauerten sie und wollten klammheimlich verschwinden. Das ließ ich aber nicht zu und wurde lauter. Widerwillig übergaben sie mir die Tüten. Darin waren sehr viele weggeworfene Briefumschläge, natürlich mit den Absendern aus Deutschland darauf. Mir wurde ganz flau im Magen, und dann wurde ich richtig sauer. Wenn die Afghanen uns Soldaten in den Hintern treten wollten, konnte ich das noch verstehen. Aber wenn jemand offenbar gezielt versuchte, an die Familien zu Hause heranzutreten, hörte bei mir der Spaß auf. Ich meldete den Vorfall beim Stab. »Ja«, bekam ich zu hören, »diese Praxis ist uns bekannt.« Es seien nämlich offensichtlich von Afghanen geschriebene Zettel mit korrektem Namen und Dienstgrad an verschiedenen Fahrzeugen im Camp gefunden worden. Auf diesen Zetteln hätten Aufforderungen gestanden, etwa »Verlasst unser Land« und ähnliche Dinge. Ich dachte, ich höre nicht recht. Das Problem war schon längst bekannt, und keiner war auf die Idee gekommen, die Soldaten zur Vernichtung ihrer Briefumschläge aufzufordern? Es hätte ja gereicht, den Bereich mit der Adresse herauszureißen und zu verbrennen.

Weil die Führung die Bedrohungslage offensichtlich immer noch unterschätzte, achtete ich in den nächsten Tagen besonders auf die Art und Weise der Müllentsorgung und stellte zu meinem Entsetzen fest, dass sogar Mülleimer aus der OPZ durchwühlt wurden. Manche Kollegen schmissen auch, offensichtlich ohne groß nachzudenken, wichtige Mitteilungen oder Meldungen in den Mülleimer, im Vertrauen darauf, dass der Inhalt verbrannt würde. Allerdings wurde der Müll nicht von deutschen Soldaten herausgebracht, sondern von Locals. Auf der Treppe steckten sich diese Männer schnell eine Handvoll Zettel in die Tasche, und schon hatten wir den Salat. Mir war auch schleierhaft, warum sich manche deutsche Soldaten Namensschilder mit ihren Klarnamen, dazu noch in afghanischer Schrift, drucken ließen. Natürlich standen einige höhere Offiziere in der Öffentlichkeit, ihre Namen waren eh bekannt. Aber mich hätten freiwillig keine zehn Pferde dazu gebracht, mit meinem Klarnamen am Revers durch Kabul zu spazieren. Ich achtete nun noch mehr darauf, nichts Persönliches am Mann zu tragen. Wenn ich Post bekam, sorgte ich dafür, dass wirklich jeder Hinweis auf heimische Adressen vernichtet wurde, und zwar von mir persönlich.

Ein Zwischenfall vor dem Tor zeigte mir mal wieder, wie berechtigt meine Vorsicht bezüglich der Locals war. Vor der Hauptwache befand sich wie immer eine große Menge von Afghanen, die nach Arbeit suchten. Dass bei der ISAF gut bezahlt wurde, hatte sich sehr schnell bis in den hintersten Winkel dieser Millionenstadt herumgesprochen. Die Kontingente benötigten, zum Teil auch nur auf Tagesbasis, einheimische Hilfskräfte für verschiedenste Aufgaben. Diese Jobs waren natürlich heiß begehrt. Und so pilgerten schon vor Sonnenaufgang Hunderte Afghanen in Richtung des Camps und machten es sich vor dem Tor gemütlich. Dort warteten sie, oft geduldig, manchmal auch ungeduldig, auf die Offiziere der Kontingente und Nationen, die gegen acht an das Tor kamen und dort Hilfskräfte einstellten.

Nun war es Vormittag, kurz vor der Essenszeit, und die Menschenansammlung vor dem Tor hatte sich noch nicht wieder aufgelöst, obwohl die Jobs bereits alle vergeben waren. Der holländische Infanterieverband war zur Wache eingeteilt, Alex und ich gingen gerade an dem Wachgebäude vorbei. Da fuhr eines der typischen gelb-weißen Taxis japanischer Bauart vor und ein Mann stieg aus. Er ging einen Schritt auf das Tor zu und holte plötzlich eine Handgranate aus den Falten seiner Bekleidung. Dann zog er den Sicherungssplint und warf die Handgranate in Richtung der niederländischen Wache. Zum Glück war das Teil ein Blindgänger und detonierte nicht, aber da zog er schon eine zweite Granate, entsicherte sie und versuchte sie ebenfalls zu werfen. Dieser ganze Ablauf dauerte weniger als zwei, drei Sekunden. Noch bevor er die zweite Granate los wurde, schoss ein niederländischer Wachsoldat und traf. Der Mann kippte rücklings, mit der bereits entsicherten Handgranate in der Hand, in das hinter ihm stehende Taxi. Ein lauter Knall! Und dann sahen wir etwas Rauch und eine aufgeregt schnatternde, am Boden kauernde Menschenmenge. Im nächsten Augenblick detonierte die Handgranate und tötete den Werfer auf der Stelle. Das alles ging so schnell, dass wir kaum Zeit hatten zu reagieren oder der Wache hätten zu Hilfe eilen können.

Alex und ich hatten guten Grund, unser Schießtraining auf der nördlich unseres Camps gelegenen »Sheep Range« zu intensivieren. Dazu ließen wir uns noch zusätzlich Häuserattrappen von der Feldlagerbetriebskompanie anfertigen und trainierten wie die Wahnsinnigen. Für mich sollte sich dieses Training noch als sehr wertvoll erweisen, als ich später zu den niederländischen Kommandos abgestellt wurde. Der Handgranaten-Vorfall zeigte uns auch, wie schnell sich solche brenzligen Situationen zuspitzen können und wie wenig Reaktionszeit wir hatten. Langsam wurde ich paranoid und achtete wie ein Luchs auf meine Umgebung, sobald ich das Camp verließ.

In der Nacht erlebte ich auch noch meinen ersten Raketenbeschuss. Er war ziemlich unspektakulär. Ich hörte ein Zischen, das immer lauter wurde und sich über mich hinwegbewegte. Die Rakete flog über unser Camp und detonierte südlich davon. Am nächsten Tag fuhr die QRF zu der Abschussstelle, die ihr von der afghanischen Polizei gemeldet worden war. Die Raketen, oftmals chinesischer oder russischer Bauart, waren von den Attentätern auf die billigste Art und Weise in Stellung gebracht worden. Sie wurden auf einem X-förmigen Stahlträger grob in die Richtung des Camps gerichtet und per Autobatterie gezündet. Ein sehr effektiver Krieg des kleinen, armen Mannes. Die QRF fand am Abschussort noch sechs weitere dieser Raketen, in Reihe geschaltet an einer Autobatterie. Durch den Rückschlag des Raketenantriebgases war offensichtlich die Verkabelung zu den weiteren sechs Raketen gerissen, weshalb diese nicht auch übers Camp gezischt waren. Die Raketenbeschüsse waren für einige Soldaten, besonders aus den Vorauskräften, zum Alltag geworden. Es kümmerte sie einfach nicht mehr. Keiner von ihnen hob den Kopf, wenn das schrille Zischen ertönte. Wenn die Raketen über sie drüberflogen, drehten sie sich auf die andere Seite und schliefen weiter. Es lohnte sich einfach nicht, darauf zu reagieren. Kostete nur wertvolle Schlafenszeit.

Später wurde ein Alarmkonzept erstellt, und es wurden sehr professionell und zügig Sandsackbunker in verschiedenen Bereichen des Camps gebaut. Auch ein Frühwarnsystem erhielt das Kontingent, das am Flughafen stationiert war und »Mamba« hieß. Das ist ein britisches Bodenradar, das anfliegende Geschosse erkennen und den vermutlichen Aufschlagpunkt berechnen kann. Ein Radar verfolgt den sogenannten »aufsteigenden

Ast« des Geschosses und berechnet auf dieser Basis den »absteigenden Ast« mit dem voraussichtlichen Einschlagpunkt.

Am Tag nach meiner ersten Rakete erhielten Alex und ich den Auftrag, bis an den Rand der riesigen Stadt und der AOR zu fahren. Diese »Area of Responsibility«, also unser Zuständigkeitsbereich, war für den ISAF-Einsatz genau definiert und auch unter dieser Prämisse vom Deutschen Bundestag mandatiert worden. Es ging bei dieser recht willkürlichen und im Laufe der Monate und Jahre immer wieder nachjustierten »Grenzziehung« im Grunde darum, sich von der unter amerikanischer Flagge laufenden militärischen Antiterror-Operation, also der »Operation Enduring Freedom« (OEF) im Rest des Landes, abzugrenzen. Kabul und die AOR als eine Art kampffreies Vakuum – zumindest in der Theorie und als Beruhigungspille für die deutsche Öffentlichkeit. Kabul war das Zentrum dieser weitläufigen AOR. Von Westen nach Osten reichte die Strecke etwa 40 Kilometer weit, von Norden nach Süden ungefähr 70 Kilometer. Die Verantwortlichkeiten innerhalb der AOR wurden unter den beteiligten Nationen der KMNB aufgeteilt. Die Deutschen waren für den Norden der Stadt zuständig, die im Camp Phoenix beheimateten Briten kümmerten sich um den südlichen Teil, die Franzosen waren am KIA, den sie auch betrieben und sicherten, stationiert.

Doof nur, dass die meisten Geschosse ausgerechnet vom Rand oder von außerhalb der AOR auf uns abgefeuert wurden. Ich ging davon aus, dass die Angreifer unsere Grenzen kannten und diesen Umstand weidlich ausnutzten. Woher sie so gut informiert waren, weiß ich nicht. Aber ich vermute einen Zusammenhang mit dem Umstand, dass Locals in der OPZ ein und aus gingen und dort Blicke auf die Lagekarte werfen konnten. Dieses Problem hatte man zum Glück zwischenzeitlich in Angriff genommen und die Zugangskontrolle zum Stabsgebäude verschärft. Jeder musste sich im Eingangsbereich ausweisen oder, falls er keine permanente Zugangsberechtigung besaß, einen Besucherschein ausfüllen und seinen Dienstausweis vorlegen. Diese Person wurde dann von einem anderen Soldaten abgeholt und dorthin gebracht, wo sie hin wollte.

Eines Tages saßen Alex und ich im Kaffeeraum neben der OPZ und überlegten lautstark, wie wir die Bedrohung durch Raketenbeschuss von außerhalb der AOR in den Griff bekommen könnten. Im selben Raum waren auch Major Schließmann, der Abteilungsleiter des J2, sowie andere Abteilungsleiter der KMNB. Schließmann schaltete sich ein: »Fahrt doch mal in die AOR-Randgebiete im Westen.« Das war ja schön und gut, würde uns aber nicht viel weiterbringen. Daraufhin meinte Schließmann: »Dann guckt doch mal, ob ihr was rauskriegen könnt. Wäre gut, wenn wir wüssten, wie die Lage außerhalb der AOR so ist.« Wir bekamen diesen Auftrag zum Verlassen der AOR natürlich nicht schriftlich. Alex und ich machten uns zu diesem Zeitpunkt keine Gedanken über die Folgen. Wir waren aus dieser Gegend beschossen worden, entsprechend wollten wir gerne dazu beitragen, die Bedrohung auszuräumen. Im Nachhinein könnte ich mir in den Hintern treten, dass ich diesen Auftrag so durchgeführt habe, ohne ihn mir schriftlich bestätigen zu lassen, wegen möglicher rechtlicher Konsequenzen. Die blieben glücklicherweise aus. Zumindest haben wir, wenn wir unsere Aufklärungsergebnisse aus Bereichen jenseits des Mandatsgebiets vorgelegt haben, niemals einen Rüffel wegen Verlassens der AOR bekommen. Uns drängte sich immer mehr der Gedanke auf, dass unser über die Grenzen hinausgehendes Engagement einkalkuliert wurde.

Alex und ich brachen morgens mit zwei Fahrern und zwei Fahrzeugen Richtung Westen auf, um hinter den Distrikt Paghman zu gelangen. Da das Camp weit im Osten lag, würden wir bis an die Grenzen der AOR eine ganze Weile unterwegs sein. Die Minenwarnungen beiderseits der Straße ließen mich frösteln. Die unvermeidlichen militärischen Fahrzeugwracks vor unendlich riesigen braunen Geröllfeldern beherrschten das Bild. Ein Anblick, der einen auf Dauer depressiv machen kann – besonders, wenn man aus Deutschland das satte Grün der Wiesen und Bäume gewohnt ist. Farbliche und landschaftliche Eintönigkeit zog draußen am Fenster vorbei. Als wir nach zwei Stunden den Rand der AOR erreichten, waren wir uns erst nicht einig, ob wir weiterfahren oder doch lieber umkehren sollten. Als wir aber in einiger Entfernung durch das Doppelfernrohr ein Gebäude erkennen konnten, mussten wir nicht mehr lange überlegen.

Das Gebäude war sehr groß, daneben war ein Fahrzeug mit einem Raketenwerfer auf der Ladefläche zu erkennen. Noch interessanter war das dahinter angekoppelte große Artilleriegeschütz. Wir warfen unsere Bedenken über Bord und überquerten die Grenze der AOR. Zumindest bis zum maximal einen Kilometer entfernten Gebäude wollten wir fahren. Wir bogen auf einen kleinen Weg ab, der Richtung Gebäude führte, und nach einer Linkskurve hatten wir freie Sicht auf das Haus. Kaum hatten wir darin Bewegungen erkannt, kamen auch schon drei Personen, bewaffnet mit Kalaschnikow-Sturmgewehren, heraus und winkten freundlich in unsere Richtung. Alex und ich stiegen aus und gingen auf die Männer zu. Ich bot den drei Afghanen sofort Zigaretten an, das ist der Eisbrecher Nummer eins! Auch eine gute Vorgehensweise ist, erst einmal in Frage zu stellen, ob die vorgefundenen Geräte überhaupt funktionieren. So packte man die Afghanen bei ihrer Ehre.

Natürlich interessierte uns am meisten, was es mit dem Geschütz und dem Raketenwerfer auf sich hat. Sie erklärten und zeigten uns alles ganz genau. Das Geschütz war in einem hervorragenden Zustand, der Werfer war komplett aufmunitioniert. Ich konnte Geschütz und Werfer nicht einordnen, Alex sagte nur »Russisch«, als er meinen fragenden Blick sah. Ich versuchte weiter zu »locken« und behauptete, dass sie ja eh keine Munition für das Geschütz und den Werfer hätten. Was wir daraufhin zu sehen bekamen, hätte ich mir in meinen kühnsten Träumen nicht vorstellen können. Hinter dem Gebäude waren jede Menge Kisten unter großen Planen versteckt. Darunter lagen nagelneue Kisten mit Artilleriegranaten. Am meisten verwunderte mich dabei, dass ich die Beschriftung lesen konnte. Sie war in Deutsch! Auf unsere Frage, wo sie diese herbekommen hätten, drucksten die drei wild aussehenden Gestalten etwas herum. Weil dieser Fund wirklich ungeheuerlich war, fragten wir sie, ob wir eine Granate mitnehmen und ihnen im Gegenzug etwas anderes geben können. Die drei Afghanen waren zunächst ganz aufgeschlossen für diese Idee, wollten sich aber nicht mit harmlosem Equipment zufriedengeben. Weil uns das zu heikel war, platzte der Deal. Ich könnte mich heute noch grün und blau ärgern, dass wir ihnen damals nicht eine unserer Handgranaten überlassen haben. Die Führung hätte uns für diesen Coup vermutlich belobigt und gleichzeitig in den Hintern getreten.

Also machten wir erst mal ein paar Fotos von den Artilleriegranaten in den deutsch beschrifteten Kisten. Nach einigem Hin und Her sowie einer Menge überreichter Zigaretten rückten sie dann doch mit der Sprache heraus. Die Granaten wären aus dem Iran geliefert worden. Wir waren entsetzt. Iran!? Nagelneue deutsche Artilleriegranaten? Herrschte nicht ein Embargo gegen den Iran, ratifiziert durch die Vereinten Nationen? Auf welchen verschlungenen Wegen und mit wessen Hilfe waren diese Granaten erst in den Iran und dann hierher gelangt? Nun waren wir in der gleichen Situation wie die amerikanischen Streitkräfte im Ausland, nämlich im ungünstigsten Fall von Geschützen und Munition aus dem Heimatland beschossen zu werden. Mir war gar nicht wohl bei diesem Gedanken. Nicht nur, weil deutsche Waffen effizienter sind als alte russische, sondern auch, weil ich an die üblen Geschäfte und kriminellen Schiebereien dahinter dachte. Nach circa einer Stunde verließen wir die afghanische Stellung.

Alex und ich fuhren zusammen zurück, die beiden Fahrer nahmen den anderen Wolf. Fast den gesamten Rückweg schwiegen wir. Ich war fassungslos, Alex ging es dem Gesichtsausdruck nach ähnlich. Deutsches Waffenmaterial aus dem Iran in Afghanistan, das war unglaublich! Wir überlegten uns, wie wir diesen Fund am besten in der OPZ präsentieren sollten, auch wegen unseres Ausflugs jenseits der AOR. Der Fund war aber zu brisant, um ihn zu verschweigen. Nach kurzer Diskussion einigten wir uns auf folgende Version: Wir hätten uns in der Karte geirrt, und unser GPS wäre ausgefallen. Bis wir gemerkt hätten, dass wir außerhalb der AOR sind, hätten wir unseren Fund gemacht. In der OPZ fragte uns einer der anwesenden Offiziere, wo wir diesen Fund gemacht hätten. Als wir ihm die Koordinaten nannten, kam überraschenderweise nur ein wissendes Lächeln – und kein Rüffel wegen Verlassens der AOR.

In der OPZ trafen wir auch Major Schließmann, den Chef der Abteilung J2. Er erzählte uns von einer Neuerung in der Stabsarbeit. Und zwar sollte bald das Datensammelsystem »Jasmin« installiert werden. In dieses Computer-Netzwerk, das seinen Namen dem Wortungetüm »Joint Analysis System Military Intelligence Network« verdankt, sollten künftig alle in diesem Fall in Afghanistan gesammelten Erkenntnisse zusammengetragen werden. Diese wurden, wie ich erst bei meinen Recherchen für dieses Buch erfuhr, nach Deutschland in das »Zentrum für Nachrichtenwesen der Bundeswehr« (ZNBw) weitergeleitet. Alle in den Auslandseinsätzen von deutschen Soldaten gesammelten Erkenntnisse über Personen, Ereignisse und Waffen in den Einsatzgebieten werden seit 1998 im rheinischen Gelsdorf zusammengetragen, bewertet und der politischen wie militärischen Führung der Bundeswehr als Grundlage für ihre Entscheidungen zur Verfügung gestellt. Wie im Juni 2007 im Zusammenhang mit den Untersuchungsausschüssen zu Murat Kurnaz herauskam, sind viele zwischen 1999 und 2003 in Jasmin eingepflegte Informationen gelöscht worden – aus Versehen, wie es hieß.

Von diesem »Zentrum für Nachrichtenwesen der Bundeswehr«, kurz ZNBw, hatte ich – und das als langgedienter Soldat – noch nie eine Silbe gehört, und das war wohl auch im Sinne des Erfinders. Hätte ich schon damals gewusst, dass unsere Informationen den ZNBw-Apparat füttern und dass dieser Geheimdienst der Bundeswehr eng mit dem BND verbandelt ist, in den er zum 1. 1. 2008 aufgegangen ist, wäre ich mir wohl wie der kleine Bruder von James Bond vorgekommen. Und vor allem hätte ich mir bei allen weiteren denkwürdigen Kontakten mit Offizieren der Nachrichtendienste die Frage gestellt, ob es sich nun um einen Vertreter des mir bekannten Geheimdienstes der Bundeswehr mit den drei Buchstaben (MAD für »Militärischer Abschirmdienst«) oder den mit den vier Buchstaben (ZNBw) handelte. Im Nachhinein ist mir natürlich sonnenklar, warum die Sicherheitsvorkehrungen mit der Installation von Jasmin erheblich verschärft wurden. In den entsprechenden Raum kämen nur die Bediener, niemand sonst herein, erklärte uns der Abteilungsleiter. Das beruhigte Alex und mich, zumal wir Schließmann gebeten hatten, mit unseren neuen Erkenntnissen doch bitte vorsichtig umzugehen in der OPZ.

Weil ihm unsere guten Aufklärungsergebnisse zu Ohren gekommen waren, fragte uns Major Schließmann, ob wir beide nicht komplett für seine Abteilung, also den J2, arbeiten wollen. Wir verneinten beide. Wir fanden, dass wir über die OPZ genug interessante Aufträge in der Pipeline hätten. Außerdem fanden wir es sympathischer, in der Abteilung J3, zuständig für die Lagebeurteilung und Einsatzzentrale des Verbands, aufgehängt zu sein. Dort hatten wir unsere Freiheit, die wir nicht ohne weiteres aufgeben wollten.

Mittlerweile waren die Bunkeranlagen fertiggestellt worden. In den nächsten Tagen sollten sie gleich einem Realitätscheck unterworfen werden. Es flog nämlich wieder mal eine Rakete in der Dämmerung in Richtung unseres Camps, was uns kurz vorher vom Warnsystem angezeigt wurde. Als ich mich zum mir zugeteilten Bunker bewegte, kam ich an einer anderen Anlage vorbei. Obendrauf saß ein sehr verstört dreinblickender Soldat. Mitten auf dem Bunker! »Sieh zu, dass du deinen Hintern in den Bunker bewegst«, rief ich ihm zu. »Wenn das Ding irgendwo in der Nähe einschlägt, hast du keine Chance!« Er guckte unglücklich und meinte: »Aber ich habe einen Befehl. Ich bin hier als Luftraumspäher abgestellt und soll anfliegende Raketen sofort melden!« Ich konnte es kaum glauben und rief ihm zu: »Okay. Aber es zählt immer der letzte Befehl. Und hiermit befehle ich dir: ab in den Bunker!« Das ließ er sich nicht zweimal sagen und kam meinem Befehl freudig und schnell nach. Auch ich sah zu, schnell in meinen Bunker zu kommen, und schüttelte nur den Kopf über den Befehl, den irgendein Vollidiot diesem armen Soldaten gegeben hatte.

Vor dem Hintergrund der Raketenbeschüsse und brenzligen Situationen bei unseren Aufklärungstouren beschäftigte mich eine Frage immer mehr: Wer holt uns eigentlich raus, wenn Alex und ich oder andere Truppenteile in eine Notsituation geraten oder Verletzte und Verwundete haben? Im Fachjargon der sogenannte »Backup«, also eine Art Absicherung durch im Hintergrund bereitstehende Kräfte. Alex und mir versicherte man ein ums andere Mal: »Ihr müsst nur funken, die deutschen Hubschrauber holen euch schon raus.« Das kann ich nur als groben Unfug interpretieren. Ich kann das insofern beurteilen, da ich während meiner Ausbildung zum Berufshubschrauberpiloten endlos viele Landungsberechnungen machen musste. Die gepanzerten Hubschrauber der Bundeswehr erreichten in Afghanistan sehr schnell ihre Leistungsgrenzen, vor allem deswegen, weil Kabul schon auf einer Höhe von 1800 Metern über Normalnull liegt. Es war keinesfalls möglich, in den dort eingesetzten Maschinen noch eine größere Gruppe von Soldaten mitzunehmen.

Die ungeklärte Minenlage am Boden machte die Evakuierung aus der Luft nicht leichter. Kein Pilot mit allen fünf Sinnen und gesundem Menschenverstand landet in einem Gelände mit ungeklärter Minenlage. Schon aus einiger Höhe können die Maschinen nämlich durch den sogenannten »Downwash« ihrer Rotoren Minen am Boden auslösen. Die Leistung der eingesetzten Piloten steht hier nicht zur Debatte. Die Piloten waren großartig, und wir nutzten diesen Umstand zur Aufklärung aus der Luft weidlich. Die Bedrohung durch die amerikanischen »Stinger« und die britischen »Blowpipes« war natürlich extrem unangenehm. Diese handlichen Raketen werden von der Schulter aus in die Luft abgefeuert. Sie waren massenweise durch den Krieg gegen die Russen ins Land gekommen und machten uns schwer zu schaffen. Uns blieb nichts anderes übrig, als auf die installierten Abwehrmaßnahmen dieser Hubschrauber zu vertrauen.

Bei einem dieser Aufklärungsflüge bekamen Alex und ich den Ernst der Lage zu spüren. Hinter ihm, an der Außenseite des Hubschraubers, befanden sich die Behälter für die Täuschkörper, die »Flares«. Die zweite Maschine flog schräg rechts hinter uns in Formation, zur Sicherung. Auf der offenen Heckrampe war der Luftraumspäher positioniert. Im Tiefstflug ging es durch an Kabul angrenzende Täler. Der gesamte Flug wurde von uns per Videokamera dokumentiert. Plötzlich gab es einen gigantischen Knall. Im ersten Moment dachte ich an Maschinengewehrfeuer, bis ich durch die offene Heckrampe die ausgestoßenen Täuschkörper erkannte: Magnesiumfackeln, die brennend zu Boden sanken. Ich verkrampfte und verstärkte meinen Griff um den Sitzholm. Wir hatte keine Ahnung, ob wir nur durch ein Radar angepeilt worden waren oder ob bereits ein Geschoss im Anflug war. Die beiden Soldaten der Hubschrauberbesatzung schrien »Anschnallen!«.

Wir saßen hilflos da, während der Pilot in einen extremen Tiefflug überging und die Geschwindigkeit erhöhte. Obwohl wir eigentlich alle das Fliegen mit Hubschraubern gewohnt waren, veränderte sich bei jedem rapide die Gesichtsfarbe. Die Nervosität, die abrupten Flugmanöver und die heftige Tempoerhöhung – das war ein bisschen viel auf einmal. Noch dazu war es sehr heiß und wir hatten alle unsere Bristol-Westen an, was die Sache nicht leichter machte. Ich spähte konzentriert aus dem Fenster, erkannte aber keine anfliegende Rakete. Vermutlich hatte uns nur irgendein Spaßvogel aufs Korn genommen. Nach der Landung klopften wir uns erst mal erleichtert auf die Schulter, und der Pilot gab uns die genauen Koordinaten für unsere Meldung an die OPZ. Ich war sehr froh, nach diesem Höllenritt endlich wieder festen Boden unter den Füßen zu haben. Es war zwar nichts passiert, aber dieser Vorfall bestärkte uns mal wieder in der Einschätzung: Hier ist es verdammt gefährlich.

Zurück im Camp, erhielten wir unseren konkreten Auftrag für die immer näher rückende Loya Jirga: Alex und ich sollten den »vorgeschobenen Gefechtsstand«, eine Art kleine Operationszentrale direkt im Hotel Interconti, überwachen und sichern. Die beiden dort kommandierenden Offiziere hatten den Auftrag, die Truppen direkt vor Ort zeitnah »im Gefecht« zu führen und gleichzeitig die Funkverbindung zur OPZ im Camp aufrechtzuerhalten, um Lageinfos zu koordinieren. Die Loya Jirga selbst fand nur wenige Hundert Meter entfernt auf dem Campus der Polytechnischen Universität Kabuls statt. In einer

Mulde hatte die GTZ, die international agierende »Gesellschaft für Technische Zusammenarbeit«, bereits ein riesiges Zelt aufgebaut, wo die einwöchige Versammlung abgehalten werden sollte. Wir freuten uns auf diesen Auftrag. Hieß das doch, dass wir nahe ans politische Geschehen rankommen und sicherlich einige Möglichkeiten zur Informationsschöpfung bekommen würden. Auch endlich mal für einen längeren Zeitraum aus dem Camp zu entkommen und dem unvermeidlichen Lagerkoller zu entgehen, ließ uns innerlich jubeln. Endlich etwas anderes!

Dabei war es erst Ende Mai und ich nur wenig mehr als einen Monat im Land. Während es mir manchmal vorkam, als ob die Zeit klebrig und zäh wie Kaugummi verrann, wurde mir plötzlich klar, dass sie nur so dahingerast war. Rückblickend kann ich sagen, dass ich zu diesem Zeitpunkt bereits ziemlich abgestumpft war gegen die vielen Eindrücke, sodass ich sie nicht mehr verarbeiten konnte. Damals hätte ich meine Verfassung anders bezeichnet, eher als Abgeklärtheit. Ich fühlte mich schon wie ein »alter Hase«. Solange Alex im Land und an meiner Seite war, konnte er mich zum Glück immer wieder auf den Boden der Tatsachen zurückholen. Wofür ich ihm bis heute sehr dankbar bin. Überhaupt waren wir ein klasse Gespann. Es lief halt auch ohne große Worte zwischen uns. Wir waren eine kleine Einheit, innerhalb eines großen Systems, fast wie eine Ersatzfamilie. Würde ich mich je wieder in den normalen Dienstbetrieb in Deutschland einfinden können? Ich schob die Gedanken an die Zeit nach dem Einsatz ganz weit weg von mir. Ich konnte noch nicht ahnen, was nach den ganzen Erfahrungen in diesem verrückten, schönen Land zu Hause auf mich wartete: ein tiefes, schwarzes Loch.

Für unsere Spezialaufgabe bei der Loya Jirga war es enorm wichtig, dass wir optimal ausgestattet waren. Die von der Bundeswehr gestellte Ausrüstung war für die besonderen Anforderungen in Afghanistan und erst recht für die Tätigkeiten von Alex und mir definitiv nicht geschaffen. Also wurde ich selbst tätig. Man mag es kaum glauben, aber eines meiner Hobbys war und ist das Nähen. Ich besorgte mir, natürlich von meinem eigenen Geld, eine sogenannte Kampfmittelweste, die zur Aufbewahrung von Munition unerlässlich ist. Weil ich meine Nähmaschine nicht dabeihatte, änderte ich diese Weste meinen persönlichen Bedürfnissen entsprechend in stundenlanger Arbeit ab, bis sie genau meinen Vorstellungen entsprach. Von nun an konnte man mich abends und in meiner Freizeit mit Nadel und Faden über meiner Ausrüstung sitzen sehen.

Ich möchte gar nicht darüber nachdenken, wie viel Geld ich während meiner Militärzeit in Ausrüstung investiert habe, vom zeitlichen Aufwand des Nähens ganz zu schweigen. Besonders in der Fallschirmjägertruppe kannte ich viele Soldaten, die eine Menge Geld in ihre private Ausrüstung investiert haben. Im Laufe der Zeit wurde die Ausrüstung der Infanterie zwar stark verbessert, aber einige Gegenstände sind bis heute nur eingeschränkt zu gebrauchen. Die Stiefel sind hart und unflexibel, sodass man sich die Hacken blutig läuft und sich Nässebrand holt, weil das Material nicht atmungsaktiv ist. Die Unterwäsche, reine Baumwolle, taugt weniger als die billigste Funktionsunterwäsche von C&A. Die Konsequenz dieser privaten Nachrüstung war, dass man bei Lehrgängen und Übungen die verschiedensten Kampfstiefel, Kampfmittelwesten und Rucksäcke zu sehen bekam, alle privat und individuell angeschafft. Auch Beinholster für die Pistole waren und sind sehr beliebt. Aus Kostengründen werden viele Gegenstände bei der Bundeswehr leider nicht eingeführt, obwohl sie für Aufträge wie diesen ideal sind. Alex und ich werkelten, was das Zeug hielt, da wir für fast zwei Wochen ziemlich autark sein mussten.

Gelegentlich sah ich auch bei meinen alten Kollegen beim österreichischen Jagdkommando vorbei. Dabei erfuhr ich, dass sie vor kurzem prominenten Besuch gehabt hatten. Ihr Verteidigungsminister, Herbert Scheibner, hatte sich vor Ort von der Lage unterrichten lassen. Was mich bei dieser Erzählung am meisten beeindruckte, war, dass dieser hohe Politiker einmal in der Unteroffizierslaufbahn in einem Jägerbataillon seinen Dienst geleistet hatte. So etwas kannte ich von meiner Bundeswehrzeit nicht. In Deutschland scheinen ja vor allem Politiker, die nicht bei der Bundeswehr gedient haben, für dieses Ministeramt prädestiniert zu sein. Der österreichische Verteidigungsminister hingegen sprach die gleiche Sprache wie seine Soldaten. Er musste nicht groß auf Besonderheiten und Problemlagen hingewiesen werden, nein: Er begriff dies alles von alleine und sprach es bei der Kommandoführung an.

Ich wurde immer ruhiger und lauschte beeindruckt und gespannt den Ausführungen meines österreichischen Kameraden. Und es wurde immer besser. Kaum am Kabuler Flughafen angekommen, hätte Scheibner gefragt: »Wo ist meine Uniform?« Ihm war es wichtig, seinen Soldaten nicht im Anzug gegenüberzutreten und sich dadurch von ihnen abzuheben. Mir blieb fast die Spucke weg und wirre Fantasiebilder unserer bisherigen Verteidigungsminister in Uniform gingen mir durch den Kopf. Herbert Scheibner signalisierte mit seiner Uniform ganz unmissverständlich: Ich bin einer von euch. Fantastisch! Das ist ein Signal, das auch Bundeswehrsoldaten gerne empfangen würden. Ich werde vermutlich vergeblich mein Leben lang warten müssen, ob so ein Spezialist mit umfassender Sachkenntnis, Loyalität und Feingefühl einmal zum deutschen Verteidigungsminister berufen wird.

Aber es gab natürlich auch einen Nachteil für die österreichischen ISAF-Soldaten: Ihrem Verteidigungsminister konnten sie keinen Bären aufbinden oder ihn mit oberflächlichem Blabla abspeisen, was sehr schlecht für manche Leute in der Truppe war. Dass ein Politiker, noch dazu ein hochrangiger Minister, ein Vorbild für die Truppe war, darüber waren die österreichischen Soldaten nicht nur froh. Sie waren regelrecht stolz auf ihn. Ich kann nicht sagen, ob auch die hohen Generäle des österreichischen Bundesheeres aus diesem Holz geschnitzt waren. Bei der Bundeswehr gab es jedenfalls nur wenige Ausnahmegestalten, die so gut wie jedem Soldaten, der mit ihnen zu tun bekam, als Vorbild dienten. Eine dieser Lichtgestalten war ganz eindeutig der Führer des deutschen Infanterieverbandes vor Ort, der von seinen Männern nur respektvoll »Präsi« genannt wurde. Man merkte den Fallschirmjägern in jeder Sekunde dieses Einsatzes ihr großes Vertrauen ihrem Kommandeur gegenüber an. Er war kein Karrierist, sondern einer von ihnen.

Die nächsten Tage stand nichts Besonderes an. Alex und ich waren zur Abwechslung mal wieder in der OPZ zugange. Da war ein kleiner Ausflug zur französischen Fremdenlegion eine gute Abwechslung. Den Weg kannten wir schon: Deren Soldaten – wegen der kolonialen Tradition der französischen Armee aus aller Herren Länder – waren nicht wie die anderen französischen Soldaten am KIA, sondern auch im Camp der Amerikaner hinter der »Sheep Range« untergebracht, also einen Katzensprung von uns entfernt. Neben anderen Nationen waren sie für die Ausbildung des ersten Bataillons Freiwilliger der afghanischen Nationalgarde, der »BANG« (First Bataillon Afghanistan National Garde) zuständig und hatten dabei sicher Erfahrungen gemacht, von denen wir profitieren konnten. Ich beobachtete einen französischen Sergeanten dabei, wie er die Afghanen zusammentrommelte, die eilig aus allen Ecken zusammengelaufen kamen. Aber irgendwas stimmte mit den Männern nicht: Sie hatten allesamt blaue Füße und standen mittlerweile wie eine »Kompanie der Schlümpfe« auf dem Vorplatz. Irritiert fragte ich meinen französischen Kollegen: »Was hat denn das zu bedeuten?«

Des Rätsels Lösung hatte weniger mit den kleinen blauen Wesen aus dem Comic als vielmehr mit einer westlichen Errungenschaft zu tun, die »Dixie« heißt. Den afghanischen Männern, so erzählte der Franzose, waren die gleichnamigen, überall auf dem Gelände herumstehenden chemischen Toiletten unbekannt. Sie hatten zwar diese Gebilde am ersten Tag staunend umringt, sich aber nicht zu fragen getraut, was es damit auf sich hatte. Erst vor wenigen Tagen sei ihm morgens beim Antreten der erste »Schlumpf« entgegengekommen, erzählte der Sergeant. Er habe den bis zur Wade blau eingefärbten Afghanen gefragt, was das denn solle, weil er sich partout keinen Reim darauf machen konnte. Pflichtschuldig entgegnete ihm der Blaufüßige, er habe sich in einem der komischen kleinen Häuschen die Füße gewaschen. Und er blieb nicht der Einzige. Noch bevor die tatsächliche Funktion der Dixie-Toiletten zu den afghanischen Freiwilligen vorgedrungen war, hatten sich etliche Afghanen ihre Füße mit den hartnäckigen blauen Chemikalien eingerieben – und waren daran gescheitert, diese »Farbe« später wieder abzubekommen.

Zwei Tage später war ich mit Alex zum Schießenüben auf der »Brick Range«. Das war ein großes Gelände mit einigen Ruinen, etwa zwei Kilometer südlich vom Camp, hinter dem Stadtteil Shina. Dort waren jede Menge Wadis, die beim Schießen als natürliche Deckung zur Annäherung und zum Ausweichen genutzt wurden. Das Gelände war auch von wenigen ausgetretenen Pfaden durchzogen, die als einzige Stellen definitiv minenfrei waren. Rechts und links dieser Trampelpfade konnten noch jede Menge Minen schlummern. Das war insofern problematisch, als die Fahrzeuge ja irgendwo im Gelände geparkt werden mussten, weil Schießübungen auch aus den Jeeps heraus gemacht wurden. Was also tun? Ich wurde nun Augenzeuge, wie ISAF-Soldaten sehr unkonventionell testeten, ob das Gelände an dieser Stelle vermint war – und zwar mit Äpfeln! Dazu winkten die Soldaten die vielen Kinder heran, die auf dem Schießplatz leere Messinghülsen sammelten, weil diese bares Geld wert waren. Dann griffen die Soldaten hinter sich in eine Kiste mit Äpfeln, hielten sie den Kindern vor die Nase und schmissen sie ins Gelände. Dann warteten sie ab, was passierte. Wenn die Kinder losliefen, um sich die Äpfel zu holen, und es keinen Knall gab, wurde dieses Feld als geklärt und unvermint betrachtet. Sollte keines der Kinder auf das Gelände mit den Äpfeln laufen, markierten sie diesen Bereich rot in der Mine Map und sendeten ihre EOD-Kräfte zur Entschärfung.

Ich sah mir dieses Treiben, abgestumpft, wie ich bereits war, recht unbeteiligt an. Erst mit Abstand wurde mir die Tragweite und die Unglaublichkeit dieser Vorgehensweise klar, die mit nichts zu entschuldigen ist. Wie konnten die ISAF-Soldaten denn davon ausgehen, dass die Kinder genau wussten, wo Minen waren, und nicht aufgrund nagenden Hungers ungeachtet der Gefahren losliefen? Doch ich konnte den Soldaten nicht mal richtig böse sein. Sie hatten sich aus nachvollziehbaren Gründen entschieden, dass niemand aus ihrer Mitte wegen explodierender Minen zu Tode kommen sollte und dass die Apfel-Methode dafür gut geeignet war.

Man muss dazu sagen, dass Minen und die von ihnen ausgehende Gefahr die schlimmste und permanent vorhandene Bedrohung in diesem Einsatz waren. Jahrelang funktionieren diese überaus billigen und verlässlichen Helfer, warten in der Erde, um ihren »Auftrag« durchzuführen. Mittlerweile werden viele Modelle aus Plastik hergestellt, sie verrotten kaum und überdauern so die Jahre. Die Menschen mit Beinprothesen oder abgerissenen Gliedmaßen, die man in Kabul sah, gingen in die Tausende. Täglich kamen neue Opfer dieser perfiden Kriegsführung hinzu. Und so werden massenweise Prothesen (aber auch Waffen) aus Pakistan nach Afghanistan über die Grenze exportiert. Mit den Auswirkungen der nur ein paar Cent kostenden Minen ließ sich also auf Jahre und Jahrzehnte hin ein gutes Geschäft betreiben. Sobald ich heute beim Einkaufen Äpfel sehe, muss ich an diesen Tag auf der »Brick Range« denken und an die Kinder. Und Äpfel habe ich aus meinem Speiseplan gestrichen.

Alex und ich gingen in Standby und warteten, bis der nächste Schieß-Durchgang begann und wir uns den anderen Soldaten anschließen konnten. Doch plötzlich kam aus einem der Wadis eine Frau auf uns zugehumpelt. Sofort begannen mehrere Soldaten zu schreien: »Cease fire, cease fire!« (Feuer einstellen). Wir nahmen sofort die Waffen herunter und blieben gebannt stehen. Die Frau kam immer näher, fing an zu schimpfen und deutete auf ihren Arm und ihr Bein. Wir hatten keinen Sprachmittler dabei, verstanden aber sehr schnell, was sie meinte. Die Frau blutete! Die Sanitäter begannen sofort, die Schusswunde an ihrem Arm und Bein zu verarzten. Dann brachten sie die Verletzte ins Camp Warehouse, um sie weiter zu versorgen. Die Frau wurde sofort im deutschen Lazarett untersucht und behandelt. Die Ärzte diagnostizierten zwei Durchschüsse – das Projektil steckte also nicht mehr im Körper – und erstellten einen Bericht über den Vorfall. Kaum halbwegs verarztet, forderte die Frau lautstark von der ISAF Schadenersatz. Sie wollte 10 000

US-Dollar Schmerzensgeld. Als ihr daraufhin mitgeteilt wurde, man hätte ja ihre Personalien und nun würde eine Untersuchung des Vorfalls eingeleitet, war sie ziemlich unzufrieden, wie mir die Kollegen aus dem Lazarett erzählten.

Alex und ich wurden zu dem Vorfall befragt. Wir konnten uns nicht vorstellen, dass die anderen Soldaten die Frau versehentlich getroffen haben könnten. Allein der Arztbericht war sehr aufschlussreich. Darin hatten die Ärzte festgehalten, dass die Schusswunden nicht mit den Charakteristika der von den Truppen verwendeten Munition übereinstimmten. Obwohl wir uns keiner Schuld bewusst waren, fühlten wir uns erleichtert. Es konnte also niemand aus dem ISAF-Kontingent gewesen sein. Wer aber sonst konnte auf die Frau gezielt haben? Eigentlich gab es nur eine Möglichkeit: Sehr wahrscheinlich hatte die Frau sich die Verletzung selbst beigebracht oder war gezielt von einem Gehilfen angeschossen worden – um abzukassieren. Damals empfand ich nur Wut über ihren Versuch, die ISAF abzuzocken. Nun, mit etwas Abstand betrachtet, kann ich nur schlucken. Dass es in Afghanistan Menschen gibt, die Schmerzen oder sogar lebenslange Verstümmelungen in Kauf zu nehmen, um an das nötige Geld zur Sicherung ihrer Existenz zu kommen, hat mich tief schockiert.

Mein Beitrag für die Loya Jirga
und geheime Dienste

Alex und ich erfuhren immer mehr Details über die Umstände der Loya Jirga. Die zur Sicherung abgestellten deutschen Teile würden im Interconti zwei Räume zur Verfügung gestellt bekommen. Unser »vorgeschobener Gefechtsstand« im dritten Stock war acht bis zehn Quadratmeter groß und musste Platz für zwei Offiziere, zwei, drei Funkgerätebediener sowie Alex und mich haben. Ganz schön eng also. Während die Offiziere und Funker in 24-Stunden-Schichten abgelöst wurden, sollten Alex und ich die nächsten zwölf Tage komplett im Interconti bleiben und rund um die Uhr für die Sicherheit sorgen. Deshalb bekamen wir beiden einen Ruheraum mit Minibalkon im ersten Stock zugeteilt. Zur Vorbereitung sollten wir die örtlichen Gegebenheiten hinsichtlich einer möglichst schnellen Eigenevakuierung aus dem Hotel erkunden.

Die Wege im Hotel mussten skizziert und eingelaufen werden, sodass im Falle eines Anschlags die Rettungswege bekannt sind. Auch wurde bereits zusätzliche Munition, Verpflegung und Wasser, Wasser und nochmals Wasser für uns ins Hotel geliefert. Selbst in der Nacht fiel die Temperatur in Kabul selten unter 25 Grad Celsius. Am Tage schwitzten wir unter unseren »Bristols« Sturzbäche heraus und mussten literweise Wasser trinken, um unseren Flüssigkeitsverlust auszugleichen. Auch weil die Küche des Interconti alles andere als vertrauenerweckend war, legte ich sehr viel Wert darauf, genug zu essen mitzunehmen. Für mich hieß das: eine zwei Wochen ausreichende Ration von Epa, also Einmannpackungen, und zwar in den Geschmacksrichtungen Linsensuppe und Cevapcici. Alles andere fand ich völlig ungenießbar. Alex hatte eine sehr eigene Methode, seine

Epas aufzupeppen: Seine Frau hatte ihm jede Menge Ketchup geschickt, das er über wirklich jede Mahlzeit kippte. Wir wollten auf alle Fälle vermeiden, dass einer von uns beiden mit »Montezumas Rache« darniederliegt, während draußen die Loya Jirga läuft. Bei unserer geringen Personaldecke wäre das die absolute Katastrophe gewesen!

Ärgerlicherweise wurden uns bei diesen logistischen Vorbereitungen von einigen Soldaten unnötig Steine in den Weg gelegt. Die Bürokratie war in dieser Phase des Einsatzes bereits auf bestem deutschem Niveau angelangt. Für jede popelige Batterie, für jede Epa-Ration, jede Rolle Klebeband oder Klopapier und natürlich Munition musste von uns ein Anforderungsformular ausgefüllt werden. Ich kam mir wie zurückversetzt in meinen Heimatstandort vor. Gerade die Oberbürokraten an den Materialausgabestellen hatten von Tuten und Blasen keine Ahnung, weil sie meist noch nie außerhalb des Camps gewesen waren und überhaupt nicht wussten, wie es da aussah und was man da alles brauchte. Das ewige Hickhack und die vielen Formulare ließen mich wieder einmal fast an der Bundeswehr verzweifeln. Alex kannte die Probleme schon. Er blieb ganz gelassen und beruhigte mich – mal wieder.

Im Nachhinein kann ich sagen, dass wir uns bei der Absicherung der Loya Jirga ein bisschen mehr Gelassenheit hätten erlauben können. Denn der Ablauf der wichtigen Versammlung war gut geplant, teilweise standen sogar die Ergebnisse schon im Vorfeld fest. Die Amerikaner hatten ganze Arbeit geleistet, um ihren Wunschkandidaten Hamid Karzai durchzusetzen. Damals allerdings war mir das nicht so bewusst. Nicht nur ich, die ganze Stadt und auch die ISAF-Truppen standen ja unter großer Anspannung. Mit unserem damaligen Wissen konnten wir nicht abschätzen, wie die Loya Jirga ausgehen und in welche Richtung sich unser Einsatz entwickeln würde. Natürlich wurden wir von der Führung alles andere als umfassend informiert. Es galt das Prinzip: »So wenig wie möglich, so viel wie nötig«. Eine realistische, umfassende Einschätzung konnten wir mit diesem Wissensstand gar nicht treffen.

Auch die Aktivitäten des afghanischen Geheimdienstes, des NDS (»National Directorate of Security«), waren alles andere als durchschaubar. Einige mächtige Gruppierungen innerhalb der Loya Jirga sprachen sich bereits im Vorfeld offen für eine Auflösung dieses Machtapparats aus. Dies gefiel den betroffenen Geheimdienstleuten natürlich gar nicht.

Die Reaktion ließ nicht lange auf sich warten. Eines Tages schlugen in der Nähe des Hauptquartiers der ISAF sowie der amerikanischen Botschaft innerhalb weniger Minuten zwei Raketen ein – was nichts Neues war. Allerdings gab es diesmal einen kleinen Unterschied. Der NDS, der sich vorher nie sonderlich für solche Anschläge interessiert hatte (vor allem wenn die Raketen in Richtung der »Ungläubigen« flogen), fand sich umgehend vor Ort ein und nahm die Ermittlungen auf. Und Wunder über Wunder: An den vermeintlichen Abschussstellen waren ebenfalls NDS-Mitarbeiter in null Komma nichts vor Ort und präsentierten nach kürzester Zeit die angeblichen Attentäter. Wir waren mehr als skeptisch, ob das mit rechten Dingen zuging. Was die Quick Reaction Force mit den von Mamba gelieferten Koordinaten nicht hinbekam, sollte der NDS gleich beim ersten Mal geschafft haben? Das sah eher nach einer ausgefuchsten und hochmunitionierten PR-Aktion des NDS aus, um die ISAF von seiner Unersetzlichkeit zu überzeugen. Mir persönlich taten die vermeintlichen Attentäter leid, die mit den Raketenbeschüssen wahrscheinlich gar nichts zu tun hatten.

Während der Loya Jirga hatten Alex und ich mehr mit dem NDS zu tun, als uns lieb war. Sie schnüffelten ständig bei uns herum und versuchten, Einblicke in unsere Aufklärungsergebnisse zu bekommen. Zu meinem Entsetzen wurde es ihnen sogar von unserer Führung gestattet. Das lief dann unter dem Stichwort »Vertrauensbeweis«.

Am 8. Juni war es dann so weit. Alex und ich verlegten mit unserer kompletten Ausrüstung ins Interconti. Endlich! Raus aus dem Lager, wenn auch nur für zwei Wochen. Wir freuten uns auf ein bisschen Abwechslung, mehr Komfort konnten wir dagegen nicht erwarten. Wie schon beschrieben, war das Wort

Hotel zu hochtrabend für dieses Gemäuer, in dem es nur zeitweise Strom gab, der Putz von den Wänden bröckelte und der Aufzug defekt war. Selbst Jugendherbergen in Deutschland sind besser und komfortabler ausgestattet. Der Boden war übel verdreckt und sah aus, als sei er jahrelang nicht gewischt worden. Dazu Einschusslöcher, wohin das Auge blickte, inklusive zerfetzter Deckenverkleidung. Aus den Wasserhähnen kam nur eine undefinierbare, braune Brühe. Aber sei's drum, es ging hier ja nicht um unsere persönlichen Befindlichkeiten. Unser wichtigstes Gut in den folgenden zwei Wochen war unser Improvisationstalent. Und so schleppten wir das ganze Material in unseren vorgeschobenen Gefechtsstand im dritten Stock. Vom Fenster aus war der Vorhof des Hotels zu sehen, dahinter die Senke, wo die Loya Jirga stattfand. Die GTZ war gerade dabei, das riesige Zelt zu verkabeln. Wir waren vom Versammlungsort der Loya Jirga nur 600 Meter entfernt, hatten einen glänzenden Ausblick auf das bunte Treiben dort und saßen also sprichwörtlich in der ersten Reihe. Zu meinem Entsetzen musste ich feststellen, dass die NDSler vom afghanischen Geheimdienst in den Nebenraum einziehen sollten. Ohne Tür zwischen ihrem und unserem Bereich. Sie würden also ohne weiteres Blicke auf die Lagekarte werfen können. Auch ging ich davon aus, dass bei dem NDS der eine oder andere Mitarbeiter Deutsch verstehen kann und somit auch unsere Gespräche mitbekommt und den Funk »abhört«. Na prima!

Was mir zu diesem Zeitpunkt allerdings am meisten Sorgen machte, war etwas ganz anderes. Ich hatte seit Tagen Nässebrand an beiden Füßen. Das fühlt sich an, als wären die Füße tagelang in Wasser eingelegt worden und dadurch gleichzeitig aufgedunsen und verschrumpelt. Jeder Schritt kam mir vor, als ob ich auf einem Nadelkissen laufen würde. Das kam daher, dass wir nur unsere normalen Bundeswehr-Stiefel für diesen Einsatz zur Verfügung hatten, genau wie die Uniformen. Diese Uniformen und Stiefel waren für die klimatischen Bedingungen in Deutschland ausgelegt und nicht für über 30 Grad im Schatten. Erst jetzt, nach fast einem halben Jahr Einsatzzeit in Afghanistan, wurde für Abhilfe gesorgt. Langsam kamen die grünen, leichteren Tropenuniformen ins Land. Auch luftdurchlässigere Stiefel wurden endlich geliefert, allerdings waren sie leider nur in wenigen Größen verfügbar. Zum Glück hatte ich ein Paar der neuen Stiefel ergattert, eine Wohltat für meine Füße. Allerdings hatte ich jetzt noch mit den Nachwirkungen meiner zum Teil offenen Füße zu kämpfen.

Als Nächstes versuchten wir, uns in unserem Ruheraum häuslich einzurichten. Dazu entfernten wir alle Möbelreste sowie den groben Dreck der letzten Jahre. Ich bin ein sehr ordentlicher Typ und versuchte krampfhaft, diese Bruchbude halbwegs bewohnbar zu machen. Als wir den gröbsten Unrat weggeschafft hatten, stellten wir unsere drei Feldbetten hin und bauten unsere Rucksäcke, Wasser, Proviant – darunter eine Ketchupflaschen-Sammlung von Alex – an der Wand auf. Dann kümmerten wir uns um unsere eigenen Evakuierungsmöglichkeiten. Dazu legten wir Sammelpunkte fest, auf die wir uns im Falle einer Krise zurückziehen könnten. Wir entschieden uns für eine markante Moschee mit einer blauen Kuppel, die etwa 600 Meter nördlich lag und die übrigens auf dem Buchcover zu sehen ist. Ebenfalls erkundeten wir mehrere Wege, um diesen Punkt schnellstmöglich, auch bei Nacht, erreichen zu können. Da es unter Umständen schnell gehen musste, die Bedrohung sogar aus der Hotel-Lobby kommen konnte und unser Arbeitsraum ja im dritten Stock war, richtete ich auf der Rückseite des Gebäudes einige Abseilstellen ein.

Am Abend trafen wir die ersten »Kollegen« vom NDS im Hotel. Sie beäugten neidisch unsere Ausrüstung und vor allem unsere Waffen. In diesem Land warst du nur etwas, wenn du ein Gewehr dabeihattest und noch besser mit vielen und eindrucksvollen Waffen behängt warst. Bei diesem von Kriegen gebeutelten Volk zählte das viel, es gehörte seit dem Kampf gegen die Invasion der Russen zum Selbstverständnis – was nicht alle Westler begriffen. Einige wollten so unscheinbar wie möglich wirken und vor allem nicht gefährlich. Ganz schön naiv, ist meine Einschätzung dazu. Deeskalation mag ja schön und gut und in vielen Fällen auch die richtige Strategie sein. So ein schlichtendes Verhalten wird von den Afghanen, wenn es hart auf hart geht, aber als Schwäche ausgelegt. Defensives Auftreten entsprach in keinster Weise den örtlichen Gegebenheiten und war meinen Erfahrungen nach eher töricht, wenn nicht gefährlich. Die Waffen haben aber auch noch eine andere wichtige Funktion: Neben Zigaretten sind sie der Türöffner Nummer zwei, um mit afghanischen Männern ins Gespräch zu kommen. Besonders bei den Afghanen aus den Dörfern um Kabul. Sie erkennen nur eine Gesetzgebung an: ihren Ehrenkodex, der »Paschtunwali« heißt und auf drei Säulen ruht: Gastlichkeit, Blutrache, Pflicht zur Asylgewährung. Staatliche Gesetze spielten in ihrem Leben keine Rolle. Schon kurz hinter der Stadtgrenze war dieser archaische Ehrenkodex gang und gäbe.

Am nächsten Mittag rief uns ein Funkspruch ins Camp, um zwei Sprachmittler für die deutschen Teile abzuholen. Auf dem Weg sahen wir, dass sich das ganze Stadtbild geändert hatte. Es waren noch viel mehr Menschen auf den Straßen als sonst, und an allen wichtigen Kreuzungen waren Checkpoints der Polizei errichtet worden. Als wir die beiden Dolmetscher in Empfang nahmen, erlebten wir eine freudige Überraschung: Unser alter Bekannter Jussuf war dabei und uns zugeteilt worden. Als er uns sah, mussten wir ihn davon abhalten, vor uns auf die Knie zu gehen. Er bedankte sich überschwänglich wegen der Hilfsaktion für seinen kleinen Bruder. Die Augen-Operation in Deutschland war erfolgreich verlaufen, und man konnte schon jetzt sagen, dass Amir auf dem verletzten Auge eine Sehkraft von circa siebzig Prozent erreichen würde. Nicht schlecht, wenn man bedenkt, dass er vorher mit nur dreißig Prozent Sehkraft beinahe blind gewesen war. Die Veränderungen im Leben des kleinen Amir machten sich schon bemerkbar. Jussuf erzählte, wie ausgelassen sein Bruder nun mit den Gleichaltrigen spielte. Wir sahen, wie glücklich das Jussuf machte. Amir war wegen seiner geringen Sehkraft sehr scheu und zurückhaltend gewesen. Nach dem Tod seines Vaters hatte sich dieses Verhalten um ein Vielfaches verstärkt. Mit der neugewonnenen Sehkraft kehrte auch zumindest ein Teil seiner alten Lebensfreude zurück. Wir hörten dies natürlich sehr gerne und freuten uns mit ihm über die Fortschritte, die sein Bruder machte.

Die Pressemeute schwappte ins Interconti: Journalisten und Techniker von CNN und NBC, aber auch vom deutschen RTL oder chinesischen Sendern. Wir wurden sehr freundlich von ihnen begrüßt, da wir ja für Sicherheit vor Ort sorgten, wie unmissverständlich zu sehen war: Bis an die Zähne bewaffnet standen Alex und ich in der Lobby des Hotels. An den Blicken war abzulesen, dass einige sich amüsierten und unseren Aufzug wohl komisch fanden, anderen sah man an, dass unser Anblick sie beruhigte.

Am Abend stellte ich mein Feldbett auf den Balkon im 3. Stock, weil es drinnen heiß wie in einer Mikrowelle war. Auch draußen war es mit dem Schlafen schwierig, also legte ich meine Nachtsehgeräte bereit und beobachtete die ganze Nacht hindurch den Bereich vor dem Hotel, aber auch das Loya-Jirga-Zelt. Einen Luxus gönnte ich mir dann noch: Ich zog meine Schuhe aus. In unserem gemeinsamen Ruheraum hätte ich den Teufel getan. Alex wäre wohl nie wieder aufgewacht. Nachdem ich das Zelt mit einem Laserentfernungsmesser angepeilt hatte, stellte ich fest, dass es exakt 578 Meter entfernt war. Also noch in annehmbarer Kampfentfernung, falls irgendwas passieren sollte, beruhigte ich mich und döste danach eine Weile vor mich hin. Doch dann fuhr ich plötzlich hoch. Irgendwo aus der Dunkelheit war plötzlich ein Schrei zu hören.

Mit einem Mal hellwach, nahm ich sofort mein Gewehr mit dem Nachtsichtgerät zur Hand und schaute, ob ich etwas erkennen konnte. Am östlichen Eingang des Loya-Jirga-Zeltes hatten Einheiten des 1st BANG, der »Bataillon Afghanistan National Garde«, ein kleines Militärcamp zur Sicherung des inneren Rings um den Veranstaltungsort aufgebaut. Bei meiner näheren Überprüfung sah ich schlimme Szenen: Ältere afghanische Soldaten vergewaltigten dort ihre jüngeren Kameraden. Ich hatte schon ein paar Leute über dieses Thema munkeln hören, aber ich hatte die Behauptungen schlicht für unwahr gehalten. Nun wurde ich also eines Besseren belehrt. Schockiert sandte ich ein Dankgebet los, dass ich nicht Angehöriger der afghanischen Armee bin, sondern deutscher Soldat. Auch wir hatten mit viel Mist zu kämpfen, aber zum Glück nicht mit so etwas. Während der gesamten Loya Jirga hörte man nachts die Schreie der Unglücklichen. Mir sträubten sich jedes Mal die Nackenhaare dabei auf meinem Feldbett im dritten Stock, auf diesem kleinen Balkon.

Irgendwann nach vier Uhr früh schreckte mich mein Funkgerät aus meinem Dämmerschlaf. Ich fühlte mich wie gerädert und hätte am liebsten gleich wieder die Augen zugemacht. Die Nachricht ließ mich allerdings auffahren. In einem Universitätsgebäude, nahe dem Loya-Jirga-Zelt, war ein tickender Koffer gefunden worden. Können die mit ihrem Bombenscheiß nicht mal warten, bis die Versammlung offiziell losgeht?, dachte ich mir. Es wurden sofort EOD-Kräfte in Marsch gesetzt, die den Koffer als Vorsichtsmaßnahme vor Ort sprengten. Als über Funk Vollzug gemeldet worden war, wich meine Anspannung, und ich machte mir erst mal Kaffee. Langsam begann auch das Hotel unter mir zu erwachen.

Der NDS ging mir schon am zweiten Tag gehörig auf die Nerven. Die afghanischen Geheimdienstler traten uns gegenüber sehr arrogant auf und gebärdeten sich wie Könige. Unter vertrauensvoller Zusammenarbeit stellte ich mir etwas anderes vor. Auch ein gescheites Essen aus der Camp-Kantine und die Duschen vermisste ich schon am zweiten Tag. Mir kam es vor, als ob ich eine zweite, schleimige Hautschicht zusätzlich tragen würde. Zum Glück wurden wir von unseren Kameraden, den Fallschirmjägern, nicht im Stich gelassen. Fast täglich kamen sie zum Hotel und brachten uns etwas mit. Sie brachten die Post von zu Hause mit sowie andere aufmunternde Dinge. Zigaretten und Süßigkeiten als Nervennahrung standen bei mir sehr hoch im Kurs, auf Bier war ich nicht so scharf. Außerdem schauten mehrmals am Tag deutsche und österreichische Patrouillen bei uns vorbei, um Neuigkeiten über die Lageentwicklung zu erfahren. Auch was sie von ihren Patrouillen in Kabul zu erzählen hatten, interessierte uns natürlich, und so tauschten wir unsere Informationen aus. Über Funk bekamen wir permanent die chaotischsten Meldungen mit: Größere Truppenbewegungen in und um Kabul wurden ausgemacht; Geschütze sollten Richtung Loya Jirga in Stellung gebracht worden sein. Kurzum, die Meldungen überschlugen sich stündlich. Der Draht glühte den ganzen Tag, und wir hatten noch nicht einmal begonnen. Na toll!

Zwei neue Offiziere kamen ins Hotel, um unseren Gefechtsstand zu betreuen, ein Österreicher und ein Türke. Ich wurde dem türkischen Offizier zugeordnet. Die Türken waren damals »Leading Nation« und für die Koordinierung und Führung der gesamten ISAF-Truppen verantwortlich. Meine erste Begegnung mit diesem Offizier stand unter keinem guten Stern. Im Brustton der Überzeugung meinte er: Die beste Armee der Welt sei die afghanische mit deutschen Waffen und unter türkischer Führung. Ich konnte mir ein Lachen gerade noch verkneifen. Warum mussten gerade unsere südländischen Kollegen immer so trommeln? Reichte es nicht, dass man gut war? Musste man das bei jeder passenden Gelegenheit noch betonen? Zu meiner Schande muss ich allerdings gestehen, dass einige deutsche Offiziere diesem eitlen Gehabe in nichts nachstanden. So entwickelte sich oftmals ein Kompetenzgerangel zwischen den verschiedenen Nationen, das lediglich der Befriedigung von Eitelkeiten diente. Alex und mich langweilte dies nur. Wann immer sich Offiziere verschiedenster Nationen mit ihren Heldengeschichten zu übertrumpfen versuchten, bin ich auf einen Rundgang im Hotel verschwunden, um mir nicht dieses Gelaber anhören zu müssen.

Allerdings hatte mich der NDS bereits in Visier genommen. Ständig schlich einer aus ihrer Truppe um mich herum und versuchte, mir Informationen aus der Nase zu ziehen. Das wurde dadurch erleichtert, dass die afghanischen Geheimdienstler fast alle erstaunlich gut Deutsch sprachen. Sie waren zum Großteil von den Diensten der DDR ausgebildet worden. Die Scheingeschichten, die sie mir aufzutischen versuchten, waren nicht nur töricht, sondern teilweise sagenhaft dumm. Erst gaben sie sich als Journalisten aus, was ich ihnen ja noch geglaubt hätte. Als sie mir dann erzählten, sie seien Geschäftsleute, zuckte es bei mir nur unmerklich im Gesicht. Als aber dann die Story von Urlaubern herhalten musste, konnte ich mir ein Schmunzeln nicht verkneifen. Wer um alles in der Welt würde ausgerechnet zu dieser spannungsreichen Zeit an diesem Ort Urlaub machen? Mir fiel niemand ein. Als sie mit allen Tricks bei mir abgeblitzt waren, versuchten sie dann noch, eine Frau auf mich anzusetzen. Als auch das schiefging, ließen sie mich endlich einigermaßen in Ruhe meine Arbeit tun.

Alex funkte mich an, dass Besuch für mich da war. Hauptfeldwebel Landing und Oberfeldwebel Keller von den Fallschirmjägern standen vor mir. Solche Besuche waren oft Tageshighlights für mich, weil ich spürte: Ich war zwar auf einer Spezialmission zwölf Kilometer vom Lager entfernt, aber bei den Kameraden nicht abgemeldet. Ein schönes Gefühl. Wir tranken Kaffee und tauschten den neuesten Tratsch aus, unterhielten uns aber auch über die allgemeine Sicherheitslage. Informanten berichteten immer wieder von beunruhigenden Entwicklungen: Sollte die Loya Jirga nicht so verlaufen, wie gewisse Gruppierungen sich dies vorstellten, könnten durchaus wieder offene Kampfhandlungen aufflammen. Kein schöner Gedanke, wenn man selbst mitten drinsteckt und um die nicht vorhandenen Evakuierungsmöglichkeiten weiß. Einige Fallschirmjäger hätten insgeheim bereits ihre persönliche Evakuierung in kleinen Gruppen abgesprochen, erzählten die beiden. Das sprach nicht gerade für ein großes Vertrauen in die militärische Führung und ließ den Titel eines russischen Buches über den russisch-afghanischen Krieg namens »Bärenfalle« wie ein düsteres Vorzeichen in meinen Ohren klingen.

Als hätten wir nicht schon genug mit dem friedlichen Ablauf der Loya Jirga zu tun, begann zu allem Überfluss das ohnehin alles andere als gut zu bezeichnende Verhältnis zwischen Indien und Pakistan sich massiv weiter zu verschlechtern. Diese beiden Atommächte standen sich seit 1947 immer wieder in kleineren bis großen Scharmützeln gegenüber, und gerade jetzt zündelten beide wieder an einer gefährlichen Lunte. Das war auch insofern nicht ohne, weil Pakistan die 1893 gezogene »Durand-Linie«, die Grenze zwischen Pakistan und Afghanistan, nie akzeptiert hatte und dieses Gebiet einem Pulverfass glich. In diesen gesetzlosen »Tribal Areas«, in die sich vermutlich ein Großteil der »schwarzen Khmer«, die Taliban, zurückgezogen hat, wagt sich nicht einmal die pakistanische Armee hinein. Dennoch betrachtet Pakistan das Nachbarland Afghanistan als natürlichen Rückzugsraum, den es bei kriegerischen Auseinandersetzungen mit Indien ausgenutzt hätte. Dies missfällt selbstverständlich einigen der afghanischen Volksgruppen zutiefst. Sie fühlen sich bis heute nicht ernst genommen und als afghanische Bürger respektiert.

Wäre es zu einer Eskalation zwischen Pakistan und Indien gekommen, hätte die Bundeswehr nicht nur ein Problem für die Folgen vor Ort, sondern bereits ausgearbeitete Operationspläne in der Schublade gehabt, wie mir mein Kamerad Dirk Schulze bei einem seiner Besuche im Hotel erzählte. Er war dabei, als eine Option an der Lagekarte besprochen wurde: Eine 300 Mann starke Bundeswehreinheit hätte über den Khyber-Pass und durch die »Tribal Areas« in Richtung der pakistanischen Großstädte Peshawar und Islamabad durchstoßen und deutsche Staatsangehörige evakuieren sollen. Das Ganze mit einem Tross aus Stab, Instandsetzung, aber auch Sanitätern und Feldküche, die noch nie in feindlichem Gebiet gewesen und bestimmt keine »Kämpfer« waren. Ohne Unterstützung aus der Luft, ohne Aufklärungsmittel für ABC-Kampfstoffe und ohne ausreichende Abwehrmaßnahmen gegen diese gefährlichen Waffen. Hätte mir dies jemand zu Hause erzählt, ich hätte ihn ausgelacht. Hier im Einsatzland war mir eher nach Heulen zumute, auch wenn das alles nach einem schlechten Scherz klang. Konsequenterweise begann ich nur noch Alex und mir selbst zu vertrauen. Einige wenige, die ich aus der Heimat kannte, waren in diesen »Kreis des Vertrauens« ebenfalls aufgenommen – aber sonst niemand.

Nach diesem beunruhigenden Intermezzo überprüften wir unsere Fahrzeuge, die auf dem normalen Hotel-Parkplatz standen. Dieser war zwar abgesperrt, aber eine Annäherung über den Berg war jederzeit möglich. Bei dieser täglichen Routine suchten wir nach versteckten Ladungen, die vielleicht unbemerkt angebracht worden waren. Im Hotel war natürlich ein ständiges Kommen und Gehen, niemand konnte alles und jeden überprüfen. Alex untersuchte die Fahrzeuge immer sehr vorsichtig auf Sprengkörper. Gewissenhaft und akribisch kontrollierte er den Unterboden, jede Ritze und jeden Spalt unter dem Fahrzeug. Ich war da ein bisschen pragmatischer. Ich setzte mich in den Wolf, startete und fuhr eine Runde – so egal war mir mittlerweile alles. Alex lachte dann immer und hielt sich die Ohren zu, versuchte aber trotzdem, einen größeren Abstand zwischen sich und dem Fahrzeug zu halten. Gott sei Dank passierte nichts.

Meine Einstellung wurde von Tag zu Tag schlimmer. Oft sah ich keinen Sinn in unserem Einsatz dort. Vor allem war mir schleierhaft, inwiefern ich Deutschlands Sicherheit am Hindukusch verteidigte, wie der damalige Verteidigungsminister Peter Struck vollmundig erklärt hatte. Hatte ich mir noch zu Beginn meine Verantwortung gegenüber meinem Heimatland und der Bundeswehr auf die Fahnen geschrieben, so bröckelte diese Haltung mehr und mehr. Mittlerweile sorgte ich mich primär darum, wie es Alex und mir ging und wie wir heil aus dem Einsatz nach Hause kämen.

Die Presse mit ihren Hunderten Koffern und Ausrüstungsteilen erschwerte unsere Arbeit enorm. Da wir für die Sicherheit in und um das Hotel verantwortlich waren, hatten wir eine Menge zu überprüfen. Die Medienleute stellten nämlich ihr Gepäck achtlos überall ab. Wir mussten ständig hin und her rennen und nachfragen, wem denn dieser oder jener Koffer gehört. Die Angst vor Bombenanschlägen war natürlich hoch und auch gerechtfertigt. Schließlich war das Hotel ein lohnendes Ziel, bis ans Dach vollgepackt mit westlichen Hotelgästen, ISAF-Soldaten und Abgeordneten der Loya Jirga.

Wenn ich schichtfrei hatte, hielt ich mich meistens in der Lobby auf, in der es den Umständen entsprechend sogar recht wohnlich war. In dem langen, schlauchartigen Raum waren Sitzecken mit bunten Kissen und Teppichen eingerichtet, und auf kleinen Tischen standen die landestypischen Samoware. Ich hatte mich im Vorfeld mit Alex geeinigt, dass ich schwerpunktmäßig die Nachtschicht übernehmen sollte. Es dauerte dort nie lange, bis sich jemand zu einem setzte und ein Gespräch begann. Das alles beherrschende Thema war natürlich: Was ist heute im Zelt der Loya Jirga passiert? Niemals nannte ich meinen richtigen Namen, mal war ich Joe, am nächsten Tag Derek und am Tag darauf Charlie. Ich machte mir sogar Notizen, mit wem ich redete und welchen Namen ich dabei benutzte. Weil ich in dem Hotel inzwischen zum Inventar gehörte und sich die Leute an mich gewöhnt hatten, ergaben sich gute Gespräche mit teilweise sehr interessanten Infos zur Lage im Verhandlungszelt. Infos, an die die wechselnden Offiziere mit ihren 24-Stunden-Schichten oben in der OPZ niemals gekommen wären. Man kann halt schlecht mal eben für ein Viertelstündchen auftauchen und dann von null auf hundert sämtliche Informationen haben wollen. Die Leute unterhalten sich eher mit denen, deren Gesicht sie kennen, die jeden Tag da sind und von denen sie für sich auch etwas erwarten können. Für die Informationsgewinnung, das erlebte ich jeden Tag aufs Neue, brauchte es in erster Linie viel Geduld, Vertrauen und ein respektvolles Miteinander.

Nachdem ich meine tägliche Meldung über die Gesprächsaufklärung vom Vortag in der OPZ abgeliefert hatte, sprach mich der österreichische Offizier auf meine Kontakte an. Speziell ein Mitglied des »zweiten Geschlechts«, wie in Afghanistan die Frauen genannt werden, war sehr interessant für ihn. Diese Delegierte der Loya Jirga lebte in Deutschland und sprach ein perfektes Deutsch. Ich hatte sie ein paar Tage vorher an der Hotelbar kennengelernt. Als sie auf mich zukam, stockte mir kurz der Atem. In ihrem beigefarbenen Kostüm, mit schulterlangen schwarzen Haaren und knallrot geschminkten Lippen war sie nicht nur ein sehr erfreulicher, sondern im Land der Totalverschleierung auch ein sehr exotischer Anblick. Sie sprach mich auf Englisch an und fragte, was ich hier täte. Ich erklärte es ihr und wunderte mich, dass sie immer wieder auf meine Hoheitszeichen an meinem Ärmel der Uniformjacke schaute. Als ich sie fragte, woher sie komme, sagte sie: »from Germany«. Was für eine Überraschung!

Wir schwenkten sofort auf Deutsch um, das sie beeindruckend gut sprach. Gleichzeitig schrillten meine Alarmglocken. Konnte das purer Zufall sein? Ich wusste ja nur zu gut, dass sich hier auch jede Menge Geheimdienste herumdrückten, und überlegte kurz, ob sie von diesen auf mich angesetzt worden war, was sich aber nicht bestätigte. Nachdem sie mir erzählt hatte, sie sei Delegierte, warf ich meine anfänglichen Befürchtungen über Bord und nahm mir vor, weiterhin Kontakt zu ihr zu halten. Sie würde mir im Laufe unserer Gespräche vielleicht ein paar Eindrücke aus dem Zelt schildern, was sich auch bestätigte. Schließlich war die Loya Jirga das alles beherrschende Thema.

Die Offiziere, die im Interconti ihren Gefechtsstand hatten, waren anders als ihre Kollegen aus den Reihen der ISAF. Es war ein offenes Geheimnis, dass die meisten einem Geheimdienst ihres Landes entstammten. Weil die von mir weitergegebenen Informationen der deutschen Loya-Jirga-Abgeordneten qualitativ sehr hochwertig waren, wollte der österreichische Offizier sie unbedingt kennenlernen. Am Abend versuchte ich eine Kontaktanbahnung zu ihr. Als sie aber erkannte, dass ich noch jemanden im Schlepptau hatte, ging sie schnurstracks an mir vorbei. Auch ich machte keine Anstalten, sie aufzuhalten. Eine gute Quelle erschreckt man nicht. Nach ein paar Anstandsminuten sagte ich dem Offizier: »Komisch, sie scheint heute nicht da zu sein.« Das hatte er sich anders vorgestellt. Grummelnd ging er in seine OPZ zurück.

Ich machte es mir in der Lobby gemütlich und beobachtete einen niederländischen Offizier. Alleine über diesen Mann könnte man ein komplettes Buch schreiben. Ein Kumpeltyp, aber nur auf den ersten Blick. In Wahrheit ist er einer der skrupellosesten Menschen, denen ich je begegnet bin. Er hatte sehr gute Kontakte bis hoch in die afghanische Politprominenz. Auch musste er ein großes, nahezu unerschöpfliches Spesenkonto haben.

Ganz schön oft sah ich ihn mit einer Menge Afghanen aus der Politik ein ums andere Mal Saufgelage feiern. An diesem Abend schoss er aber übers Ziel hinaus: Er versprach seinen drei betrunkenen Freunden, dass sie unseren Ruheraum zum Ausschlafen nutzen können. Ich dachte, ich höre nicht recht! Alex und ich waren stinksauer auf diesen Obristen der niederländischen Armee. Uns blieb nichts anderes übrig, als unsere Ausrüstung aus dem Raum zu holen und unser Nachtlager auf dem Balkon einzurichten. Alex schaffte es tatsächlich, mich zu beruhigen – was in der letzten Zeit zu seinem Hauptaufgabengebiet gehörte. Ich brodelte wie ein Vulkan und hätte die drei Afghanen am liebsten aus dem Fenster geworfen. Alex drehte derweil ein paar Runden um das Hotel und beobachtete die Lage. Dabei beruhigte er sich am besten. Allerdings ging dies heute gründlich schief. Er machte die Nacht durch. Offensichtlich hatte seine Selbstberuhigungsmethode total versagt.

Gegen eins hörte ich wieder diese unvermeidlichen Schreie vom Zelt der Loya Jirga. Zum ersten Mal spielte ich ernsthaft mit dem Gedanken, einen Warnschuss dort hinüberzujagen. Allein die bürokratischen Folgen hielten mich davon ab. Jeder abgegebene Schuss wurde anhand einer regelmäßigen Magazin-Inventur protokolliert. Es war die ganzen Scherereien nicht wert. Bei meiner ersten, entrüsteten Meldung über meine nächtlichen Beobachtungen hatte mich der Schichtleiter aus ausdruckslosen Augen schulterzuckend angeguckt. Mir war klar, was das hieß: Kümmere dich um deinen Kram und lass sie ihren machen. Es interessierte ihn nicht die Bohne, was sich Nacht für Nacht bei der afghanischen Nationalgarde abspielte.

Gegen vier Uhr am Morgen verklangen endlich die Schreie am Loya-Jirga-Zelt und ich war froh, den leichten Schein der Morgendämmerung auszumachen. Wieder eine fast komplett durchwachte Nacht. Nur etwas dösen, mehr war im Moment nicht drin. Ausschlafen, was für eine süße Vorstellung! Das war das Erste, was ich zu Hause in Deutschland ausgiebig tun würde. Ohne Waffe unter dem Kopfkissen und ohne das Gefühl latenter Bedrohung. Ich hätte im Stehen schlafen können. Einem

Zombi gleich schlurfte ich ins »Bad«. Zähne putzen und rasieren, danach einen Kaffee – dann würde ich mich schon besser fühlen. Alex kam gerade sehr missmutig von seiner Dauernachtpatrouille zurück und murmelte: »noch 23 Tage ...« Seine Abreise rückte immer näher. Ich freute mich für ihn, fragte mich aber auch: Was passiert dann mit mir? Mein Einsatz war zwar inzwischen auf insgesamt sechs Monate, also bis zum 13. Oktober 2002, verlängert worden. Aber wie es nach der Loya Jirga weitergehen und was meine neuen Aufgaben sein würden, stand noch in den Sternen.

Alex brachte interessante Neuigkeiten mit. Ein deutscher Fernspähtrupp, eine besonders für die Observation ausgebildete Truppe, zog gerade in den fünften Stock ein. Ihr Auftrag lautete: Beobachtung der Ereignisse und Vorkommnisse im Vorfeld der Loya Jirga. Irgendwie kam mir dieser Auftrag sehr bekannt vor. Denselben hatten wir ja auch bekommen! Ein Offizier im Stab, selbst ehemaliger Fernspäher, hatte sie direkt aus Deutschland für diesen Auftrag angefordert, obwohl wir hier seit drei Tagen nichts anderes machten. Diese Logik, diese Verschwendung von Ressourcen ging mir nicht in den Kopf. Wahrscheinlich lag es an Kompetenzgerangel. Die Fernspähereinheiten waren nämlich in Deutschland zum Großteil aufgelöst und ins KSK eingegliedert worden. Nur eine Lehrkompanie, die um ihr Weiterbestehen kämpfte, gab es noch. Ich vermute, dass die Fernspäher ins Land geholt und eingesetzt wurden, damit sie ihre Existenzberechtigung demonstrieren durften. Die neu eintreffenden Kollegen fanden die doppelte Auftragserteilung genauso sinnlos wie Alex und ich. Wir versprachen, engen Kontakt mit ihnen zu halten, damit wir uns bei identischen Aufträgen absprechen und so viel Zeit und Mühe sparen konnten.

Vom Termin her war der Einzug der Fernspähtruppe eine Punktlandung. Denn genau heute, am 11. Juni, startete die offizielle Eröffnungsveranstaltung der Loya Jirga. Gegen elf ging ich in die Lobby, wo ich eine Begegnung der dritten Art hatte. Plötzlich standen zwei Offiziere wie aus dem Boden geschossen vor mir. Es waren Deutsche, ein Major und ein Oberstleutnant.

Sie sahen wie die geborenen Schreibtischmenschen aus, hatten sehr gepflegte Uniformen und weiche Gesichtszüge. Der Major trug eine Brille und das schwarze Barett der Panzertruppe. Einer stellte sich als Mitarbeiter des MAD vor und meinte, sie seien von den österreichischen »Kollegen« auf mich angesprochen worden. Mein Denkapparat arbeitete noch nicht auf vollen Touren. Also nickte ich erst mal, und wir ließen uns in einer stillen Ecke der Lobby nieder. Die beiden Offiziere sagten, im Camp Warehouse seien immer wieder Berichte von einer Person aus dem Hotel mit guten Informationen aus dem Vorfeld der Loya Jirga eingetrudelt: meine Berichte.

Davon wollten sie gerne profitieren und fragten mich frei heraus und ohne Schnörkel, ob ich mir vorstellen könnte, für sie als »Informant« zu arbeiten. Als ich dieses Wort hörte, fiel bei mir der Groschen: Ich sitze hier also gerade in einem Anwerbungsgespräch mit dem MAD, wurde mir klar. Ich ließ mir mein Erstaunen nicht anmerken und konzentrierte mich auf das, was die beiden mir erzählten. Sie teilten mir mit, bereits über einige Quellen aus der Gruppe der Delegierten zu verfügen, dass aber eine zusätzliche nicht schaden würde. Und persönlich kennenlernen wollten sie meine Quelle auch. »Das kann ich Ihnen nicht versprechen«, sagte ich. »Ich muss die Frau zuerst fragen«, worauf die beiden Geheimdienstler verständnisvoll nickten. Dann erklärten sie das übliche Procedere, wonach ich vor jeder Aktion eine Kurzeinweisung von einem der beiden bekäme.

Sie schauten mich auffordernd an, als hätten sie mir soeben ein lukratives Angebot gemacht, das ich kaum ausschlagen könne. Dabei ging es bei diesem Job nicht um Geld, zumindest hatten sie mir keine Vergütung angeboten. Ich lehnte mich zurück und wartete ab. »Und, was halten Sie von unserem Vorschlag?«, fragte mich einer der beiden schließlich. In meinem Kopf ratterte es. Mir schossen die verschiedensten Geschichten durch den Kopf und vor allem eine Warnung von Alex: »Achtung, bei Diensten wird es meist sehr schnell sehr dreckig!« Noch am selben Tage abends, meinten sie, solle ich loslegen und sie beide mit »meiner« Delegierten der Loya Jirga zusammenbringen, um Tendenzen des ersten Verhandlungstages aus erster Hand zu erhalten. Nach kurzem Überlegen sagte ich zu – vor allem aus dem Grund, weil ich ja bald »solo« sein sollte, wenn Alex das Land verließ. Ich hatte absolut keine Lust, wieder den Platz des »Watchkeepers« in der OPZ im Camp zu besetzen. Grübelnd drehte ich meine Runde im Hotel und fragte mich, ob ich das Richtige tat.

Völlig in Gedanken ging ich in unseren Ruheraum, wo mich fast der Schlag traf. Als ich die Tür öffnete, wich ich sofort von dem Gestank, der mir entgegenschlug, zurück. Ist hier jemand gestorben?, fragte ich mich. Ich begann, durch den Mund zu atmen und den Raum zu inspizieren. Unsere Politprominenz verstand sich offensichtlich aufs Feiern. Aus dem völlig verwüsteten Zimmer schlug mir eine Alkoholfahne entgegen, die nicht mehr feierlich war. Es roch, als ob ein Fass Bier ausgelaufen wäre. Aber da war auch noch ein anderer stechender Geruch. Sie hatten auch noch die Toiletten benutzt, leider nicht ganz sachgemäß: Da die Toiletten wegen Wassermangels funktionsuntüchtig waren, stank es aus dem Klosett gottserbärmlich nach Fäkalien. Zu allem Überfluss hatten sie sich nicht nur auf die defekte Toilette beschränkt, nein, sie hatten auch noch die Badewanne für ihr Geschäft missbraucht. Ich würgte. Mit leerem Blick starrte ich das Chaos vor mir an und wusste: Hier kann ich nicht schlafen. Entnervt warf ich die Tür hinter mir zu und ergriff die Flucht. Auf dem Balkon legte ich mich hin und schlief dort, in der prallen Sonne, sofort ein.

Als ich von meinem Nickerchen erwachte, gab es schon wieder Neuigkeiten. Der für heute angekündigte Beginn der Loya Jirga stand auf dem Spiel, weil es Stress zwischen Paschtunen und Tadschiken gab. Niemand von den beiden Gruppierungen war bereit, vor dem Versammlungszelt seine Waffen abzugeben. Durch unsere Ferngläser konnten wir das aufgeregte Treiben gut sehen. Die Situation eskalierte, und es kam zu Handgreiflichkeiten. Eine Verschiebung des Versammlungsbeginns war in der Tat unumgänglich, damit sich die Gemüter abkühlen konnten. Dann schlug auch noch eine Rakete in dem uns gegenüberliegenden Berg ein. Dieser lag in Luftlinie circa vier Kilometer vom Hotel und Zelt entfernt. Die Mamba-Meldung erfolgte prompt, allerdings wurden wir weder informiert noch gewarnt. Als wir nachträglich von der Rakete erfuhren, fühlten wir uns ehrlich gesagt total verarscht. Im ersten Moment wollte ich wutentbrannt die OPZ stürmen und nachfragen, wer die Dreistigkeit besitzt, uns vor anfliegenden Raketen nicht zu warnen, sondern erst im Nachhinein zu informieren, wenn alles vorbei war?

Alex, genauso erzürnt darüber, behielt trotzdem einen kühlen Kopf und beruhigte mich. Wir beide waren völlig fassungslos. Wurde es tatsächlich nicht für nötig befunden, die eigenen Leute über eine Gefahrensituation zu unterrichten aus Angst vor einer Panik? Na gute Nacht! Wäre die Rakete an diesem Tag in das Interconti eingeschlagen, hätte es Panik gegeben und noch ein paar Dutzend Tote dazu. Die dahinterstehende Logik konnte ich als potentiell Betroffener nicht einen Millimeter nachvollziehen. Wahrscheinlich muss man, um so eine Entscheidung zu treffen, weit weg vom Ort des Geschehens in einem klimatisierten Büro sitzen.

Am nächsten Tag war der alte König, Zaher Schah, der Grund für Turbulenzen. Nach fast dreißig Jahren im italienischen Exil, wo er 1973 während eines Kururlaubs von einem Putsch seines Schwagers überrascht worden war, war er im April 2002 als einfacher Bürger in sein Heimatland zurückgekehrt. Ohne seine Vermittlungsdienste und sein Engagement wäre es nie zur Loya Jirga gekommen. Nun hatte er mitgeteilt, dass auch er als Präsident kandidieren wolle. Dies löste eine Entrüstung unter einigen Delegierten der Loya Jirga aus. Diejenigen, denen schon vorab ein bestimmter Posten versprochen worden war, machten ordentlich Rambazamba und drohten sogar mit Krieg. Durch den massiven Druck der Amerikaner verzichtete Zaher Schah schließlich auf seine Kandidatur. Doch sein Volk verehrte diesen Mann, der aus Dankbarkeit sogar »Babar-e Melat« genannt wurde, Vater der Nation. Als er am 23. Juli 2007 im hohen Alter von 92 Jahren starb, starb nicht nur der letzte Spross der königlichen Dynastie, sondern auch eine Integrationsfigur für weite Teile der Bevölkerung. Über alle Grenzen und Komplikationen der vielen Ethnien hinweg wurde dieser alte, gebrochene Mann wenn nicht geliebt, so doch stark respektiert.

Was für eine Ikone Zaher Schah für einige alte Afghanen war, wurde mir klar, als mir später ein auf dem Flughafen eingesetzter Soldat folgende Geschichte erzählte: Ein ehemaliger königstreuer afghanischer Kampfpilot, der seit den Achtzigern in Pakistan lebte, war so begeistert über die Rückkehr seines Königs in sein Heimatland, dass er kurzerhand ein Jagdflugzeug kaperte und damit nach Kabul flog, um Zaher Schah zu begrüßen. Beim illegalen Grenzüberflug wurde er von pakistanischen Kampfflugzeugen unter Feuer genommen, wodurch sein Flugzeug stark am Tank beschädigt wurde. Würde der auslaufende Sprit bis Kabul halten oder sollte er besser notlanden? Der alte Veteran löste das Problem sehr abgebrüht: Er flog den Rest der Strecke einfach auf dem Rücken! Kurz vor der Landung drehte er seine Maschine wieder, fuhr das Fahrwerk aus und landete wohlbehalten auf dem KIA. Dort wurde er sofort festgenommen, allerdings bekam er seinen wohl sehnlichsten Wunsch erfüllt: Er durfte seinem König gegenübertreten.

Am nächsten Tag erhielten wir eine CIA-Warnung, wonach sich zwei Attentäter im Bereich der Loya Jirga oder des Hotels aufhielten. Für alle Bereiche wurde die höchste Alarmstufe ausgerufen. Wir verstärkten unsere Patrouillen in und um das Hotel und versuchten alles im Blick zu behalten. Zum Glück passierte an diesem Tag nichts. Abends ging ich wieder in die Lobby. Am Nebentisch wurde erzählt, im Bereich der Innenstadt sei es zu ersten Schusswechseln zwischen Engländern und »Irregulären«, also nicht zuordenbaren afghanischen Bewaffneten, gekommen. Ich traf die deutschsprachige Delegierte und fragte sie, was sie darüber wisse. Auch meine beiden »Schatten«, die deutschen Geheimdienstoffiziere, waren vor Ort. Ich fragte die Loya-Jirga-Abgeordnete ganz zwanglos, ob es ihr etwas ausmache, etwas später auch mal mit zwei Bundeswehroffizieren zu reden. Sie blickte mich skeptisch an und nickte dann. Keine Ahnung, warum sie mir traute. Sie hatte wohl einen Narren an mir gefressen. Später machte ich sie dann mit den beiden Offizieren bekannt und verabschiedete mich kurz darauf. Ich kann also nicht sagen, über welche Themen sie miteinander gesprochen haben. Es kam aber zu keinem zweiten Treffen zwischen den dreien. Ein paar Mal in meiner Zeit im Interconti sah und sprach ich sie noch, aber auch sie ging nicht auf den Abend mit den beiden Offizieren ein.

Endlich, mit einem Tag Verspätung, begann die Loya Jirga, am 12. Juni. Es blieb verhältnismäßig ruhig. Es wurde zwar Artilleriebeschuss gemeldet, aber im gleichen Atemzug kam die Entwarnung. Alex warnte mich eindringlich vor meinem Kontakt mit dem MAD. »In diesem Geschäft kommt man nicht sauber wieder heraus«, meinte er. Ich versprach ihm vorsichtig zu sein. Am Abend sahen wir in der Lobby die ersten Bilder der Loya Jirga im Fernsehen. Auch die offizielle Abdankung oder vielmehr die zurückgezogene Präsidentschaftskandidatur des Ex-Königs wurde gemeldet. Unterschiedlichere Reaktionen hatte ich noch nicht gesehen. Die vor dem Fernseher Versammelten zeigten alle möglichen Gefühle, von Genugtuung bis hin zu Enttäuschung und Sorge. Die Amerikaner hatten ganze Arbeit geleistet, um ihren Favoriten Hamid Karzai durchzusetzen. Die Lage entspannte sich zusehends dadurch. Die CNN-Reporterin, eine absolute Schönheit, war für mich die Attraktion dieses Tages. Von Dutzenden Augenpaaren verfolgt, stöckelte sie durch die Lobby. Sie genoss ihren Auftritt und die verdrehten Köpfe augenscheinlich mächtig. Hundemüde ging ich nach oben auf meinen Balkon. Eine Holzbank einer Biertischgarnitur diente mir als Bett. Ich schlief tatsächlich fünf Stunden am Stück. Mein Körper dankte es mir, nur mein Rücken protestierte heftig.

Am nächsten Tag hatten wir mal wieder Besuch. Morgens um Viertel nach acht standen zwei Oberfeldwebel auf der Matte, eine nette Abwechslung. Obwohl wir einfach zu viert in unserem stinkenden, stickigen Zimmer saßen und belangloses Zeug plauderten, entspannte ich mich merklich. Aber nicht sehr lange. Denn plötzlich platzte ein Alarmfunkspruch in das gesellige Zusammensein. Wir hörten, dass eine Patrouille bei der Zufahrt auf das Interconti mit ein paar Afghanen zusammengerasselt sei. Soweit wir dem Funkspruch entnehmen konnten, spitzte sich die Lage sekündlich zu und der Einsatz von Schusswaffen stand kurz bevor. Alle vier schmissen wir uns unsere Ausrüstung über und rannten los zu unseren Fahrzeugen. Schon nach knapp einer Minute waren wir vor Ort an der Hoteleinfahrt, die circa 400 Meter vom Haupteingang entfernt lag.

Ein Tohuwabohu erster Güte spielte sich auf der Straße vor uns ab. Ein wild aussehender Haufen von gut sechzig Afghanen stand einer etwa zehnköpfigen deutschen Patrouille Fallschirmjäger gegenüber. Gerade wurden langsam, aber sicher auf beiden Seiten die Waffen in die Höhe genommen, es wurde also richtig brenzlig. Hinterher erfuhren wir, wie die Situation so eskalieren konnte. Die deutsche Patrouille war von vier Afghanen mit Waffen bedroht worden, woraufhin die Deutschen sie entwaffneten und vorläufig festnahmen. Dummerweise wusste die Patrouille nicht, dass sich unter den Festgenommenen auch Angehörige eines afghanischen Politikers befanden. Als sogleich afghanische Polizei und Militär hinzueilten, nahmen die sofort ihre Waffen gegen die ISAF-Patrouille in Anschlag und schrien, was das Zeug hielt. Ein allseits probates Mittel zur Konfliktlösung in diesem Land.

Wir vier saßen ab und rannten durch die Menge in die Mitte dieses Kreises, wo die Fallschirmjäger der Patrouille standen. Das Zahlenverhältnis stand zu diesem Zeitpunkt etwa 1:5 gegen die deutsche Patrouille. Ich suchte mir einen relativ gelassen aussehenden deutschen Soldaten als Buddy aus und stellte mich Rücken an Rücken mit ihm, meine Waffe im Low Ready, also mit der Mündung nach unten. Die vier festgenommenen Afghanen heizten die Situation zusätzlich an. Sie lagen, gefesselt mit Kabelbindern, auf dem Boden und brüllten, was das Zeug hielt, auf ihre verbündeten Polizisten und Militärs ein. Sollte jetzt jemand anfangen zu schießen, bricht das totale Chaos aus, dachte ich mir. Durch das ungünstige Kräfteverhältnis hätten wir keine Chance gehabt.

Alex begann mit Verhandlungen. Was mehr als schwierig war, wegen der Hektik und ganzen Schreierei um uns herum. Immerhin begann der afghanische General nun auch beruhigend auf die erhitzten Gemüter seiner Untergebenen einzuwirken, sodass der Geräuschpegel niedriger und ein Gespräch möglich wurde. Die Verhandlungen, so erschien es mir, zogen sich endlos dahin. In Wirklichkeit waren keine vier Minuten vergangen. Ein chinesisches Presseteam hatte sich mittlerweile am Straßenrand postiert und fing an zu filmen, was die Lage nicht unkomplizierter machte. Der afghanische General guckte nervös zwischen Alex und der Kamera hin und her. Bei der Menschenmenge und diesem Lärmpegel grenzte es wirklich an ein Wunder, dass noch kein einziger Schuss gefallen war. Das lag vielleicht auch daran, dass inzwischen die deutsche Quick Reaction Force aus dem Camp angesaust gekommen war. Die müssen geflogen sein, durch dieses Verkehrsgewühl in der Innenstadt. Die etwa fünfzehn Kollegen von der schnellen Eingreiftruppe stellten ihren Dingo quer und schwenkten das Maschinengewehr in Richtung der Afghanen, worauf die Waffen der Afghanen noch ein bisschen höher gingen.

Der afghanische General und Alex standen nun zwischen den waffenstarrenden Reihen. Etwa dreißig Deutsche auf der einen, inzwischen an die hundert Afghanen auf der anderen Seite. Trotzdem schafften die beiden es, dass die gefährliche Situation sich sehr, sehr langsam entspannte. Dann von beiden die entscheidende Gesten zu ihren Männern: Waffen runter. Die Mündungen sanken langsam Richtung Boden. Erst jetzt wurde mir die Situation im Ganzen bewusst. Wir hatten nur Millimeter vor der Katastrophe gestanden. Alex hatte uns mit seiner Ruhe und seinem Verhandlungsgeschick den Kopf gerettet. Ein falsches Wort oder eine unbedachte Geste – und die »Tagesschau« hätte ein Gefecht mit vielleicht zehn oder noch mehr toten deutschen Soldaten und etlichen Afghanen melden und die Aufnahmen des chinesischen Fernsehteams zeigen können. Es wären Bilder gewesen, die um die Welt gegangen wären und die deutsche Öffentlichkeit schockiert hätten. Die Anspannung löste sich, und ich atmete tief durch. Die vier Festgenommenen wurden der afghanischen Polizei übergeben (also in Wirklichkeit freigelassen) und die Parteien trennten sich, mit den üblichen Beschimpfungen und dem Bespucken von afghanischer Seite.

Dieses Intermezzo sollte noch ein Nachspiel haben. Die festgenommenen Afghanen beschwerten sich über die Patrouille, die prompt von unserer Führung, mal wieder, gerüffelt wurde. Die Schuld der Eskalation wurde ganz klar bei der deutschen Patrouille gesehen. Es war einfach unfassbar: Hier konnte einem wirklich jeder ungestraft die Waffe vors Gesicht halten! Wenn wir nach unseren »Rules of Engagement« handelten, wurden wir von unserer eigenen militärischen Führung beschimpft! Die Beteiligten fühlten sich wie Bauernopfer, die für ein interkulturelles Appeasement geopfert wurden. Dabei wäre ein bisschen mehr Rückendeckung von der eigenen Führung aus moralischen Gründen enorm wichtig und auch erwartbar gewesen. Natürlich waren wir nur geduldete Gäste in diesem Land. Und natürlich wussten wir, dass die militärische Führung sich oft in Diplomatie üben musste. Trotzdem waren wir frustriert. Da taten wir unseren Dienst 6600 Kilometer entfernt von der Heimat und standen unter einer nicht geringen körperlichen und seelischen Belastung. Und dann bekam man noch laufend Tritte in den Hintern, und zwar aus allen Richtungen. Ständig wurde einem Fehlverhalten vorgeworfen. Dabei setzten wir nur so gut wie möglich unser Mandat um: die Interimsregierung bei der Herstellung und Aufrechterhaltung der Ruhe und Ordnung zu unterstützen. Nichts anderes machte diese Patrouille an diesem Tag: Sie kontrollierte, wer diese Horde Bewaffneter war, die sich in einem sicherheitsrelevanten Bereich, nämlich dem des Hotels Interconti nahe der Loya Jirga, aufhielt. Unser »robustes Mandat« sah in solchen Bedrohungslagen eindeutig den Gebrauch der Schusswaffe vor. Sollten wir uns hier von jedem buchstäblich »die Pistole auf die Brust setzen lassen« ohne Gegenwehr? War es das, was die politische und militärische Führung wollte?

Abends tauschte ich mich mit Kameraden über meine neuesten Erlebnisse aus. Dirk Schulze war mit seinem Fallschirmjäger-Kameraden Ingo zu Besuch gekommen. In einer ruhigen Minute erzählte ich Dirk von meinem Gespräch mit den deutschen Geheimdienstoffizieren. Ich kannte ihn schon sehr lange und vertraute ihm. Er war auch der diensthabende Oberleutnant der QRF am Tag des ominösen MIG-Absturzes hinter unserem Camp. Er hörte sich meine Geschichte an, nickte nur, seufzte und meinte: »Mensch Achim, wo bist du da denn wieder reingeraten?« Ich zuckte mit den Schultern und wollte seine Meinung dazu hören. Er versprach mir, sich umzuhören, welche deutschen Geheimdienste vor Ort wären, weil ihm die Sache mit dem MAD komisch vorkam. Eigentlich, so meinte er, könne es sich nur um Leute vom BND handeln, da der Aktionsradius des MAD gesetzlich auf das Camp beschränkt war. Dem MAD-Gesetz zufolge bestehen dessen Aufgaben in der Abwehr von Spionage und verfassungsfeindlichen Bestrebungen *innerhalb* der Bundeswehr. Der MAD durfte also nicht außerhalb deutscher militärischer Anlagen arbeiten. Erst 2004 trat eine (nachträgliche) Änderung des MAD-Gesetzes in Kraft. Seitdem darf der MAD offiziell ohne Beschränkungen im Ausland operieren.

Trotzdem traf ich mich am späten Nachmittag mit den beiden Geheimdienstoffizieren in der Hotellobby. Mein Vertrauen ihnen gegenüber war zwar leicht getrübt, aber ich fragte sie nicht, für welchen Arbeitgeber sie tatsächlich im Land waren. Ich hätte wahrscheinlich eh keine ehrliche Antwort bekommen. Also gab ich ihnen die neuesten Einschätzungen meiner Quelle weiter. Im Stillen dachte ich nur: Hoffentlich mache ich keinen Fehler, mich auf dieses Spiel einzulassen. Aber allen Warnungen zum Trotz reizte mich dieses »Spiel« auch irgendwie. Und wenn die von mir ohnehin in der OPZ abgelieferten Informationen nun auch einem deutschen Geheimdienst weiterhalfen, war das doch eigentlich okay und nichts Ehrenrühriges. Die beiden Offiziere sagten, sie wollten auf jeden Fall weiter mit mir zusammenarbeiten, und ich stimmte zu.

Ich saß noch in der Lobby und hatte mir gerade eine Zigarette angesteckt, als plötzlich das laute Knattern von Maschinengewehren zu hören war. Ein Dingo der Bundeswehr, der zur Sicherung des Eingangsbereichs eingesetzt war, hatte eine Fehlfunktion und gab einen Feuerstoß von sechs Schuss ab – mitten auf dem Vorplatz des Hotels, der zu diesem Zeitpunkt voller Menschen war, Reporter, Delegierte, Polizei und Militär. Dass dabei niemand zu Schaden kam, war das zweite Wunder in so kurzer Zeit, das ich erlebte. Die afghanischen Sicherheitskräfte waren leider alles andere als souverän. Sie verstärkten die Panik sogar, indem sie wild mit ihren Waffen gestikulierten und in den Eingangsbereich des Hotels stürmten. Auch eine Menge Zivilisten suchten panisch Schutz im Hotel und drängten in die Lobby. Mein »kleiner Freund«, der Hotelportier, versuchte fast alleine, dieses Ansturms Herr zu werden. Er warf sich wie ein Wellenbrecher in die heranbrandende Menschenmenge und steckte dabei saftige Prügel ein. Ich zog ihn am Kragen aus dem Gewühl vor dem Eingangsbereich und versuchte nun selbst, die Tür zu decken. Das war nicht ganz einfach, denn sechs Afghanen in Zivil, allerdings bewaffnet, versuchten in das Hotel zu drängen. Das gefiel mir gar nicht. Wenn sich im Handgemenge ein Schuss löste, wäre das Chaos komplett. Außerdem versuchten die sechs Afghanen, den Presseleuten die Kameras herunterzuschlagen und deren Filme zu bekommen. Ich habe keine Ahnung, ob die sechs zum Geheimdienst gehörten oder Personenschützer für irgendeinen VIP waren, jedenfalls trugen sie maßgeblich zur Eskalation bei.

Ich wollte die chaotische Lage in den Griff bekommen und vor allem verhindern, dass die sechs Unbekannten mit ihren Waffen ins Hotel drängten. Ich rief »No weapons« und deckte mit meinem Körper die Eingangstür. Zum Dank bezog ich nun die Prügel meines Lebens. Niemals davor und niemals wieder danach wurde ich so verdroschen wie an diesem Tag. Die sechs Männer versuchten mit aller Gewalt, ins Hotel einzudringen, was ich unbedingt verhindern wollte. Wie die Bekloppten prügelten sie mit ihren Schulterstützen und Gewehrmündungen auf mich ein. Bauch, Rücken und auch mein Kopf bekamen einiges ab. Ich ging dazu über, lediglich meine Position vor dem Eingang zu halten und, so gut es eben ging, meinen Körper und vor allem meinen Kopf zu schützen. Was leider nichts nützte.

Am nächsten Tag sollte mein Oberkörper in allen Farben des Regenbogens schillern von dieser Schlagkanonade. Zum Glück kamen sehr schnell die eingesetzten Fallschirmjäger zur Sicherung des Hotels und halfen mir dabei, die Situation in den Griff zu bekommen. Langsam wurden wir Herr der Lage und ließen die Draußenstehenden einen nach dem anderen herein. Auch die sechs Afghanen. Zähneknirschend verteilte ich Zigaretten an diese Brüder, die mich gerade zusammengeschlagen hatten, um die aufgeheizte Stimmung abzukühlen. Am liebsten hätte ich mir jeden von ihnen einzeln geschnappt. Das Motto »Auge um Auge, Zahn um Zahn« schwebte mir verführerisch durch den Sinn. Aber vernünftig, wie ich bin, ließ ich das natürlich bleiben. Völlig zerschlagen und mit Kopfschmerzen, die von einem anderen Stern zu kommen schienen, wollte ich mich einfach nur hinlegen und ein bisschen ausruhen.

Doch daraus wurde erst mal nichts. Denn schon quakte mein Funkgerät los, ich solle mich umgehend in die OPZ begeben. Kaum war ich durch die Tür, ging es auch schon los: Was mir denn einfiele, ob ich nichts, aber auch gar nichts richtig machen könne, wurde mir an den brummenden Schädel geworfen. Ich stand nur da und wusste nicht, was los war. Fast hätte ich mich umgedreht, um nachzusehen, ob irgendjemand hinter mir stand, dem diese Schimpftirade gelten könnte. Aber da war niemand. Für eine Rechtfertigung meinerseits fehlte mir die Kraft. Bringt ja eh nichts, dachte ich mir nur. Keiner der »Helden« hier in der OPZ hatte auch nur seinen Kopf aus der Tür gestreckt, als die Schüsse des Maschinengewehrs vor dem Hotel losgingen. Müde lächelnd und gegen meinen Brechreiz ankämpfend nickte ich nur und sagte: »Jawoll, verstanden!« an den richtigen Stellen. Dann meldete ich mich zackig ab, wobei mir beim Grüßen fast der Kopf abgefallen wäre – zumindest fühlte es sich so an. Ich sah zu, dass ich in meinen Ruheraum kam. Durchgeschwitzt und noch immer voller Adrenalin, sank ich in einen unruhigen Schlaf.

Am nächsten Morgen quälte ich mich unter Schmerzen aus dem Feldbett. Ich war grün und blau geschlagen, jede Bewegung verursachte eine kleine Explosion in meinem Kopf. Ich betastete meinen Körper und fand nach eingehender Prüfung keine Brüche. Zum Glück! Es war auch so arg genug gekommen. Ich konnte mich nur humpelnd fortbewegen und verfluchte die sechs Gesellen von gestern. Nach meinem obligatorischen, dieses Mal etwas langsamer durchgeführten Gang durch das Hotel duschte ich mich mit rehbraunem Wasser, trank einen Kaffee und rauchte eine Zigarette. Langsam rührten sich meine Lebensgeister. Später hatte ich mein drittes Treffen mit meinen beiden Spezis vom Geheimdienst. Es war ein eher belangloses Gespräch, lediglich Smalltalk. Sie wollten nur wieder Verbindung aufnehmen, wie sie sagten. Doch dann wollten sie noch detailliert hören, was gestern vor dem Hotel los war. Als ich meinen Bericht abgeschlossen hatte und schließlich noch von der Reaktion meines Schichtleiters erzählte, lachten sie etwas ungläubig und behaupteten, dass es so etwas bei ihnen nicht geben würde. Ich dachte mir meinen Teil und wir verabschiedeten uns voneinander.

Am nächsten Tag war mal Zeit zum Verschnaufen, endlich. Die Loya Jirga verlief ruhig und geordnet. Ich lag auf meinem Balkon im »Standby«-Modus und beobachtete meinen Sicherungsbereich. Seit zwei Monaten war ich nun in diesem Land. Der Tag, an dem Alex das Land verlassen sollte, rückte immer näher. Es gab auch Neuigkeiten für meine weitere Verwendung. Man sagte mir, dass ich nach Alex' Abreise vermutlich in der Abteilung J2 eingesetzt werde, also unter dem Kommando von Major Schließmann. Ich wusste nicht, ob ich mich darüber freuen sollte.

Für den Nachmittag des nächsten Tages war eine Pressekonferenz von Hamid Karzai angekündigt. Wir waren sehr gespannt, was er sagen und wie die Leute darauf reagieren würden. Aber unsere Erwartung wurde bitter enttäuscht. Karzai gab nur Allgemeinplätze von sich. Er äußerte sich zu Sicherheit und Kontinuität, lobte seine amerikanischen Freunde. Ich war ernüchtert. Klingt wie ein westlicher Politiker, dachte ich mir. Weder neue Erkenntnisse noch Informationen. Langsam machte sich ein Gefühl der Langeweile breit. Selbst unter den Pressevertretern merkte man diese Müdigkeit und Ernüchterung. Einige reisten sogar vorzeitig ab, das Interesse an der Loya Jirga tendierte langsam gegen null. So langsam begann ich mich wieder auf das Camp zu freuen. Komisch, vor zwei Wochen war es noch genau andersherum gewesen. Ich war einfach groggy, kam immer näher an meine körperliche und auch psychische Grenze.

Als hätte er geahnt, dass ich ein bisschen Sonderzuwendung gut gebrauchen konnte, kam am nächsten Tag ein Kamerad vorbei und brachte mir eine Dose Ravioli. Obwohl es erst neun Uhr am Morgen war, machte ich sie mir gleich auf dem Kocher heiß und verzog mich damit auf den Balkon. Ich freute mich wie ein Schneekönig über diese matschigen Nudeltaschen in roter Soße. Nach über zwei Wochen Epa – also Linsensuppe oder Cevapcici morgens, mittags, abends – zelebrierte ich diese Mahlzeit wie einen feierlichen Akt: Genüsslich mampfte ich meine Ravioli, von denen ich nicht mal Alex einen Teil abgegeben hätte, wenn er denn was gewollt hätte. In Deutschland wäre mir nicht im Traum eingefallen, so ein Gewese um eine Dose Ravioli zu machen. Aber hier in Afghanistan, unter diesen Bedingungen, war es etwas ganz Besonderes – ein Festmahl, das ich bewusst genießen wollte und auch genoss. Insgesamt freute ich mich mehr an den kleinen Dingen des Alltags, ganz anders als in der Heimat. In Deutschland war es selbstverständlich, dass man zu essen hat, ein Dach über dem Kopf und seine Meinung, sofern man eine hat, frei äußern kann. Die Afghanen konnten von all dem nur träumen. Sie lebten von Tag zu Tag, von Minute zu Minute und versuchten das Beste aus ihrer misslichen Situation zu machen, um sich und vor allem ihre Kinder zu ernähren. Nachdenklich kaute ich meine Ravioli.

Nach zwei weiteren eher ruhigen Routinetagen war das Ende der Loya Jirga bereits in Sicht: Am 19. Juni sollten die Minister bekanntgegeben werden, ein letzter Höhepunkt. Das Ergebnis war vor allem für die Amerikaner und auch die ISAF-Truppen nicht ganz zufriedenstellend, denn hinter die Namen einiger Minister musste man ein großes Fragezeichen machen. Besonders

»General« Abdul Rashid Dostom, ein Usbeke, konnte zu einem Unruheherd avancieren. Der Mann, der zu einem der vier Vizepräsidenten gewählt worden war, hatte nicht nur eine kriegerische Vergangenheit. Mit seiner 20 000 Mann starken Miliz hatte er in den 1990er Jahren den afghanischen Norden kontrolliert und unterhielt auch heute eine private Armee, die sich großen Zuspruchs erfreute.

Seine Privatarmee rekrutierte sich aus ehemaligen Mudjaheddin-Kämpfern und übergelaufenen Soldaten der afghanischen Armee. Das lag auch am Gehalt. Ein Soldat so einer Privatarmee verdiente damals bis zu 110 Dollar im Monat. Auszubildenden Rekruten der afghanischen Armee wurde nur die Hälfte, nämlich 55 Dollar, bezahlt. Viele der jungen perspektivlosen Afghanen ließen sich von den ISAF-Instrukteuren schulen. Danach nahmen sie schnurstracks den lukrativeren Job in einer der vielen privaten Armeen an. Wer sollte es ihnen verdenken? Zumal es in westlichen Armeen von der Bundeswehr bis zur amerikanischen Army die gleiche Tendenz gibt. Weil die Arbeit für private Sicherheitsdienste im In- und Ausland lukrativer ist, quittieren beispielsweise immer mehr Elitesoldaten des KSK oder andere Spezialkräfte ihren Dienst. In Krisengebieten tätige Wirtschaftsunternehmen heuern zur Absicherung ihres Personals immer wieder erfahrene Spezialkräfte, sogenannte »Contractors«, bei privaten Sicherheitsfirmen an. Ich erfuhr diese ganzen Zusammenhänge durch meine Informanten. Täglich lernte ich dazu, langsam erschloss sich mir das Zusammenspiel der verschiedenen Kräfte in diesem Land. Allerdings immer nur ein kleiner Teil davon. Für einen Europäer war es so gut wie unmöglich, dieses Verwirrspiel aus Ehrenkodex, Blutrache und Bestechungen zu verstehen.

Am nächsten Tag stand eine neue Aufgabe an. Alex und ich sollten den Personenschutz für einen afghanischen Wissenschaftler übernehmen. Er hatte eine Zeitlang in Deutschland gelebt und war zur Informationsgewinnung in die Loya Jirga eingeschleust worden. Das war dem Mann offensichtlich im Nachhinein nicht ganz geheuer. Er fürchtete um sein Leben, weshalb wir ihn bis zu seinem Rückflug bewachen sollten. Seine

Sorge war nicht unbegründet. Während der ganzen Loya Jirga war es zu vielen Todesfällen gekommen. Etliche Frauen von Abgeordneten waren in dieser Zeit ermordet worden. Die betroffenen Abgeordneten reisten natürlich umgehend ab, um zu ihrer Familie heimzukehren. Aus religiösen Gründen müssen Muslime binnen 24 Stunden beerdigt werden. Insofern konnte ich gut verstehen, dass es dem Wissenschaftler mit seiner Todesangst sehr ernst war. Vor seiner Abreise, die nun aus Sicherheitsgründen Hals über Kopf für den nächsten Tag geplant wurde, wurde er von meinen beiden Bekannten vom Geheimdienst über eine Stunde lang verhört. Alex und ich mussten dazu den Raum verlassen. Ich postierte mich vor der Tür und wartete.

Am nächsten Morgen, gegen fünf Uhr, begann ich mit den Vorbereitungen für den Transfer zum Flughafen. Ich kontrollierte unsere Fahrzeuge auf versteckte Sprengladungen und bereitete eine Bristol-Weste für den Wissenschaftler vor. Alex hielt sich nahe dem Zimmer unserer Schutzperson auf und überwachte den Gang davor. Dreißig Minuten später machten wir uns auf den Weg Richtung Flughafen. Kabul erwachte immer sehr früh. Die Verkäufer auf den Märkten stellten bereits ihre Stände auf, und eine Menge Autos und Busse waren auch schon unterwegs. Wir fuhren nicht den direkten Weg zum KIA, sondern benutzten viele Schleichwege und kleinere Straßen. Hinter uns sicherte ein zweites Fahrzeug mit zwei Fernspähern aus dem Hotel. Nach einem Zickzack-Parcours durch die Stadt kamen wir schließlich im militärischen Teil des Flughafens an. Unser Passagier fühlte sich nun sichtlich wohler.

Am Flughafen befand sich ein anderes ISAF-Camp, die KMNB unter französischer Führung, das gerade erwachte. Eine Menge Soldaten waren auf dem Weg zum Verpflegungszelt oder kamen von dort zurück, um ihre Arbeitsbereiche aufzusuchen. Außerdem hielten sich etwa siebzig Soldaten des ersten Kontingents bereit und warteten im Abflugbereich auf ihren Aufruf für den Rückflug nach Deutschland. Dass unser kleiner Wissenschaftler mit der Bundeswehrmaschine nach Deutschland gebracht werden sollte, verdeutlichte mir noch einmal den Ernst der Situation, in der er sich befand. Üblich war das nicht. Als ich die ganzen Soldaten kurz vor dem Abflug sah, bekam ich ganz plötzlich Heimweh. Überall wurde geflachst und gelacht, ich sah diesen jungen Männern ihre Erleichterung förmlich an. Am liebsten hätte ich mich bei ihnen eingereiht. Noch lagen etliche Wochen in diesem Land vor mir. Dass ich schon bald nach meiner Heimkehr wieder nach Afghanistan verlegen sollte, wusste ich zu diesem Zeitpunkt natürlich nicht. Und vorstellbar war dies schon gar nicht. Wir wünschten unserem Passagier viel Glück und verabschiedeten uns von ihm.

An unserem letzten Abend im Interconti machten Alex und ich es uns mit ein paar amerikanischen Journalisten vor dem Fernseher gemütlich. Von der Fußball-WM in Südkorea und Japan hatten wir bislang kaum etwas mitbekommen, aber jetzt gönnten wir uns das Spiel USA gegen Deutschland. Obwohl ich kein Fußballfan bin, war das eine schöne Abwechslung in dieser Eintönigkeit. Sehr zum Verdruss der amerikanischen Journalisten gewann Deutschland 1:0.

Nach dem Abpfiff rauchte ich auf dem Balkon eine Zigarette und sah einer Horde Kinder beim Spielen zu. Nun durften sie es wieder, die Glücklichen. Die finsteren Steinzeitfundamentalisten, die Taliban, hatten diesen Zeitvertreib verboten. Noch vor nicht allzu langer Zeit waren Kinder mit Schlägen bestraft worden, wenn sie das Natürlichste auf der Welt taten: spielen. Endlich konnten und durften sie wieder lachen, scherzen und toben; ausgelassen spielten sie fangen. Ich gab mich – zumindest einen trügerischen Augenblick lang – der Illusion hin, dass alles in Ordnung sei. Dass diese Kinder ohne Krieg groß werden könnten und eine Zukunft in diesem Land haben. Dass unser Engagement hier doch zu etwas nütze war, wenn diese Kinder aufwachsen können, ohne noch mehr Leid zu erfahren. Dann schwenkte mein Blick zum Zelt der Loya Jirga, und mit einem Mal wusste ich es besser: Dieses Land hat noch einen unendlich langen und steinigen Weg vor sich, bis Frieden, Ruhe und Stabilität einkehren. Ein Weg, der auf des Messers Schneide stand – hier, direkt vor meinen Augen. Mich fröstelte.

Ich werde niederländischer Kommandosoldat

Am 23. Juni morgens um sechs tranken Alex und ich unseren letzten Morgenkaffee im Interconti. In einer halben Stunde würden wir zurück ins Camp Warehouse verlegen, endlich! Wir begannen unsere Ausrüstung zu verpacken und lösten unsere Abseilstelle auf. Gut, dass wir sie nicht gebraucht hatten. Als letzte Amtshandlung verabschiedeten wir uns beide von dem Portier. Wir umarmten uns und wünschten uns alles Gute für die Zukunft. Ich freute mich auf eine ausgiebige, lange Dusche – mit klarem und nicht rehbraunem Wasser aus der Campversorgung.

Zurück im Camp Warehouse dachte ich: Oh, hier sah es vor zwei Wochen aber noch ein bisschen anders aus! Das Erscheinungsbild und vor allem die Belegung hatten sich sehr verändert, viele Soldaten hatte ich hier noch nie gesehen. Das Kontingent befand sich im Wechsel. Offensichtlich setzte General Schlenker, der neue Kommandierende der KMNB im Camp Warehouse, andere Prioritäten als sein Vorgänger: Mülltrennung, ein sauberer Anzug und vor allem der ordentliche Schuhputz standen nun auf dem Programm – was bei dem elenden Wüstenstaub natürlich eine ziemlich sinnlose Maßnahme war. Man brauchte im Camp nur zwei Schritte gehen, und schon waren die Schuhe, eben erst frisch geputzt, wieder mit einer feinen Puderschicht aus Wüstensand bedeckt. Trotzdem habe ich später mitbekommen, wie Soldaten mit staubigen Stiefeln der Zugang ins Verpflegungszelt verwehrt wurde. Später ließ Schlenker noch ein Schild am Eingang des Camps aufstellen. Darauf stand, in zwölf Sprachen, »Wave and smile«. Soso. Winken und lächeln war also die neue Devise. Den Soldaten, die Tag für Tag in der Stadt auf Patrouille waren oder bei brenzligen Situationen mit der QRF ausrückten, war jedenfalls alles andere als zum Lächeln zumute. Einige wurden sogar fuchsteufelswild. Das Schild mit dem »Winken und Lächeln«-Mist musste sogar von extra eingeteilten Wachen beaufsichtigt werden, weil es immer wieder von frustrierten Soldaten beschossen wurde. Sehr oft bekam General Schlenker diese drastische Antwort auf seine Devise, und zwar von Soldaten nahezu aller Nationen.

Kurz nach meiner Ankunft rief mich Major Schließmann vom J2 zu sich. Auch im Stab war viel passiert während der Loya Jirga, erzählte er mir. Das Datensammelsystem Jasmin war nun komplett installiert. In einem abgetrennten Bedienerraum wurden die Daten eingegeben. Vor einer Vielzahl von Computerbildschirmen saßen Soldaten verschiedenster Nationen und speisten ihre Daten ein: sämtliche Aufklärungserkenntnisse des gesamten Einsatzverbands. Wegen der strengen Geheimhaltung war jeder Platz durch eine kleine Trennwand vom nächsten abgeschirmt. Dieser Anblick erinnerte mich an meine Schulzeit. Es sah so ähnlich aus wie in einem Sprachlabor. Das lauteste Geräusch in diesem Raum war das Sirren der Computer, ansonsten herrschte angestrengte Konzentration. Jeweils zwei Personen saßen vor einem Computer, leises Gemurmel erfüllte den Raum. Zu gerne hätte ich mal Mäuschen gespielt oder mich im eigentlichen, streng abgeschirmten Jasmin-Container innerhalb der »Zelle militärisches Nachrichtenwesen« an den Rechner gesetzt und hätte mir die Berichte der Nationen des Kontingents angesehen. Dies war natürlich nicht möglich. Major Schließmann verließ mit mir auch schnell den Raum und wir gingen in seine Abteilung zum Gespräch.

Es ging um meine weitere Verwendung. Ich war sehr gespannt, was er sich ausgedacht hatte. Schließmann eröffnete mir, er wolle mich den Korps Commando Troepen (KCT), einer dem deutschen KSK vergleichbaren Eliteeinheit des niederländischen Heeres, unterstellen. Entgegen dem deutschen KSK, das in Kandahar an der »Operation Enduring Freedom« der Amerikaner teilnahm, waren die niederländischen KCT eine voll ins Camp integrierte Einheit der KMNB. Er erzählte auch, dass er den niederländischen Kommandeur sehr gut kenne und dass auch der Fernspähtrupp vom Interconti bereits in diese Einheit eingegliedert war. Die KCT waren wegen anderer Aufträge im Ausland mit relativ wenigen Kommandosoldaten im Camp und konnten Unterstützung bei diversen Aufklärungsarbeiten gut gebrauchen.

Ich musste nur kurz überlegen, dann stimmte ich zu und fragte nach dem weiteren Ablauf. Schließmann meinte, dass ich schon in den nächsten Tagen dort vorgestellt werden solle. Die niederländischen Kommandos würden meine Fähigkeiten überprüfen und erst dann entscheiden, ob sie mich nehmen. Disziplinarisch sollte ich nun der Aufklärungskompanie, die hauptsächlich der Abteilung J2 zuarbeitete, unterstellt sein. Der dortige Hauptmann spielte mit und gab mir die Freigabe, hauptsächlich für die niederländischen KCT zu arbeiten. Ab 1. Juli fuhr ich also dreigleisig: Offiziell und disziplinarisch gehörte ich zur Aufklärungskompanie, wurde von dieser an die niederländischen Kommandos KCT abgestellt und hatte zusätzlich noch kleinere Nebenaufträge des deutschen Geheimdienstes. Langsam wurde mir mulmig, wenn ich an die Belastung dachte, die auf mich zukommen würde.

Marcel, einer der Fernspäher, den ich aus dem Interconti kannte, holte mich am 1. Juli ab und brachte mich in den Bereich, wo die KCT untergebracht waren. Um ganz ehrlich zu sein: Mir war in diesem Moment ganz schön bange. Ich kannte die Jungs von den Kommandos nicht, hatte aber einen großen Respekt vor Soldaten von Spezialeinheiten. Keine Ahnung, was mich erwartete – und was sie von mir erwarteten! In der OPZ der niederländischen Kommandos begrüßte mich der Chef der Kommandos, Major Goulden. Er war ein freundlicher, sympathischer Typ von Mitte bis Ende vierzig, was mich schon mal beruhigte. Er sagte, ich sei für die Kompanie 104 vorgesehen. Das sei ein Zug von 28 Kämpfern mit verschiedenen Spezialkenntnissen, plus sechs Leute in der OPZ. Mich wolle er zu acht Kommandosoldaten ins Team 4.11 stecken, das fürs Hochgebirge und für Antiterror-Einsätze spezialisiert sei. Das kann ja heiter werden, dachte ich mir. Ich hasse nämlich Berge und vor allem das Herumklettern in ihnen! Und »Antiterror-Einsätze« klang auch nicht gerade nach dem, wofür ISAF ins Land gekommen war, sondern eher nach der »Operation Enduring Freedom« der Amerikaner. Na ja, ich würde wohl sehen, wie sich das in der Praxis gestalten würde.

Mein neues Team gehörte bereits zum zweiten Einsatzkontingent der KCT, da Kommandosoldaten wegen der besonderen Belastung eine Stehzeit von nur drei Monaten haben. Demnach war mein Team zu diesem Zeitpunkt bereits zwei Monate, nämlich seit Anfang Mai, im Einsatz. Das hieße, dass ich mit diesen Jungs nur einen Monat zusammenarbeiten würde. Danach sollte ich nahtlos in das dritte Einsatzkontingent der Kommandos überführt werden. Als Major Goulden mich zu meinen Fähigkeiten und Erfahrungen befragte, war mir klar: Jetzt gilt es. Natürlich wollte er wissen, was ich konnte und bisher getan habe. Also legte ich los. Seine Augen wurden groß und größer, als ich erwähnte, dass ich Lehrgänge wie Soldaten vom KSK absolviert hatte und noch dazu ausgebildeter Berufshubschrauberpilot bin. Das schien ihn nicht nur zu beeindrucken, sondern ihm auch prima ins Konzept zu passen. Ein Kommando-Team mit acht bis zehn Soldaten wird nämlich je nach Auftrag und Anforderungen zusammengestellt. Jemand mit medizinischen Kenntnissen, ein sogenannter »Combat Medic«, ist eigentlich immer dabei, dann gibt es noch Experten für Funk, Sprengstoff und immer zwei Scharfschützen, der Teamführer ist für die Taktik zuständig. Ein Berufshubschrauberpilot fehlte ihm noch in der Riege, und dementsprechend freute sich der Major über den Zugewinn an Fähigkeiten in seiner Truppe.

Der nächste Punkt auf der Liste war der sogenannte ID-Rep, der »Identification Report«. Ich wurde erst mal fotografiert: frontal und von der Seite, wie bei Sträflingen. Aus der Zahnkartei wurde mein Gebissabdruck dazugelegt, und dann wurden noch meine Fingerabdrücke abgenommen. Ich fühlte mich wie ein Schwerverbrecher kurz vor dem Gang ins Gefängnis! Natürlich gab es einen ernsten Hintergrund für diese ganzen Maßnahmen. Falls mir etwas passieren sollte, könnte ich aufgrund dieser Informationen identifiziert werden. Auch meine allgemeinen Daten wie Körpergröße, Gewicht und Augenfarbe wurden ergänzt. Zum Schluss musste ich mir drei persönliche, unverwechselbare Sätze einfallen lassen. Sätze, die streng geheim gehalten werden und nur im ID-Rep stehen. Der erste, der mir einfiel, war: »Ich habe eine Katze mit einer weißen Nase.« Diesen Satz habe ich etliche Male als Codewort zur Identifizierung aufgesagt. Wenn wir von einem Einsatz irgendwo draußen in der Pampa mit Hubschraubern abgeholt wurden, mussten wir dem Mission Manager an der Rampe einen der drei festgelegten Sätze sagen. So sollte verhindert werden, dass im Eifer des Gefechts oder bei Nacht oder wenn das Team am Boden von feindlichen Kämpfern überwältigt worden war, jemand Falsches an Bord kommt.

Am nächsten Morgen um 6.30 Uhr sollte ich mich wieder in der OPZ der Niederländer melden, um dem Team vorgestellt zu werden. Zu diesem Zeitpunkt trafen alle Kommandomitglieder traditionellerweise zum morgendlichen Meeting zusammen. Sie tranken Kaffee, besprachen die verschiedenen Aufklärungsergebnisse vom Vortag und sahen sich auch die Nachrichten im Fernsehen an. Die allgemeine Weltlage ging bei manchen Soldaten etwas unter, da es keinen Zugang zu aktuellen Tageszeitungen gab. 28 hochqualifizierte und spezialisierte Kommandosoldaten plus drei deutsche Fernspäher saßen dort zusammen und warteten auf meinen Auftritt. Ich wurde wirklich nervös. Wie würden diese Vollprofis auf mich reagieren? Würde ich von ihnen auf- und angenommen werden?

Meine Anspannung war auch aus einem anderen Grund größer als sonst. Der Tag, vor dem ich mich am meisten gefürchtet hatte, war gekommen: Alex, meine allerwichtigste Bezugsperson, verließ das Land. Man nimmt sich für solche Abschiede immer eine Menge vor. Ein große Rede schwingen oder so. Als ich ihm dann gegenüberstand, konnte ich nur schlucken und ihm für zu Hause alles Gute wünschen. Ich hoffte, dass ich ihn bald wiedersehen würde. Meine Zukunft in diesem Land lag wie eine dunkle Straße vor mir. Mir war alles andere als klar, wie es ohne ihn weitergehen würde und ob ich »in die richtige Richtung fahre«. Gerade Alex hatte mir ja des Öfteren den richtigen Weg gewiesen, hatte mir gute Ratschläge gegeben und mich von seiner Erfahrung und Bodenständigkeit profitieren lassen. Zum ersten Mal im Camp fühlte ich mich alleine. Und das, obwohl mehr als 2500 deutsche Soldaten um mich herum waren. Ich hätte echt heulen können. Der Umstand, dass ich in knapp zwei Stunden 28 niederländischen Kommandosoldaten gegenüberstehen sollte, verbesserte meine niedergeschlagene Stimmung keineswegs. Alex klopfte mir auf die Schulter und meinte: »Wird schon, Achim! Das schaffst du auch ohne mich.« Danach stieg er in den Bus zum KIA und war weg.

In der Wartezeit bis zu meiner Zusammenkunft mit den Niederländern rauchte ich eine ganze Schachtel Zigaretten. So nervös und unsicher war ich schon lange nicht mehr gewesen. Ich hatte regelrecht Prüfungsangst und hoffte, dass mir die richtigen englischen Vokabeln einfielen. Doch dann riss ich mich zusammen und trat meinen Gang zum Schafott an – zumindest fühlte es sich so an. Mein Empfang im Gemeinschaftsraum der OPZ war freundlich. Gut 30 Soldaten und Major Goulden begrüßten mich fröhlich mit einem dahingeschmetterten »Good morning!«. Ich bekam eine Tasse Kaffee in meine zitternden Hände gedrückt, dann übernahm der Chef den ersten Part der nun beginnenden Vorstellung. Er sagte kurz, wie ich heiße und woher ich komme. 30 neugierige Augenpaare verfolgten jede meiner Bewegungen und lauschten ihrem Chef.

Ich stand neben ihm und schwitzte. Die Kaffeetasse wurde immer schwerer in meinen Händen. Der Major stellte mich als Mitglied der neugeschaffenen Spezialzüge innerhalb der Bundeswehr vor. Jedes Fallschirmjägerbataillon in Deutschland stellte so einen Spezialzug auf, der zur »Division Spezielle Operationen »(DSO) gehörte, der auch das KSK unterstellt ist. Als sie das Wort »Special« hörten, bemerkte ich, wie sich meine künftigen Kollegen entspannten. Sie konnten ja nicht wissen, dass ich zu diesem Zeitpunkt nur auf dem Papier zu dieser neuen Einheit gehörte! Ich hatte zwar bereits alle dafür nötigen Lehrgänge besucht. Aber mit der Praxiserfahrung im Einsatz war es nicht allzu weit her, schließlich waren diese Züge erst im Entstehen.

Als ich dann an der Reihe war, ging es mir schon besser und mein Puls ging wieder halbwegs normal. Ich nannte meinen Namen und gab der Truppe einen kurzen Überblick über meine bisherige Tätigkeit in Afghanistan – und schaute in viele Paare wohlwollend blickender Augen. Ab jetzt war ich nur noch Achim, vielmehr »Ackim«, da meine niederländischen Kollegen Probleme hatten, das ihnen ungewohnte »ch« auszusprechen. Dienstgrade oder Nachnamen spielten in dieser Truppe keine Rolle, jeder war mit jedem per Du. Der Chef dankte mir für meine Vorstellung und ließ noch eine kleine, aber harmlose Indiskretion vom Stapel: Die deutschen Fernspäher hätten ihm bereits von meinem Lampenfieber erzählt, und dafür hätte ich meine Sache sehr gut gemacht. Alle anderen Soldaten brachen in Gelächter aus, als sie meine Gesichtsfarbe in Richtung rot wechseln sahen. Sie standen auf, klopften mir auf die Schultern und begrüßten mich im »Club«. Das Eis war gebrochen.

Wie erleichtert ich in diesem Moment war, kann ich gar nicht beschreiben. Aber ich bin überzeugt, dass man den Stein, der mir vom Herzen fiel, bis in das Stabsgebäude hörte. Ab jetzt änderte sich für mich einiges. Die erste Neuerung war die Sprache: nur noch Englisch. Aus Höflichkeitsgründen sprachen auch die Niederländer untereinander Englisch, um mich nicht auszuschließen. Ich ging mit meinen neuen Kollegen nach draußen und beantwortete noch ein paar interessierte Nachfragen. Das Team war beeindruckt und froh, ab jetzt einen Piloten dabeizuhaben. Die Truppführer blieben noch in der OPZ, um die Einzelaufträge für ihre Teams entgegenzunehmen. Anschließend ging ich mit dem Team 4.11 in seinen Bereich, um der Befehlsausgabe zuzuhören. Ich hielt mich bei dieser Besprechung sehr zurück und verlegte mich zunächst aufs Beobachten. Es schien mir absolut angemessen, mit einem gewissen Respekt an die Sache heranzugehen und erst mal zu lernen, wie es dort so läuft.

Ich bekam meine neue Ausrüstung inklusive Funkgerät und

Headset, also einen Kopfhörer mit Mikro für das Intercom-Funkgerät, damit wir bei den Einsätzen untereinander kommunizieren können. Gerrit führte mir die Fahrzeuge vor und wies mich in die Waffen ein. Der niederländische Waffencontainer war für jeden Soldaten ein Schlaraffenland. Es gab dort nichts, was es nicht gab. Ich nahm sofort ein paar Waffen, die ich noch nicht kannte, mit. Abends setzte ich mich hin und zerlegte sie wieder und wieder, um ihr Funktionsprinzip zu verstehen, und setzte die Einzelteile wieder zusammen. Außerdem nähte ich meine Kampfmittelweste um, damit das anders dimensionierte Funkgerät und die Magazine der Niederländer in die Taschen passten. Zufrieden und mit dem schönen und beruhigenden Gedanken: »Ich habe eine neue Familie«, schlief ich ein.

Doch der erste Praxis-Check-up stand schon bevor, ein gemeinsames Schießen. Mein Team wollte mir bei diesem Schießen die niederländischen »SOPs« (die »Standard operation procederes«, sprich Standardvorgehensweisen) beibringen und sehen, was ich leiste und wie schnell ich neue Informationen und Praktiken aufnehmen und umsetzen kann. Früh am Morgen fuhren wir zur »Sheep Range«, einer wie ein Panzerfriedhof anmutenden Schießanlage im Norden der Stadt. Einen ganzen Tag lang probten wir das Nahkampfschießen mit den verschiedensten Lang- und Kurzwaffen. Außerdem wurde definiert, welche Position ich im Team einnehme, wenn wir in ein Haus eindringen müssten. Wir übten also das Auffächern, das heißt Verteilen im Raum, und, und, und …

Es klappte alles prächtig. Ich hatte bei meinen ganzen Spezialkursen all das gelernt, und auch die Unterschiede zwischen deutscher und holländischer Ausbildung waren nicht zu groß. Zwei Tage ging dies so. Jeden Morgen fuhren wir auf die Schießbahn und übten bis zum Umfallen die verschiedenen Prozeduren. Mein neues Team wollte einfach absolut sichergehen, dass ich diese Sachen im Schlaf beherrsche und ihnen im Einsatz keine Probleme mache. Nach diesen immer heftiger werdenden Trainingsrunden zeigten sich alle sehr zufrieden mit mir. Und ich war tief beeindruckt von der ruhigen Professionalität dieser

Soldaten. Müde und stolz kroch ich in mein Bett und war gespannt darauf, was für einen Auftrag das Team nun erhalten sollte.

Es zeichnete sich ab, dass wir uns in dem nordwestlich von Kabul gelegenen Bezirk Paghman umschauen sollten. Eine hochrangige Person hatte diesen Bezirk unter Kontrolle. Doch es war nicht nur eine hochrangige, sondern auch eine nicht gerade ungefährliche Person: Khaddafy Janjalani war der Anführer von »Abu Sayyaf«, einer militanten islamistischen Untergrundorganisation. Hauptsächlich sind die auch »Schwertkämpfer« genannten Terroristen im muslimischen Süden der Philippinen zugange, wo sie einen islamischen Gottesstaat nach iranischem Vorbild errichten wollen. Auch andere Europäer hatten mit Abu Sayyaf bereits ihre Erfahrungen gemacht. Zum Beispiel die Familie Wallert, die im Jahr 2000 von Terroristen dieser Gruppe entführt und lange festgehalten worden war. Unsere Aufgabe war, die örtlichen Gegebenheiten in dem von Janjalani kontrollierten Bezirk aufzuklären und herauszubekommen, ob die Bevölkerung der ISAF freundlich gesinnt ist.

Mit dem gesamten Kommando, also sechs Fahrzeugen unter ISAF-Flagge, fuhren wir los, auf der Route Orange am Holzmarkt vorbei Richtung Stadtgrenze. Die staubigen Sandpisten außerhalb Kabuls wurden Richtung Paghman von befestigten Schotterpisten abgelöst. Außerdem bekamen wir eine komplett andere Vegetation zu sehen. Sattgrüne hügelige Landschaften mit gepflegten bewirtschafteten Feldern zogen an uns vorbei. Eine Wohltat für unsere Augen, die braungraue Kraterlandschaften gewohnt waren.

Der Karte zufolge steuerten wir auf ein »Fort Paghman« genanntes Plateau zu, auf dessen Rückseite sich in einer Senke das Dorf Paghman befand. Auf dem Plateau angekommen, blieben wir stehen und holten unsere Fernrohre aus, um die Lage zu sondieren. Offensichtlich lag Janjalanis Haus westlich des Dorfes auf einer Anhöhe. Der Karte zufolge verlief die Grenze der AOR ziemlich genau unterhalb seines Hauses, am Fuße des Berges. Dort plätscherte ein Bach in die Tiefe, und eine Straße schlängelte sich in Serpentinen nach oben zu dem Anwesen. Unten, am Beginn der Straße, war das obligatorische Wachhäuschen mit dem ebenso obligatorischen russischen schweren Maschinengewehr darauf zu erkennen. Überraschend war allerdings etwas anderes: Durch unsere Optiken konnten wir bei den dort stationierten Posten kleine moderne Handfunkgeräte erkennen, die wir dort nicht vermutet hätten. Sie waren wohl gerade dabei, Verbindung mit den am Haus postierten Wachen aufzunehmen, um unser Auftauchen zu melden. Auch oben am Haus sahen wir plötzlich Bewegung und fanden uns in einer kuriosen Situation wieder: Wir wurden nun mit Ferngläsern beobachtet, wie wir sie mit unseren Ferngläsern beobachteten.

Trotzdem saßen wir auf und fuhren in Richtung Dorf weiter. In der Senke, in deren Zentrum das Dorf lag, verwandelte sich die gut befahrbare Straße in eine von blühenden Bäumen gesäumte Allee. Gespannt fuhren wir in den Ort hinein und registrierten sofort die Unterschiede zu Kabul und den Dörfern, die wir bislang kennengelernt hatten: Die Lehm- und Steinhäuser waren allesamt sehr gepflegt, sie hatten sogar Fensterläden aus Holz. Uns fiel sofort auf, dass die Menschen auf den Straßen überdurchschnittlich gut gekleidet waren und gepflegt und sehr relaxed aussahen. Links im Dorf gelangten wir zu einem Marktplatz mit vielen Obstständen mit frischen Waren, was leider kein Standard war. Andere Händler boten saftiges Fleisch an, das nicht wie in Kabul von einer Traube Schmeißfliegen umgeben war. Hinter dem Marktplatz sahen wir zwei Uniformierte lässig wie Dorfsheriffs auf der Veranda der örtlichen Polizeistation sitzen.

Wir genossen dieses Dorfidyll, das wie eine Mischung aus Toskana und Tausendundeiner Nacht anmutete. Augenscheinlich sorgte Khaddafy Janjalani sehr gut für die Menschen in seinem Bezirk, was hierzulande leider keine Selbstverständlichkeit war. An jeder Ecke, die wir passierten, klappten junge Männer ihre Mobiltelefone auf und verbreiteten per Handykette, dass wir im Anmarsch waren. Uns juckte das nicht groß. Denn erstens hatten Janjalanis Wachen uns ja längst auf dem Schirm.

Und zweitens war es uns ganz recht, dass die Männer Handys bei sich trugen und nutzten und keine Gewehre. Das war uns jedenfalls lieber, als Horden von Bewaffneten in den Straßen zu sehen, was wir oft erlebt hatten. Doch die Menschen hier trugen keine Pistolen oder Gewehre mit sich herum und sahen auch nicht feindselig, sondern eher zurückhaltend aus. Wahrscheinlich waren sie an so einen Anblick wie uns einfach nicht gewöhnt, weil bis dahin noch kein ISAF-Soldat nach Paghman gekommen war.

Gleich am nächsten Tag fuhren wir für eine weitere Patrouille in den Bezirk. Wie am Tag zuvor funktionierte die Handykette der Einheimischen einwandfrei. Auch das eine oder andere sehr verwunderte Gesicht konnten wir sehen. Vermutlich waren die Einwohner erstaunt, dass wir schon wieder in ihrem Bezirk unterwegs waren. Dieses Mal bogen wir links hinter dem Marktplatz ab und fuhren auf der Brücke über das Flüsschen. Wir nahmen die parallel zu diesem Gewässer gelegene Straße. Sie entsprach dem Grenzverlauf der AOR am Fuße des Berges, auf dem Janjalanis Anwesen thronte. Die Straße führte direkt zu dem Wachhäuschen. Wie der Diensthabende wohl gucken würde? Der Posten reagierte zwar nicht feindselig, aber sehr begeistert schien er über unseren Besuch nicht zu sein. Nach einem kurzen Austausch von Freundlichkeiten und Zigaretten hatten wir unsere Mission für den heutigen Tag erfüllt: Die Menschen waren an unseren Anblick gewöhnt, und wir hatten einen ersten Kontakt zu einem Wachposten aufgebaut. Gut gelaunt fuhren wir zurück ins Camp und berichteten die Ergebnisse unserer OPZ.

Ich hatte mich bei meinen niederländischen Kameraden gut eingelebt und fühlte mich dort so wohl, dass ich mich auch in meiner Freizeit ausschließlich in deren Bereich aufhielt. Wann immer es möglich war, saßen wir in ihrem Betreuungszelt zusammen, das »Snedder-Lounge« getauft worden war. »Snedder« ist das niederländische Wort für »Esel«, und genau ein solches Grautier war das Maskottchen des Kommandos, das hinter der Lounge in einem Pferch stand. Die Niederländer hatten den Esel noch vor meiner Zeit einem Einheimischen abgekauft und kümmerten sich um ihn wie um ein Familienmitglied. Logisch, dass er zu besonderen Gelegenheiten auch ehrenhalber das Barett der Kommandos auf den Kopf gesetzt bekam. Wenn alle für mehrere Tage auf Achse waren, wurde der Esel bei einer Herde in der Nähe des Camps untergestellt. Wahrscheinlich waren die Holländer die Einzigen, die ein eigenes Haustier im Camp hatten – wenn man von den unwillkommenen vielbeinigen Krabbeltieren mal absah. Ich ging nur noch zum Schlafen zurück in meine Camp-Site. Meine Mitbewohner guckten mich ganz schön schief an, wenn ich mit meinen vielen niederländischen Waffen ins Zelt gestiefelt kam. Nach knapp einer Woche bei den Kommandos und nur die englische Sprache nutzend, träumte ich zum ersten, aber nicht zum letzten Mal in Englisch.

In diesen Tagen wurde mein erster Geheimdienstauftrag an mich sowie drei meiner deutschen Kameraden vom Fernspähtrupp herangetragen. Die Humint-Kräfte, also ihre »Human Intelligence« nutzenden Gesprächsaufklärer, hatten von ihren lokalen Informanten gehört, dass in einem südlich des Zentrums gelegenen Ghettobezirk ein Waffenhändler »Stinger«-Raketen zum Verkauf anbot. Die Humints hatten bereits Kontakt zu dem Mann aufgenommen und ihm erzählt, dass sie sehr an Waffen interessiert seien und welche kaufen wollten. Das war dem guten Mann offenbar kein bisschen spanisch vorgekommen. Wahrscheinlich dachte er nur ans Geld und war seltsame Waffengeschäfte noch aus früheren Zeiten gewohnt. Die Fernspäher Marcel, Oli und Björn wurden zusammen mit mir als »Backup« eingeteilt, falls es bei diesem heiklen Geschäft zu Problemen kommen sollte. Außerdem sollten wir kurz vor Übergabe der Stinger-Raketen den Zugriff durchführen, sprich: den Händler verhaften.

Das Problem war nur: Das »Backup«-Team hatte keine zusätzliche Sicherung. Wir vier waren völlig auf uns gestellt. Die ganze Aktion sollte sehr geheim ablaufen – kein Wunder, bei der Orchestrierung durch den Geheimdienst – und auch geheim bleiben. Deshalb sollten wir mit keiner Menschenseele über diesen Auftrag reden, und es wurden keine anderen Kräfte involviert.

Was die Sache noch unangenehmer machte: Kein Mensch konnte uns sagen, auf wie viele Personen wir dort treffen würden und wie diese bewaffnet wären. Wenn ich noch Haare gehabt hätte, hätten sie mir zu Berge gestanden. Aufklärungsergebnisse und Vorabinfo waren nur eins: katastrophal!

Nach der Auftragserteilung kam ich völlig neben der Spur bei meinen niederländischen Kameraden an. Sie schauten mich fassungslos an und konnten nicht glauben, was sie da hörten. Aber auf meine Jungs war Verlass: Ohne mit der Wimper zu zucken, versprachen sie mir, während der Aktion »zufällig« in einem Abstand von maximal 1000 Metern zu besagtem Ort eine Patrouille zu fahren, um im Bedarfsfall schnell da zu sein und helfen zu können. Schon wurde es mir etwas leichter ums Herz. Trotzdem kam ich mir ziemlich blöd vor, diesen Umweg gehen zu müssen, um wenigstens ein Minimum an Sicherheit zu bekommen. Im Nachhinein kann ich nur sagen, dass die Leute vom Geheimdienst uns wohl ausnutzten. Vor allem nutzten sie den Umstand, dass wir nicht muckten oder zuckten, wenn wir solche Aufträge bekamen. Schließlich waren wir sogar noch froh darüber, nicht im Camp versauern zu müssen. Ich könnte heute noch in die Luft gehen, wenn ich an diese Vorgehensweise denke.

Am nächsten Tag fuhr ich mit Marcel, Oli und Björn zum Ort des geplanten Waffendeals. Wir hielten mit unseren Fahrzeugen in der Nähe des Kabul River und kippten fast aus den Latschen, als wir ausstiegen: Ein gotterbärmlicher Gestank, ein übles Gemisch aus Abfällen, Exkrementen und brackigem Wasser, lag in der Luft. In gut 50 Metern Entfernung sahen wir das Fahrzeug der Humint-Kräfte und nahmen, hinter einer Mauer versteckt, Verbindung mit dem Fahrer auf. Über Funk teilte er uns mit, dass sich die anderen bereits zur Verhandlung ins Haus begeben hätten. Mir klappte fast die Kinnlade herunter. Wollten die im Ernst ohne Absicherung mal eben Stinger-Raketen shoppen gehen? Dabei hatten wir lang und breit besprochen und vereinbart, dass sie warten, bis wir in Position gegangen sind und ihnen ein Zeichen geben! Es war zum Verzweifeln.

Also näherten wir uns gedeckt dem Ort des Geschehens an, bis wir irgendwann ernüchtert stehen blieben. Wenn wir weiter bis zum Haus vorstoßen wollten – was ja Sinn der Übung war –, hatten wir gleich ein sehr unschönes Problem: Wir konnten uns nur durch die offene »Kanalisation« an das Haus annähern. Drastisch ausgedrückt standen wir bis zu den Knien in menschlichen Exkrementen. Das wurde ja immer besser! Zu allem Übel wurden wir plötzlich noch von Kindern angebettelt. Unverfroren stiegen sie zu uns in die Jauchegrube und bettelten mit dem allvertrauten »Biscuit?! Biscuit!« um Kekse. Diese Kinder sahen zum Steinerweichen aus. Sie alle hatten die »Kala azar« oder schwarze Krankheit, auch als Orientbeule bekannt. Sie wird von infizierten Mücken übertragen und verursacht oft schwere Verstümmelungen im Gesicht, die bei diesen Kindern deutlich zu erkennen waren. Mir kam die Galle hoch, ich stand kurz vor der Explosion und hätte beinahe alles hingeschmissen. Hätte ich dieses Schauspiel von außen gesehen, hätte ich mir vor Lachen wohl den Bauch gehalten. In meiner Situation war mir allerdings eher nach Schreien zumute.

Aber es half ja alles nichts. Also drehte ich mich zu den drei anderen, um das weitere Vorgehen zu besprechen. »Also, die Eingangstür scheint ja nach rechts aufzugehen. Wenn wir eingedrungen sind, machen wir nach links den Fächer auf, okay?« Drei ahnungslose Augenpaare guckten mich an. Mir wurde heiß und kalt. Warum hatte ich Idiot in meinem jugendlichen Leichtsinn gedacht, dass Marcel, Oli und Björn Routine mit so etwas hatten? Oder dass sie zumindest von ihrem KCT-Team auf solche Sachen vorbereitet worden waren? Ich sprach hier vor einer Standardformation, mit der man einen Raum sehr schnell in alle Bereiche absichern kann, und sie verstanden nur Bahnhof! In Gedanken erwürgte ich den Geheimdienstler, der uns den Auftrag erteilt hatte.

Plötzlich ging die Tür auf. Die beiden Humint-Leute kamen heraus. Sie hatten zwei Mörserrohre unterm Arm und brachten frohlockend ihre Beute zum Fahrzeug. Stolz verkündeten sie, dass sie nun Kontakt zu einem Waffenhändler hätten, der aber keine Stinger-Raketen habe. Sie dankten uns für die Unterstützung, verabschiedeten sich und fuhren los. Mein Gesicht hätte ich bei dieser Erklärung zu gerne im Spiegel gesehen. Lachanfall und Wutausbruch stritten um die Vorherrschaft. Schließlich machte sich nur Resignation breit und das Gefühl, komplett verarscht worden zu sein. In eine eklige Duftwolke gehüllt, fuhren wir zurück in das Camp. Meine niederländischen Kameraden konnten sich vor Lachen kaum einkriegen, als ich die Story abends zum Besten gab. Das Gelächter war so ansteckend, dass ich sogar mitlachte. Dies verging mir allerdings sehr schnell, als ich daranging, meine Ausrüstung zu reinigen.

Die nächsten Tage stand wieder einmal die Aufklärung der Evakuierungsrouten nach Bagram an. Hatte ich irgendetwas nicht mitbekommen? Hatte sich vielleicht der eine oder andere Berg verflüchtigt? Dieser Auftrag kam uns allen nur wie Beschäftigungstherapie vor. Vor allem deshalb, weil wir einer neuen vielversprechenden Option nicht nachgehen durften. In einheimischem Kartenmaterial hatten wir einen weiteren alten russischen Flugplatz ausgemacht, der allerdings außerhalb der AOR der KMNB lag. Um Klarheit über weitere Evakuierungsmöglichkeiten zu erhalten, wäre die Auskundschaftung des Weges dorthin sinnvoll gewesen, was dann später auch ein anderes KCT-Team erledigte. Wir einigten uns also darauf, Veränderungen bei den Checkpoints aufzunehmen und die Truppenbewegungen zu dokumentieren. Allerdings hatte sich nicht viel verändert. Hier und dort war ein neues Flugabwehrgeschütz an den Checkpoints installiert worden. Uns interessierte dabei vor allem, ob diese Geräte funktionieren. Die Niederländer waren bei der Überprüfung dieser Frage recht pragmatisch und abgeklärt, wie ich es einmal nennen will. Nach Zigarettenaustausch stellte sich ein Mann aus den Kommandos an das Geschütz und feuerte eine Salve in den Berg. Sie funktionierten! Sehr gut sogar!

Nach ein paar ruhigen Tagen mit Patrouillen durch die Stadt sollten wir, das Team 4.11, am 15. Juli nach Bagram fahren, um Absprachen mit den dort stationierten deutschen »Special-Forces«, dem KSK, zu treffen. Wir hatten uns per Autoko, ein abhörsicheres deutsches Telefonsystem, angemeldet und wollten uns mit den deutschen Kommandosoldaten über unsere Aufklärungsergebnisse austauschen. Natürlich war ich sehr gespannt auf neue Erkenntnisse von außerhalb der AOR. Das KSK war ja nicht der ISAF innerhalb Kabuls unterstellt, sondern der landesweit durchgeführten »Operation Enduring Freedom« der Amerikaner. Sie hatten also mehr Bewegungsfreiheit, die sie für ihre heiklen Aufgaben bei der Suche nach Terroristen auch brauchten.

Die Ansammlung von Spezialkräften aus der ganzen Welt in Bagram elektrisierte mich. Der britische SAS (»Special Air Service) und polnische Special Forces waren vertreten, auch amerikanische SEALs und Deltas tummelten sich dort. Als wir den extra abgesperrten Special-Forces-Bereich im Camp Bagram erreichten und dort auch ohne Probleme durch die Eingangskontrolle kamen, konnten wir schnell ein kleines Grüppchen KSKler erkennen. Vor deren Zelten standen die Gefechtsfahrzeuge der Deutschen und fünf oder sechs Soldaten im deutschen Wüstentarn. Im Nachhinein betrachtet kann das eigentlich nur das Vorkommando des KSK gewesen sein, weil der große Teil der ungefähr hundert Elitesoldaten erst Anfang August von Kandahar im Süden des Landes nach Bagram verlegte. Einen der KSK-Soldaten kannte ich bereits von Lehrgängen. Während unser Teamführer mit dem deutschen Offizier seine Erkenntnisse tauschte, saß ich mit einer Handvoll Jungs vom KSK zusammen, und wir unterhielten uns über Gott und die Welt.

Natürlich wollten alle wissen, wie ich zu den Niederländern gekommen war. Im Vergleich zu ihnen hatte ich damit wohl das bessere Los gezogen. Sie erzählten mir, dass die Moral der KSK-Soldaten total im Keller war. Sinnlos hingen die offiziell im Antiterrorkampf eingesetzten Männer in Kandahar bzw. Bagram herum und drehten Däumchen. Hatten sie zu Beginn dieses Konflikts noch alle anfallenden Aufträge innerhalb der »Operation Enduring Freedom« ausgeführt und sich dabei einige Lorbeeren verdient, so waren ihnen seit geraumer Zeit die Hände gebunden. Das per Standleitung zugeschaltete Einsatzführungskommando in Potsdam hatte einigen Jobs der Kategorie zwei die Freigabe verweigert. Die amerikanischen Spezialeinheiten, die Kopf der OEF waren und grundsätzlich alle Aufgaben der Kategorie eins übernahmen, wollten sich das Trauerspiel nicht länger mit ansehen und stuften das KSK runter auf Aufgaben der Kategorie vier. So eher unspektakuläre Sachen wie eine Auffanglinie für überwältigte und in die Enge getriebene Terroristen bilden, die QRF für andere Spezialeinheiten sein und so weiter. Diese hochqualifizierten und für die Bekämpfung des Terrorismus ausgebildeten Jungs saßen 6600 Kilometer von ihrem Standort in Calw entfernt und bekamen nichts als schnöde Routineaufträge serviert. Die Männer fühlten sich regelrecht bestraft.

Unglaubliche Geschichten erzählten mir die Jungs aus erster Hand. In der letzten Zeit war es bei den noch in Kandahar stationierten Kameraden wiederholt zu seltsamen Zwischenfällen gekommen. Bei etlichen von ihnen hatte sich beim Reinigen der Waffe oder bei anderen Gelegenheiten versehentlich ein Schuss aus der Waffe gelöst, was natürlich Untersuchungen und oft eine verfrühte Heimkehr nach sich zog. Konnte es Zufall sein, dass so viele Kameraden nicht auf den Ladezustand ihrer Waffe achteten? Waren sie so frustriert, dass sich trotz ihrer hochklassigen Ausbildung solche Fehler einschlichen? Oder war das ihre Methode, um unproblematisch an ein Rückfahrticket nach Deutschland zu kommen? Es erschütterte mich, diese hervorragenden und durch die Bank weg sympathischen Spezialisten so am Boden zu sehen, und das nur aus politischen Gründen.

In dieser Runde wurde dann auch die Idee geboren, dass KSK-Soldaten als Beobachter bei den niederländischen KCT im Raum Kabul mitfahren könnten. Dann hätten sie wenigstens was zu tun. Dieser Plan ließ sich jedoch erst zu einem späteren Zeitpunkt realisieren. Die Vermischung von ISAF (in diesem Fall die KCT) mit Teilen der »Operation Enduring Freedom« (hier also des deutschen KSK) sollte offiziell so lange wie möglich vermieden werden. Seit ich mich in diesem Land befand, war es aber immer wieder zu dienstlichen Kontakten, einem regen Informationsaustausch und auch zu gemeinsamen Ausbildungen mit den Amerikanern, also ausschließlich für die OEF eingesetzten Einheiten, gekommen. Damals erschien es mir sinnvoll, sich gegenseitig unter die Arme zu greifen und vom Wissen der anderen zu profitieren – es konnte schließlich Menschenleben retten. Wir Soldaten saßen ja alle irgendwie im gleichen Boot. Die deutsche Politik sah das jedoch anders. Sie hatte unseren Einsatz nur bewilligt, weil die beiden Mandate auf dem Papier streng getrennt waren, ISAF und OEF als zwei verschiedene Paar Schuhe betrachtet wurden. Das verfolgte vor allem ein Ziel: Deutschland wollte in den unkalkulierbaren Krieg gegen den Terror nur mit kalkulierbaren Folgen einbezogen werden. Mit der prestigeträchtigen ISAF-Mission und der Mithilfe beim Wiederaufbau Afghanistans wollte man die Lorbeeren einheimsen. Immer voraussetzend, dass die historisch bedingte positive Grundeinstellung vieler Afghanen zu den Deutschen unsere Truppen und letztendlich auch Deutschland selbst vor Anschlägen schützen würde. Für mich stank dieses ganze politische Geschachere zum Himmel. Es kam mir vor, als hätte die deutsche Bundesregierung Bush, Powell und Konsorten das KSK als »Beruhigungspille« hingeworfen. Deutsche Elitesoldaten des KSK als homöopathisches Mittel im militärischen Kampf gegen den Terrorismus – das hatten die Soldaten wirklich nicht verdient!

Geburtstag in den Bergen

Paghman, die Heimat des Abu-Sayyaf-Führers, rückte erneut in unseren Fokus. Unser Auftrag lautete, einen Kontakt zu Khaddafy Janjalani herzustellen. Für diesen Schritt waren unsere Aufklärungsergebnisse aber noch nicht gut genug. Wir mussten also noch mal los. Dieses Mal sollten wir bei Nacht in das Gebiet einsickern. Unser Team 4.11 sollte in der Dämmerung mit Hubschraubern auf dem Plateau abgesetzt werden. Zwei andere Teams sollten langsam, mit Fahrzeugen, in das Gebiet gelangen und sich so weiter vortasten. Nach der Landung sollten wir einen Beobachtungspunkt einrichten und hatten dafür einen längeren Fußmarsch mit massig Gepäck vor uns. 300 Höhenmeter, so wurde mir beim Kartenstudium klar, müssten wir hinauf. Das hört sich wahrhaftig nicht viel an, aber da Kabul schon in einer Höhe von 1800 Metern über Normalnull liegt und wir beladen waren wie die Lastesel, graute mir bereits vor diesem Aufstieg. Ich verfluchte den Umstand, dass ich in das Team für Hochgebirge gekommen war. Ich hatte zwar schon Lehrgänge im Gebirge absolviert, aber im flachen Land fühle ich mich irgendwie wohler.

Im Camp sollte keiner mitbekommen, wie wir mit schwerer Ausrüstung aufbrachen. Unweigerlich wären Fragen aufgetreten, wo es denn hingeht und was wir dort machen. Am Abend des 17. Juli saß also das Team hinten versteckt in einem LKW, der voll aufgeplant war, und verhielt sich ruhig. In wenigen Stunden würde ich 36 Jahre alt, und ich stellte mich schon auf einen stillen Geburtstag oben auf dem Berg bei Paghman ein. Auf dem Weg zum KIA, wo die Hubschrauber standen, legten wir uns Gesichtstarnung an und zogen unsere kugelsicheren

Westen aus. Diese hätten uns nur immobil und behäbig gemacht. Auf dem Flughafen warteten bereits zwei Maschinen mit laufenden Rotoren. Schwer beladen begab ich mich zügig in die Maschine. Niemand aus dem Team sprach laut oder bewegte sich hastig. Alles verlief ruhig und präzise, jeder Handgriff saß. Eine unaufgeregte, sachliche Professionalität. Nach dem Take-off wurde auf Rotlicht umgestellt, um die Augen an die Dunkelheit zu gewöhnen. Ich erinnerte mich an die »Operation Stinger« und wie diese abgelaufen war. Hier sah ich, wie es richtig sein sollte.

Unsere Schwesterteams, die über Land nach Paghman unterwegs waren, hatten einen zeitlichen Vorsprung, sodass sie bei unserer Anlandung per Hubschrauber bereits in der Nähe waren. Sollte also irgendetwas Unvorhergesehenes passieren, wäre in kürzester Zeit Hilfe vor Ort. Als die Bodenteile per Funk bestätigten, dass sie kurz vor Erreichen ihrer Ablauflinie standen, machten wir uns fertig zum Abflug. Dies Ablauflinien werden genauestens im Voraus berechnet. Sie bemessen sich daran, wie lange man jeweils mit dem Fahrzeug oder einem Luftfahrzeug für einen bestimmten Weg benötigt. Mit dieser Methode lassen sich die verschiedenen Geschwindigkeiten am Boden und in der Luft sehr gut zeitlich abstimmen. Als sich das Wapp, Wapp, Wapp der Rotoren steigerte, bemerkten wir ein Zunehmen der Vibration. Der Hubschrauber hob ab und drehte über links Richtung Westen. In diesem Moment kam ich mir wie auf einer Übung vor. Schon etliche Male hatte ich in Deutschland so etwas Ähnliches geübt. Ich wurde von Sekunde zu Sekunde ruhiger. Kurz hatte ich noch einen sarkastischen Gedanken: Falls mir etwas zustoßen sollte, stünde wenigstens der 18. Juli als Todestag auf meinem Grabstein und niemand müsste lange nachrechnen, wie alt ich geworden war: exakt 36 Jahre.

Die Flugzeit betrug nur fünfzehn Minuten. Und das trotz Konturenfluges, wobei der Hubschrauber so tief wie möglich fliegt und sich den Bodenkonturen angleicht, bei Höchstgeschwindigkeit. Kaum waren wir in der Luft, bekamen wir das Zwei-Minuten-Zeichen vom Bordmechaniker. Wortlos standen wir auf auf, nahmen die Rucksäcke auf den Rücken und rückten eng nach hinten, Richtung Rampe. Wir warteten schon auf das Aufsetzen der Maschine, da hörten wir über Funk vom Hubschrauber, der uns vorausflog und die Landezone bereits überquert hatte, dass diese nicht sicher sei. Das muss nicht immer gleich das Schlimmste bedeuten, eine Ansammlung von Feinden zum Beispiel. Der Hubschrauber flog zwar tief, aber auch sehr schnell und hatte wegen der Dunkelheit keine optimale Sicht. Die Beobachter an den Türen nahmen lediglich Bewegungen wahr, konnten sie aber nicht zuordnen. Trotzdem erschrak ich und malte mir die verschiedenen Szenarien aus. Was könnte passieren? Hatte jemand Wind von unserer Operation bekommen? Sollte, sobald ich meinen Fuß auf den Boden setze, ein Gefecht losbrechen? Ich wusste es nicht und spannte mich an, bereit, sofort zu reagieren. Man konnte die erhöhte Konzentration in der ganzen Maschine spüren, das Adrenalin förmlich riechen. Wie vor manuellen Fallschirmabsprüngen aus großen Höhen bei Nacht.

Der zweite Hubschrauber drehte engere Kreise um die Landezone und sicherte diesen Bereich durch an der Rampe postierte MG-Schützen aus der Luft. Quälend langsam öffnete sich die Heckrampe, und endlich konnten wir den Boden erkennen. Eine schwarze Masse bewegte sich auf das Heck des Hubschraubers zu. Ich spannte jeden meiner Muskel an, fasste die Waffe noch etwas fester. Das Zeichen »Waffen fertigladen« wurde gegeben. Ich zog den Hebel an der linken Seite der Waffe zurück und ließ ihn anschließend vorschnellen. Nun befand sich eine Patrone im Patronenlager, und der Schlagbolzen war gespannt. Der Boden kam immer näher. Wie ein dunkler, riesengroßer Schatten huschte der zweite Hubschrauber an uns vorbei, in endlos drehenden Achterschleifen. Ich dachte: Jetzt ist mein Adrenalinpegel auf dem höchsten Anschlag, mehr geht nicht. Doch dann die Steigerung: touch down! Landung.

Wir verließen Rucksack an Rucksack den Hubschrauber über die Heckrampe und wandten uns nach links, um uns nicht mit dem Heckrotor anzulegen. Kaum waren alle elf Mann sicher nach draußen gelangt, erhöhte der Pilot die Drehzahl. Schon stieg das Luftfahrzeug höher und höher, und wir begannen unsere Mission: Sternförmig aufgefächert, unseren Truppführer in der Mitte, sicherten wir uns rundum, klappten unsere Nachtsichtgeräte herunter – und schon wurde die Landschaft in ein gespenstisch grünes Licht getaucht. Schussbereit! Unser Truppführer sondierte kurz das Gelände und gab dann die Marschrichtung vor.

Wir liefen unverzüglich los, da die Hubschrauber für einiges Aufsehen im Landebereich gesorgt hatten. Überall huschten Personen herum, wie im Halbdunkel zu erkennen war. Wir bewegten uns in Richtung des Dorfes und konnten auch dort jede Menge Bewegungen in den Straßen und Häusern erkennen. Wann immer wir anhielten, um uns zu orientieren, stellten wir uns mit einem zweiten Mann Rücken an Rücken, deckten uns somit gegenseitig. Im Schutz der Häuser zogen wir ruhig und leise unseres Weges. Alles blieb ruhig, höchstens ein paar erschrockene oder neugierige Gesichter schimmerten uns grünlich durch die Nachtsehbrillen entgegen, wenn wir plötzlich vor späten Heimkehrern auftauchten.

Am Sammelpunkt des Kommandos wartete bereits ein Team, das mit den Fahrzeugen vorausgefahren war. Auch Major Goulden, der Chef der KCT, war vor Ort. Nach einer kurzen Lagebesprechung sollten die Teams in ihren zugewiesenen Bereich gehen und die ganze Nacht das Umfeld beobachten. Unser Objekt der Begierde war natürlich das Haus von Khaddafy Janjalani, des Führers von Abu Sayyaf. Wir hofften, beim Wachpersonal gewisse Bewegungsmuster und Abläufe zu erkennen und eventuelle Lücken in der Bewachung des Janjalani-Hauses aufzuklären. Dazu mussten wir uns nun an den Aufstieg machen, um den Sammelpunkt zu erreichen und dort im Gelände einen Observation Point (OP) einrichten zu können. 300 Höhenmeter lagen vor uns, mit zusätzlichen 30 Kilo Gepäck auf dem Rücken. Schon nach wenigen Metern spürte ich, wie mir der Schweiß ausbrach und in meine Augen unter dem Nachtsehgerät lief. Dann fingen meine Oberschenkel an zu brennen. Das Tempo wurde nun forciert, um schnellstmöglich einen großen

Abstand zum Ort und zu neugierigen Personen, die uns vielleicht verfolgten, zu erreichen.

Ich schwitzte immer mehr. Mein Atem ging keuchend und ich verfluchte jede einzelne Zigarette, die ich in meinem bisherigen Leben geraucht hatte. Ich hatte mächtig zu kämpfen, um an Joris, der vor mir lief, dranzubleiben. Den anderen schien diese Anstrengung so gut wie nichts auszumachen. Sie schritten forsch und zügig aus. Das Gelände tat sein Übriges, mir diesen Aufstieg zusätzlich zu erschweren. Überall lag loses Geröll herum, und man musste höllisch aufpassen, dass man nicht stolperte oder umknickte. Dann endlich war der Sammelpunkt zu sehen. Ich dankte Gott, Allah und allen anderen Göttern, die mir so einfielen, für diesen Anblick. Joris rang mir besonderen Respekt ab: Sein Rucksack hatte fast die doppelte Größe von meinem. Was um alles in der Welt schleppte er bloß mit sich herum?

Vor Erreichen des Sammelpunktes gab es noch eine kleine Hürde zu überwinden: Wir mussten einen kleinen, harmlosen Bach durchqueren. Ich war natürlich darauf aus, trockenen Fußes die andere Seite zu erreichen. Aber wie sagt man so schön: Der Teufel ist ein Eichhörnchen. Nachdem Joris und Gerrit hinübergestiegen waren, war ich an der Reihe. Durch den dreistündigen Anstieg war ich total kaputt und rutschte auf einem der glitschigen Steine im Bachbett aus. Prompt fand ich mich im hüfttiefen Wasser wieder. Leise vor mich hin brabbelnd und fluchend versuchte ich, aus der Patsche zu kommen. Als meine Kameraden registrierten, dass ich unverletzt war – von meinem Stolz mal abgesehen –, hörte ich auch schon leises unterdrücktes Gekicher aus der Dunkelheit, das mir die Schamesröte ins Gesicht steigen ließ. Zum Glück war es dunkel! Gerrit, Joris und die anderen versicherten mir, sie lachten nicht über mich, sondern mit mir – diese Scherzkekse! Als mir zwei meiner Kumpels zu Hilfe kamen und mich in voller Montur aus dem Wasser zogen, konnte auch ich mir ein Schmunzeln nicht verkneifen. Nass, wie ich war, legte ich mich mit meinem Team in den uns zugewiesenen Bereich und begann mit den Beobachtungen.

Unterhalb meiner Stellung rührte sich etwas. Durch mein

Nachtsehgerät erkannte ich an einem Pfosten neben einer kleinen Hütte einen angebundenen Esel, der friedlich vor sich hin graste. Diese Hütte stand genau an der Straße, die zu unserem Beobachtungsversteck hochführte. Wenig später stieß besagtes Grautier einen markerschütternden Schrei aus. Ein paar Sekunden später tauchten plötzlich zwei Personen aus dem Dunkel auf und liefen an dem Esel und der Hütte vorbei. Prima Alarmanlage!, dachte ich mir. Und tatsächlich: Wann immer jemand diese Straße entlangkam, plärrte der Esel sein gellendes »Iaaaah« in die Nacht. Wir hatten somit ganz unverhofft einen sehr effektiven zusätzlichen, vorgeschobenen Alarmposten.

Nachdem sich alle auf ihren Plätzen eingerichtet hatten, wurde es sehr still und unsere eigentliche Aufgabe begann. Gut die Hälfte der Männer schlief, die andere Hälfte beobachtete. Vorher wurde noch eine Dipol-Antenne erstellt, um Radio Andernach zu hören. Es war eine laue Sommernacht mit beeindruckendem Sternenhimmel. Nie vorher und nie nachher habe ich einen so klaren Himmel mit Myriaden von Sternen gesehen. Zufrieden lag ich da. Über mein Headset konnte ich leise, sehr leise eine Sendung von Radio Andernach hören. Plötzlich ein Schlag, von hinten auf meine Stiefel. Ich zuckte mächtig zusammen. Was war denn jetzt schon wieder los?

Irritiert drehte ich mich um. Dort standen grinsend alle Soldaten, die nicht zur Wache eingeteilt waren, und fingen leise an zu singen: »Hoch soll er leben« – auf Deutsch! Ich schaute auf meine Uhr: Mitternacht, und starrte die Jungs völlig entgeistert an. Diese total verrückte Gang brachte mir tatsächlich ein Geburtstagsständchen und hatte offensichtlich dieses deutsche Lied extra auswendig gelernt. Ich spürte, wie mir das Wasser in die Augen schoss. Das hatte ich noch nicht erlebt – und wahrscheinlich werde ich so etwas auch nie wieder erleben. Joris, mein Buddy mit dem übervollen Rucksack, löste sich aus der Gruppe und hatte eine Palette Bier auf dem Arm. Schon wieder musste ich sehr tief schlucken. Ich schleppte mich diesen Berg hoch, aus dem letzten Loch pfeifend – und er schleppte noch Zusatzgewicht mit, für mich! Eigentlich habe ich alles andere als nah am Wasser gebaut, aber an diesem Abend musste ich mich schwer zusammennehmen. Wir saßen im Kreis in der Dunkelheit und prosteten uns zu. Ich war sprachlos, konnte nichts mehr sagen – nur schlucken. Zehn Minuten später waren alle wieder auf ihren Posten. Ich legte mich auf meinen Schlafsack, um das alles erst mal zu verarbeiten.

Eine Bewegung neben mir, zwischen meinem Rucksack und Schlafsack, ließ mich plötzlich zusammenzucken. Ich rollte mich vorsichtig zur Seite und griff nach meiner Taschenlampe, stellte Rotlicht ein und schob den Filter nach unten. In dem kleinen rötlichen Strahl erkannte ich eine Spinne, fast handtellergroß, keine 20 Zentimeter von mir entfernt. Reflexartig stach ich mit meinem Messer zu: getroffen! Schaudernd legte ich mich wieder hin, nicht ohne vorher meine gesamte Ausrüstung auf weiteren mehrbeinigen Besuch zu untersuchen. Ich fand zum Glück nichts. An Schlaf war allerdings in dieser besonderen Nacht, zumindest bei mir, nicht mehr zu denken. Gegen halb drei begann ich mit der Wache. Ich begab mich in die Wachposition und dokumentierte die Aufklärungsergebnisse bezüglich unseres Objekts. Major Goulden teilte sich meine Wache mit mir. Ich verstand die Geste so, wie sie gemeint war: als Wertschätzung mir gegenüber und als Geburtstagsgeschenk. Wir unterhielten uns leise. Kurz vor Beginn der Dämmerung brachen wir unsere Beobachtungen ab, um nicht selbst aufgeklärt zu werden. Aber das war auch okay. Wir hatten längst genug Ergebnisse rund um unser Objekt gesammelt. Wir kannten die Wege der Wachposten, allgemeine Bewegungen bei Nacht, und vor allem hatten wir durch unseren Marsch einen sehr guten Eindruck von dem Gelände erhalten. Zügig machten sich alle marschbereit, um den Rückweg anzutreten.

Team 4.11 sollte absteigen und mit den Hubschraubern zurück zum KIA verlegen. Bewusst nahmen wir in Kauf, dass uns viele Leute dabei zusahen. Sollten sie sich ruhig Gedanken darüber machen, was wir in der Nacht in den Bergen gesucht hatten. Sollten sie ruhig spekulieren. Das war uns sogar recht! Nun ging es bergab, und wir kamen zügig voran. Auch mein Freund, der Bach, wurde trockenen Fußes von mir überquert. Im Dorf wurden wir respektvoll gegrüßt, sogar das eine oder andere Gespräch ergab sich. Gegen 10.20 Uhr erreichten wir unseren Abholpunkt und sicherten rundum. Zehn Minuten später hörten wir das charakteristische Rotorengeknatter, und schon sahen wir zwei große stählerne Vögel über den Berg sausen. Da quakte es aus dem Funk. Die deutschen Piloten nahmen Verbindung mit uns auf. »Lasst mich antworten«, bat ich mein Team. »Ich glaube nämlich kaum, dass sie hier bei euch Niederländern einen Deutschen erwarten.« Wir zündeten schnell einen Nebeltopf, aus dem träge grüner Rauch quoll. Für den Piloten war dies nicht nur eine Hilfe für unsere Ortung und ein Erkennungszeichen, sondern auch eine Hilfestellung für den Anflug. So konnte er nämlich sehen, aus welcher Richtung der Wind kommt. Die Verwunderung des Piloten war wirklich groß, als ich mich mit »Moin, Moin, deutsche Teile am Boden« meldete.

Inzwischen hatte sich eine Traube afghanischer Kinder um uns versammelt, die staunend in die Luft sahen und die Hubschrauber begrüßten. Ein kleiner Junge hatte ein knallrotes, nigelnagelneues Trikot von Bayern München an und kickte mit Gerrit, der nicht nur ein Fußball-, sondern auch ein Kindernarr war. Wahrscheinlich war Franz Beckenbauer bei seiner Werbetour für die Austragung der Fußball-WM 2006 in Deutschland hier vorbeigekommen. Es war nicht das erste Mal, dass ich in den entlegensten Winkeln Bayern-Trikots sah. Der erste Hubschrauber löste sich aus der Formation und knatterte im Tiefflug über unsere Köpfe, zur visuellen Identifizierung der Teile am Boden. Dann begann er den Bereich aus der Luft zu sichern und drehte seine Schleifen um den Landeplatz. Der zweite Hubschrauber schwebte majestätisch auf uns zu und setzte zur Landung an. Nachdem wir das Zeichen des Bordmechanikers – Daumen hoch – erhielten, sprinteten wir auf die Heckrampe zu, und der stählerne Vogel verschlang unser Team. Wir hatten uns kaum hingesetzt, da hob die Maschine ab.

Eine sehr ereignisreiche Nacht lag hinter uns. Das einlullende Geräusch des Hauptrotors ließ mich eindösen. Ich saß neben dem »Doorgunner«, dem Bediener des Maschinengewehrs, der einen Pilotenhelm mit schwarzem Visier trug, um seinen Kopf vor der Sonneneinstrahlung zu schützen. Als ich ihn in der Phase der Landung anblickte, sah auch er mich an und stutzte. »Achim?«, fragte er. Mich durchfuhr ein Schreck. Denn meine Tätigkeit für die KCT sollte nicht an die große Glocke gehängt werden. Nur ein kleiner notwendiger Kreis sollte davon wissen – und nicht Gott und alle Welt! Aus gutem Grund: Soldaten im Einsatz sind die größten Klatschtanten, die man sich vorstellen kann. Ich zog meinen »Shemag« (eine Art um Kopf und Hals gewickeltes Palästinensertuch, nur die Augen bleiben frei) herunter und begrüßte meinen alten Kameraden Volker von den Fallschirmjägern. Seine Verwirrung stand ihm deutlich ins Gesicht geschrieben. Volker war an Bord, weil er eine spezielle »Doorgunner«-Ausbildung hatte, und die Piloten griffen gerne auf das gutausgebildete Personal der springenden Teile zurück. Mist, das hätte nicht passieren sollen, dachte ich, als er mich neugierig zu meiner Arbeit bei den Holländern befragte und ich ihm nicht viel dazu sagen konnte. Meine deutschen Kameraden dachten fast alle, dass ich zum Stabsdienst in der OPZ der KMNB eingesetzt bin. Das hatte sich nun erledigt.

Gegen elf landeten wir am KIA. Wir bedankten uns bei den Piloten und zogen uns um, damit wir wieder wie halbwegs normale Soldaten aussehen. Auch die Gesichtstarnung entfernten wir. Im Lager war erst mal Regeneration angesagt. Nachdem wir zum frühen Abend hin unsere Nachbesprechung durchgeführt hatten, stellten wir einen Grill auf und tranken etwas zusammen. Natürlich gingen heute alle flüssigen und festen Nahrungsmittel auf meine Rechnung, war ja mein Geburtstag. Das war das Mindeste, wie ich meinem großartigen Team für seine kurze, aber überwältigende nächtliche Überraschungsparty danken konnte. Joris holte seine Gitarre heraus, und selbst ein »Didgeridoo« war vorhanden, auf dem ich mich – ohne Erfolg – versuchte. Nach ein paar schönen Stunden in geselliger Runde begab ich mich zur deutschen Camp Site und schlief gut und zufrieden ein.

Waschen, Zähne putzen, Frühstück. Danach Nachrichtengucken und Debrief, also Nachbesprechung im Bereich der Kommandos. Dabei befragte der Teamführer seine Mannschaft, um seinen Mission-Report ausarbeiten zu können. Die Berichte aller Teams hingen immer in der OPZ aus, damit alle auf dem gleichen Wissensstand waren. Paghman sollte uns noch weiter beschäftigen. Die verdammten Berge machten mir am meisten Sorge. Bis auf 4600 Meter gingen die Höhenrücken hinauf. Wir sollten in diesem Bereich weiterhin Bewegungen aufklären, um möglichst bald einen direkten Kontakt zu Janjalani herstellen zu können. Ich war gespannt, ob wir diese Vorgabe erfüllen konnten, und freute mich auf die nächsten Operationen in diesem Gebiet. Unser Fazit bisher war sehr positiv. Wir hatten schon sehr viel mehr Erkenntnisse als am Wochenbeginn. Auch die Bevölkerung gewöhnte sich an unseren Anblick und taute langsam auf. Immer mehr Punkte auf unserer Liste konnten wir abhaken. Und was noch wichtiger war: Meine erste »richtige« Operation mit den Kommandos hatte ich mit Erfolg hinter mich gebracht.

Gleich am nächsten Tag brachen wir, diesmal mit Fahrzeugen, wieder nach Paghman auf – und trauten unseren Augen nicht: Allerorten wurden wir mit freundlichem Winken begrüßt! Die Bevölkerung hatte sich tatsächlich an uns gewöhnt. Wir fuhren weiter und höher in die Berge als zuvor – auf Straßen, die diesen Namen eigentlich nicht verdient hatten. Diese Pisten machten unserem Fahrer arge Probleme: Zweimal platzte ihm ein Reifen, als er an einer engen Stelle sehr nah an den Felsen heranfuhr, um nicht abzustürzen. Gut, dass wir in weiser Voraussicht Ersatzräder aufgeladen hatten.

Als ich auf mein GPS schaute, zeigte es bereits eine Höhe von über 3000 Metern über Normalnull an. In mir breitete sich ein euphorisches Gefühl aus, ein klares Indiz für die dünner werdende Luft. Das Atmen wurde immer schwieriger. Wie bei einem Asthma-Anfall versuchte ich, nach mehr Luft zu schnappen. Mit jeder bewältigten Serpentine wurde das Kribbeln in meinen Händen stärker. Und wir hatten noch einen enormen

Anstieg vor uns, bis auf 4100 Meter Höhe. Wir waren noch ein ganzes Stück unter dem Gipfel, und es pumpten bereits alle wie die Maikäfer. Vom Freifallspringen kannte ich das Gefühl schon und wunderte mich auch nicht darüber, dass meine Hände inzwischen Pfötchenstellung eingenommen hatten. Zur Überprüfung mussten alle Freifaller in regelmäßigen Abständen in einer Druckkammer Tests über sich ergehen lassen, um für tauglich befunden zu werden. Allerdings hält sich ein Springer unter normalen Umständen niemals so lange in einer so extremen Höhe auf wie wir an diesem Tag. Bereits nach dreißig Minuten Aufenthalt in über 4000 Metern Höhe treten die ersten Sauerstoffmangelerscheinungen auf. Und wir waren, das war sonnenklar, kurz vor diesem Stadium. Selbst das Feuerzeug funktionierte nicht mehr richtig.

Immer wieder fuhren wir an Afghanen mit Ziegenherden vorbei. Diese drahtigen Männer schienen keine Probleme mit der dünnen Luft in dieser Höhe zu haben. Doch die Luft war nicht nur dünn, sie war auch bitterkalt. Die Hirten hier oben trugen dünne Schuhe, Pluderhosen und einen lose um den Kopf gewickelten Turban. Kein sehr wärmendes Outfit, wie ich fand. Nach ungefähr zwei Stunden Anfahrt erreichten wir den höchsten Punkt. Das GPS zeigte 4189 Höhenmeter an. Uns allen war sehr schummerig zumute, der Ausblick entschädigte uns aber voll und ganz. Vor uns im Talkessel, unter einer gelblich-flimmernden Dunstglocke, lag Kabul im fahlen Licht. Ein gigantischer Anblick, der uns mit historischen Persönlichkeiten wie Alexander dem Großen einte. Ich konnte mir vorstellen, dass es damals – bis auf die Ausmaße der 2500 Jahre alten Stadt – nicht großartig anders aussah.

Doch ich wurde schneller als gewollt zurück in die Jetztzeit geholt, als ein Viermanntrupp von seiner Erkundung mit einem Fund zurückkam: ein russisches Dragunov-Scharfschützengewehr und die unvermeidliche Kalaschnikow. Die geladenen Waffen hatten herrenlos in der Gegend gelegen. Wir blickten uns fragend um, sahen allerdings niemanden in nächster Nähe. Dann lösten wir uns von dem gigantischen Ausblick und traten den Rückweg an. Ich wusste nur zu gut, was uns nun bevorstand: Der Abstieg würde uns noch viel mehr zu schaffen machen, denn dabei strömt die Luft zu schnell zurück in die Lungen. Alle hatten wir Kopfschmerzen, und Übelkeit machte sich ebenfalls bemerkbar. Wir schluckten Aspirin, was zwar unsere Kopfschmerzen linderte, in anderer Hinsicht aber eher gefährlich war: Falls jemand angeschossen würde, könnte die Blutung kaum gestillt werden, da Blut durch Aspirin sehr verdünnt wird.

Als wir um eine Kurve fuhren, stand plötzlich ein Kamel vor uns, direkt auf der Piste. Panisch flüchtete es bergab, doch dann drehte es sich plötzlich um und ging zum Angriff auf unsere Fahrzeuge über. Mit so einem ausgewachsenen Kamel mit über 500 Kilo Kampfgewicht konnten wir und unsere Fahrzeuge es schlecht aufnehmen. Ein Soldat aus dem vorderen Fahrzeug schoss, das Kamel brach auf dem Weg zusammen. Da lag nun dieses große tote Tier und weckte Begehrlichkeiten. Wir hatten nämlich alle ganz schön Hunger. Und da wir alle in unserer Einzelkämpferausbildung das Töten, Zerlegen und Zubereiten von Tieren gelernt hatten, fackelten wir nicht lange und nahmen eine gehörige Portion Kamelfleisch mit. Wir alle waren neugierig, wie ein Kamelsteak schmecken würde.

Als wir am Fuß des Berges angekommen waren, war uns allen speiübel und wir hielten an, um eine Pause zu machen. Kaum hatten wir unsere Fahrzeuge verlassen, ging die Spuckerei los. Auch ich machte mit. Völlig erschlagen saßen wir da und kotzten uns die Seele aus dem Leib. Bestimmt eine Viertelstunde ging das so. Erschöpft und mit leeren Mägen hingen wir in der Landschaft, als plötzlich jemand rief: »He, wollen wir nicht was essen? Dann geht es uns hinterher bestimmt besser.« Gute Idee! In einiger Entfernung stand ein Fahrzeugwrack, ein ideales Teilelager für einen improvisierten Grill. Zwei Jungs aus dem Team zogen los, bauten den Frontgrill des Fahrzeugs ab und brachten ihn triumphierend mit. Wir anderen hatten bereits ein Feuer entfacht und legten nun den Fahrzeuggrill über die Flammen. Dann legten wir unser Kamelfleisch auf den Rost.

Geschmacklich war unser Kamelsteak eher eine Enttäuschung:

Es schmeckte wie zähes, trockenes Rindfleisch. Ganz ehrlich: Jeden Tag bräuchte ich es nicht auf dem Teller. Immerhin brachte es uns zu Kräften, die Farbe kehrte langsam in die Gesichter zurück. Auf der Rückfahrt passierte mir dann noch ein weiteres Malheur, ziemlich schmerzhaft. Alle paar Meter waren sehr tiefe Schlaglöcher in der Straße, denen unser Fahrer nicht ausweichen konnte. Meine Bristol-Weste, gefüttert mit diversen Keramikplatten und 15 Kilo schwer, lag locker auf meinen Oberschenkeln, als wir durch ein besonders tiefes Loch fuhren. Ich federte nach oben. Doch dann, beim Aufkommen, knallte meine Weste mit Karacho auf mein bestes Stück. Mir blieb die Luft weg, Tränen schossen mir in die Augen. Schmerzwellen rasten durch meinen Körper. Zusammengekrümmt saß ich auf dem Rücksitz und rang nach Luft. Mein Sitznachbar hatte alles mitbekommen und fing an zu lachen. Na prima, ich sorgte wieder mal für das Unterhaltungsprogramm.

Im Camp gab es abends eine kleine Feier im Bereich der Niederländer, die ich nicht so richtig genießen konnte. Sie wissen schon, mein Missgeschick. Ich litt noch immer wie ein Hund. Glücklicherweise war eine deutsche Sanitäterin vor Ort, die mir vielleicht helfen konnte. Ich nahm sie unauffällig zur Seite und schilderte ihr mein Problem. Sie versprach mir Salbe zu besorgen und außerdem, niemandem ein Sterbenswörtchen von meiner sehr speziellen Verletzung zu erzählen. Als ich nach einem Gang zur Toilette ins Zelt kam, brach lautes Gelächter aus. Meine Kumpels zeigten mit Fingern auf mich und mein verletztes Körperteil und konnten sich kaum wieder einkriegen. Ich dankte der Sanitäterin höflich für ihre Diskretion und ging schlafen. Was für ein Tag!

Am übernächsten Tag stand zur Abwechslung mal ein relativ ruhiger Routineauftrag für uns an: Wir sollten acht frisch eingeflogene Offiziere des KSK vom KIA abholen und nach Bagram bringen. Die Erkennung war kein Problem, da sie alle Wüstentarn-Uniformen trugen. Was mich wunderte, war, dass sie relativ hochrangige Leute waren, nämlich allesamt Offiziere: Leutnante, Oberleutnante und Hauptleute. Inzwischen war wohl nur noch die Kopfzahl der Spezialkräfte entscheidend. Die Anzahl echter »Kämpfer« war weniger wichtig, da ja, wie schon beschrieben, der Nutzwert der Truppe gegen null tendierte.

Auf der Fahrt in Richtung Bagram wurde so gut wie nicht gesprochen. Wie erwartet kassierte ich verwunderte Blicke, als deutscher Soldat bei den Niederländern. Daran hatte ich mich aber schon gewöhnt. In der Dämmerung begannen wir dann die 67 Kilometer weite Überfahrt über die Route Bottle nach Bagram. Kurz bevor wir den zweiten Checkpoint erreichten, gab es einen Zwischenfall: Irgendwelche feindlichen Kämpfer feuerten aus den Bergen heraus mit Leuchtspurgeschossen in den Checkpoint. Die Besatzung des Checkpoints erwiderte unverzüglich das Feuer. Auch wir machten uns schussbereit, da wir ja voll auf diesen Feuerzauber zufuhren.

Was für unser Team 4.11 recht unspektakulär war, gestaltete sich für die Neuankömmlinge vom KSK natürlich etwas dramatischer. Sie waren noch keine halbe Stunde im Land, und schon flogen ihnen Geschosse um die Ohren. Kein schöner Einstieg! Unser Fahrer gab Gas und hielt auf den Checkpoint zu, um diesen einfach zu durchbrechen, damit wir schnell die Gefahrenzone hinter uns ließen. Komischerweise hörten beide Parteien auf dem Berg und am Checkpoint auf zu feuern, als wir diesen passierten. Und schossen munter weiter, als wir einige Meter Abstand zum Checkpoint gewonnen hatten. Sehr mysteriös. Meine Kumpels und ich schauten uns verständnislos an. Was hatte das denn zu bedeuten? Schwierige Frage. Vielleicht wollte sich der Angreifer nicht zusätzlich mit unseren Maschinenwaffen anlegen. Oder wir waren in eine Privatfehde geraten, die dort ausgefochten wurde. Als wir diese beiden Optionen ausdiskutiert hatten, tauchten auch die Köpfe unserer »Gäste« wieder auf.

Am 26. Juli stand erneut hoher Besuch auf dem Programm: Der deutsche Verteidigungsminister, Dr. Peter Struck, würde das Kontingent in Kabul besuchen. Die KCT sollten die Sicherung des sogenannten äußeren Rings um die Schutzperson übernehmen. Heißt also nicht direkt an der Person, sondern etwas abgesetzt – eher mit Schwerpunkt auf Bewegungen außerhalb des engen Sicherheitskordons, der um den Minister selbst gezogen wurde. Am Flugplatz sollten Scharfschützenteams das Umfeld beobachten und absichern. Auch unser Team wurde dort eingesetzt. Ich lag direkt neben der Landebahn auf einem circa fünfzehn Meter hohen Beleuchtungsmast, an dessen Spitze sich eine kleine Plattform befand. Meine Hauptbeobachtungsrichtung verlief links der Landebahn, mit Schwerpunkt auf einem ehemaligen, teils zerbombten Bürogebäude in etwa hundert Metern Entfernung.

In diesem Gebäude hatten sich mehrere Rückkehrer-Familien aus Pakistan häuslich niedergelassen. Kabul platzte aus allen Nähten. Diese Stadt, einstmals für etwa 800 000 Menschen konzipiert, wuchs nach dem Ende des Taliban-Regimes in wenigen Jahren auf über drei Millionen Einwohner. Deshalb wurde jede Ruine in Beschlag genommen. Ich lag seit drei Stunden dort oben auf meinem Lichtmast. Auf das Plateau aus Gitterrost hatte ich mir eine Isomatte gelegt und meinen Poncho über mich gebreitet, damit ich nicht in der Sonne verbrutzelte. So lag ich da, mit meiner Waffe im Anschlag, und achtete auf Bewegungen in den Fenstern des Gebäudes, was nicht ganz einfach war. Vor einigen Fenstern befanden sich nämlich Gardinen, hinter denen nicht mal Schemen zu erkennen waren.

Endlich wurde die Maschine über Funk angekündigt, und schon sah ich sie am Horizont in den Sinkflug übergehen. Ich konzentrierte mich nun ausschließlich auf mein Objekt. Die Transall landete und rollte auf den Taxiway. Rasch wurde die kleine Gangway mit zwei, drei Stufen herangerollt, und Struck stieg mit seinen Personenschützern und seinem mitgereisten Staatssekretär aus. Der deutsche General salutierte, dann begrüßte er den Verteidigungsminister noch auf zivile Art per »Shakehands« und leitete ihn und seinen Tross zügig zu den gepanzerten Fahrzeugen. Meine Anspannung ließ etwas nach, nachdem die Prominenz in die Fahrzeuge gestiegen und somit aus dem unmittelbaren Gefahrenbereich war. Ich verständigte mich mit meinen Jungs über Funk. Einige meiner niederländischen Kameraden hatten auf dem Dach des von mir beobachteten Hauses gelegen, und auch deutsche Scharfschützen waren an allen möglichen Stellen in der Umgebung postiert gewesen.

Wir gaben nun sehr zügig unsere Sicherheitsbereiche auf und liefen zu unseren Fahrzeugen, um im Konvoi die uns zugeteilten Positionen einzunehmen. Mit hoher Geschwindigkeit brauste der Konvoi die Jalalabadroad Richtung Camp Warehouse entlang. Im Camp lief dann wieder die unvermeidliche »Monkey-Show«: aufgehübschte Präsentationen und geschönte Gespräche. Auch das Verpflegungszelt war komplett gesperrt, damit die Herren ungestört speisen konnten. Noch am gleichen Tag geleiteten wir Struck zurück zum Flughafen. Dort erwartete ihn ein Hubschrauber, der ihn zum KSK nach Bagram brachte. Ein unspektakulärer, aber stressiger Tag ging für uns zu Ende.

Marcel, Oli und Björn von den Fernspähern und ich hatten einen neuen Auftrag vom Geheimdienst. In den nächsten Tagen sollten wir in ein Industriegebiet von Kabul verlegen. Dort sei eine laborartige Einrichtung entdeckt worden, die niemand zuordnen könne. Möglicherweise sei dieses Labor dafür angelegt, chemische oder biologische Waffen zu produzieren. Nach meiner Erfahrung vom letzten Mal fragte ich: »Bekommen wir ein Backup?« Wie aus der Pistole geschossen kam ein klares »Nein«. Wieder sollten so wenige wie möglich über diese Operation informiert sein. Das konnte ja heiter werden! Wenigstens hatten wir vier ein paar grundsätzliche Dinge wie Türaufstellung und das Eindringen in einen Raum geübt. So ein Desaster wie beim Kauf der vermeintlichen »Stinger«-Raketen wollte ich kein zweites Mal erleben.

Nachdem wir zugesagt hatten, erklärte uns der Geheimdienstler, das besagte Labor sei in einer Mehlfabrik. Dort ragten kleine Schornsteine bzw. Metallrohre zur Ab- oder Zuluft in regelmäßigen Abständen aus dem Boden, was einer Humint-Kraft ungewöhnlich vorgekommen war. Wir waren gespannt, aber auch nervös. Was wohl würden wir dort finden? Wenn dort tatsächlich B- oder C-Waffen wären, hätten wir nichts zu lachen. Ich fragte nach Schutzanzügen und Atemschutz. Fehlanzeige. Es reiche unsere persönliche Schutzausstattung, die jeder Soldat am Mann trage, war die Antwort. Am Abend vor dem Einsatz überprüfte ich meine ABC-Schutzmaske. Der Filter und die Gummidichtung schienen okay zu sein. Hoffentlich!

Am nächsten Tag fuhren wir in das Industriegebiet und sondierten zunächst das nähere Umfeld. Die Humint-Kräfte wiesen uns in die Lage vor Ort ein und zeigten uns die ominösen Rohre, die in unmittelbarer Nähe zu dieser Fabrik aus dem Boden ragten. Wir mussten also in die Fabrik, um einen Zugang zu finden. In der Fabrikhalle war es sehr heiß und vor allem staubig vor lauter Dreck. Etliche Arbeiter schauten uns verdutzt an, als wir die Räumlichkeiten zu untersuchen begannen. In einem Raum wurden wir fündig. Es sah aus wie in einem Fotolabor: Pfannen und Tiegel verschiedenster Art und Größe standen herum, zum Waschen von irgendwelchen Produkten. Und tatsächlich, bei einem Blick zur Decke erkannten wir auch Rohre, die nach oben verschwanden. Vermutlich genau jene Rohre, die wir von draußen gesehen hatten. Wir waren also auf der richtigen Spur! Allerdings glaubte nun keiner von uns mehr, in ein Labor zur Herstellung biologischer oder chemischer Kampfstoffe geraten zu sein. Unser Verdacht ging in Richtung Drogen. Langsam entspannte sich der Trupp, weil wir nichts weiter Verdächtiges fanden. Eine Befragung der Arbeiter schied aus, da wir keine Sprachmittler dabeihatten, wegen der Geheimhaltung unserer Operation. Also meldeten wir unsere Vermutung den Humint-Kräften, die die Funde protokollierten.

Zurück im Camp war meine erste Maßnahme: ab unter die Dusche und die Uniform wechseln. Erst danach, geduscht und mit frischer Uniform, einen Kaffee in meiner Hand, konnte ich etwas durchatmen. Bis heute weiß ich nicht, was dort tatsächlich produziert wurde. Im Bericht hieß es: Drogenlabor. Trotzdem blieb ich vorsichtig, es könnte dort ja auch sonst was hergestellt worden sein. In den nächsten Tagen achtete ich extrem auf meinen Körper. Juckte etwas, sah ich sofort nach, ob ich mir irgendeinen Ausschlag eingefangen habe. Auch wenn das nicht der Fall war: Ein ungutes Gefühl blieb.

Unsere Operation wurde – genau wie die »Stinger«-Nummer, als Erfolg verkauft. Man hatte etwas gegen die Drogen getan. Dass die Pfannen zum Auswaschen von irgendwas bereits verstaubt und trocken waren, interessierte anscheinend niemanden. Bis heute schüttelt es mich, wenn ich an diesen Tag zurückdenke. Vor allem, wenn es mich juckt oder ich einen Pickel auf meinem Körper finde, der gestern noch nicht da war. Ich bezweifle zwar, dass dort jemals an Kampfstoffen gearbeitet wurde. Aber ohne ausreichenden Schutz dort gewesen zu sein, reicht mir schon, um mich noch heute körperlich unwohl zu fühlen.

Die Stadt der ehrlosen Frauen

Der Tag des Wechsels bei den KCT stand unmittelbar bevor. Für mich hieß das schon wieder Abschied nehmen nach einem Monat sehr guter Zusammenarbeit in meinem Team. Das dritte Kontingent der Kompanie 104 kam in Kürze zur Ablösung ins Land. Ihr Führer war bereits vor Ort, um sich von seinem Vorgänger über das Land, die Stadt und die Gepflogenheiten unterrichten zu lassen. Der Neue, Captain Hemskerk, kam ursprünglich aus der Laufbahngruppe der Unteroffiziere. Er hatte schon zehn Jahre als Sergeant in der niederländischen Armee auf dem Buckel, bevor er zum Offizier befördert worden war. Er hatte also sehr viel Berufserfahrung. Wir verstanden uns auf Anhieb gut, und zwischen uns entwickelte sich eine bis heute haltende Freundschaft. Auch er war etwas erstaunt, einen deutschen Fallschirmjäger in sein Team zu bekommen, sah aber in erster Linie die Vorteile, da ich bereits seit über drei Monaten im Land war. Sein erster Eindruck von mir war also mehr als positiv, was mich sehr freute. In den nächsten Tagen fuhren wir sehr viele Patrouillen in Kabul und Umgebung, um ihm ein Gefühl für die Stadt und die Menschen zu vermitteln. Auch abends saßen wir häufiger zusammen. Neugierig saugte er jede Information auf.

Bevor das »alte« Team das Einsatzland verließ, hatten wir noch einen letzten Auftrag gemeinsam zu bestehen. Im Bereich des Interconti kam es in letzter Zeit immer wieder zu Demonstrationen für oder gegen die neu gebildete Regierung. Bei diesen Demos war ein aggressives Potential erkannt worden, das wir weiter im Auge behalten sollten. Da ich mich am Interconti sehr gut auskannte, errichteten wir Tages-Beobachtungspunkte, um das Treiben überblicken und schnell eingreifen zu können, falls die Lage eskalieren sollte. Wir alle waren bestürzt, dass es so kurz nach der Loya Jirga zu solchen Ausschreitungen kommen konnte. Kaum war die Regierung gewählt, wurde gegen sie protestiert. Ein weiterer Faktor heizte die Atmosphäre an: Im September würde eine unruhige Zeit beginnen, die »Massud-Tage« genannt wurde.

Ahmed Schah Massud war einer der bekanntesten Mudjaheddin-Kämpfer im Land. Er hatte nicht nur Widerstand gegen die Russen geleistet, sondern als Führungsperson der Nordallianz auch gegen die Taliban gekämpft. Zwei Tage vor dem Anschlag auf das World Trade Center, am 9. September 2001, war er von mutmaßlichen Al-Qaida-Kämpfern ermordet worden. Massud wird im ganzen Land wie ein Heiliger verehrt, und rund um seinen ersten Todestag herum war mit vielen Veranstaltungen zu seinen Ehren zu rechnen. Der Personenkult geht so weit, dass fast überall in Kabul Massuds Konterfei zu sehen war und noch heute ist, auf teilweise gigantisch großen Bildern und Plakaten. Viele Afghanen hätten diesen charismatischen Mann viel lieber als Interimspräsidenten gesehen als den von amerikanischen Gnaden eingesetzten. Auch viele der Demonstranten am Interconti hielten Bilder dieses Mannes hoch und demonstrierten gegen Hamid Karzai. Glücklicherweise lief die Demo ruhig und relativ friedlich ab. Wir versuchten, die Stimmung einzuschätzen und potentielle Störer zu identifizieren. Wie gewohnt dokumentierten wir den Ablauf dieses Tages und gaben unseren Bericht am Abend in der niederländischen OPZ ab.

Das neue Team war nun vollständig. Ich war sehr froh darüber, dass kein Bruch in der Zusammenarbeit erfolgte. Von der ersten Minute an wurde ich als Mitglied dieses Teams akzeptiert. Ganz so, als sei ich schon immer ein Teil der niederländischen KCT gewesen. Die acht bis zehn Soldaten meines Teams sollte ich also die nächsten drei Monate, eine ganze Kontingentsdauer lang, begleiten. Sie löcherten mich beinahe und überhäuften mich mit Fragen über Fragen. Ein schönes Gefühl. Zu Beginn meiner Zeit bei den KCT war ich das Greenhorn gewesen – und nun auf einmal der »alte Hase«. Der harte Einschnitt, den ich befürchtet hatte, blieb also aus.

Das neue Team begann mit kleineren Aufträgen: Patrouillen und QRF-Tätigkeiten, die Überprüfung der Evakuierungsrouten nach Bagram und andere Routineaufgaben lagen nun an. Die Eingewöhnung sollte langsam vonstatten gehen. Niemand sollte ins »kalte Wasser« geworfen werden. Dieses langsame und behutsame Heranführen an die Aufgaben gefiel mir sehr. Es half auch beim gegenseitigen Kennenlernen, was für spätere Einsätze, die unter schwierigeren Bedingungen stattfinden würden, enorm wichtig und hilfreich war. Eine Woche ging das so, dann flatterte der erste interessante Auftrag herein. Einer Meldung der KMNB zufolge war im Bezirk Shina ein Waffenlager ausfindig gemacht worden. Sogar Raketen wurden dort vermutet. Die niederländischen Kommandos sollten sich die Lage vor Ort anschauen und den Verdacht verifizieren. Wir erstellten einen Einsatzplan und arbeiteten nach und nach die drei wichtigsten Punkte ab: Lage, Auftrag und Durchführung.

Grundsätzlich dauert so eine Einsatzplanung um ein Vielfaches länger als die eigentliche Durchführung. Trotzdem ist es lebenswichtig, alles genauestens vorzubereiten. Dazu gehört ein Überblick über die Gegebenheiten des Objekts sowie der Umgebung. Wir bekamen Satellitenaufnahmen von den Diensten, zum Beispiel vom deutschen ZNBw, zur Verfügung gestellt. Außerdem beobachteten wir im Dunkeln mit optischen Geräten sämtliche Bewegungen, machten Skizzen und Fotos vom Haus. Wir notierten, wo sich Fenster und Türen befanden, und sondierten mögliche Anfahrt- und Abfahrtwege. Nur mit diesen Informationen kann der Personen- und Materialeinsatz abgeschätzt werden. Dann wurden die Teams für den Zugriff bestimmt und genauso viele Männer für das Backup, also als Notzugriffsteam im Hintergrund. Die übrigen Soldaten wurden für die Sicherung der An- und Abfahrtswege oder für die OPZ eingeteilt. Zusätzlich mussten sich hier Kräfte für Spurensicherung, Bombenentschärfung sowie eine eventuelle Festnahme bereithalten. Alles in allem waren also gut sechzig Mann an der Aktion beteiligt.

Wie ich es nicht anders gewohnt war, wurde mein Team für die heikelste Aufgabe ausgesucht: die Durchsuchung des Objekts. Am nächsten Tag verlegten wir mit dem gesamten Kommando in die Nähe des fraglichen Hauses und gingen in Position. Deutsche Feldjäger riegelten in einiger Entfernung die Zu- und Abfahrtstraßen zum Haus ab. Wir standen mit zwei Viererertrupps vor der Tür des Gebäudes und warteten nur noch auf den Befehl für den Zugriff. Als alle in Position waren, kam über Funk das Go von unserem Einsatzleiter in der OPZ. Wir traten die Tür auf und stürmten los. Da dies alles binnen Sekunden ablief, hatten die Menschen in diesem Gebäude keine Chance, zu flüchten oder sonstwie zu reagieren. Wir hatten sie überrumpelt. Eine ältere Frau saß an einem Tisch, ein paar Kinder sprangen erschrocken an ihre Seite, als wir plötzlich vor ihnen im Zimmer standen. Natürlich setzten wir auf Deeskalation und hielten unsere Waffen mit den Mündungen Richtung Boden. Auch so sahen wir martialisch genug aus. Die alte Afghanin beruhigte die Kinder und schaute uns fragend an.

Im Nebenraum hatte Pieter bereits eine interessante Entdeckung gemacht. Der ganze Boden lag voller Teppiche. Bei mir gingen alle Alarmglocken an. Darunter konnte man eine Menge verstecken, gebunkerte Munition zum Beispiel. Es war schon zu fühlen, dass sich unter den Teppichen etwas Nachgiebiges, vielleicht ein Holzfußboden, befand. Wir schauten uns auch die anderen Räume an und sicherten somit das komplette Gebäude. Dann gingen wir zurück in das Zimmer mit den Teppichen und begannen, diese vorsichtig und langsam wegzuräumen. Normalerweise wird so etwas von spezialisierten EOD-Kräften durchgeführt, aber in diesem Moment vertrauten wir auf unseren gesunden Menschenverstand. Wir waren relativ sicher, keine versteckten Ladungen zu finden. Schließlich waren eine alte Frau und Kinder in diesem Haus. Die Gefahr wäre zu groß gewesen, dass die Kinder beim Toben die Sprengsätze ausgelöst hätten.

Nachdem der erste Teppich entfernt war, sahen wir bereits Bretter, die sich anheben ließen. Darunter kam ein Hohlraum zum Vorschein, prall gefüllt mit zwölf Raketen. Und zwar von der Sorte, die immer wieder in Richtung Camp abgeschossen wurden und von denen wir bereits eine Menge gefunden hatten. Endlich ein Volltreffer! Diese Raketen würden garantiert nicht aufs Camp abgefeuert werden, und auch nicht auf eine andere Einrichtung der ISAF. Nach den gängigen Regularien verließen wir nun den Ort des Geschehens. Wir hatten mit dem Zugriff und der Sicherung innerhalb des Gebäudes unsere Pflicht erledigt. Nun übernahmen die Profis für die Spurensicherung, die deutschen Feldjäger, das Objekt und begannen den Fund zu dokumentieren und auszuwerten. Jahre später erfuhr ich, dass diese Operation den Feldjägern auf die Fahnen geschrieben wurde. Fakt aber ist: Diese Arbeit leistete damals die Kompanie 104 der niederländischen KCT.

Dieser Erfolg wirkte sich natürlich sehr positiv auf die Stimmung im Team aus. Nach gerade mal einer Woche im Land einen solchen Erfolg zu landen, stärkt natürlich die Moral und das Selbstwertgefühl. Es wurde nun wieder über Paghman diskutiert. Die Verbindung zur Bevölkerung war inzwischen durch unsere häufigen Besuche sehr gefestigt. Einmal hatten wir, noch mit dem alten Team, eine Patrouille bewusst auf den Freitag gelegt, der in muslimischen Ländern unserem Sonntag entspricht, um die Gegebenheiten noch besser kennenzulernen. Der idyllische Eindruck des Ortes wurde dabei noch getoppt. Es war, als fuhren wir in eine Oase der Glückseligkeit: Viele Familien hielten sich zum Entspannen an dem Bach am Ortsrand auf. Die bärtigen Familienoberhäupter saßen gebettet auf Kissen mitten auf den kleinen Inseln im Fluss, die Frauen bereiteten emsig Fleischspieße zum Grillen vor, spielende Kinder tobten über die Wiese und kletterten auf den Bäumen am Ufer herum. Einige Männer hatten kleine Swimmingpools gebaut, indem sie den Bach an schmalen Stellen mit Planen auslegten und so das Wasser angestaut hatten. Mit Lendenschurz und ihren Kindern im Arm planschten sie vergnügt vor sich hin.

Viele winkten uns freundlich zu und forderten uns auf, mit ihnen zu essen. Von der sagenhaften Gastfreundschaft der Afghanen hatten wir bislang nur gehört. Nun hatten wir alle Hände voll zu tun, das gegrillte Fleisch, Obst und Nüsse auszuschlagen. Wir wollten nicht unhöflich sein, mussten aber aufpassen, dass wir uns keine Magenprobleme zuzogen. Doch wir hatten eine andere Idee, wie wir an dem bunten Treiben der Paghmaner teilnehmen und unsere Freundschaft demonstrieren konnten. Joris hatte seine Gitarre eingepackt, Theo sogar sein Didgeridoo. Und so suchten wir uns ein Plätzchen am Ufer des Baches und musizierten und tanzten dazu. Sogar ein paar afghanische Männer wiegten sich im Takt. Weil er so wild getanzt hatte, zog Gerrit sich bis auf die Unterhose aus und hüpfte – unter dem Gekicher der afghanischen Frauen – in den Bach, um sich ein wenig abzukühlen. Ich brauche wohl nicht zu betonen, wie viel Spaß uns dieses Peacekeeping an diesem Flüsschen in Paghman machte.

So gern gesehen wir in Paghman inzwischen waren – eine Verbindungsaufnahme zu Janjalani, dem Führer der Abu Sayyaf und Hausherr im Bezirk Paghman, war bisher gescheitert. Das neue Team sollte da ansetzen, wo das alte aufgehört hatte. Schnell wurde mir klar, dass dieses Team noch wesentlich »schmerzfreier« war als die alte Gruppe. Mein Teamführer Andrik präsentierte nämlich einen verwegenen Plan: Wir sollten bei Nacht im Landmarsch das Anwesen von Janjalani ansteuern. Vorbei an allen Wachposten sollten wir bis zum Haus vordringen, dann aber ohne tatsächliche Kontaktaufnahme wieder abziehen. Allerdings sollten wir dort etwas hinterlassen – als Beweis, dass wir da gewesen waren. Und er hatte auch schon eine gute Idee, was das für ein Gegenstand sein könnte.

Dieser Gedankenblitz war ihm gekommen, als er sich daran erinnerte, dass wir bei unseren Patrouillen ISAF-Zeitungen verteilen sollten. Dieses Blättchen kam alle zwei Wochen auf Dari, Paschtu, Deutsch und Englisch heraus. Es enthielt vor allem viele Bilder, weil viele Afghanen nicht lesen und schreiben können. Auf den Fotos waren die Ergebnisse von Hilfsaktionen wie neu gebohrte Brunnen und eröffnete Schulen zu sehen; so wollte man eine gute Stimmung in der Bevölkerung für die Arbeit der

ISAF erzielen. Für die Planung der Zeitung waren eine Handvoll Offiziere vom Presseinformationszentrum der Bundeswehr abgestellt, die zusammen mit einheimischen Redakteuren in einem Büro in der Stadt arbeiteten. Die Bevölkerung war total wild auf dieses Käseblatt, deshalb konnte man die Exemplare auch nicht verteilen, sondern musste sie in die Menge werfen, um nicht überrannt zu werden. Wir fanden die Idee genial. Wenn wir gedeckt bis zu Janjalanis Haus kommen und dort ISAF-Zeitungen hinterlassen würden, hätten wir uns garantiert seinen Respekt verdient. Bei den Afghanen erreichte man immer etwas, wenn man sie durch eine etwas gefährlichere Aktion beeindruckte. Vielleicht, so war die Überlegung, nimmt er dann eher Verbindung mit uns auf, alleine schon aus Neugier.

In der Nacht des 9. August verlegte unser Team sehr früh in den Bezirk Paghman. Laut Absprache mit der niederländischen OPZ wurde ein zweites Team »standby« gehalten, um uns im Bedarfsfall zu unterstützen. Weit genug von jedweder Behausung bezogen wir Stellung und sondierten das Gelände. Alles war ruhig und still. Gegen zwei Uhr morgens machte sich unser Team auf den Weg zu dem Anwesen, zwei Soldaten blieben zur Sicherung bei den Fahrzeugen. Am Hauptzufahrtsweg wäre eine versteckte Annäherung nicht möglich gewesen, da das Gelände sehr gut einzusehen war und dort auch das Wachhäuschen stand. Wir schlugen also einen Bogen um diesen Bereich und näherten uns aus südwestlicher Richtung an das Objekt auf dem Plateau an. Dabei bewegten wir uns fast parallel zu der Straße, die dort hinaufführte. Irgendwann trafen wir auf einen kleinen Zaun, der das Grundstück eingrenzte, und folgten ihm. Nach ein paar Minuten endete diese Umzäunung, und wir alle wussten, warum. Vor uns ragte ziemlich steil eine Felsnase in den dunklen Himmel. Vermutlich dachten die Wachen, dass sich eh kein Mensch den Strapazen eines Aufstiegs aussetzen würde. Unser Glück!

Wir machten uns daran, den Felsen zu bezwingen. Der Aufstieg bei Nacht gestaltete sich einfacher, als wir alle gedacht hatten. Das Gelände war zwar sehr steil, allerdings lag nirgends loses Geröll herum, das uns in die Quere kommen oder durch eine Steinlawine auf uns aufmerksam hätte machen können. Wir kamen zügig und gut voran. Je näher das Plateau mit dem Haus kam, desto langsamer und vorsichtiger wurden wir, um möglichst keine Geräusche zu verursachen. Wachen oder Patrouillen konnten wir bis jetzt nicht erkennen. Sie fühlten sich anscheinend sehr sicher auf diesem Berg.

Schon glitten die Ersten auf den Bauch. Keine Bewegung zu erkennen. Vor uns lag so etwas wie ein Hof, das Hauptgebäude befand sich schräg rechts vor uns. Leicht links von uns lag ein etwas kleineres Gebäude, vielleicht ein Gästehaus oder ein weiteres Wachgebäude. Noch immer rührte sich nichts auf dem Anwesen, alle schienen tief und fest zu schlafen. Der Mond schien in dieser Nacht sehr hell, der Hof lag in fahles Mondlicht getaucht vor uns. Eine Überquerung dieser freien Fläche hielten wir angesichts der Lichtverhältnisse für zu riskant. Deshalb beschlossen wir, unser Glück bei dem Nebengebäude zu versuchen, das deutlich näher lag und per gedeckter Annäherung erreichbar war. Nachdem wir es ohne Zwischenfälle erreichten, zogen wir unter leisem Rascheln die Zeitungen heraus und legten sie gut sichtbar aus. Pieter, der ein echter Spaßvogel war, ließ es sich nicht nehmen, zusätzlich eine Hauswand mit ISAF-Aufklebern zu tapezieren. Nicht einer oder zwei, nein: ein gutes Dutzend Aufkleber wurden von ihm angebracht! Wir alle mussten, trotz des Ernstes der Lage, schmunzeln. Hätte man uns erwischt, wäre die Situation vermutlich sofort zu einer wilden Schießerei ausgeartet. Nachdem auch der letzte Aufkleber seinen Platz gefunden hatte, zogen wir, unter gegenseitiger Sicherung, langsam wieder ab.

Den schwierigsten Teil der Übung hatten wir hinter uns gebracht. Vor uns lag nur noch der relativ leichte Abstieg. Auch dieser glückte, alles ging leise und geordnet vonstatten. Nachdem wir per Funk Verbindung mit unseren Sicherungsleuten an den Fahrzeugen aufgenommen hatten und uns in relativer Sicherheit befanden, glucksten wir vor Vergnügen. Die ganze Aktion hatte uns bloß circa drei Stunden gekostet. Genüsslich malten wir uns die Gesichter der Wachen aus. Wie die wohl gucken würden, wenn sie am nächsten Morgen unsere kleine Aufmerksamkeit vorfänden?

Vergnügt traten wir den Rückweg an und konnten es kaum erwarten, unsere Operation bei Tageslicht fortzusetzen. Ich konnte kaum schlafen und beschwor den Zeiger der Uhr, sich gefälligst schneller zu drehen. Nach einem kurzen Frühstück war es endlich so weit. Wir alle waren sehr gespannt auf die Reaktion. Gegen acht Uhr fuhren wir nach Paghman, wo wir bereits vor Tagen eine offizielle Patrouille für dieses Datum angemeldet hatten. Wir erreichten den Wachposten am Fuße des Berges und wurden, wie schon einmal, freundlich begrüßt. Wir tauschten ein paar Höflichkeiten aus, und natürlich übergaben wir Zigaretten. Dann stellte unser Teamführer Andrik die entscheidende Frage: »Wie gefällt Ihnen unsere ISAF-Zeitung? Hatten Sie schon Gelegenheit, darin zu lesen?«

Das saß! Gleichzeitig zog er eine ISAF-Zeitung und einen Aufkleber aus dem Wagen und hielt sie mit fragendem Gesichtsausdruck den beiden Wachleuten hin. Als der Sprachmittler mit seiner Übersetzung fertig war, erstarrten die beiden und sahen sich an. Ratlosigkeit und Respekt standen abwechselnd in ihren Gesichtern. Auch glitt ihr Blick immer wieder auf die Zeitung vor ihrer Nase. Offensichtlich kannten sie diese Ausgabe. Vermutlich hatten die Verantwortlichen schon ihren Rüffel erhalten, nachdem unsere nächtlichen Geschenke gefunden worden waren.

Einer der beiden bedeutete uns zu warten und zog sein Funkgerät aus dem Gürtel. Er entfernte sich ein paar Schritte, vermutlich wegen unseres Sprachmittlers, und begann in das Gerät zu murmeln. Wir waren gespannt. Hatten wir es geschafft, durch diese Aktion genug Aufmerksamkeit zu erregen? Wurden wir nun von Janjalani zum Gespräch eingeladen? Mein Herz schlug jetzt noch schneller als in der Nacht, während des Aufstiegs. Leider verstanden wir nicht, was am Funk besprochen wurde. Doch dann kam der Wachmann zurück und fragte uns, ob wir Zeit und Lust hätten, nach oben zu fahren und dort einen Tee mit dem Hausherrn zu trinken. Wir alle entspannten uns sichtlich. Zumindest einen Fuß hatten wir schon mal in die Tür bekommen. Andrik bedankte sich für die freundliche Einladung, die er gerne annahm. Als sich das Tor der Straßensperre vor uns öffnete, spürten wir ein Hochgefühl in uns aufsteigen. Und so begannen wir heute schon zum zweiten Mal – nun allerdings mit Fahrzeugen auf dem Weg – den Aufstieg auf das Plateau.

Während der Fahrt funkten wir untereinander und tauschten uns aus, wie es wohl weitergehen würde. Taten wir das Richtige? Was würde uns dort oben erwarten? Gingen wir mit der Annahme der Einladung ein zu hohes Risiko ein? Im Moment bewegten sich in diesem Gebiet keine anderen ISAF-Patrouillen, die uns zu Hilfe hätten eilen können. Wir hatten zwar Funkverbindung zum Camp und hielten unsere Meldezeiten ein. Alle halbe Stunden gaben wir unsere Koordinaten durch, damit unsere OPZ lückenlos über die Bewegungen der Patrouillen Bescheid wusste – aber das war es auch schon. Eine ziemlich spärliche Lebensversicherung, für diesen Augenblick.

Als wir oben angekommen waren, stand bereits ein kleines Begrüßungskomitee, bestehend aus zwei Leuten, vor dem Gebäude. Mehrere Afghanen lugten allerdings aus dem kleineren Gebäude, das wir am Morgen mit Aufklebern verschönert hatten, und musterten uns neugierig. Einer der beiden Männer kam auf uns zu und übernahm die Vorstellung. Was er sagte, war genau nach unserem Geschmack: Herr Janjalani sei sehr erfreut über unseren Besuch und es sei ihm eine Ehre, Tee mit unserem Teamführer zu trinken. Er war also nicht nur da, sondern auch bereit für ein Gespräch. Bingo!

Andrik und der stellvertretende Teamführer Bas sowie unser Sprachmittler folgten dem Mann in das Gebäude. Das restliche Team musste natürlich draußen bleiben, schließlich ging es hier nicht um ein geselliges Teekränzchen. Ich sah mich um und prägte mir die Örtlichkeiten ein: den Hof, die Lage der beiden Gebäude, sogar die Anzahl der Fenster. So nah waren wir bisher noch nicht gekommen, erst recht nicht bei Tageslicht. Also achtete ich auf jedes wertvolle Detail in meiner Umgebung. Die anderen afghanischen Männer auf dem Hof beäugten uns sehr interessiert, waren sehr höflich und respektvoll. Natürlich boten wir, zumindest die Raucher, Zigaretten an, die dankbar und unter vielen kleinen Danksagungen und Verbeugungen angenommen wurden. Da wir nur einen Sprachmittler dabeihatten und dieser drinnen die Unterredung mit Janjalani dolmetschte, konnte sich leider kein Gespräch entwickeln, was ich sehr bedauerte. Es wäre sicher interessant gewesen, sich mit den Männern zu unterhalten. Und wer weiß, was wir dabei alles zusätzlich hätten herausbekommen können.

Nach einer guten Dreiviertelstunde kamen unsere drei wieder aus dem Haus heraus und gaben das Zeichen für den Aufbruch. Andrik saß in dem anderen Fahrzeug und teilte uns über Funk mit, dass er und Bas sehr sicher seien, die Zielperson getroffen zu haben. Im Vorfeld vor solchen oder ähnlichen Operationen bekam man immer Bildmaterial von verschiedenen wichtigen Personen zur Verfügung gestellt. Also auch von Khaddafy Janjalani. Den Mann, mit dem sie eben Tee getrunken und gesprochen hatten, konnten sie anhand der Fotos in dieser Mappe zweifelsfrei identifizieren. Der Inhalt des Gesprächs war eher belanglos gewesen, wie er meinte. Janjalani habe sich unter Schmunzeln bedankt, dass sie ihm die Lektüre der ISAF-Zeitung ermöglicht hatten, und sprach seinen Respekt für diese Aktion aus. Eine Sache war dann allerdings doch sehr interessant. Herr Janjalani bekundete sein Interesse, mit einem hohen Vertreter von ISAF zu sprechen. Sie versprachen ihm, diese Bitte weiterzuleiten und auch weiterhin Kontakt zu halten. Wir hatten also nicht nur einen Fuß in der Tür, sondern sie auch zumindest einen Spalt weit aufgestoßen.

Unsere OPZ begrüßte uns bei einer Zwischenmeldung über Funk freudig. Die niederländischen Kameraden in der Zentrale konnten es offensichtlich kaum erwarten, unseren Bericht zu lesen. Dieser sollte so schnell wie möglich dem Führer unserer KMNB, dem deutschen General Schlenker, vorgelegt werden. Ich war sehr gespannt, was dabei herauskommen würde. Der Knackpunkt war ja, dass das Anwesen haarscharf außerhalb der AOR lag. Und Schlenker war dafür bekannt, alles sehr genau zu nehmen. Wie er wohl auf unsere jenseits des Mandatsgebiets gewonnenen Erkenntnisse reagieren würde?

Wenige Tage später wollten Minister der afghanischen Interimsregierung einen Tag lang im Hotel Interconti konferieren. Weil auch ein chilenischer Minister beteiligt war, sollten wir einen Observationspunkt einrichten und betreiben. Ich schluckte, als ich den Namen des Hotels hörte. Nicht schon wieder!, dachte ich nur. Mein Team wusste, dass ich bereits den einen oder anderen »Auftritt« im Interconti absolviert hatte. Alle waren froh, jemanden mit guten Ortskenntnissen in ihren Reihen zu haben. Ich konnte ihre Freude leider nicht teilen, vom Interconti hatte ich echt die Schnauze voll.

Wenigstens brauchten wir uns nicht lange vorbereiten. Nach dem gemeinsamen Kartenstudium schlug ich einen OP circa 300 Meter nördlich des Hotels auf einem kleinen Höhenrücken vor. Dort steht auch ein alter Wehr- oder Wachturm, zwei Stockwerke hoch, von wo sich ein sehr guter Überblick auf die gesamte Frontseite des Hotels und des Tagungszentrums bot. Außerdem konnte man von dort oben sehr frühzeitig Fahrzeuge zum Hotel hochfahren sehen. Von meinem Einsatz bei der Loya Jirga wusste ich, dass sich in diesem Wehrturm immer ein oder zwei Wachleute des Hotels zwischen ihren Patrouillen aufs Ohr legten.

Der Standort für unseren OP wurde erst einmal angenommen. Vor Ort würden wir noch eine Feinerkundung vornehmen, und ich sollte das Team in die örtlichen Gegebenheiten einweisen. Die vorgeschobene OPZ der Kommandos stellte sich mit ihrem Kastenwolf, vollgepackt mit Funkgeräten, auf den Platz nördlich des Hotels, wo auch Alex und ich unsere Fahrzeuge während der Loya Jirga geparkt hatten. Zusätzlich bekamen wir einen Transportpanzer, mit Personal der deutschen Sanitätskräfte, unterstellt. Weil das Treffen in den Abendstunden des nächsten Tages stattfinden sollte, hatten wir ein Problem: die Dunkelheit. Die KCT besaßen nämlich keine nachtkampffähi-

Kaffeepause

Blick in die südliche Altstadt

Camp Warehouse mit Stabsgebäude und der Jalalabadroad im Vordergrund

Afghanische Männer auf Arbeitssuche vor dem Haupttor des Camps

Blick aus den Ruinen

Alltagsszene auf der Route Horseshoe

Zu Fuß auf der Chicken Street in der Innenstadt

Belebte Straße in Kabul

Traumhafte Landschaft, alptraumhafte Gefahr

Mein Kamerad beäugt ein Kamel – ein immer noch gängiges Transportmittel auf dem Land

Britische EOD-Kräfte
bei der Arbeit

Sprengung von Munitionsfunden

Einsamer Radler in den Bergen

Afghanen auf der Reise

Afghanische Kinder verabschieden sich von der KCT-Patrouille im Bezirk Chahar Asiab

Kameraden von den KCT und unser Sprachmittler Mustafa (in der Mitte mit weißem Tropenhut) im Gespräch mit der afghanischen Bevölkerung

Doppelt allgegenwärtig: umgebauter russischer Schützenpanzer mit Postern des Volkshelden Massud

Hier bereiten wir uns für einen weiteren Einsatz in der heißen und staubigen Wüste vor – deshalb die Shemags

Panzer in den Bergen

Afghanische Frauen gehen ihrem Alltag nach

Deutsche Fallschirmjäger beim Verteilen der ISAF-Zeitung

Zerstörter Königspalast

Königsgrab – Ruhestätte der königlichen Familie Zaher Schah

Hotel Interconti, davor von Deutschland gespendete Polizeiwagen

Portier des Interconti

Typischer Jingle-Truck

Buntes, lautes Markttreiben in Kabul

Jung und alt mit den je bevorzugten Transportmitteln

Abholung aus Paghman an meinem Geburtstag, ich bin der mit der Kapuze vorne links im Bild

Blick aus dem Helikopter bei einem Aufklärungsflug

Blick vom Königsgrab mit markanten Punkten in der Bildmitte: Kabul Stadion, Freitagsmoschee und Route Blue (von rechts), Air Museum im Vordergrund

Holzmarkt an der Route Orange Richtung Paghman

Buntes Treiben in den Ruinen

Eine unserer angenehmen Patrouillen im Bezirk Paghman

Da hat einer mich und den Wirecutter seines Fahrzeugs vor die Linse gekriegt

Einer meiner Kameraden zusammen mit der Wachmannschaft einer Polizeistation

Nächtlicher Einsatz: So sieht die Welt durch eine Nachtsehbrille aus

Snedder, unser Maskottchen, mit dem Barett der KCT

Kinder in Kabul beim Wasserholen

Warten auf den Helikopter nach einem Einsatz in Paghman

Gutgelaunt bei der Arbeit

gen Optiken für die Scharfschützengewehre. Durch meine Ausbildung wusste ich, dass die deutschen Scharfschützen solche Optiken für ihre Waffen besitzen. Ich schlug also vor, ein deutsches Scharfschützenteam zur Unterstützung anzufordern, um unseren Auftrag durchführen zu können.

Wir funkten unsere OPZ an und gaben diesen Wunsch durch und ein Erkennungszeichen für die Kontaktaufnahme an. Dieses Erkennungszeichen bei der Annäherung ist ganz wichtig für die schnelle und sichere Identifizierung eigener Teile und wird in allen Armeen der Welt so gehandhabt. Kein Problem, wurde uns wenig später durchgefunkt. Die OPZ der KMNB hätte das zweiköpfige deutsche Scharfschützenteam bewilligt, dabei seien auch die Instruktionen zur Identifizierung entsprechend kommuniziert worden. Wir konnten noch nicht wissen, dass sich dieses Mal ein paar unschöne Probleme bei der transnationalen Zusammenarbeit ergeben würden.

Wir hatten bereits unsere Stellung im Turm bezogen, als wir plötzlich zum Abend hin ein Fahrzeug in unsere Richtung kommen sahen. Mit voll aufgeblendeten Scheinwerfern rumpelte es gemütlich den kleinen Weg zu unserem Turm herauf. Dummerweise konnten wir außer der Fahrzeugsilhouette nichts erkennen, da der Weg geradewegs zum Turm führte und wir von den Scheinwerfern geblendet wurden. Um mich herum wurde es unruhig, und meine Kollegen gingen in Stellung. Wahrscheinlich kam ihnen noch nicht einmal ansatzweise in den Sinn, dass sich lediglich irgendjemand nicht an Absprachen halten würde. Ich war mir ziemlich sicher: Genau das war hier der Fall. Dieses auf uns zukommende Fahrzeug sah mir ganz nach dem Fahrzeug des deutschen Scharfschützenteams aus, das hell erleuchtet zu seinem Einsatzort fuhr.

Aufgeweckt von der Unruhe um sie herum, sammelten sich jetzt sogar die Kameraden, die eigentlich Ruhezeit hatten, und gingen ebenfalls in Stellung. Ich beruhigte die Gemüter: »Keine Panik, das sind bestimmt die Deutschen!« Meine Kameraden ließen es sich nicht nehmen, ihre Verteidigungsposition beizubehalten, und sicherten weiter in Richtung der herankommenden Scheinwerfer. Schließlich konnten wir immer noch nicht das Geringste erkennen. Ich spürte, wie die Anspannung stieg. Bevor das Ganze zu kippen drohte, nahm ich die Sache in die Hand. »Ich gehe jetzt auf das Fahrzeug zu und nehme die Verbindung auf. Ihr sichert mich dabei, okay?«

Ich stieg den Turm hinunter und ging bergab den Weg entlang, auf den Wagen zu. Als ich im Scheinwerferkegel auftauchte, stoppte das Fahrzeug etwa 20 Meter vor mir und eine Person stieg aus. Ich konnte immer noch nichts erkennen und begann mich über die Vorgehensweise des Fahrers zu ärgern. Doch im Licht des Scheinwerfers hörte ich plötzlich eine mir vertraute Stimme: »Oberfeldwebel Kirch, Scharfschützenteam der Luftlandebrigade 26, abgestellt zu den niederländischen Kommandos!«, meldete mir schneidig mein Gegenüber. Den kannte ich doch! Vor fast genau drei Jahren hatte ich gemeinsam mit ihm die Luftlande-/Lufttransportschule in Altenstadt im Schongau besucht und meinen Freifaller-Lehrgang absolviert. Auf dem Lehrgang hatten wir uns sehr gut verstanden, aber danach war der Kontakt abgerissen. Und nun, auf einer Anhöhe in Kabul mitten in der Nacht, stand er wieder vor mir.

Ich fragte etwas konsterniert in die Dunkelheit: »Kirch? Bist du das?« Nach kurzer Pause kam ebenso konsterniert »Achim?« zurück. Er war genauso platt wie ich, dass wir uns hier unter diesen Umständen trafen. Als wir nach einem weiteren Wortwechsel immer noch im Scheinwerferlicht standen, hatte ich genug. »Was ist das denn für eine Flachpfeife, voll aufgeblendet auf unsere Stellung zuzufahren?«, schnauzte ich in Richtung Fahrer. Kamerad Kirch schaute etwas betreten. »Das ist unser Scharfschützengruppenführer, ein Hauptfeldwebel. Er wollte uns hier vorbeibringen.« Prompt ging die Fahrertür auf und der Hauptfeldwebel stand vor mir. Etwas peinlich berührt entschuldigte ich mich für meine deutlichen Worte. Ich war ja davon ausgegangen, der Fahrer sei ein Mannschaftssoldat. Nicht, dass der Hauptfeldwebel beleidigt war und deswegen Ärger machte. Er aber blieb ganz cool. »Nichts für ungut«, meinte er, »der Fehler geht auf meine Kappe«. Das war also auch geregelt.

Ich griff zum Funkgerät und gab meinen Jungs oben auf dem Turm die ersehnte Entwarnung durch. »Alles in Ordnung. Es sind die deutschen Scharfschützen.« Am Turm angekommen, stellte ich das Team meinen Leuten vor. Danach zeigte ich den Scharfschützen den Stellungsbereich und erklärte ihnen, dass sie die beiden Eingangsbereiche zum Hotel und zum Tagungsgebäude sichern sollten. Sie begannen ihre Erkundung. Bald darauf meldeten sie, dass sie eine konkrete Stellung gefunden hätten, von der sie ihren Auftrag erledigen konnten. Sie wollten aber bis zum Morgengrauen mit dem Aufbau warten, und so saßen wir noch eine Weile beisammen und quatschten über Gott und die Welt. Ich war froh, mal wieder deutsch zu sprechen, und hatte meinen Kollegen ihren Leichtsinn und Regelverstoß schon halb verziehen.

Zu solchen »kleineren« Problemen kam es leider immer wieder. Kein Wunder, wenn so viele verschiedene Nationen mit unterschiedlichen Sprachen zusammenarbeiten. Es war schon schwer, über Funk einen englisch sprechenden Franzosen zu verstehen. Selbst mit den Briten gab es Schwierigkeiten, da einige einen sehr starken Akzent hatten. Aber vermutlich ging es ihnen nicht anders, wenn sie mit uns Deutschen kommunizierten. Eine zusätzliche Verkomplizierung waren die verschiedenen Taktiken und Vorgehensweisen der Nationen, die sich teilweise eklatant unterschieden. Dass es deswegen noch keine Vorkommnisse gegeben hatte, grenzt fast an ein Wunder.

Noch in der gleichen Nacht kam es zu einem zweiten Vorfall, der haarscharf in einer Katastrophe geendet wäre. Unsere vorgeschobene OPZ am Interconti hatte alle an der Überwachung des Hotels beteiligten Nationen informiert, dass unser Trupp oben am Wachturm lag. Falls einer zum Informationsaustausch zu uns hochkommen wolle, solle er einen Infrarot-Leuchtstab mitführen, damit er eindeutig identifiziert werden konnte. So einen IR-Leuchtstab kann man hervorragend durch die Nachtsehbrille erkennen, auch Patrouillen um das Hotel sollten damit ausgerüstet sein. Jede Nation – auch die Türken, die gerade Leading Nation waren – nickte bei Erhalt der Information und gab sie an ihre Soldaten und die Patrouillen weiter. Zumindest war das Plan.

Leider ist aber das Ausrüstungsniveau der verschiedenen Armeen sehr unterschiedlich, wie wir feststellen mussten. Einige Nationen hatten praktisch keine Nachtkampffähigkeit. Ohne Brillen oder Optiken für die Waffen waren sie bei Dunkelheit so gut wie blind. Von daher brauchten sie auch keine IR-Stäbe. Die sind nämlich nur durch sogenannte Restlichtverstärker sichtbar, also unsere Nachtsehgeräte. Zu allem Unglück war es fast unmöglich, mit türkischen Soldaten zu kommunizieren. Jedenfalls mit den meisten. Wenn sie überhaupt ein paar Brocken Englisch konnten, verwiesen sie sofort an die vorgesetzten Offiziere. Diese traten häufig sehr arrogant auf. Hatte man keinen entsprechend hohen Dienstgrad, redeten sie sowieso nicht mit einem. Dies war in manchen Situationen mehr als hinderlich – es war schlichtweg gefährlich.

An diese unguten Erfahrungen musste ich denken, als wir in dieser Nacht zwei Bewaffnete am Hotel sahen. Aus unserer Entfernung war nicht auszumachen, welcher Nation sie angehörten, ja ob es überhaupt ISAF-Soldaten waren. Wären wir strikt nach unseren Regularien vorgegangen, hätte das Scharfschützenteam jetzt »Feuer frei« erhalten. Da wir aber um die zuvor genannten Probleme wussten, sendeten wir einen Trupp los, um die zwei Bewaffneten in unserem Nahbereich zu identifizieren. Und tatsächlich, es waren Türken. Auf die fehlenden IR-Stäbe angesprochen, zuckten sie nur mit den Schultern und zeigten Richtung Hotel, wo sich ihre Offiziere befanden. In jener Nacht machte sich noch mehrmals ein Trupp zur Nahbereichsidentifizierung auf den Weg. Als hätten wir mit der Bewachung des Hotels nicht genug zu tun gehabt! Wenigstens verlief das Ministertreffen am folgenden Abend ruhig. Eine Menge afghanischer Minister, Militärs sowie türkisches Militär versammelte sich vor unseren Augen und tagte bis in die frühen Morgenstunden. Den Tag darauf rückten wir, mit allen Teilen, ab. Es war mörderisch heiß auf diesem Höhenrücken gewesen, und wir freuten uns alle auf eine ausgiebige Dusche.

Da Kabul durch die Patrouillentätigkeiten sehr gut abgedeckt war, verlagerten sich die KCT auf die Informationsbeschaffung außerhalb von Kabul. Im Vorfeld der Massud-Tage war es wieder einmal zu Spannungen zwischen verschiedenen Ethnien und politischen Lagern gekommen. Wir sollten die Stimmung der Bevölkerung vor den Stadttoren einfangen und dokumentieren. Ich war immer wieder erstaunt darüber, wie schnell man diese Großstadt hinter sich lassen, ja sogar abstreifen konnte. Bereits ein paar Kilometer außerhalb der Stadtgrenzen kam man sich vor wie in einem anderen Land. Die Interimsregierung und deren Dekrete interessierten vor den Toren Kabuls keine Menschenseele.

Schon seit mehreren Stunden waren wir jetzt über Land unterwegs und langweilten uns. Wir fuhren und fuhren. Draußen zog die immer gleiche eintönige Landschaft vorbei. Aber wir hatten uns ein schönes Spiel zum Zeitvertreib ausgedacht. Mein niederländisches Team war nämlich eine sehr musikalische Truppe. Wir hatten zwar kein Radio dabei, aber wir waren alle gut bei Stimme. Und so spielten wir über Funk »Lieder raten«. Reihum schmetterten wir einen Song in unsere Headsets hinein. Die anderen mussten erraten, welches Lied gerade zum Besten gegeben wurde. Ich hatte natürlich schlechte Karten. War ich doch alles andere als vertraut mit niederländischen Schlagern und Oldies. Mein Punktekonto wollte und wollte nicht wachsen. Nicht einmal den größten Hit einer niederländischen Sängerin, die damit in den Charts ganz oben gewesen war, konnte ich zuordnen. Meine Kameraden taten sehr gekränkt und stellten mich als absoluten Banausen hin. Doch dann war ich an der Reihe und begann munter vor mich hin zu singen. Dieses Mal waren sie die Ahnungslosen, und auch ich gab mich entsetzt: »Was? Ihr kennt dieses berühmte Lied nicht?« In unserer Generation wäre jeder nach ein paar Silben aufgesprungen und hätte laut »Biene Maja!« gerufen.

Ich erzählte ihnen, worum es in diesem Klassiker von Karel Gott ging. Sie lachten sich fast kaputt und riefen: »Sing es noch mal, Achim!« Also begann ich erneut. Als ich beim Refrain angekommen war, sang das ganze niederländische Kommando mit. So fuhren wir durch diese unwirtliche, gefährliche Gegend und sangen das zumindest in Deutschland allseits bekannte: »… und diese Biene, die ich meine, die heißt Maja …« Ich hatte die Jungs so sehr mit diesem Song angesteckt, dass sich einer von ihnen sogar eine Folge von »Biene Maja« auf Videokassette aus der Heimat schicken ließ. Natürlich ließen wir es uns nicht nehmen, den Film zusammen in der »Snedder-Lounge« anzuschauen. Als der Film begann und ich in die verdutzten Gesichter derjenigen blickte, die an diesem Tag nicht »Biene Maja« singend durch die Wüste gefahren waren, konnte ich mich vor Lachen kaum halten. Doch es kam noch besser. Der Refrain begann und mein gesamtes Team schmetterte »… und diese Biene, die ich meine, die heißt Maja …« in die Kabuler Nacht. Es fehlte nicht viel und ich hätte mir an diesem Abend eine schwerwiegende Verletzung des Zwerchfells eingehandelt.

Nach ein paar Raterunden in der Wüste erreichten wir den Distrikt Chahar Asiab südwestlich von Kabul. Eine kleine Stadt, mitten in einer trostlosen und kargen Wüstenlandschaft, lag vor uns. Bei unserer Aufklärung sollten wir besonderes Augenmerk auf die Infrastruktur legen. Wie sah es in den Krankenhäusern aus? Gab es genug Medikamente? Gab es genug Schulen, und wo konnten die CIMICs, die »Civil Military Cooperation« für die zivil-militärische Zusammenarbeit, mit ihren zivilen Aufbauprojekten helfen? Ein größeres Gebäude stach uns gleich ins Auge. Es war ein Hort für gesunde und auch kranke Kinder, ziemlich groß. Unzählige Kinder tobten und wuselten auf einem riesigen Vorplatz herum, so groß wie ein halbes Fußballfeld.

Als wir anhielten und ausstiegen, prasselte ein ohrenbetäubendes Kindergeschrei auf uns ein und Ärmchen streckten sich uns entgegen. Unsere ISAF-Aufkleber und -Zeitschriften wurden uns buchstäblich aus den Händen gerissen. Zu tumultartigen Auseinandersetzungen kam es dann fast, als wir Kugelschreiber verteilten. Das war die Sensation! Erst später wurde mir klar, wie gut mir diese Abwechslung tat. Glückliche und strahlende Kinderaugen überall um uns herum: Sie freuten sich wie die Schneekönige über jede Kleinigkeit, und war sie noch so banal. Es war der totale Kontrast zu den Aufgaben, die wir sonst zu erledigen hatten. Auch meine niederländischen Freunde genossen diesen Auftrag sichtlich. Von Kindern umringt, kämpften wir uns in Richtung Eingang.

Drinnen bot sich ein schrecklicher Anblick. Für die kleinen Patienten waren keine Betten vorhanden. Sie lagen auf notdürftig errichteten Lagern am Boden. Alte Kleidung, Stofffetzen, im besten Falle alte Lakenbündel waren aufgehäuft worden, damit die Kinder nicht auf dem nackten Betonboden liegen mussten. Obwohl es ein warmer Tag war, konnte ich ein Frösteln nicht unterdrücken. Wie still es hier war, im Gegensatz zu draußen. Keines der Kinder jammerte oder brüllte gar. Diese klaglose Leidensfähigkeit war mir schon vorher aufgefallen. In meiner gesamten Einsatzzeit habe ich in Krankenhäusern oder bei Unfällen niemals auch nur einen Menschen jammern oder schreien hören. Die Afghanen nahmen die Schicksalsschläge, die so mannigfaltig und kontinuierlich auf sie niederprasselten, mit einer stoischen Ruhe und Gelassenheit hin. Niemand beschwerte sich über sein hartes und schweres Los. Ein völlig unlarmoyantes Volk. Sie packten an, arbeiteten hart und viel. Und bereits die kleinen Kinder verhielten sich so. Wahnsinn!

Ein afghanischer Arzt führte uns herum und erklärte uns die einzelnen Abteilungen. Wie immer konnten wir natürlich nichts versprechen, würden die Zustände aber an die Stellen für die zivil-militärische Zusammenarbeit weitermelden. In aller Regel hatten diese Stellen schon in anderen Fällen helfen können, zusammen mit Mitarbeitern der Vereinten Nationen. Nach unserem Rundgang und dem Gespräch bedankte der Arzt sich höflich und geleitete uns zum Eingang zurück. Als ich draußen ankam, bot sich mir ein köstliches Bild. Pieter und Jochem, die auf unsere Fahrzeuge aufgepasst hatten, waren von den Kindern komplett vereinnahmt worden. An jedem hingen gleich mehrere Kinder, und Pieter und Jochem hatten offensichtlich einen Heidenspaß. Einige Kameraden hatten selbst Kinder zu Hause, und natürlich vermissten sie den Umgang mit diesen sehr. Umso mehr freuten sie sich über die willkommene Abwechslung. Langsam gingen wir durch die tobende Meute zu unseren Fahrzeugen und schauten uns das Schauspiel noch eine Zeitlang an.

Plötzlich zuppelte es an meinem Hosenbein, und ich sah einen kleinen afghanischen Jungen mit großen Augen zu mir aufschauen. In diesem Moment fing er schon an zu sprechen, und zwar in tadellosem Deutsch! »Hallo Onkel, kommst du aus Deutschland?« Vollkommen konsterniert konnte ich nichts anderes tun, als auf seine Frage zu nicken. Wie war dieser Knirps bloß hierher geraten? Ich war sprachlos. Da von mir nichts kam, sagte er dann: »Ich bin acht Jahre alt.« Ich überwand meine Verblüffung und fragte ihn: »Wo kommst du denn her?« Und dann erzählte er mir seine Geschichte. Er komme eigentlich aus Frankfurt am Main. Dort sei er geboren worden und auch aufgewachsen. Dann sei vor sechs Wochen seine Mutter ausgewiesen worden (einen Vater erwähnte er nicht), und seit dieser Zeit lebe er nun hier.

Ich schluckte und mir schossen tausend Dinge durch meinen Kopf. »Und, was machst du jetzt hier?«, fragte ich ihn hilflos. Er schaute mich treuherzig an und sagte »Zur Schule gehen. Aber das macht mir nicht so viel Spaß wie in Frankfurt.« Als ich ihn fragend anschaute, erklärte er, dass er die Sprache nicht gut verstehe und deswegen tagaus, tagein von den anderen Kindern geärgert und gehänselt werde. Auch der Lehrer schlage ihn jeden Tag, da er im Unterricht nicht gut mitkomme.

Was ich da hörte, gefiel mir nicht. Wie sollte dieser kleine Wurm in nur sechs Wochen seinen Kulturschock verdauen und die Sprache lernen? Herausgerissen aus einem Leben in einer deutschen Großstadt, verpflanzt in ein afghanisches Wüstenstädtchen fern jeder Zivilisation? Während diese Fragen durch mein Hirn ratterten, sagte er mir noch mit großen Augen: »Ich bin eigentlich doch ganz lieb! Warum hauen die mich hier?« Ich war völlig von der Rolle, Wut stieg in mir auf. Ich konnte ja verstehen, wenn ein Staat Ausländer ausweist, die kriminell geworden waren. Aber warum dieser achtjährige Junge und seine Mutter das heimische Deutschland verlassen mussten, entzog sich völlig meinem Verständnis. Ist die deutsche Gesetzgebung wirklich so herzlos, so etwas zuzulassen?

Ich verstand die Welt nicht mehr. Hatte ich mich vorher für Fragen wie das Asylrecht nicht besonders interessiert, war ich nun umso schockierter. Am liebsten hätte ich mir den Kleinen gegriffen, ihn in unser Fahrzeug gepackt und wäre mit ihm zum KIA gefahren, um ihn zurück nach Deutschland zu verfrachten – was ja schlecht möglich war. Was also tun? In meiner Hilflosigkeit fragte ich ihn einfach: »Und? Was machen wir jetzt?« Seine Antwort brachte mich keinen Schritt weiter: »Kannst du mich mit zurück nach Deutschland nehmen?«, fragte er voll ängstlicher Hoffnung. Ich bekam einen dicken Kloß im Hals und sagte: »Warte, ich muss mal kurz mit jemandem sprechen.« Ich ging zu Andrik und schilderte ihm die Situation. Er nickte nachdenklich und fragte mich, was mein Plan sei. »Lass mich mal machen«, sagte ich. Ich holte meinen Gefechtshelm und meine Uniform-Ersatzjacke mit ISAF-Button am Revers aus meinem Rucksack. Dann nahm ich den rohrstockschwingenden Lehrer und unseren Sprachmittler ins Schlepptau. Die beiden schauten irritiert, als wir nun vor dem kleinen Frankfurter standen. Ich fackelte nicht lange und steckte ihn in die natürlich viel zu große Uniformjacke. Sie reichte ihm fast bis zu den Knien. Dann setzte ich ihm noch den Helm auf den Kopf und hob ihn in eins unserer Fahrzeuge.

Erwartungsvoll guckte mich der Junge an. »So, mein Kleiner, wir drehen jetzt mal eine Runde. Und du bist der Kapitän. Siehst du hier die Schalter, Hebel und Knöpfe?« Er nickte. »Gut, und die stehen jetzt unter deinem Kommando. Du darfst so viel daran rumschalten, wie du willst.« Seine Augen, die unter dem riesigen Helm kaum noch zu erkennen waren, begannen zu leuchten. »Na dann, los geht's«, munterte ich ihn auf und gab meinem Kollegen am Steuer ein Zeichen zum Losfahren. Sogleich betätigte der Kleine eifrig und mit glühendem Gesicht alle Schalter, die er erreichen konnte. In der Zwischenzeit griff ich mir seinen Lehrer und ließ den Sprachmittler übersetzen. »Hör gut zu. Dieser kleine Junge ist ab sofort Soldat der ISAF. Und wir werden regelmäßig vorbeikommen, um nach dem Rechten zu sehen. Wenn uns der Junge erzählt, dass er wieder verprügelt wurde – und zwar von seinen Mitschülern oder etwa von dir –, dann kreist hier der Hammer. Du wirst doch nicht etwa selbst wissen wollen, wie sich Rohrstockschläge auf dem blanken Hintern anfühlen, oder?«

Der Lehrer schaute mich ängstlich an und schluckte. Ich sah, wie es in ihm arbeitete. Er versuchte, in meinem Gesicht zu lesen, ob es mir ernst war und ob ich meine Ankündigung wahr machen würde. Um uns herum zog der Jeep unter lautem Gehupe und Geblinke seine Kreise. Der Lehrer kam wohl zu dem Schluss, dass es mir verdammt ernst damit war, denn er begann eifrig zu nicken, dass er verstanden hatte. Doch das reichte mir nicht, und ich nahm ihn nochmals ins Gebet. Sein Auftrag sei nun, auch die anderen Kinder davon abzuhalten, den deutschen Jungen zu verprügeln. Er nickte immer noch enthusiastisch, zum Zeichen seines Verständnisses.

Der Jeep hielt neben uns und ich öffnete die Tür. Um mich hatte sich eine Traube aus Kindern angesammelt, die neugierig guckten, was nun passierte. Mit glühenden Augen und roten Bäckchen krabbelte der kleine Soldat aus dem Wolf, wobei meine Jacke ihn fast zu Fall gebracht hätte, weil er beim Aussteigen auf einen Ärmel trat. Er sah aus wie eine Comicfigur und lachte über das ganze Gesicht. Die anderen Kinder sahen verdutzt zu und konnten nicht fassen, warum dieser kleine Kerl das alles machen und ausprobieren durfte. Ganze zwei Stunden beschäftigte sich das gesamte Kommando mit diesem Frankfurter Jungen. Von meinen Kameraden kam nicht das kleinste Murren, dass wir so viel Zeit opferten. Nein, sie alle halfen mit, diesem Jungen in der Fremde wenigstens einen unvergesslichen Tag zu bereiten. Und unser Spezialprogramm schien bereits zu wirken. Einige Kinder aus der Gruppe suchten fast seine Nähe. Sie wollten auch mal an der Jacke fühlen und sprachen mit einem Mal ganz respektvoll zu ihm. Zufrieden sah ich zu und hoffte, dass es dem Jungen in Zukunft etwas besser geht.

Bevor wir aufbrachen, schnappte ich mir ein letztes Mal den

Lehrer und schärfte ihm noch einmal ein, dass er jetzt auf diesen kleinen ISAF-Soldaten aufzupassen habe. Jede Patrouille, die vorbeikäme, würde hier anhalten und sich nach dem Kleinen erkundigen. Auch wies ich ihn darauf hin, dass der Kinderhort sich materielle Hilfe von uns verspreche. Die könnten wir aber nur gewähren, wenn der Junge in Ruhe gelassen wird. Er nickte und versprach, von nun an auf den kleinen Frankfurter aufzupassen. Auch dem kleinen Jungen schärfte ich seinen neuen Status ein. Er war offensichtlich froh und stolz darauf, nun zur ISAF zu gehören. Ich schenkte ihm meine Uniformjacke, den Helm konnte ich ihm natürlich nicht dalassen. Das Kommando trat noch einmal an und salutierte vor ihm. Dann fuhren wir los.

Natürlich waren wir neugierig, ob meine Ansprache auf fruchtbaren Boden gefallen war. Also hielten wir ein paar Hundert Meter außerhalb der Ortschaft und beobachteten mit den Fernrohren, was sich dort tat. Der kleine ISAF-Mann war durch seine Tarnjacke gut zu erkennen. Er stand in einer riesigen Traube von Kindern und, oh Wunder, der Lehrer stand neben ihm und verschaffte ihm Luft. Wir grinsten uns alle an und freuten uns, ihm das Leben vielleicht wenigstens ein bisschen erleichtert zu haben. Leider schafften wir es nicht mehr, im Rahmen unserer Aufträge nochmal selbst dorthin zu fahren. Aber ich hielt mein Versprechen und erzählte diese Geschichte den Leuten, die dort Patrouille fuhren, und diese berichteten mir über ihre Zusammenkünfte mit dem kleinen ISAF-Soldaten.

Unsere Erkenntnisse des Tages wurden in einem Report zusammengefasst und an CIMIC, die Kollegen von der zivil-militärischen Zusammenarbeit weitergeleitet. Etwas später erfuhren wir, dass diesem Kinderhort geholfen werden sollte. Es wurden Gelder bereitgestellt, sodass die gröbste Not zügig gelindert werden konnte. In der letzten Zeit hatte ich immer häufiger an dem Sinn unserer Arbeit, ja der ganzen ISAF gezweifelt. Konkrete Hilfestellungen für diesen Kinderhort in der Wüstenstadt waren da eine echte Wohltat, solche Nachrichten hoben meine Moral und füllten mich mit Sinn. Wenn wir es schaffen, diesen kleinen Würmchen auf der Krankenstation das harte und schwere Leben etwas zu erleichtern, dann gab es doch einen guten Grund für unseren Einsatz. Sechs Monate in der Fremde und in einer gefährlichen Lage zu verbringen waren damit legitimiert, zumindest für mich.

Auf dem Rückweg fuhren wir noch in andere Bereiche, die noch nicht wirklich durch ISAF-Truppen aufgeklärt waren. Solche blinden Flecken auf der Lagekarte gab es zum damaligen Zeitpunkt noch viele. Südwestlich von Kabul näherten wir uns einer Ansammlung von Gebäuden, einer kleinen belebten Siedlung. Es waren klassische Plattenbauten, ehemalige Offiziersunterkünfte der russischen Armee, wie unser Sprachmittler Mustafa sagte. Ob er uns auch sagen könne, wer jetzt dort wohne, fragten wir ihn. Er druckste herum, dieses Thema war ihm sichtlich unangenehm.

Nach mehrmaligem Nachhaken rückte er heraus mit der Sprache. Es seien »alleinstehende« Frauen, die dort allein oder mit ihren Kindern wohnten. Dabei verzog er ein bisschen sein Gesicht, als wäre das Wort an sich schon widerlich genug. Neugierig geworden, bohrten wir weiter nach, was es damit auf sich habe und wo das Problem sei. Alleinstehende und alleinerziehende Frauen gab es in Deutschland und ganz Europa wie Sand am Meer, wieso mussten sie hier wie in einem Ghetto zusammenleben? Er erklärte uns, diese Frauen seien »ohne Ehre«. Wieder verzog er das Gesicht bei der Erklärung. In diesem Ort lebten Frauen, die ein uneheliches Kind zur Welt gebracht oder ihren Mann verloren hatten. Zum Beispiel, weil er im Krieg gestorben war oder sich von seiner Frau hatte scheiden lassen. Auch waren einige ehemalige Gefängnisinsassinnen darunter. Das sind in Afghanistan alles Gründe, die unweigerlich einen Ausschluss aus der Gemeinschaft nach sich ziehen und hier eine »Stadt der ehrlosen Frauen« hatten entstehen lassen. Die Bewohnerinnen waren ganz auf sich gestellt und mussten sich in dieser Abgeschiedenheit selbst versorgen. Wie sie das machten, überließ Mustafa unserer Fantasie.

Schweigend fuhren wir an den schmucklosen Plattenbauten vorbei und sahen uns betreten um. Viele der Frauen, die auf Balkonen und vor den Häusern standen, machten eindeutige Handbewegungen in unsere Richtung. Sie forderten uns auf, in ihre Wohnung hereinzukommen. Wir versuchten diese verzweifelten Gesten zu ignorieren und schwiegen betreten. Diese Frauen hatten in dieser Gesellschaft nicht die geringste Chance, nochmals Fuß zu fassen. Ich kam mir vor, als ob wir durch eine Leprakolonie fuhren. Als seien die Frauen Aussätzige, Unberührbare. Dieser Eindruck verstärkte sich noch durch den Umstand, dass alle, wirklich alle Frauen unverhüllt waren. Keine einzige Burka war zu sehen. Wozu auch, wenn sie ohnehin als ehrlos abgestempelt waren? Mit traurigen, oft leeren Augen verfolgten diese Ausgestoßenen unseren Weg.

Ich verstand das alles nicht und fragte Mustafa, womit die Frauen dieses Los verdient hätten. »Sie sind halt schamlos gewesen«, war seine lapidare Antwort. Ihm war keine Reaktion auf dieses Elend zu entlocken. Was für ihn – einen relativ aufgeklärten und des Englischen mächtigen Afghanen – absolut normal und verständlich war, ließ uns alle die Köpfe schütteln über die Grausamkeit und Härte, die in diesem Land herrschten. Ohne Mitleid wurden die Ärmsten der Armen schlimmer als Tiere behandelt. Tiere stellten sogar noch einen höheren Wert in der Gesellschaft dar, konnte man doch Nutzen aus ihnen ziehen. Diese Frauen waren aber nur noch Ballast, für den sich niemand – nicht einmal die eigene Familie! – interessierte. Die Ehrlosen existierten am Rande der Gesellschaft, lebten von deren spärlichen Resten und Abfällen. Sie konnten sich nur durch Betteln oder Prostitution ernähren. Am liebsten hätte ich mir Mustafa geschnappt und ihm Vernunft eingebläut. Wieder quälte mich dieses Gefühl der Machtlosigkeit. Vor nicht mal einer Stunde hatten wir diesem kleinen Kerl aus Frankfurt geholfen. Und dann wurde binnen weniger Augenblicke dieses Gefühl, man könne etwas bewirken, brutal zerstört.

Schweigend und jeder für sich in Gedanken versunken fuhren wir weiter. Niemand redete oder schlug vor, Lieder raten zu spielen, um uns die Zeit zu vertreiben oder ein bisschen abzulenken. Wir waren auf dem harten Boden der Realität angekommen. Was bringt denn dieser Einsatz, unsere Hilfe, wenn wir sie nur nach den eigenen Gesetzen dieser Gesellschaft leisten dürfen?, fragte ich mich. Wenn alleinerziehenden Frauen nicht geholfen werden kann? Mir wurde mal wieder bewusst, wie verschieden unsere Kulturen doch sind. Und wie unterschiedlich die Einschätzung bestimmter Sachlagen oder Vorgehensweisen war. Und ich war erschüttert, wie gering in manchen Fällen der Wert eines Menschenlebens eingeschätzt wurde. Zurück in unserer OPZ, gaben wir unsere Einschätzung und die Koordinaten dieser »Totensiedlung« zu Protokoll. Im Gegensatz zum Kinderhort hörte ich aber nicht, dass den Frauen dort Hilfe angeboten wurde. Das war wohl auch ISAF ein zu heißes Eisen. An diesem Abend begleitete mich ein Gedanke in den Schlaf, und der hieß schlicht: scheiß Diplomatie!

Auge in Auge
mit afghanischen Kämpfern

Nach all den bedrückenden Erlebnissen der letzten Tage waren wir froh, wieder nach Paghman zu kommen, wo wir inzwischen fast heimisch waren. Routineaufgaben wie Patrouillen waren jetzt genau das Richtige. Es ging im Wesentlichen darum, weiter Präsenz zu zeigen und die Stimmung in der Bevölkerung zu sondieren. Bis zu den Massud-Tagen dauerte es zwar noch knapp vier Wochen, aber es war bereits eine Nervosität in der Bevölkerung wie vor der Loya Jirga zu spüren. So fuhren wir durch Kabul und Paghman und saugten alles auf, was wir zu sehen und zu hören bekamen. Die Straßen waren voll. Eine Menge afghanischer Militärfahrzeuge machte sich auf nach Kabul, um bei der Parade zu Ehren des toten tadschikischen Volkshelden dabei zu sein. Die ISAF-Führung betrachtete dies alles mit großer Sorge. Ähnlich war es bei dem Feiertag zum russischen Abzug gewesen. Der Haken bei der Sache war, dass nach Abschluss der Feierlichkeiten nur ein Bruchteil der afghanischen Militärgeräte wieder aus der Stadt verschwand. Man befürchtete, dass es so ähnlich auch im Anschluss der Massud-Tage passieren würde.

Am 7. August 2002, wir bewegten uns gerade im Distrikt Paghman, erhielten wir einen Funkspruch. Demnach war es im Bagrami-Distrikt, südwestlich von Kabul, zu kriminellen und gewalttätigen Zwischenfällen gekommen. Eine blutrünstige Bande von zwölf Personen sei plündernd von Kabul nach Bagrami gezogen und nun in unsere Richtung unterwegs. Die Schurken hätten auf ihrer Tour Frauen und Kinder bestohlen, verprügelt und misshandelt. Im Distrikt Paghman angekommen, hätten sie sogar die Polizeistation in einem kleinen Dorf angegriffen und zwei Polizisten ermordet. Ein dritter Kollege habe fliehen und einen Funkspruch absetzen können. Demnach zöge die Bande in südlicher Richtung davon – also genau von uns weg. Das gesamte Kommando wurde nun alarmiert und zur Unterstützung angefordert. Unser Team war ja bereits mit acht Mann und zwei Fahrzeugen ganz in der Nähe, also nahmen wir umgehend die Verfolgung auf. Wir fuhren mit Höchstgeschwindigkeit nach Süden, in Richtung der uns mitgeteilten Koordinaten.

Bei der Verfolgung der Bande kamen wir auch an der überfallenen Polizeistation vorbei, die in einem kleinen Tal lag. Dort herrschte helle Aufregung: Vor dem Polizeigebäude hatten sich die Dorfbewohner versammelt und schrien aufgebracht durcheinander. Durch Handzeichen wurde uns die Fluchtrichtung der zwölf Männer angezeigt, und also fuhren wir gen Süden weiter. Ab jetzt ging es aus Sicherheitsgründen allerdings nur noch in Schrittgeschwindigkeit voran. Schließlich mussten wir bei unserer Verfolgung die ganze Zeit damit rechnen, dass wir plötzlich hinter einer Mauer oder einer Baumreihe auf die zwölf trafen. Aufmerksam beobachtete jeder von uns seinen ihm zugewiesenen Bereich. Die Anspannung war fast greifbar.

Wir begannen auch, aufmerksam nach Spuren zu suchen, die wir prompt fanden: Schräg links vor uns nahm ich eine Verfärbung des Sandes wahr. Wir hielten an und sahen nach – das war eindeutig Blut! Sie hatten also Verletzte, was uns zusätzlich in die Karten spielte. Die afghanischen Kriminellen waren offensichtlich geschwächt und konnten sich dadurch nur langsam fortbewegen. Wir saßen wieder auf und folgten diesen terrakottafarbenen Spuren im Wüstensand. Unsere Anspannung wurde immer größer, und wir achteten wie die Luchse auf irgendwelche Zeichen. Keine hundert Meter weiter dann der Hammer. »Stop, halt an!«, schrie ich. Philip trat erschrocken in die Eisen, während ich schon seitwärts aus dem Jeep sprang. Vor mir lag ein olivgrünes Päckchen im Sand. Mit zitternden Fingern nahm ich es auf und vergewisserte mich. Ja, kein Zweifel: Es war ein aufgerissenes deutsches Erste-Hilfe-Päckchen. Woher kam das denn? Hatte einer dieser zwölf Afghanen das deutsche Verbandsmaterial benutzt, und wenn ja, woher hatte er es?

Mir schwirrten allerlei Fragen durch den Kopf. »Komm zurück in den Wagen, Achim!«, hörte ich Andrik in meinem Headset brüllen. Ich sah zu, dass ich zurück in den Jeep kam und von meinem Fund berichtete. Andrik wunderte sich offensichtlich genauso wie ich und fragte: »Bist du dir auch wirklich sicher?« – »Absolut«, gab ich kurzsilbig zurück. Jetzt war definitiv nicht der Moment, um weiter darauf herumzukauen. Denn die Situation spitzte sich dramatisch zu: Immer mehr zurückgelassene Ausrüstungsgegenstände lagen am Wegesrand: Amerikanische Stiefel und daneben wieder eine blasse Blutspur. Einen der Männer musste es ziemlich übel erwischt haben. Sie hatten ihm offensichtlich die Stiefel ausziehen müssen, um ihn zu versorgen.

In höchster Alarmbereitschaft fuhren wir langsam weiter und sahen schließlich vor uns eine Hügelkette liegen, auf die wir zusteuerten. Nach einer kurzen Weile konnten wir in einiger Entfernung Schüsse hören. Sofort hielten wir an und brachten uns in Windeseile in Stellung. Jeweils einer blieb am Fahrzeug am Maschinengewehr und sicherte nach vorne, die zwei verbleibenden Dreierteams saßen ab und gingen vor den Fahrzeugen in Linie, um dann überschlagend vorzugehen: Drei Mann laufen fünf Meter, bleiben stehen, die anderen drei rücken zehn Meter nach, dann die anderen wieder zehn Meter vorwärts und so weiter. Wir waren erst ein paar Schritte gelaufen, da waren am Berg Bewegungen zu erkennen.

Kleine schwarze Punkte wuselten den Abhang hinunter direkt auf uns zu. Das musste der Rest der Afghanen auf der Flucht sein. Vermutlich waren sie von irgendjemandem gestellt worden, denn es waren bereits weniger als zwölf Männer, die den Hang hinunterkamen.

Plötzlich rutschten und kullerten die Männer zu Boden und verschwanden aus unserem Blickfeld. Von unserer Stellung aus konnten wir nicht in die kleine Senke einsehen, in die sie gefallen waren. Also gingen wir langsam und vorsichtig weiter, bis wir einen Funkspruch von unserem Teamführer erhielten:

»Achtung, eigene Teile vor uns!«. Nun mussten wir doppelt vorsichtig sein: zum einen, weil wir nicht wussten, was mit den Afghanen in der Senke los war; zum anderen, weil offensichtlich ein anderes KCT-Team in der Nähe war und wir uns versehentlich gegenseitig unter Kreuzfeuer nehmen könnten. Wir blieben sofort stehen und bauten unsere Eigensicherung auf und warteten ab. Aufmerksam und angespannt behielten wir unsere Umgebung im Auge, da wir nicht wussten, ob noch jemand auf dem Hügel über uns war, von wo wir ja vor einigen Minuten noch Schüsse gehört hatten.

Auf einmal kamen zwei Jeeps mit hoher Geschwindigkeit auf uns zugerast und rissen mich aus meinen Gedanken. Aus dem einen stieg ein ISAF-Offizier, der andere war zivil gekleidet. Ich stutzte. Den Mann kennst du doch irgendwoher, dachte ich. Natürlich! Das war doch der Zivilist, der mir bereits bei dem »Absturz« der MIG hinter dem Camp über den Weg gelaufen war. Schon damals hatte ich den Verdacht, dass er vom Geheimdienst ist. Hier wurde es mir nun bestätigt, er stellte sich nämlich als Angehöriger eines amerikanischen Nachrichtendienstes vor. Da hatte ich gar nicht mal so falsch gelegen mit meiner Vermutung.

Die zwei begannen sofort mit ihrer Befragung. Ob wir etwas gefilmt hätten, wollten sie als Erstes wissen. Klares Nein. Schließlich hatten wir andere Sorgen gehabt, als wir die Bande verfolgten. Plötzlich bemerkten wir, dass links auf einer kleinen Anhöhe ein Kameramann mit seinem Stativ stand und auf die Szenerie hielt. Der Amerikaner und der andere Offizier gingen schnurstracks zu ihm und redeten auf ihn ein. Uns erzählten sie hinterher, er habe sich als Kameramann des amerikanischen Senders NBC ausgegeben. Jedenfalls kamen sie mit einer Filmkassette zurück, die der amerikanische Geheimdienstler dem Kameramann abgeluchst hatte. Offensichtlich war er alarmiert, denn er wollte noch mal von uns wissen, ob wir irgendwelches Bildmaterial angefertigt hätten, was wir wiederum verneinten. Nach einigem Hin und Her und weiteren Fragen zum Hergang konnten wir nun endlich den Ort des Geschehens verlassen.

Wir fuhren zurück ins Camp und hätten nur zu gerne die Füße hochgelegt, doch wir mussten noch unseren Bericht, den sogenannten »After Action Report«, verfassen. Dieses Mal jedoch war es anders. Die Teamführer riefen uns nicht zu einer Nachbesprechung zusammen, sondern schrieben den Bericht ohne uns und übergaben ihn unserer OPZ. Von dort wurde mir wenig später auch gemeldet, dass der Rechtsberater der deutschen KMNB angerufen habe und mich wegen dieses Vorfalls in Bagrami sprechen wolle. Er äußerte die Befürchtung, dass der Kameramann dem amerikanischen Geheimdienstler nur einen »Dummy«-Film übergeben hätte. Mir war klar, dass die Bundeswehr kein Interesse daran haben konnte, dass möglicherweise ein Film existierte, auf dem ein deutscher Soldat, nämlich ich, in Zusammenhang mit diesem seltsamen Vorfall zu erkennen wäre. Zumal ich inzwischen gehört hatte, dass die zwölf Afghanen allesamt erschossen worden waren. Das hätte angesichts der sonst kultivierten Friedenseinsatz-PR nicht ins Bild gepasst.

Zum Glück war der Rechtsberater recht kulant und sagte, ich könne ruhig erst am nächsten Tag bei ihm vorbeischauen. Wenigstens das wurde mir heute erspart. Auf das Ergebnis des Gesprächs – das tatsächlich erst zehn Tage später stattfand – komme ich noch zurück. Als ich auf meinem Feldbett saß und meine Ausrüstung überprüfte, kam endlich »das große Zittern«. Mein Körper meldete sich zu Wort, schüttete vermehrt Adrenalin aus. Ich hatte die ganze Zeit auf diese körperliche Reaktion gewartet, aber erst jetzt, mit etwas Abstand und Ruhe, passierte es. Ich ließ es geschehen. Was sonst hätte ich auch tun können? Ich lehnte mich zurück und schloss die Augen.

Ein paar Tage später erreichte uns bei einer Patrouillenfahrt erneut ein Funkspruch. Am Hotel Interconti hatte es einen Zwischenfall, allerdings der zivilen Sorte, gegeben. Erst vor kurzem war der Hotel-Pool repariert und zur Benutzung durch die Gäste freigegeben worden. Allerdings war es so, dass nur wenige Afghanen schwimmen konnten. Wie sollten sie es auch lernen, in diesem von anhaltender Dürre geplagten Land? Bei einem Bad im Pool war nun ein Afghane ertrunken, ein zweiter schwebte in Lebensgefahr, weshalb medizinische Hilfeleistung ins Hotel beordert wurde. Da wir uns in der Nähe befanden, erreichten wir das Hotel knapp nach dem Sanitäts-Transportpanzer, der direkt vom Warehouse kam. Der bewusstlose zweite Schwimmer war bereits geborgen, eine deutsche Oberstabsärztin leitete die ersten Maßnahmen am Unfallort ein. Wir unterstützten sie dabei und übernahmen auch die Sicherung dieser Sanitätskräfte. Die zweite Person lag bereits abgedeckt unter einer Plane am Rande. Für diesen Mann kam jede Hilfe zu spät. Auch der andere war mehr tot als lebendig. Als die Ärztin ihn einigermaßen stabilisiert hatte, sollte er ins Krankenhaus gebracht werden – und zwar so schnell wie möglich. Jede Sekunde Verzögerung schmälere seine Überlebenschance, sagte sie.

Wir hatten verstanden. Ziemlich rüde machten wir den Weg frei und setzten uns vor den Transportpanzer, kannten wir uns doch hervorragend in Kabul aus. So schnell es der Verkehr zuließ, fuhren wir im Konvoi Richtung Norden zu einem sehr bekannten Krankenhaus, das sich in der Nähe der für ihren Basar bekannten »Chicken Street« befand. Allerdings hatten wir ein kleines Problem: Die Ausmaße unseres Radpanzers waren für diese Straße zu groß. Raphael und ich stiegen aus und versuchten, durch allerlei Gesten und Gebrüll genügend Platz für das sehr breite Fahrzeug zu schaffen, hinter dem nun das Fahrzeug mit dem um das Leben ringenden Afghanen zum Stehen gekommen war. Viele Passanten kümmerte unser Geschrei und Gewinke wenig, sodass wir auch ein-, zweimal handgreiflich werden mussten.

Mit Ach und Krach kamen wir nun weiter. Wir eckten mit unserem Gefährt zwar mehrmals an geparkten Fahrzeugen an, aber das war uns offen gestanden herzlich egal. Hier ging es schließlich um die Rettung eines Menschenlebens! Endlich erreichten wir das Krankenhaus. Jetzt mussten wir nur noch am Pförtner vorbei. Als hätte ich's geahnt, stellte der auf stur und verwehrte uns erst einmal den Einlass. Warum sollte auch mal irgendwas auf Anhieb klappen. Er deutete immer wieder auf unsere Waffen, die ihm augenscheinlich nicht gefielen. Ich wusste mir nicht anders zu helfen und gab ihm eine schallende Ohrfeige und schüttelte ihn durch, wurden doch die Rufe, dass wir uns beeilen sollen, immer dringender. Beleidigt verkroch er sich in sein Kabuff, sodass ich das Tor eigenhändig öffnete. Endlich konnten wir durchfahren und unseren Verletzten abliefern. Die Ärztin und unser Medic, also mein Kollege mit medizinischer Spezialausbildung innerhalb des Teams, begleiteten ihn ins Innere. Nun kämpfte ein deutsch-holländisch-afghanisches Ärzteteam weiter. Noch zweimal holten sie den Verletzten kurz zurück ins Leben, doch umsonst: Er starb. Müde und missmutig traten wir den Weg zum Camp Warehouse an. Kein guter Tag für uns.

Als wir nach diesen aufwühlenden Ereignissen der letzten Tage wieder unsere Nachtpatrouillen aufnahmen, machten wir eine höchst interessante Entdeckung. Im Bereich des Königsgrabes, der Ruhestätte des Vaters von Zaher Schah, befand sich ein riesiges Friedhofsareal, das von sehr vielen kleinen Feldwegen durchzogen wurde. Zum Teil lagen diese Wege sehr tief, sodass man sich wie in einem Canyon vorkam. Stand man auf einem dieser Friedhofswege, ragten links und rechts hohe Wände auf, die teilweise bis zu drei Meter hoch waren. Mir behagte dies überhaupt nicht, waren dies doch hervorragende Möglichkeiten für einen potentiellen Angreifer, uns einen Hinterhalt zu legen. Die ISAF-Truppen und auch wir versuchten diese Friedhöfe zu vermeiden, aus religiösen und Respektsgründen.

An diesem Tag aber fuhren wir auf einem dieser Wege tiefer in das Friedhofsareal hinein. Schon bald sahen wir relativ ausladende Löcher in den Wänden. Sie sahen aus wie Tunneleingänge, die unter den Friedhof führten. Wir wurden neugierig und hielten an, um uns eine dieser Öffnungen etwas genauer anzusehen. Dann die Überraschung: Ein ziemlich großer Raum lag im Innern verborgen. Wir wussten nicht, was wir davon halten sollten, entschieden uns dann aber – Friedhof hin oder her – tiefer einzudringen. Mit religiösen Praktiken schienen diese Räume nämlich nichts zu tun zu haben. Als wir in die nächste, dahinterliegende Kammer vordrangen, fanden wir Kisten, prall gefüllt mit Munition. Plötzlich sahen wir diese Friedhöfe in einem anderen Licht. War irgendeine Terrorgruppe so clever, auf diesem Friedhof ihre Munition oder auch Waffen zu verstecken? Oder standen wir vor alten Munitionsresten, die einfach dort vergessen worden waren? Wir begannen, unseren Fund zu dokumentieren. Dieser Vorfall führte uns wieder einmal vor Augen, auf was für einem schmalen Grat wir uns bewegten. Solche brisanten Funde konnten wir nur machen, wenn wir einen Tabubruch begingen, sprich: uns auf den Friedhöfen bewegten.

Bei einer Nachtpatrouille zwei Tage später war ich als Führer eingeteilt. Dieser war daran zu erkennen, dass er im Führungsfahrzeug rechts neben dem Fahrer saß. Ich freute mich, dass meine Kameraden heute mich dazu erkoren hatten, bekam aber auch ein leichtes Zittern. Ich hoffte, dass ich alles richtig machen würde. Unsere Aufgabe war, während der Sperrstunde, die jede Nacht von 22 bis fünf Uhr galt, die Checkpoints der afghanischen Polizei zu überprüfen. Wir sollten unter anderem eruieren, ob das Personal an den Checkpoints unter Drogen stand. ISAF und die Bundeswehr hatten gerade eine Menge Material an die afghanische Polizei übergeben. Dies reichte von Taschenlampen über Funkgeräte bis hin zu Fahrzeugen deutscher Produktion. Nun sollten wir kontrollieren, ob dieses Material auch dort eingesetzt wurde, wo es gebraucht wird. Einige deutsche Patrouillen hatten nämlich berichtet, Chefs kleinerer Polizeidistrikte hätten sich bei ihnen beschwert, von dem Material sei nichts bei ihnen angekommen. Nicht eine einzige Taschenlampe, erst recht kein Funkgerät. Beim gezielten Nachfragen kam heraus, dass diese Dinge offensichtlich in den größeren Distrikten gehortet und nur an höhere Polizeioffiziere übergeben wurden.

Um 22 Uhr setzte sich unsere Patrouille in Gang. Während der Ausgangssperre fuhren eigentlich nur Fahrzeuge der ISAF-Patrouille durch Kabul. Kaum waren wir am ersten Kreisverkehr angekommen, schallte uns auch schon das unvermeidliche »Dreeeeesch!« (Halt!) entgegen. An allen großen Straßen und Kreiseln standen je zwei Polizisten zur Kontrolle. Nach Austausch des aktuellen Passwortes durfte man passieren. Erstaunlicherweise klappte die Weitergabe dieses Passwortes jeden Abend gut, wenn man bedenkt, wie schlecht die Infrastruktur, die Telefone und Funkgeräte der Polizei, aber auch die Sprachkenntnisse der meisten Afghanen waren.

Da erschien auch schon im Lichtkegel des Scheinwerfers ein afghanischer Polizist mit einer AK-47, einer Kalaschnikow, im Anschlag und zielte auf uns. Diese Vorgehensweise der einheimischen Polizei missfiel uns allen. Dies war immer ein Moment, in dem sich alle meine Muskeln anspannten. Mit dem Wissen um die Vorlieben für Betäubungsmittel in den Reihen der afghanischen Polizei warteten wir angespannt, ob sie gleich zu schießen begannen. Wir hatten eine ganz eigene Art entwickelt, um auf diese Unsitte zu reagieren. Unsere Waffen waren mit einem Laser ausgerüstet. Dieser befand sich rechts neben der Mündung und war so justiert, dass man im Nahbereich auch dort traf, wo der Laser hinzielte. Als der Polizist uns ins Visier nahm, flackerten mindestens vier Laserzielpunkte auf seinem Körper auf. Irritiert schaute er an sich runter und ließ langsam seine Waffe sinken. Es hatte sich offensichtlich herumgesprochen, was diese roten Punkte zu bedeuten hatten.

Am nächsten Tag fand dann mein Gespräch mit dem Rechtsberater statt. Mein Disziplinar-Vorgesetzter, ein Hauptmann der Aufklärungskompanie, begleitete mich zu diesem Gespräch im 4. Stock des Stabsgebäudes. Es ging, wie erwartet, um die zwölf toten Afghanen. Der Rechtsberater, ein untersetzter Mann mit Schnauzer und Brille, stellte mir sehr sachlich die eine oder andere Frage und machte sich eifrig Notizen. Mit einer Bewertung hielt er sich komplett zurück. Als ich mit meiner Darstellung der Geschehnisse fertig war, kam noch ein weiteres Problem zur Sprache: das meiner fehlenden Sicherheitsüberprüfung der Stufe 2. Diese sogenannte »Ü2«, von der ich bis dato noch nie etwas gehört hatte, musste man haben, wenn man Erkenntnisse hatte, die unter den Begriff »Geheimhaltung« fielen, wie ich nun erfuhr. Um diese Ü2 zu erhalten, wird man komplett geröntgt. Es müssen zum Beispiel zwei nicht verwandte Referenzpersonen als Leumund angegeben werden, die zum Teil auch befragt werden können. Nach Rücksprache mit meiner Einheit in Deutschland hatte sich herausgestellt, dass ich diese Überprüfung nicht hatte. Nun war guter Rat teuer. Sie konnten ja meine Kenntnisse, die ich durch meine anfängliche Stabsarbeit in der OPZ der KMNB, später als »z. b.V.«-Soldat und schließlich als Kommandosoldat bei den KCT erlangt hatte, schlecht ungeschehen machen.

Nachdem wir in den letzten Wochen viel unterwegs waren, hatte ich mit Jochem eine Idee, die uns ein wenig Abwechslung bringen sollte: Wir wollten im Camp eine Party organisieren. Leutnant Hemskerk, der Kommandochef, war einverstanden und versprach uns auch, das Okay von General Schlenker einzuholen. Nach Sichtung der Auftragslage legten wir den 25. August als Termin und die Snedder Lounge als Party-Location fest. Über ein Motto für die Party mussten wir uns nicht lange Gedanken machen. Wir nannten die Party »Ladies Night« und wollten versuchen, so viele Frauen wie möglich zum Mitfeiern zu bewegen – ganz uneigennützig natürlich. Da es im Camp nicht allzu viele Frauen gab, mussten wir uns etwas einfallen lassen. Und dafür zogen wir alle Register.

Da Jochem grafisch begabter ist als ich, entwickelte er auf dem Computer in der OPZ einen pinkfarbenen Flyer, optisch aufgepeppt mit einer Rose, dem ISAF-Logo und einer knallenden Sektflasche. »ISAF Ladies Night« stand groß auf dem Flyer, und darunter »Only Ladies«. Damit wollten wir gezielt Frauen einladen und außerdem klarmachen, dass nur ausgewählte Männer hineindürfen. So hatten wir eine ideale Ausgangslage, weil alle Männer heiß auf diese Party waren und sehr viel dafür tun würden, um dabei sein zu können. Außerdem waren etwas geheimnisvoll »Special Acts« für die Frauen angekündigt, um die Spannung zu steigern.

Jochem strapazierte den Farbdrucker in der OPZ, um eine sehr große Stückzahl Flyer herzustellen. Nun mussten wir nur noch, die Dinger unters Volk zu bringen. Zunächst verteilten wir die Flyer in jeder Betreuungseinrichtung im Camp und ließen eine

Vorankündigung über Radio Andernach ausstrahlen. Aber ganz wichtig war ja auch, unser Vorhaben außerhalb des Camps zu bekanntzumachen. Jochem und ich fuhren zur Niederländischen Botschaft und drückten den Leuten dort einen riesigen Stapel Flyer in die Hand. Die Angestellten der Botschaft versprachen uns, die Flyer bei den anderen Botschaften zu verteilen.

Mittlerweile gingen die Neuigkeiten wie ein Lauffeuer im Lager herum. Auch die obere Führung hatte von dem Ereignis gehört und machte sich wohl ein wenig Sorgen, weil allgemein bekannt war, dass die Niederländer – und ganz besonders deren Kommandos – sehr gut feiern konnten. Aber unser Chef schaffte es, die Herren zu beruhigen. Natürlich wäre die Einsatzbereitschaft seiner Leute zu keiner Zeit in Frage gestellt, und außerdem würde er sich besonders freuen, wenn die Herren auch auf der Party erscheinen würden, vor allem General Schlenker. Der ließ ausrichten, dass er gerne kommt, wenn es sich einrichten lässt. Na also!

Bis zur Party waren es noch ungefähr zwei Wochen. Weil wir ja unsere ganz normalen Aufträge hatten, mussten wir langsam aber sicher anfangen, das ganze Material für die Party zu beschaffen. Musik war natürlich am wichtigsten, deshalb machten wir uns gleich zur »Drop Zone« auf. Mit viel Überredungskunst haben wir den Betreiber der Betreuungseinrichtung dazu gebracht, uns seine Musikanlage zur Verfügung zu stellen. Wie wir das geschafft haben? Ganz einfach: Indem wir mit den exklusiven und knappen Eintrittskarten für Männer vor seiner Nase herumgewedelt haben! Bei diesen Aussichten war es dann gar nicht so schwer ihn auch noch dazu zu überreden, den DJ zu spielen. Wir waren gespannt, ob die Anlage dem vielen Staub und dem anderen Schmutz standhalten würde.

Das nächste, was man für eine Party braucht, ist natürlich eine gute Lichtanlage. Wo aber bekommt man in Kabul eine Lichtanlage her, die mit einer Musikanlage standhalten kann, die auch eine normale Discothek zum Dröhnen bringen könnte? Hier half uns der Zufall auf die Sprünge. Uns war vor einigen Tagen bei einer nächtlichen Patrouille durch Kabul ein Hotel aufgefallen, das ziemlich westlich wirkte, das INSAF-Hotel. Als wir uns dort umsahen, schlug unser Herz höher: Im hinteren Teil des Hotels waren verschiedene Beleuchtungseinrichtungen installiert: An der Decke hing eine Discokugel, und es waren auch noch einige mobile Beleuchtungstürme mit bunten Scheinwerfern im Raum verteilt. Nun war das Problem, wie wir dem Betreiber, einem sehr freundlichen Afghanen, seine Heiligtümer abschwatzen konnten. So bestimmt, wie er den Kopf schüttelte und den Mund zusammenkniff, konnten wir uns Discokugel und Stroboskop-Blitze abschminken.

Nun mussten wir uns etwas einfallen lassen, um ihn auf unsere Seite zu ziehen. Wir versprachen ihm, in Zukunft sehr oft mit den Kommandos vorbeizukommen und sein Hotel durch unsere ständige Präsenz zu schützen. Außerdem würden wir bei jedem Besuch in das angegliederte Restaurant einkehren, was ihm ja bares Geld in die Kasse brächte. Wenn sich herumsprechen würde, dass sein Hotel unter dem besonderen Schutz der ISAF steht, kämen bald noch mehr westliche Gäste, argumentierten wir. Der Hotel-Betreiber hörte aufmerksam zu und überlegte – und nach ein paar langen Sekunden Bedenkzeit sagte er schließlich zu. Jochem und ich waren schon ein wenig stolz, als wir den anderen Jungs in der Snedder Lounge von unserer erfolgreichen »Einkaufstour« erzählten. Alle waren begeistert und gespannt, was wir noch alles organisieren und auf die Beine stellen würden.

Nun war es daran, sich um das Essen und um die Getränke zu kümmern. Das wäre mit Sicherheit der schwierigste Teil der Organisation. Wenn unser Plan funktionierte, würden sehr, sehr viele Gäste kommen. Um die alle unkompliziert satt zu bekommen, wollten wir ein großes Barbecue zu veranstalten. Als wir beim deutschen Küchenchef anfragten, war der bereit uns zu helfen – natürlich gegen Eintrittskarten. Aber die Menge an Fleisch, die wir brauchten, hatte er auch nicht einfach so zu verschenken. Um Brötchen, Brot, Saucen mussten wir uns wenigstens keine Gedanken mehr machen, auch einige Kartons Burger wollte er lockermachen. Außerdem deutete er auf einen leeren

Kühlcontainer, in dem wir unsere »Beute« lagern durften. Fragte sich bloß, wie wir den Container noch mit Essbarem vollkriegen sollten. Die paar Burger waren gerade mal für den hohlen Zahn!

Wir saßen da und überlegten. Da fiel mir mein alter Freund Derek von den Special Forces ein, mit dem ich zusammen mit Alex in der Stabs-OPZ Dienst geschoben hatte. Vielleicht konnten uns die Amis irgendwie helfen? Jochem und ich machten uns sofort auf den Weg zu den US-Einheiten, um unser Glück zu versuchen. Dort fragten wir nach Derek, aber leider war sein Einsatz beendet. Ich muss ganz schön enttäuscht ausgesehen haben, denn sofort wurde ich gefragt, ob man irgendwie helfen könne. Ich erzählte die Sache mit der Party, die von den Umstehenden begeistert aufgenommen wurde. Nachdem wir einige Eintrittskarten verteilt hatten, wurden wir an den Verpflegungs-Sergeanten verwiesen. Plötzlich hatte ich wieder Hoffnung.

Der Küchen-Sergeant begrüßte uns freundlich, er war schon telefonisch vorgewarnt worden, dass gleich ein deutsch-niederländisches Zweierteam was von ihm will. Wir erzählten ihm von der großen Party ohne genügend Essen. »Und wo liegt das Problem?«, grinste er uns an. Jochem und ich guckten verunsichert – und dann staunten wir Bauklötze. Der Küchenmann hatte uns beiläufig nach draußen geführt, zu seinem Kühlhaus. Und ich meine wirklich Kühlhaus und nicht Kühlcontainer!

Dort hingen ganze Rinderhälften, standen endlose Regale voller Chickenwings, Burger und alles Erdenkliche, was man für ein gescheites Barbecue braucht. Nach einigen andächtigen Momenten fragte ich vorsichtig: »Was davon können wir für unsere Party bekommen?« Er lächelte und sagte: »Alles – und so viel ihr wollt.« Wir waren wieder sprachlos und überlegten, wo der Haken bei der Sache wäre. »Okay, und was willst du dafür haben?«, fragte ich ihn. »Zunächst einmal zwei Karten für die Party«, schmunzelte er. Das sollte kein Problem sein. »Und dann noch«, sagte er mit hochgezogenen Augenbrauen, – wir hatten schon Angst vor dem, was jetzt käme – »brauche ich Plastikbesteck, Plastikbecher, Plastikteller – eigentlich alles aus Plastik, so viel ihr habt. Wenn ihr mir das besorgt, bekommt ihr genug Fleisch für die größte Party, die ihr je veranstalten könnt.« Ich dachte nur »Ach du scheiße«, schlug aber ein.

Als ich mit Jochem im Jeep saß, fragte er mich, ob ich sie noch alle hätte. »Ist dir klar, was du gerade zugesagt hast? Wo, zur Hölle, willst du das ganze Zeug herbekommen?« Jochem schüttelte fassungslos den Kopf und murmelte vor sich hin, dass ich total irre und wir im Arsch seien. Ich war auch etwas nervös und brauchte erst mal einen starken Kaffee in der Drop Zone. Ein alter Ausbilder von mir hatte immer gesagt: »Nichts ist unmöglich«. Der deutsche Soldat war schon immer ein Meister im Improvisieren und Organisieren. Wir hatten da so unsere eigenen Sprüche. Zum Beispiel: Wenn dich jemand fragt, ob du es schaffst mitten in der Wüste einen DVD-Player zu besorgen und diesen zum Laufen zu bringen, dann frag ihn nur, welchen Film er sehen will. Spruch hin oder her, im Moment fiel mir beim besten Willen keine Lösung ein.

Ich saß recht frustriert herum, bis auf einmal der deutsche Küchenchef Koller hereinkam. Dieser Mann war aus tiefstem Herzen eigentlich Infanterist und immer auf der Suche nach einer neuen Herausforderung. Ich hatte bis dahin noch nie einen Küchenchef gesehen, der selbst am Kochtopf eine Waffe trug. Als ich ihm erzählte, dass ich auf der Suche nach Unmengen von Plastikbesteck und -geschirr bin, brach er in lautes Gelächter aus und sagte »Gib mir zwei Partykarten.« »Und wofür?«, fragte ich ihn genervt. »Für die LKW-Ladung mit dem Plastikgeschirr, die ich wohl demnächst entsorgen muss. Das Zeug zurückzuschicken wäre viel zu teuer und aufwändig.« Irritiert guckte ich ihn an. Was erzählte er da bloß?

»Ist dir schon mal aufgefallen, von was für einem Geschirr du zuletzt in dem neuen Verpflegungszelt gegessen hast?«, versuchte er mir auf die Sprünge zu helfen. »Porzellangeschirr und Metallbesteck«, murmelte ich – und dann klingelte es bei mir. »Wir haben letzte Woche das ganze Porzellanzeug aus Deutschland bekommen und nun die ganzen Bestände von dem Plastikkram übrig«, klärte mich Koller nun auf. »Und da es ja für einige tausend Soldaten reichen musste, ist da noch einiges übrig ...« Oh Mann, das war die Rettung! Ich wäre ihm fast um den Hals gefallen, so erleichtert war ich, als er mir den vollen Container voller Plastikzeug zeigte.

Mit einem Pokerface ging ich in die Snedder Lounge und erzählte den Jungs, dass es mit dem Essen schlecht aussieht. Sie wussten bereits Bescheid, Jochem hatte die Sache mit dem Plastikgeschirr als nötige Tauschware erzählt. »Aber eine klitzekleine Chance gibt es noch. Aber nur, wenn ihr alle mitkommt und mir helft – und zwar sofort.« Das Team verstand nur Bahnhof, trottete aber brav hinter mir her zum Bereich des deutschen Küchenlagers. Dort holte ich Koller dazu und bat ihn, den Container zu öffnen. Totenstille! Dann fing Jochem als erster an vor Freude zu schreien. Die anderen schlossen sich an, weil jeder sofort verstand, dass somit das Essen für die Party gesichert wäre. Wir besorgten einen Zwei-Tonnen-LKW und das ganze Team half, ihn in Rekordzeit zu beladen.

Am Abend fuhren Jochem und ich siegessicher mit dem LKW ins Camp der Amerikaner und erstellten schon mal eine Wunschliste. Die Liste war recht lang, aber wir wollten es auch nicht übertreiben. Wenn wir später noch eine Party machen wollten, könnten wir sicher wieder von den Amis Unterstützung bekommen. Als der Küchen-Sergeant das ganze Plastikzeug sah, pfiff er anerkennend durch die Zähne und meinte: »Jetzt könnt ihr von mir haben, was ihr wollt.« Wir drückten ihm wortlos unsere Liste in die Hand. Er warf einen kurzen Blick darauf, nickte und fragte: »Wollt ihr die Sachen sofort mitnehmen?« Freudig willigten wir ein. Praktischerweise gab er seinen Soldaten den Befehl, nach dem Entladen des Plastikgeschirrs unseren LKW mit dem Essen zu beladen, sodass wir nichts weiter tun mussten, als abzuwarten und mit dem Küchen-Sergeant einen Kaffee zu trinken. Als wir nach einer halben Stunde zum LKW kamen, war dieser verschlossen. Wir fanden es unhöflich, diesen zu kontrollieren und fuhren mit unserer Ladung direkt ins Camp zurück.

Als wir dort ankamen, fuhren wir sofort zum Kühlcontainer, für den ich mittlerweile einen Schlüssel hatte. Als wir die Ladefläche öffneten, glaubten wir nicht, was wir sahen: Neben Unmengen von verschiedenen Sorten Fleisch, das bei weitem unsere Liste übertraf, standen da auch noch einige Kisten mit verschiedensten Alkoholika, die uns der Küchen-Sergeant als Bonus hatte dazupacken lassen. Wir waren platt. Vor allem nach dem Entladen, da Jochem und ich die anderen Jungs nicht dazugeholt hatten, weil wir sie überraschen wollten. Nach gefühlten zwei Stunden waren wir fertig – im doppelten Sinne.

Für den nächsten Tag stand eine Nachtpatrouille an, um die Checkpoints der afghanischen Sicherheitskräfte zu überprüfen. Unser Team hatte den Auftrag, auch die Sicherheit auf den Straßen zu kontrollieren, und zwar zu Fuß. Es herrschte Ausgangssperre. Dennoch kam es immer wieder zu Übergriffen krimineller Banden, die in Geschäfte oder sogar Wohnhäuser einstiegen. Als wir im Schutz der Dunkelheit mit unseren Nachtsichtgeräten durch die Straßen gingen, sahen wir plötzlich eine Frau aus einer Gasse kommen. Da sie alleine unterwegs und blond war, erkannten wir sofort, dass es sich um eine Westlerin handeln musste. Als wir sie anhielten, erschrak sie sichtlich, schließlich waren wir durch unsere dunkle Kleidung und die Nachtsichttechnik kaum zu sehen. Als sie registrierte, dass wir zur ISAF gehörten, entspannte sie sich. Wir fragten sie, wer sie wäre und wie sie auf so eine dumme Idee käme, nachts alleine unterwegs zu sein und das auch noch ohne Waffe! »Ich bin von der US-Botschaft und habe dort noch zu tun« sagte sie und schob ihre Jacke beiseite. Wir konnten nun ihre Pistole erkennen und bemerkten auch, wie hübsch diese Frau war. Jochem ergriff sofort die Initiative und lud sie zur »Ladies Night« ein. Sie lächelte und sagte »Ja, ich weiß schon Bescheid, ich habe schon einen Flyer in der Botschaft bekommen. Und ich bin nicht die einzige!«

Unser Angebot, sie zur Botschaft zu bringen, schlug sie dankend aus. »Nicht nötig. Ich kenne mich ganz gut aus, ich bin schon länger in Kabul.« Mit einem neckischen »bye-bye« verschwand sie in der Nacht. Die nette Begegnung hatte uns gezeigt, dass unsere Werbestrategie für die Party aufging.

Die Party rückte immer näher, noch zwei Tage bis zum Countdown. Auch für das Alkoholproblem hatte sich inzwischen eine Lösung gefunden, und alkoholfreie Getränke bekamen wir problemlos vom deutschen Küchenchef und unserem DJ aus der Drop Zone. Am Tag X holten Jochem und ich noch die Lichtanlage aus dem INSAF-Hotel und schleppten die Musikanlage aus der Drop Zone in unseren Bereich. Das halbe Kommando war bereits dabei, die Snedder Lounge zu schmücken. Der Grill war bereits aufgebaut und rauchte vor sich hin, aus Planen wurden drei kleine Swimmingpools gebaut. Diese waren nicht zum Schwimmen da, sondern darin sollten die ganzen Getränke gekühlt werden. Und jetzt kamen die Tetrapacks mit Wasser ins Spiel, die ich schon Tage vorher in den Kühlcontainer getan hatte. So hatten wir überdimensionale Eiswürfel hergestellt, die nun im »Getränkepool« herumschwammen.

Es wurden noch Jungs eingeteilt, die sich um die Einlasskontrolle kümmerten, dann konnte es endlich losgehen. Das einzige was noch fehlte, waren die Frauen und die anderen geladenen Gäste. Gegen 19 Uhr erschienen die ersten, hauptsächlich Leute aus dem Camp Warehouse, die Party begann. Es war eine gute Stimmung, aber wir hatten uns ein paar mehr Leute erhofft. Plötzlich geschah etwas, was ich mein Leben lang nicht vergessen werde: Der Boden begann zu beben, und aus der Ferne war ein dröhnendes Geräusch zu hören. Die Soldaten auf den Wachtürmen wurden schon nervös, weil sie den Lärm nicht zuordnen konnten. Auch die Wache am Haupteingang wusste nicht so recht, was da los war. Plötzlich kam über Funk die Meldung, dass ein aus gepanzerten und zivilen Fahrzeugen bestehender Konvoi der Amerikaner auf der Jalalabad Route in Richtung Camp unterwegs sei, zu einer Party der Niederländer. Auch zwei große Busse sollten dabei sein, mit lauter Frauen an Bord. Als wir den Funkspruch hörten, war es kurzfristig totenstill in der OPZ der KCT. Jochem und ich hätten uns vor Freude fast in die Hose gemacht. Die Nachricht ging wie ein Lauffeuer durch die Party: »Die Amerikaner kommen und bringen Frauen!«

Da wir insgeheim damit gerechnet haben, dass doch einige ortsunkundige Personen kommen würden, hatten wir vorsorglich von der Hauptwache bis zur Snedder Lounge den Weg markiert. Dazu öffneten wir unendlich viele Lightsticks und füllten die phosphorisierende Flüssigkeit in Eimer. Mit Pinseln markierten wir Steine und den Weg mit der Leuchtfarbe – wie bei einer Schnitzeljagd. Aus der Luft muss das ausgesehen haben wie die Landebahn eines Flughafens bei Nacht.

Alle rannten an die Begrenzung der Snedder Lounge und warteten auf das erste Fahrzeug, das hier gleich vorfahren musste. Und schon bog der erste Wagen um die Ecke. Es war ein gepanzerter Hummer der US-Streitkräfte, mit schwerem Maschinengewehr und voller Besatzung. Dahinter war ein weiterer gepanzerter Hummer, mit Maschinengranatwerfer auf dem Dach, ebenfalls voll besetzt. Und das Beste war: Die Besatzungen bestanden zum größten Teil aus Frauen. Der Konvoi fuhr weiter, und als der erste der beiden Busse auf Höhe der Snedder Lounge war, hielt der Konvoi an. Die Türen öffneten sich, und was jetzt geschah, löste bei allen Anwesenden großen Lärm aus. Die Leute schrien, pfiffen und jubelten, als die erste Frau aus den Bussen ausstieg. Der Strom von Frauen aus aller Herren Länder, mit zum Teil landesüblichen Trachten bekleidet, schien nicht abzureißen. Unsere hübsche Amerikanerin war auch dabei. Ich glaube nicht, dass jemals eine Gruppe von Frauen so euphorisch erwartet und begrüßt wurde wie diese.

Jochem und ich waren absolut sprachlos und gaben uns »alle Fünf«. Danach fielen wir uns um den Hals: Die Arbeit der letzten Tage hatte sich voll und ganz gelohnt! Auch unsere Kameraden waren happy, beinahe jeder Angehörige der KCT kam zu uns, bedankte sich und gratulierte uns. Jetzt war die Szenerie perfekt, die Snedder Lounge platzte fast aus allen Nähten.

Jochem ging auf die extra für die Party gebaute Bühne, die später noch für einige »Special Acts« herhalten sollte, und hielt eine Begrüßungsrede. Als er dort mit seinem Megaphon stand, wurde es fast total still und Jochem fing an, allen Beteiligten zu danken. Außerdem wies er noch darauf hin, dass im hinteren Teil ein Zelt sei, in dem bitte alle ihre Waffen ablegen sollten. Danach könne die Party endlich beginnen. Diese Bedingung wurde mit großem Geschrei akzeptiert: Alle, die Waffen hatten – und das waren nicht gerade wenige! – stürmten zum Zelt. Eigentlich sollten die Waffen dort ordentlich eingelagert werden. Aber da die Leute endlich Party machen wollten, schmissen sie ihre Pistolen einfach kurz und schmerzlos in das Zelt hinein. Als ich mir später das Ergebnis anschaute, traute ich meinen Augen nicht. Vor mir lag ein riesiger Berg verschiedenster Waffen der unterschiedlichsten Nationen. Ich war gespannt, wie am Ende jeder seine eigene Waffe wiederbekommen sollte. Aber ich kann hier schon einmal vorwegnehmen, dass jeder seine Waffe wiederbekam – und es blieb auch keine übrig.

Die Party war mittlerweile in vollem Gange. Die Musik, das Essen, die Getränke, die Stimmung – alles war perfekt. Auch General Schlenker, der mittlerweile mit Angehörigen seines Stabes erschienen war, amüsierte sich offensichtlich. Es war eine wahre Freude, alle zu beobachten. Jochem und ich waren uns einig, dass wir bald versuchen würden, eine weitere Party zu schmeißen. Aber die »Ladies Night 2 und 3« waren noch Zukunftsmusik, und leider konnte ich bei ihnen nicht mehr dabei sein. Jetzt wollten wir versuchen, die Stimmung noch mehr anzuheizen.

Im Vorfeld hatten wir die verschiedenen KCT-Teams gefragt, ob sie bei der Party einen Tanz- oder Musik-Act vortragen würden, um speziell die Damen zu begeistern. Alle waren sofort dabei und hatten während der letzten Tage an geheimen Orten trainiert. Hier wurde mir mal wieder klar, dass die Niederländer Meister im Feiern und absolut begeisterungsfähig sind. Davon können sich die Deutschen eine Scheibe abschneiden. Als Jochem auf die Bühne stieg und per Megaphon vier Vorführungen zu Ehren aller anwesenden Damen ankündigte, waren die Frauen total aus dem Häuschen und strömten in Richtung Bühne. Dort bekamen sie mit Wasser gefüllte PET-Flaschen in die Hand gedrückt, mit der sie die tanzenden Männer bespritzen sollten.

Als das erste Team – nur bekleidet in Unterwäsche – auf die Bühne trat und dort zu dem Sommerhit »Macarena« herumhüpfte wie im entsprechenden Musikvideo, war das Gejohle groß. Die Frauen nutzten ihre Wasserpistolen ausgiebig und freudestrahlend, sodass die Jungs innerhalb von Sekunden nicht nur klatschnass, sondern auch in durchsichtigen Klamotten dastanden. Das heizte die Masse an, und die Frauen am Bühnenrand drehten beinahe durch. So musste es abgehen, wenn Frauen zu einer Striptease-Show von perfekt trainierten Profi-Models gingen – nur dass wir hier in Afghanistan waren und die Stripper morgen wieder in voller Kampfmontur unterwegs sein würden.

Die Stimmung war so am brodeln, dass sogar einige Frauen auf die Bühne kletterten und mitmachten. Und das lag bestimmt nicht daran, dass der Macarena-Tanz nicht besonders schwer nachzumachen ist. Wenn wir am Bühnenrand nicht ein paar »Aufpasser« postiert hätten, wäre mit Sicherheit so manche Frau splitternackt auf der Bühne gestanden. Jedenfalls war es nicht leicht, die Frauen und so manchen Mann davon zu überzeugen, zumindest das Notwendigste anzubehalten – vor allem die Damen aus den USA und aus England. Das einzige, was hinter den Kulissen ein wenig für Unruhe sorgte, war die Tatsache, dass bei einer Vorführung eine scharfe AT-4, das ist eine schwere Panzerfaust, als Gitarre genutzt wurde. Das war für uns nicht wirklich spektakulär – aber wenn man bedenkt, dass so ein Teil durch irgendwelche Umstände doch abgefeuert wird, kann man schon nervös werden. Na ja, es passierte nix, zum Glück.

Mittlerweile war die Party schon einige Stunden alt, und der Zapfenstreich nahte. Wir hatten die Auflage bekommen um 1 Uhr Feierabend zu machen, damit die angrenzenden Zeltbesatzungen nicht in ihrem Schlaf gestört wurden. Es gab ja nur einen Bruchteil an Soldaten aus dem Camp, die überhaupt an die begehrten Eintrittskarten gekommen waren und nun fröhlich mitfeierten. Aber für uns waren sechs Stunden brodelnde Party okay. Wir hatten es geschafft, für ein wenig Abwechslung zu sorgen, und so mancher Mann und so manche Frau verschwanden an diesem Abend gemeinsam, die zuvor allein erschienen waren. Auch in diesem Sinne haben wir zur »Völkerverständigung« beigetragen.« Die Snedder Lounge leerte sich gegen halb eins. Jochem und ich stellten uns an den Ausgang und gaben wirklich jedem zum Abschied die Hand.

Die Massud-Tage warfen ihre Schatten voraus. Wir hatten bereits gut zwei Wochen vor der heißen Phase, die vom 5. bis 10. September angesetzt wurde, in den verschiedensten Distrikten unsere Nachtpatrouillen gemacht. Die meisten Kräfte waren durch die bevorstehenden Feierlichkeiten und die erhöhte Gefahr für Zwischenfälle anderweitig gebunden, sodass wir unterstützten, wo wir konnten, um die Präsenz der ISAF-Truppen im Raum Kabul zu halten. Zum Beispiel kontrollierten wir etwaige Veränderungen der Gebäude in unseren Distrikten. Standen irgendwo Fahrzeuge herum, die man vorher niemals dort gesehen hatte? Solche Fragestellungen wurden immer wichtiger, um Gefährdungen anlässlich der Feierlichkeiten auszuschließen.

Um das aus dem Umland in die Stadt transportierte Militärmaterial im Blick zu haben, bezogen wir einen Beobachtungspunkt westlich von Kabul. Wir saßen in der prallen Sonne, und unter uns zog ein endloser Strom von Panzern, gepanzerten Fahrzeugen und Lafetten mit Geschützen vorbei. Eine prima Position, um alles gut zu dokumentieren. Rechts von uns lag eine große ehemalige Kaserne, wo diese martialischen Gerätschaften in Tag- und Nachtschichten gewartet und »aufgehübscht«, sprich: neu gestrichen wurden. Es war ein gigantischer logistischer Aufwand, der hier zur Ehre Ahmed Schah Massuds ein Jahr nach seinem Tod betrieben wurde. Wir sahen diesem Treiben mit gemischten Gefühlen zu. Sollte die Stimmung während der Parade kippen, wäre es völlig egal, dass das Gerät vollkommen veraltet war. Alleine die schiere Masse war entscheidend. Und der könnten wir nichts entgegensetzen.

Bevor wir komplett durch die Massud-Tage gebunden sein würden, wollten wir in unseren vernachlässigten Distrikt nach Paghman fahren. Bei der Morgenbesprechung schlug ein Teamführer eine neue Variante vor: Wie wäre es, mit zwei Trupps, also acht Mann, im Sprungeinsatz mit Freifallschirmen in das Gebiet einzusickern? Ich erwähnte ja bereits, dass dieses Team noch viel

»schmerzfreier« war als mein erstes Team von den KCT. Uns allen gefiel der Vorschlag ungemein gut. Mal was völlig Neues! Also machten wir uns an die Planung. Alle in Frage kommenden Kommandosoldaten hatten die entsprechende Berechtigung und genügend Sprünge durchgeführt, sodass es formal schon mal keine Probleme gab. Die nächste Frage war: Wo bekommen wir Freifallschirme her? Wir mussten nicht lange suchen: Die Italiener hatten solche Schirme dabei und wollten uns diese auch zur Verfügung stellen. Wir wurden immer zuversichtlicher, dass wir die Aktion wie geplant durchführen könnten.

Dann kam der erste Dämpfer: Die Absetzhöhe müsste umständehalber sehr gering ausfallen, da unsere Landezone bereits jenseits der 2000 Meter über Normalnull lag. Doch wir ließen uns nicht entmutigen und nahmen diesen Nachteil zunächst in Kauf. Eine niedrige Absetzhöhe bedeutete, dass wir eher von anderen Kräften am Boden gesehen werden konnten, weil der Hubschrauber nicht so hoch mit uns hinauskonnte. Wir umgingen das Problem der besseren Sichtbarkeit unseres Absprungs, indem wir die Aktion für die Nachtstunden planten. Doch dann brachten die Piloten ein Problem zur Sprache, das zu großer Ernüchterung führte. Die Sache mit den Flares. Die in Frage kommenden Hubschrauber hätten während des Absetzvorgangs ihre Täuschkörper für mindestens zehn Sekunden deaktivieren müssen, um eine Gefährdung der Springer auszuschließen. Es lag, zumindest theoretisch, im Bereich des Möglichen, dass das System den fallenden Springer falsch interpretiert und automatisch die Täuschkörper ausstößt. Das war natürlich viel zu riskant für uns Springer. Eine Deaktivierung der Flares war eine schlechte Alternative, denn dann wäre der Hubschrauber jedem Angriff vom Boden schutzlos ausgeliefert.

Wir befanden uns in einer Zwickmühle. Wir besprachen die Problemlage mit den Piloten vor Ort. Schnell wurde deutlich, dass sie nicht bereit waren, dieses Risiko für sich, ihre Besatzung und ihre Maschine einzugehen, das ein Abschalten des Täuschkörper-Systems mit sich brachte. Waren doch noch Hunderte Luftabwehrraketen-Systeme im Land. Zum Beispiel britische

»Blowpipes« oder amerikanische »Stinger«, die in den 1980ern von der CIA via Mittelsmänner in Pakistan an die Mudjaheddin geliefert worden waren, damit sie sich gegen die Russen zur Wehr setzen konnten. Damit wurde unsere gesamte vorangegangene Planung hinfällig, was uns alle enttäuschte. Allerdings verstanden wir auch die Piloten und ihre Befürchtungen. Später in Deutschland, während meiner Zeit im Spezialzug, »wagte« ich einmal zu fragen, warum so viel Wert auf das Freifallspringen gelegt wird, wo es doch in einem realen Einsatz so große Schwierigkeiten bereite. Ich wurde abgekanzelt und hielt daraufhin meine Klappe. Manche waren halt unbelehrbar. Also wieder in die Fahrzeuge und weiter mit der normalen Aufklärung über Land.

Wie bei unseren letzten Besuchen konnten wir uns über die Effizienz der Alarmierung per Handy-Kette ein sehr gutes Bild machen. Die Leute in der Gegend waren also schneller über unser Kommen unterrichtet, als wir neue Erkenntnisse sammeln konnten. Unsere Idee mit den Fallschirmen hatte schließlich ihren Grund gehabt. Ernüchtert und enttäuscht machten wir uns bei Beginn der Dämmerung auf den Rückweg zum Camp.

Am nächsten Tag absolvierten wir einige Sondertrainings, da sich ein sehr hoher niederländischer General zu Besuch angemeldet hatte. Die KCT-Einsatzkräfte wurden zum Personenschutz des Generals eingeteilt. Und so übten wir den ganzen langen und heißen Tag bestimmte Vorgehensweisen bei Angriffen auf unsere Schutzperson. Dabei lernte ich neue Techniken und Taktiken der Niederländer kennen. Ich freute mich sehr über diese Bereicherung und war mit Feuereifer bei der Sache. Zum Ende des Tages fand dann noch eine Leistungsüberprüfung statt. Dazu gehörten der Umgang mit allen vorhandenen Waffen und die verschiedenen Vorgehensweisen bei den unterschiedlichen Einsatzszenarien. Auch das Sprengen und Schießen aus Luftfahrzeugen stand auf dem Programm. Alles in allem also ein anspruchsvolles und intensives Training.

Dann war der Tag des hohen niederländischen Besuchs gekommen, und wir verlegten zum KIA. Mit ruhiger Präzision nahm das Kommando seine Formation ein. Nach der Begrüßung fuhren wir zum Camp. Alles verlief bestens, und auch der niederländische General zeigte sich beeindruckt von unserer Arbeit. Dem Briefing des Generals wohnten nur die Teamführer und Captain Hemskerk bei – wohl aus einem ganz besonderen Grund, wie ich heute weiß. Die KCT hatten bereits einige Wochen zuvor dem niederländischen Verteidigungsminister bei einem Besuch verschwiegen, wie es mit uns Deutschen zusammenarbeitete. Auch über die Operationen außerhalb des Mandatsgebiets wurde der oberste Befehlshaber nicht informiert. Inzwischen werden diese Praxis und die Einsätze der KCT in der Tweeden Kamer, dem niederländischen Parlament, sehr hitzig diskutiert. Mit Ausnahme der Politiker der konservativen Partei kritisieren alle Fraktionen, dass das Parlament von den Militärs hinters Licht geführt worden sei und folglich die Mandate unter falschen Voraussetzungen erteilt habe. Nun muss der amtierende Verteidigungsminister die Kohlen für seinen Vorgänger aus dem Feuer holen.

Am 2. September 2002 sollte das Kommando einen neuen »Höhenrekord« aufstellen. Wir waren ja bereits im Distrikt Paghman auf einen Berg von 4100 Metern Höhe gestiegen. Nun sollten wir die Gegebenheiten auf einem Berg aufklären, der noch ein paar Meter höher lag: Es sollte hinaufgehen auf mindestens 4600 Meter. Wir schluckten alle. Hatten wir doch noch lebhaft vor Augen, wie es uns allen bei der letzten Bergtour ergangen war, vor noch nicht einmal einem Monat. Diese Übelkeit und Kopfschmerzattacken brauchte ich offen gestanden nicht noch einmal, und dann vermutlich in potenzierter Form, bei dieser Wahnsinnshöhe ohne Sauerstoffmaske und mit dreißig Kilo Gepäck am Leib. Zur Vorsorge warfen wir uns schon am Tag vorher Aspirin in rauen Mengen ein, was ja im Falle einer Schussverletzung kontraproduktiv gewesen wäre, weil dann das Blut wegen des verminderten Gerinnungsfaktors nur so aus einem herausgeschossen wäre. Aber wir wischten unsere Bedenken beiseite. Pragmatismus ging uns in diesem Fall vor Risiko. Verstohlen packte sich vor dem Aufbruch jeder noch eine zusätzliche Packung Kopfschmerztabletten ein. Wir wussten ja nicht, ob unsere vorsorgliche Selbstmedikation wirken würde. Bei circa 4500 Höhenmetern war dann auch tatsächlich erst mal Endstation: Unsere Fahrzeuge kamen nicht mehr weiter auf den unwegsamen und immer steiler werdenden Straßen, die diesen Namen kaum verdient haben.

Bis dahin hatten wir Wege genutzt, die serpentinenartig am Berg verliefen und sehr schmal waren. In sehr engen Kurven ragte immer wieder der hintere Teil des Fahrzeugs über den Abgrund, der teilweise sehr steil in die Tiefe abfiel. Das Rangieren unter diesen Umständen war alles andere als einfach. Der lange Mercedes-Wolf mit seinem starken Motor war voll beladen. In Metallkörben an der Seite war unsere gesamte Ausrüstung verstaut, zusätzlich gab es Halterungen für Wasser und Treibstoffkanister. Außerhalb dieser Halterungen waren zusätzlich Lochbleche befestigt, die dazu dienten, den teilweise sehr brüchigen Untergrund zu stabilisieren. Der technische Ingenieur der Deutschen hätte seine Hände über dem Kopf zusammengeschlagen, doch bei den Holländern war man etwas pragmatischer. In der Mitte des Wolfs, hinter den beiden Plätzen für den Fahrer und den Beifahrer, befanden sich noch ein 360 Grad schwenkbarer Turm für das schwere Maschinengewehr, außerdem Metallbänke für die Besatzung im hinteren Teil. Für diese Tour hatten wir noch zwei Ersatzreifen dabei, was zur Folge hatte, dass die Besatzung im hinteren Teil kaum Platz hatte und bei jeder Unebenheit das Gewicht verlagern musste. Alle hinten Sitzenden mussten bei der Anfahrt auf den Berg fast so aufmerksam sein wie der Fahrer. Als wir diese Kfz-Akrobatik bis zum Gehtnichtmehr ausgereizt hatten, reichte es mir fürs Erste. Weil mein Kopf bereits zum Platzen gespannt war und ohnehin jemand zur Sicherung bei den Fahrzeugen bleiben musste, meldete ich mich freiwillig für diesen Job. Statt weiter mit aufzusteigen, würde ich mit Lambert dort bleiben.

Die anderen sechs aus dem Team machten sich an den beschwerlichen Aufstieg von weiteren hundert Höhenmetern bis zum Gipfel dieses Berges. Doch unsere vermeintlich ruhige Aufgabe als Wache bei den Fahrzeugen brachte Lambert und mich noch gehörig ins Schwitzen. Und zwar nicht nur, weil die Sonne dort oben noch stärker brannte als unten im Tal. Von der unmittelbar bevorstehenden brenzligen Situation konnten wir zu dem Zeitpunkt aber noch nichts wissen. Jetzt sorgten wir uns erst mal, dass sich zu den Kopfschmerzen nicht noch ein Sonnenstich gesellte. Deshalb wollten wir uns gleich ein schattiges Plätzchen unter den Fahrzeugen suchen. Wir legten unsere kugelsicheren Westen ab und beobachteten die friedlich grasenden Ziegenherden. Ich beneidete diese Tiere, denen die Höhenluft und die heftige Sonneneinstrahlung nichts auszumachen schien. Dann wollten Lambert und ich noch eine kleine Runde zur Erkundung des Nahbereichs drehen, um eventuelle Überraschungen auszuschließen. Doch da war es schon geschehen.

An einer Wegbiegung standen plötzlich acht bewaffnete Afghanen vor uns. Scheiße! Lambert und ich blieben wie vom Blitz gerührt stehen. Warum, verdammt, hatten wir schon unsere kugelsicheren Westen ausgezogen? Nachdem wir den ersten Schock recht schnell überwunden hatten, wanderte meine Hand intuitiv langsam in Richtung meiner Pistole, die ich in einem Beinholster trug, aber jetzt nicht ziehen konnte. Bei zwei gegen acht hätten Lambert und ich unweigerlich den Kürzeren gezogen. Die verwegen aussehenden, schwerbewaffneten acht Gestalten uns gegenüber waren genauso irritiert wie wir. Auch sie erstarrten und sahen zu uns herüber, aus etwa zwanzig Metern Entfernung. Nun sollte sich ein Geduldsspiel entwickeln, das ich mir im Traum nicht ausgemalt hätte. Nichts und niemand bewegte sich, als wäre die Zeit angehalten worden. Die acht Afghanen und wir standen wie zu Salzsäulen erstarrt auf diesem Weg in 4500 Metern Höhe. Um uns herum kein Lufthauch, kein Vogelgezwitscher oder sonstige Geräusche – nur Totenstille. Ich verfluchte mich, dass wir unsere Funkgeräte in den Fahrzeugen gelassen hatten. So hatten wir keine Chance, unsere sechs Kameraden zu erreichen.

Minute um Minute verging, aber keiner rührte sich. Nur zehn

Meter hinter uns standen die beiden Fahrzeuge, zwanzig Meter vor uns die acht Afghanen. Ich hörte ein leises »Shit, Shit!« von meinem Kameraden. Ich kam mir langsam vor wie in einem schlechten Western vor dem »Shoot out«, das uns hoffentlich nicht bevorstand. Hätte sich die Gruppe vor uns entschlossen, das Feuer auf uns zu eröffnen, wir hätten nicht den Hauch einer Chance gehabt, standen wir doch auf deckungslosem Gelände. Langsam verkrampfte sich meine Beinmuskulatur und ich hätte unsere »Spiegel« am liebsten angebrüllt, riss mich aber zusammen. Ich wagte keinen Schritt zur Entlastung von Rücken oder Beinen zu tun, sondern versuchte wirklich reglos zu stehen, was nicht so einfach ist, wie es sich anhört. Vor allem, wenn sich Minute an Minute reiht, wenn man steht und steht und steht. Langsam, aber sicher fing nun auch mein Rücken an, heftigst gegen diese Belastung zu protestieren. Es pochte immer mehr in meinen Beinen, mein Rücken begann sich zu verkrampfen. Trotz Hitze fühlte sich mein Körper an wie eingefroren, dafür lief mein Geist auf Hochtouren und ich entwickelte seltsame Fantasien: Wenn die anderen vom Gipfel zurückkämen, müssten sie uns beide hochheben und in die Fahrzeuge legen, weil wir total bewegungsunfähig sind, dachte ich mir. Fast musste ich lachen bei den Bildern, die mir durch den Kopf schwirrten. Aber das unterdrückte ich natürlich und stand weiter reglos da.

So standen wir, ohne dass die Situation weniger gefährlich geworden oder eine Lösung in Sicht gewesen wäre. Wo um alles in der Welt blieb denn unser Team? Mussten die nicht längst vom Berg zurück sein? Unsere Nervenkostüme waren bis zum Zerreißen gespannt. Nach einer mir endlos erscheinenden Zeit griff einer der Männer plötzlich in seine Tasche. Im ersten Moment dachte ich, jetzt fängst du aber an zu halluzinieren, so unwirklich kam mir diese Bewegung vor. Das scharfe Lufteinziehen meines Kameraden Lambert belehrte mich aber eines Besseren. Mein einziger Gedanke war: Bitte mach, dass ich mich bewegen kann, falls der Mann eine Waffe zieht. Ich war mir alles andere als sicher, ob das klappen würde. Doch der Afghane zog keine Waffe aus der Tasche: Als seine Hand wieder zum Vorschein kam, hatte er einen kleinen Hirsefladen in der Hand. Diesen hielt er nun, mit einer einladenden Handbewegung, in unsere Richtung. Er sagte etwas, was mir sehr bekannt vorkam und der Anfang eines Gebets ist. »Alhamdulillah.« Mustafa, unser Sprachmittler, hatte einmal gesagt, dass dieser Ausspruch immer eine freundliche Geste sei, eine Art Einladung und Beweis der Friedlichkeit. Langsam, ganz langsam entspannte ich mich.

So verstohlen wie möglich begann ich, meine Zehen und meine Füße zu bewegen. Die mussten kurz vorm Absterben gewesen sein, so sehr kribbelten sie. Ich musste mich schwer zusammenreißen, um nicht aufzuschreien. Sehr langsam kehrte wieder Gefühl in meine Beine zurück, und wir bewegten uns, nach einem Kopfnicken, in Richtung der acht Mann. Sie hatten sich bereits zu einem Kreis niedergelassen und forderten uns auf, dazuzukommen. Fast beiläufig warf ich einen Blick auf meine Uhr und versuchte mich zu erinnern, wann wir dieses kleine Plateau unterhalb des Gipfels erreicht hatten. Das kann nicht sein, dachte ich nur. Fast zwei Stunden war das her gewesen! Über hundert lange Minuten hatten wir regungslos diesen acht Afghanen gegenübergestanden, die uns nun aus unserer misslichen Situation befreit hatten. Auch Lambert guckte mich fragend und irritiert an. Ich zuckte nur mit den Schultern, dann ließen wir uns in dem Kreis nieder.

Fast hätte ich vor Wonne aufgestöhnt, als mein Rücken endlich entlastet wurde. Ein leichtes Lächeln umspielte das Gesicht des afghanischen Anführers, als er merkte, wie hüftsteif wir uns bewegten. Er und seine Leute zeigten nicht die geringste Spur einer Anstrengung. Ich war wieder einmal von der Zähigkeit dieser Menschen beeindruckt. Und, nachdem die heikle Situation sich nun in Wohlgefallen aufgelöst hatte, auch von ihrer Freundlichkeit. Lambert und ich genossen nun das Gastrecht, ein wesentliches Prinzip des afghanischen Ehrenkodex. Wir konnten nun sicher sein, dass uns nichts passieren würde.

Der Anführer der Afghanen zog eine sehr große Landkarte mit russischer Schrift aus seiner Tasche. Nachdem er diese ausgebreitet hatte, pochte er mit seinem Finger nachdrücklich auf einen Ort, der sehr weit westlich von Kabul lag. Dabei wiederholte er immer wieder ein Wort, das uns sofort aufhorchen ließ: »Taliban! Taliban!«, sagte er immer wieder. Weil wir den Ortsnamen aufgrund der kyrillischen Schriftzeichen nicht entziffern konnten, versuchten wir, uns den Ort anhand des Koordinatengitters einzuprägen, und nickten freundlich zu seinen Worten. Der Afghane nickte befriedigt. Jetzt wollte ich versuchen, noch ein bisschen mehr aus ihm herauszubekommen. Ich zählte die Finger meiner rechten Hand ab und pochte fragend auf den Ort in der Karte. Der alte Mann – obwohl man das bei Afghanen nicht so gut schätzen kann, zumindest kam er mir sehr alt vor – breitete seine Arme aus. Eine ganze Menge, entnahmen wir dieser Geste. Lambert und ich nickten, dass wir verstanden hätten.

Nach etwa fünfzehn Minuten »Gespräch« mit Händen und Füßen, wobei wir es schafften, den Hirsefladen dankend abzulehnen, da wir der afghanischen Küche noch immer skeptisch gegenüberstanden und nichts riskieren wollten, kamen unsere sechs Kameraden von ihrer Erkundungstour auf den Gipfel zurück und staunten nicht schlecht, als sie uns da mit einem Trupp Afghanen hocken sahen. Nach dem obligatorischen Zeigen unserer Waffen verabschiedeten sich die acht Afghanen und zogen weiter ihrer Wege, in den Distrikt Paghman hinein, also nach Westen.

Während Lambert den anderen erklärte, was wir in den letzten zwei Stunden erlebt hatten, nahm ich mir meine Karte zur Hand. Anhand der Koordinaten erkannte ich, dass es sich bei dem mutmaßlichen Nest der Taliban um eine Ortschaft namens Mayda handeln musste. Ich kennzeichnete diesen Ort in der Karte und setzte das taktische Zeichen für Feindkräfte daneben. Wir wussten zwar nicht, wer diese acht Afghanen waren und ob sie uns eine zuverlässige Information gegeben hatten. Wären sie uns feindlich gesinnt gewesen, hätten sie uns aber gewiss nicht eingeladen, sondern einen Kopf kürzer gemacht. Eher gingen wir davon aus, dass sie eine Patrouille aus diesem Gebiet waren. Am liebsten hätten wir uns sofort in Richtung Mayda aufgemacht, um diesem Hinweis auf den Grund zu gehen. Wir waren neugierig geworden und hofften, dass wir bald einen Auftrag zur Aufklärung dieses Gebietes, das außerhalb der AOR lag, bekämen. Zurück im Camp meldeten wir die neuen Erkenntnisse an unsere OPZ. Wir bekamen jedoch keine Zusage für eine Aufklärung Richtung Mayda, um die wir regelrecht bettelten. Wie konnte man diesen exklusiven Tipp der Afghanen nicht für sich nutzen?, fragte ich mich. Doch unsere OPZ wollte erst mit den Oberen der KMNB Rücksprache halten.

Bei der Besprechung in unserer OPZ bekamen wir unser Einsatzgebiet für die Massud-Tage zugewiesen. Morgen sollten wir dort mit dem gesamten Team für Erkundungen hinfahren. Wir waren genau neben einer Moschee eingesetzt, fast zentral in der Stadt. Am Abend hatten wir noch ein geselliges Beisammensein, bei dem Lambert und ich immer wieder unsere Story mit den acht Afghanen erzählen mussten. Die Kopfschmerzen, die wir von unserem Bergtrip mitgebracht hatten, bekamen wir mit je zwei Dosen Bier recht gut in den Griff.

Am nächsten Morgen fuhren wir los in Richtung Moschee. Das Wichtigste war heute, eine Örtlichkeit zu finden, in der wir während der gesamten Einsatzzeit Stellung beziehen könnten. Neben dem eher schlichten Gotteshaus befand sich ein großer Marktplatz, etwa hundert Meter entfernt lagen mehrere Ruinen. Für unseren Auftrag erschienen sie ideal. Wir behielten diese zerfallenen Häuser im Blick, konnten aber über viele Stunden keine Bewegungen an diesen Gebäuden ausmachen. Das war schon mal eine gute Voraussetzung für eine Stellung, konnte aber auch ein Zeichen dafür sein, dass diese Ruinen vermint waren. Am späten Nachmittag entschlossen wir uns, einen vorsichtigen Vorstoß auf eines der Gebäude zu machen.

Ein zweistöckiges ehemaliges Bürogebäude schien uns ein geeigneter Beobachtungspunkt zu sein. Alle Teammitglieder, auch ich, waren ausgebildet im Erkennen von Minen und versteckten Ladungen, sodass wir es wagen konnten, in das Gebäude einzudringen. Dazu befestigten wir vorsichtig ein langes Seil an der Tür, die nach außen aufging. Würde beim Öffnen eine Sprengladung zünden, wären wir draußen in Sicherheit. Als die Tür nach außen aufgegangen war und den Blick auf das Innere freigab, waren wir erleichtert: Es hatte keine Explosion gegeben, und wir sahen Fußböden ohne Teppiche. Das erleichterte unsere Aufklärung ungemein. Etwas abgebröckelten Putz und jede Menge Dreck, mehr fanden wir nicht in diesem fast leeren Gebäude. Wahrscheinlich war alles, was man noch irgendwie gebrauchen konnte, bereits aus dem Haus herausgeräumt worden. Wir gingen unter gegenseitiger Sicherung die sehr enge Treppe hinauf. Der obere Bereich erlaubte uns einen guten Blick auf das Gotteshaus, das leicht links von uns etwa hundert Meter entfernt lag. Genau vor dem Gebäude verlief eine Straße, was ideal war, wenn wir im Notfall von der QRF abgeholt werden und schnell verschwinden mussten. Alles in allem waren das ideale Bedingungen für uns: Wir hatten unseren OP gefunden.

Um alles optimal für unseren Einsatz vorzubereiten, erstellten wir Skizzen der Zu- und Abfahrtswege und erkundeten vorsichtig den Nahbereich des Objekts. Nachdem wir alle relevanten Informationen aufgenommen hatten, was sich bis in den Abend hinzog, fuhren wir zurück ins Camp und machten dort die Feinplanung. Als Allererstes wurden die Aufträge für den nächsten Tag verteilt: Wer kümmert sich um das benötigte Material? Also Wasser, Verpflegung, Batterien, optische Geräte zur Beobachtung, Funkgeräte, zusätzliches Sanitätsmaterial, Spreng- und Blendmittel zur Absicherung des eigenen Bereichs und Seile, um eventuell schnell aus dem Gebäude zu kommen. Auch Feldbetten wären schön, wichtig waren auch Feuchttücher für die Hygiene. Das mitgeführte Wasser war in erster Linie zum Trinken gedacht, wir konnten damit nicht verschwenderisch umgehen. Außerdem ging es um Fragen wie: Wer checkt die Fahrzeuge, wer kümmert sich um Zusatzbewaffnung und die Funkfrequenzen, um zu mehreren Stellen Verbindung halten zu können? Und so hatten wir bis spät in den Abend gut zu tun.

Nach wenigen Stunden Schlaf verlegten wir zu unserem Einsatzort. Am 5. September 2002 um 3.30 Uhr früh, also noch während der Ausgangssperre, fuhren wir im Camp los. Nur die afghanischen Polizisten mit ihren Checkpoints an den Kreisverkehren waren zu sehen, sonst rührte sich nichts. An unserem OP angekommen, luden wir zügig unser Material aus, damit der Fahrer noch die anderen Teams in ihre Verstecke bringen konnte. Wir wollten mit allen Vorbereitungen fertig sein, bevor die Sonne aufging. Als wir dann den Ruf des Muezzins der nahen Moschee hörten, waren wir so gut wie startklar. Die Operation »Sabre« konnte beginnen.

Unruhige Tage im Versteck

In diesem hoffentlich sicheren Beobachtungsversteck nahe einem Marktplatz würden meine drei Kameraden und ich also die Massud-Tage zubringen. Als sich die ersten Kabulesen auf den Straßen zeigten, lag mein Team bereits in seinem OP in Stellung. Jeweils zwei von uns observierten in Richtung der Moschee, die anderen beiden ruhten. Alle drei Stunden wurde gewechselt. Unseren Beobachtungspunkt hatten wir hinter der Fensterfront, aber etwas zurückgezogen in die Tiefe des Raumes, eingerichtet. Das hat den Vorteil, dass man von draußen nicht entdeckt wird, aber draußen alles erkennt, was man sehen möchte. Die Funkverbindung zu unserer OPZ stand, und einen Ruheraum hatten wir ebenfalls zur Verfügung. Eine kleine ehemalige Abstellkammer diente uns als »Toilette«. Dort stand nämlich unser »Shit bag«, ein Beutel aus verstärktem Plastik, in den man seine Notdurft verrichten konnte. Daneben ein Eimer Sand, als »Bindemittel«. Verpflegung und Wasser reichten für eine Woche, wir waren also autonom und benötigten keine Anschlussversorgung. Eine QRF war in der Nähe stationiert. Innerhalb von maximal zehn Minuten konnte sie alle Beobachtungspunkte der eingesetzten Teams erreichen, falls eine Evakuierung nötig wäre. Auch zu ihnen waren wir per Funk verbunden. Langsam kehrte Ruhe bei uns ein, unsere Bewegungen in dem Gebäude reduzierten sich auf das absolut Nötigste. In zwei Tagen sollten die Feierlichkeiten beginnen. Wir waren bereit.

Tausende Kabulesen und viele Fahrzeuge zogen an diesem Tag durch mein Sichtfeld. Im Gebäude wurde es heiß und stickig, und ich sehnte mich nach Abwechslung. Bei solchen Aufträgen hat man immer den Eindruck, dass die Zeit nicht vergeht. Man sitzt da und beobachtet. Drei Stunden am Stück. Die Zeit dehnt sich wie Kaugummi. Schläfrigkeit und Langeweile machen sich breit. Manchmal wünscht man sich fast, dass etwas passiert, nur um sich im nächsten Moment klarzumachen: Spinnst du? Dir so etwas vorzustellen! Deshalb ist der Schichtwechsel auch so wichtig, um leistungsfähig zu bleiben. Ich war heilfroh, als ich nach meiner Schicht gegen 13 Uhr abgelöst wurde und ich mich im hinteren Bereich des Gebäudes wenigstens etwas bewegen konnte. Das Essen, natürlich nur Epa, ist bei solchen eintönigen Aufträgen immer das Highlight des Tages, was ja Bände spricht. Ich machte mir Nudeln warm und legte mich dann ein wenig aufs Ohr.

Als Pieter und ich um 16 Uhr wieder mit Beobachten dran waren, erfuhr ich, wie es meinen beiden Kumpels in den letzten drei Stunden ergangen war. Sie instruierten uns darüber, was vorgefallen war. Nämlich nichts! Alles war ruhig, keine Auffälligkeiten weit und breit. Pieter und ich gingen in Stellung. Wir rückten unsere Körper im Versteck zurecht, stellten die Optiken ein und warteten fast bewegungslos darauf, dass die drei Stunden vorbeigingen. Nach einer Stunde Beobachtung ohne nennenswerte Vorkommnisse gab es plötzlich einen Knall. Im ersten Moment dachte ich, da wird wohl ein Auto fehlgezündet haben, bei den alten Karren war das keine Seltenheit. Doch dann wurde es hektisch. Auf dem Marktplatz liefen aufgeregt schreiende Menschen umher. Ich ging schnell zu meinen beiden Kollegen in Ruheposition und alarmierte sie, dass etwas vorgefallen war. Links von uns, leicht verdeckt von einem Gebäude, waberte nun auch Rauch über den Platz. Was tun? Sollten wir unser Versteck verraten, um nachzusehen, was dort vorgefallen war? Oder sollten wir erst mal abwarten und den Vorfall an unsere OPZ melden? Wir entschieden uns für Letzteres und bekamen gesagt, dass wir erst mal ruhig abwarten sollten.

Auf dem Marktplatz herrschte alles andere als Ruhe. Die Menschen strömten noch immer neugierig zu dem Ort der Detonation. Wir konnten uns keinen Reim auf die Sache machen. Das Gebäude am linken Rand des Marktplatzes verdeckte uns die

Sicht auf den Ort des Geschehens. Verflucht, wir konnten einfach nichts erkennen und stellten darum Spekulationen an. Es konnte keine sehr starke oder große Detonation gewesen sein, falls es überhaupt eine war. Dafür war der Knall zu leise gewesen, die Rauchwolke zu klein, die Menschen auf dem Markt nicht verzweifelt genug. Vielleicht war auch nur der Kühler eines Autos hochgegangen, überlegten wir und behielten die Lage im Blick. Dem widersprach das Verhalten der Menschen, die immer aufgeregter wurden. Wir waren schon drauf und dran, unser Versteck zu verlassen, um endlich einen Blick um das Gebäude links von uns zu werfen, da passierte es: Ein extrem lauter, scharfer Knall ertönte, gefolgt von einem grellen Lichtblitz. Obwohl wir etwa 250 Meter entfernt waren, spürten wir die Druckwelle und die Erschütterung wie ein Erdbeben.

Ein kurzer Moment der Stille nach diesem gewaltigen Knall, dann setzte es ein: das Schreien der verwundeten und verängstigten Menschen, noch während das Echo der Detonation in der Ferne widerhallte. Ich dachte in diesem Moment nur: Das war's dann wohl. Da liegen jetzt Hunderte Tote und Verletzte. Auf dem Marktplatz brach Panik aus, überall lagen blutüberströmte Körper herum, wie wir durch unsere Optiken gut erkennen konnten. Nach einigen Schrecksekunden brach unser Teamführer das betretene Schweigen. »Wir müssen jetzt da runter. Achim, mach dich fertig.« Er packte mich am Arm und zog mich hoch. Die beiden anderen sollten an Ort und Stelle verbleiben und die Funkverbindung zur OPZ und zu uns beiden halten. Mit einem sehr flauen Gefühl im Magen folgte ich ihm nach draußen.

Als wir den Marktplatz erreicht hatten, bot sich uns ein Bild des Grauens. Blutüberströmte Menschen oder nur noch Teile von ihnen lagen überall verstreut herum. Diese Bombe hatte ganze Arbeit geleistet. Das Geschrei der Verwundeten steigerte sich von Sekunde zu Sekunde immer mehr und wurde fast unerträglich. Bis zu den Knöcheln in Blut watend, arbeiteten wir uns bis an die Stelle der Detonation vor. Ein sehr großer Krater tat sich vor uns auf. Überall lagen verbogene Metallteile herum. Getötete oder Verwundete fanden wir, so nah am Explosionsherd, nicht mehr. Diejenigen, die in unmittelbarer Umgebung der Bombe gestanden hatten, waren schlichtweg verdampft.

Ich merkte, wie mir die Knie weich wurden. Ein Blick in das Gesicht meines Teamführers reichte, um zu ahnen, dass er sich genauso fühlte. Trotzdem begannen wir, vollkommen mechanisch, zu helfen. Niemand von uns beiden sprach ein Wort. Wir verständigten uns nur mit Gesten und Kopfnicken. Bald wurden die Schreie der Verstümmelten gnädigerweise durch das Sirenengeheul der heranjagenden Rettungswagen übertönt. Ich war vollkommen überfordert, schaltete mein Gehirn ab. Ich sah meine Hände vorsichtig auf dem Boden liegende Menschen umdrehen, um herauszufinden, ob noch ein Fünkchen Leben in ihnen steckte. Das war bei keinem Einzigen der Fall. Wir waren zu nahe am Ort der Detonation, um Überlebende finden zu können.

Ein Funkspruch brachte uns ins Hier und Jetzt zurück. Wir sollten unseren Auftrag nicht gefährden und wieder in unser Versteck gehen, kam die Anweisung aus der OPZ. Niemand achtete darauf, als Pieter und ich uns entfernten und zurück in das Gebäude huschten. Oben angekommen, wuschen wir uns lang und ausgiebig die Hände. Wir opferten Wasser aus dem Kanister, arbeiteten noch mit Feuchttüchern nach und sprühten uns zu guter Letzt noch mit Desinfektionsspray ein. Dann erst gingen wir zu den anderen beiden in der Beobachtungsstellung. Sie brauchten uns nur kurz anzugucken und verstanden, dass sie uns besser in Ruhe ließen.

Erst später sollten wir erfahren, was eigentlich vorgefallen war: Die erste, kleinere Detonation hatte eine Art Lockvogelfunktion gehabt. Sie war von einem abgestellten Fahrrad ausgegangen, war nicht sehr stark und hatte »nur« einige in der Nähe stehende Personen verletzt. Etwa zehn Meter neben diesem Fahrrad parkte ein Taxi – dort, wo wir später nur noch einen Krater sehen sollten. In diesem Auto, so erfuhren wir später, sollten nicht weniger als hundert Kilo Sprengstoff detoniert sein. Das Fahrrad war mit dem Kalkül zur Explosion gebracht worden, dass sich im Anschluss viele helfende Hände und Schaulustige am Ort einfinden würden. Als der Menschenauflauf groß genug war, wurde dann die große Bombe in dem Taxi gezündet. Bei der Untersuchung des Vorfalls wurden auch Hinweise auf eine Fernzündung in den Trümmerteilen gefunden. Der oder die Täter hatten also – genau wie wir – das Geschehen auf dem Platz beobachtet, um im richtigen Moment den Zünder zu betätigen. Wir alle erschauerten bei diesen Erkenntnissen. Hatten sich diese skrupellosen Mörder vielleicht in nächster Nähe zu uns versteckt?

Direkt nach diesem Ereignis wussten wir von diesen Umständen natürlich noch nichts. Als wir uns wenigstens ein bisschen beruhigt hatten, setzte der Teamführer eine Meldung an die OPZ ab. Von dort kam die Anweisung, dass wir unser Versteck nicht mehr verlassen und zusätzliche Sicherheitsmaßnahmen treffen sollten. Eine wirklich gute Idee. Ich ging sofort ins Erdgeschoss und verrammelte die Türen, so gut es ging. Dann machten wir uns daran, im Parterre und auf der Treppe Stolperdrähte anzubringen, die wir an Rauchkörper koppelten. Falls jemand in das Gebäude eindringen oder über die Treppe nach oben kommen würde, hätten wir somit eine Alarmanlage. Durch die Erschütterung der Stolperdrähte würden die Rauchkörper nämlich zu stinken und zu qualmen anfangen. Damit wir auch ganz sichergehen konnten, brachten wir noch unsere Handgranaten in Stellung. Wir befestigten sie an den Barrikaden im Eingangsbereich. So würden wir verhindern können, dass man uns im Falle unseres Ausweichens schnell folgen könnte. Sollte nun jemand mit Gewalt einzudringen versuchen, würden die Handgranaten ausgelöst. Natürlich hatten wir sie so angebracht, dass sie zu keinem Zeitpunkt uns selbst gefährden konnten. Als wir unseren OP wie einen Hochsicherheitstrakt abgeschottet hatten, saßen wir vier stumm da und beobachteten die Rettungsversuche der herbeigeeilten Sanitätskräfte, die zum Großteil vergeblich waren. ISAF-Truppen oder Sanitätskräfte sahen wir keine, was wir nicht verstanden.

Nach einigen Tagen wurden die offiziellen Zahlen gemeldet. Dieser Anschlag kostete 26 Menschen, unter ihnen auch Frauen und Kinder, das Leben. Mehr als 150 Afghanen wurden verletzt, zum Teil schwer. Einen Anschlag dieser Größenordnung hatte ich noch nie erlebt und hoffe, dass ich so etwas nie wieder erleben muss. Wenn ich heute Bilder von Bombenattentaten aus dem Irak sehe, bekomme ich eine Gänsehaut, und sofort sind diese Bilder vom 5. September 2002 wieder in meinem Kopf. Mir ist völlig schleierhaft, warum terroristische Attentäter den Tod so vieler Zivilisten billigend in Kauf nehmen, nur um zu versuchen, ihre Interessen durchzusetzen.

Unsere Stimmung war natürlich an einem Tiefpunkt angelangt. Es war der erste Tag an unserem OP, die heiße Phase der Massud-Tage würde erst in zwei Tagen beginnen, und längst steckten wir in diesem blutigen Chaos. Wenn das der Anfang war, wie um alles in der Welt würde dieser Einsatz enden?, fragte ich mich. Ich merkte, wie meine Paranoia gegenüber allem und jedem um noch ein paar Grade stieg. Als der Muezzin beim Sonnenuntergang sein Abendgebet rief, waren wir froh, dass dieser schlimme Tag zu Ende war. Die Nacht wurde allerdings sehr unruhig, da immer noch eine Menge auf dem Marktplatz los war. Die Polizei sperrte den Bereich komplett ab und machte sich an die Rekonstruktion des Anschlags. Wir hofften inständig, dass sie sich auf den unmittelbaren Tatort beschränkten und nicht anfingen, die umliegenden Gebäude abzusuchen. Dann hätte nämlich das nächste Problem vor der Tür gestanden. Erschöpft und erschlagen fand ich in meinen dreistündigen Ruhezeiten doch noch etwas Schlaf.

Am Morgen, es muss etwa kurz nach fünf Uhr gewesen sein, hörte ich plötzlich ein Klappern. Es klang, als ob jemand ausgehöhlte Kokosnüsse zusammenschlägt, und erinnerte mich an Hufgetrappel. Außerdem waren laute kehlige Rufe afghanischer Männer zu hören, auf die ich mir aber keinen Reim machen konnte. Es klang zwar nicht gerade gefährlich, aber was zum Henker war da los? Wir spitzten die Ohren und schauten durch unsere Optiken, um dem Rätsel auf die Spur zu kommen. Die Lösung war so banal wie eindrucksvoll: Wie in einer Karawane strömten die Händler des Marktes aus allen Himmelsrichtungen zu den Ständen. Ihre Waren, darunter Stoffe, Holz, Bleche und Pappen – alles Dinge, die wir eher auf den Müll schmeißen würden –, hatten sie auf Eselskarren gepackt oder direkt den Tieren aufgeladen. Ein paar der Lastentiere waren so hoch bepackt, dass der Esel darunter fast nicht mehr zu sehen war. Kein Wunder, dass die Männer ihre Tiere lautstark anfeuerten. Einige der Esel nahmen das so ernst, dass sie sich mit ihren Karren sogar ein kleines Rennen lieferten!

Wir fingen fast an laut zu lachen, als wir dieses ungewöhnliche Wagenrennen sahen. Die Esel hüpften wie die Eichhörnchen, und ihre langen grauen Ohren wippten dazu im Takt auf und ab. Ab jetzt nannten wir dieses allmorgendliche Schauspiel »Snedder Parade«, auf Deutsch die Eselparade. Wir weckten die anderen beiden und zeigten ihnen amüsiert die lustige Prozession. Auch sie mussten lächeln – besonders als einige Esel zur Begrüßung ihrer Artgenossen in lautes Brüllen ausbrachen. Es tat gut, nach den Ereignissen von gestern etwas so Lustiges zu sehen. Wir fühlten einen Teil der großen Anspannung abfallen. Gut gelaunt bereiteten wir unser Frühstück zu.

Unser vorgeschobener Gefechtsstand, der mit vier Soldaten aus dem Kommando besetzt war, hatte inzwischen komplette Arbeitsbereitschaft hergestellt. Er befand sich direkt in der Stadt, auf dem Gelände einer Polizeistation, der »Kabul Garrison«. Bei solch heiklen Operationen verlagert man den Gefechtsstand so nahe wie möglich an den Ort des Geschehens heran, um im Bedarfsfall schnell und effektiv reagieren zu können, wenn ein Team Probleme hat. Deshalb ist so ein Gefechtsstand auch mobil und befindet sich in den meisten Fällen auf einem extra dafür hergerichteten Fahrzeug. An der Kabul Garrison hatten auch die deutschen Kameraden der Fallschirmjäger von der Luftlandebrigade 26 mit ihrem Gefechtsstand angedockt.

Im Laufe des Tages wurde uns von dort gemeldet, dass auf Hamid Karzai, Präsident der Interimsregierung, am Morgen ein Attentat verübt worden war, bei dem er aber nicht zu Schaden gekommen war. Es sei zu einem Schusswechsel zwischen dem Attentäter und den Sicherheitskräften des Präsidenten gekommen, in deren Verlauf der Attentäter und ein Unbeteiligter getötet wurden. Diese Sicherheitskräfte waren ziviles Personal, sogenannte »Contractors«. Karzai und die Amerikaner hatten eine Firma aus den USA mit dem Schutz des Präsidenten betraut, weil deren Personal nicht in die Konflikte zwischen verschiedenen Ethnien und politischen Gruppierungen verstrickt war. Unsere anfänglich etwas bessere Stimmung erhielt dadurch wieder einen Dämpfer. Erst am nächsten Tag, am 7. September, sollten die Feierlichkeiten zu Ehren Massuds offiziell beginnen – und schon im Vorfeld hatte es zwei Anschläge gegeben.

Wir hatten die begründete Sorge, dass die Situation in der Stadt eskalieren könnte. Die Stimmung war so aufgeladen, dass in der von Menschen übervollen Stadt womöglich ein unbedachter Schubser im falschen Moment ausreichte, einen schweren Konflikt und totales Chaos auszulösen. Der Großteil der Feier sollte im alten Olympia-Stadion stattfinden. Dort war zwar nie eine Olympiade gewesen, aber die Sportstätte wurde so genannt, da sich dort die afghanischen Sportler vor einer Olympiade vorbereiteten. Sogar eine afghanische Fallschirmspringerin sollte mit einer Hochleistungsrundkappe – trotz des Namens ist dieses System hoffnungslos veraltet – in das Stadion springen. Ich schüttelte mich bei dem Gedanken, mit so einem alten System springen zu müssen. Das konnte nämlich ganz schön ins Auge gehen. Glücklicherweise blieb es an diesem Tag ruhig. Na ja, es war ja schon genug vorgefallen.

Am nächsten Tag war unser Kanister, den wir als Toilette benutzten, voll. Wir wollten die Nacht nutzen, um ihn zu entleeren. Mit einer Taschenlampe zwischen den Zähnen löste ich vorsichtig die Stolperdrähte auf der Treppe und vor der Tür nach hinten. Mein Teamführer wartete, mit dem Kanister am ausgestreckten Arm, einige Schritte hinter mir. Nachdem alles sicher war, gab ich ihm ein Zeichen, und wir gingen nach draußen. Unsere Nachtsehbrillen ermöglichten uns gute Sicht, sodass wir nicht mit dieser »gefährlichen« Ladung im Kanister ins Stolpern kamen. Nach wenigen Schritten waren wir an einem Graben angelangt, der unsere Fracht aufnahm. Die Dunkelheit nutzend, machten wir gleich noch einen Rundgang um das Gebäude.

In etwa hundert Metern Entfernung sahen wir einen afghanischen Checkpoint. Durch unsere Brillen konnten wir grünstichig vier Polizisten erkennen. Wir entschlossen uns, Verbindung mit ihnen aufzunehmen. Die vier zuckten sichtlich zusammen, als wir wie aus dem Nichts vor ihnen auftauchten. Normalerweise lief ja auch während der Sperrstunde niemand draußen herum, höchstens Patrouillen der ISAF. Hauptsächlich konzentrierten sich die Polizisten in ihrer Nachtschicht also auf Fahrzeuge und achteten auf Motorengeräusche. Als sie nach dem ersten Schrecken unsere Uniformen erkannten, fingen sie sich schnell wieder und guckten uns gespannt an. Wie immer verteilte ich gleich Zigaretten. Es klappte, auch wie immer: Sofort entspannten sie sich, und wir standen zusammen rauchend in der Nacht.

Ich wusste, dass die Verpflegung der Polizisten nicht gerade üppig war, genauso wie ihre Bezahlung. Sie mussten sich im Wesentlichen selbst verpflegen, was vor allem für die Jüngeren ein beinahe unmögliches Unterfangen war. Weil bei den Jungen wie überall auf der Welt das Geld lockerer saß als bei Älteren, waren sie ständig pleite. Noch dazu wurden ihre Gehälter alles andere als pünktlich ausgezahlt. Viele rauchten, um ihr Hungergefühl zu unterdrücken. Zigaretten und Tabak sind in Afghanistan nicht sehr teuer, zumindest die Waren, die vor Ort oder in einem der Nachbarländer hergestellt wurden. Wahre Lungentorpedos, bei denen einem die Luft wegblieb.

Wir versuchten uns mit Händen und Füßen zu verständigen, was uns auch gelang. Natürlich waren sie, wie jeder Mann in diesem Land, von unseren Waffen angetan. Wir zeigten sie ihnen, und auch sie zeigten uns stolz ihre russischen Sturmgewehre vom Typ AK 47 oder AK 74. Diese waren in einem erstaunlich schlechten Zustand, was mich wunderte. Eigentlich hegten und pflegten die afghanischen Polizisten ihre Waffen sehr gut, wie wir bisher gesehen hatten. Mit diesen Geräten hätte ich Angst gehabt, einen Schuss abzufeuern. Dann die nächste Überraschung:

Nur einer der vier Männer hatte auch Munition in der Waffe, und zwar exakt fünf Schuss. Der Zustand der Munition war ebenfalls erbärmlich. Ich sah meinen Teamführer an. Arme Schweine, war in seinem Blick zu lesen – Bauernopfer, die einem Angreifer aus der Dunkelheit schutzlos ausgeliefert wären. Auch Funkgeräte sahen wir keine. Ungefähr eine Stunde und etliche Zigaretten später machten wir uns über einige Umwege zurück in unser Versteck. Gegen vier erklang der Ruf zum Gebet aus der nahen Moschee. Für uns das Zeichen zum Schichtwechsel. Nichts los. Gegen halb fünf dann zu unserer Erheiterung Teil 2 der »Snedder-Parade«.

Es war der Tag, an dem die offiziellen Feierlichkeiten zu Ehren des getöteten Volkshelden Ahmed Massud begannen. Schon sehr früh am Morgen wurden an fast allen Häusern Bilder mit seinem Konterfei herausgehängt. An »normalen« Tagen beherrschte das Bild des Tadschiken schon den gesamten Stadtbereich von Kabul – aber heute gab es wirklich keinen Platz mehr, auf dem kein Bild von ihm hing. Wir fragten uns, was wohl auf der Loya Jirga los gewesen wäre, wenn dieser Mann noch am Leben gewesen und dort gegen Karzai für die Präsidentschaft angetreten wäre. Wie hätten die Amerikaner reagiert? Wir wussten es nicht, waren aber froh, dass die Verhältnisse so weit geklärt waren und wir nicht noch mehr mit innerafghanischen Ränkespielen zu tun bekamen.

Der Morgen lief sehr ruhig an. Auf dem Marktplatz vor uns ließ sich kaum jemand blicken, was mir fast schon unheimlich war. Bestimmt war die ganze Stadt zur großen Moschee in der Nähe des Stadions gepilgert, um an der Militärparade und den anderen Feierlichkeiten teilzunehmen. Selbst Händler waren kaum zu sehen. Auch sie wollten sich dieses Ereignis nicht entgehen lassen oder versprachen sich heute wohl keinen Profit. Über Funk bekamen wir mit, dass sich eine riesige, kaum überschaubare Menschenmenge auf dem Vorplatz der Moschee eingefunden hatte. Alle Teile der ISAF waren nun in hoher Alarmbereitschaft, hielten sich aber dezent im Hintergrund. Dieses

Gefühl absoluter Konzentriertheit sollte sich noch steigern, als die Ankunft des Interimspräsidenten angekündigt wurde. Man konnte die Anspannung während der Funkgespräche quasi riechen. Wir saßen in unserem OP, sahen auf den fast verwaisten Marktplatz und ärgerten uns ein bisschen über die Lage unseres Standorts, weitab von dem ganzen Trubel. Immerhin blieb es den ganzen Tag in der Stadt relativ ruhig, keine besonderen Vorkommnisse. Das lag wohl auch daran, dass das gesamte ISAF-Kontingent in Kabul auf den Beinen war, Präsenz zeigte und über die ganze Stadt verteilt Checkpoints zusammen mit der afghanischen Polizei unterhielt. Am Abend, so nahmen wir uns vor, wollten wir auch zu unseren vier Polizisten hinter dem Haus wieder Verbindung aufnehmen. Diesmal wollten wir den armen Kerlen auch etwas zu essen mitbringen.

Die Dämmerung setzte ein, was immer überraschend schnell ablief, gleichzeitig erklang der Ruf zum Abendgebet von einem der Minarette unserer Moschee. Langsam entspannten wir uns, der schlimmste Fall war nicht eingetreten: ein Anschlag auf der Veranstaltung mit Hunderttausenden von Menschen. Zum Glück! Mein Teamführer legte bereits etwas Proviant beiseite, für unseren nächtlichen Ausflug zu den Polizisten. Dann das gleiche Spiel wie gestern Nacht: Sicherungen vorsichtig entfernen und über einen Umweg, also nicht direkt aus unserer Stellung heraus, zu dem Checkpoint der afghanischen Polizei. Diesmal zuckten sie nicht zusammen, sondern begrüßten uns freundlich und boten uns Tee an, von dem sie selbst nicht viel hatten. Als wir dann das Essen auspackten, machten sie große Augen. Wir hatten darauf geachtet, nichts mit Schweinefleisch mitzunehmen, und zeigten ihnen auf unserem kleinen mitgebrachten Esbitkocher, wie die Epas zubereitet werden. Erst zögerlich, doch dann mit großem Appetit griffen sie zu. Sie freuten sich riesig und kauten andächtig.

Als das Mahl beendet war, verabschiedeten wir uns von ihnen. Wir wurden wie alte Freunde verabschiedet, nämlich mit Umarmungen und überschwänglichen Reden, von denen wir natürlich kein Wort verstanden. Als wir zwischen zwei und drei Uhr

zurück im Versteck waren, stellten wir wieder unsere Stolperdrähte scharf und legten uns hin, bis zu unserer nächsten Wache. Der 9. September 2002 stand nun vor der Tür. Es war der
Todestag des »Löwen von Pandschir«, wie er ehrfürchtig genannt wurde. Doch in der Nacht zu diesem wichtigen Tag kam
eine alarmierende Meldung aus dem Funkgerät, die auch uns
unmittelbar betreffen sollte.

Es ging um einen Checkpoint wie den, den mein Buddy und
ich vor wenigen Stunden besucht hatten. Allerdings lag er in der
Nähe des Camp Warehouse und wurde durch deutsche Fallschirmjäger betrieben. An diesem CP hatten meine deutschen
Kollegen einen Wagen angehalten, kontrolliert und Waffen gefunden. Nun muss man dazu sagen, dass seit geraumer Zeit niemand Waffen mit sich führen durfte, der keine Genehmigung der
Polizeidienststelle vorweisen konnte. Diese füllte einen Schein
aus, segnete ihn mit einem Stempel ab, und dann hatte sich die
Sache. Die sechs Insassen dieses Fahrzeugs konnten so einen
Schein nicht vorweisen, wollten aber auch nicht ihre Waffen abgeben. Die Fallschirmjäger hielten diese Personen nun vorläufig
fest, um sie an die afghanische Polizei zu übergeben. Den »Rules of Engagement« zufolge eine absolut korrekte Vorgehensweise. Was aber nichts nutzte.

Einer der Insassen war wohl ein Verwandter des Polizeichefs
von Kabul, General Ahnan. Als dieser von dem Vorfall erfuhr,
soll er außer sich gewesen sein vor Wut. Tobend verlangte er,
dass ihm der Führer dieses deutschen Checkpoints und der Soldat, der die sechs Afghanen vorläufig festgenommen hatte, sofort übergeben werden, um seinen Gesichtsverlust auszugleichen. Das kam natürlich nicht in Frage, denn dieser Soldat hatte
vollkommen zu Recht gehandelt. Also nahm diese Farce weiter
ihren Lauf. Als dem Wunsch des afghanischen Generals nicht
stattgegeben wurde, fing er an zu drohen: Wenn er seinen Willen – sprich: die beiden Soldaten – nicht bekäme, würde er mit
seinen Polizeitruppen in den nächsten Tagen gegen ISAF vorgehen. Das hatte uns gerade noch gefehlt!

Angesichts der sich permanent zuspitzenden Situation gab unser vorgeschobener Gefechtsstand um vier Uhr früh eine sogenannte 15-Minuten-Bereitschaftsstufe aus: Alle mussten sich innerhalb von fünfzehn Minuten an ihren OPs bereithalten, um von der zuständigen QRF in ihrem Raum abgeholt zu werden, falls sich die Lage weiter zuspitzte. Wir verpackten unsere Ausrüstung und legten alles bereit, um im Bedarfsfall schnell verlegen zu können. Dann warteten wir müde in unseren Stellungen. Keiner von uns hatte in den wenigen Nachtstunden ein Auge zugetan, dafür war die Atmosphäre viel zu gespannt gewesen. Schließlich konnte jederzeit ein Alarmruf unseres Gefechtsstands eintreffen.

Der deutsche General, so bekamen wir über Funk mit, dachte darüber nach, die beiden »Übeltäter« ausfliegen zu lassen, um so die Wogen zu glätten. Dieser Vorschlag wurde von der afghanischen Seite rigoros abgelehnt; Ahnan bestand weiterhin auf einer Auslieferung der beiden Deutschen. Als es beim felsenfesten Nein des deutschen Generals blieb, war der Auftakt für die sich nun überschlagenden Ereignisse gemacht.

Gegen 3.30 Uhr morgens war es so weit. General Ahnan hatte seine Drohung, gegen die ISAF-Truppen vorzugehen, wahr gemacht. Er setzte tatsächlich zwei BMP-1, das sind Schützenpanzer russischer Bauart, in Richtung der beiden deutschen und niederländischen Gefechtsstände am »Kabul Garrison« in Marsch, wie uns die bedrohten Kollegen über Funk wissen ließen. Besetzt mit Polizisten, fuhren die Panzer vor dem Hauptgebäude auf und richteten ihre Bordwaffen in Richtung der Gefechtsstände. Im Gefechtsstand der Deutschen, die mit so einer Eskalation wenig Erfahrung hatten, herrschte große Aufregung. Die Niederländer sahen es etwas lockerer und blieben cool. Wir schnappten uns unsere Ausrüstung und machten uns marschbereit. Vorher musste ich noch die Handgranaten entschärfen, die ich zu unserer Sicherung angebracht hatte. Wie bei unseren nächtlichen Ausflügen zuvor, machte ich mich an diese Aufgabe. Nur dass ich dieses Mal nicht alle Zeit der Welt hatte. In etwa acht Minuten würde uns die QRF in unserem Versteck abholen. Die Nebeltöpfe bzw. Rauchkörper waren das kleinere Problem. Mit Grausen dachte ich an die Handgranate, die es zu sichern galt. Ich begann zu schwitzen. Mit zitternden Fingern griff ich vorsichtig und langsam die Granate und zog sie, den Sicherungsbügel fest in der Hand, aus ihrer Lage. Mein Teamführer, nicht weniger nervös als ich, leuchtete mir mit einer Taschenlampe über die Schulter. Ich schwitzte tennisballgroße Schweißperlen. Einen kurzen, schrecklichen Augenblick hatte ich das Gefühl: Jetzt fällt dir die Granate runter. Als ich sie endlich mit wild klopfendem Herzen im festen Griff hatte, wickelte ich so viel Klebeband um sie herum, wie mir zur Verfügung stand. Ich wickelte und wickelte, bis ich die Rolle verbraucht hatte und die Handgranate wie ein kleiner schwarzer Fußball aussah. Mein Teamführer kommentierte das Ergebnis meiner kleinen Bastelstunde mit lautem Gelächter. Ich konnte nur nervös grinsen. Mit dieser Verpackung wäre es nun ziemlich unwahrscheinlich, dass uns das Mistding im Fahrzeug, ausgelöst durch Vibrationen, vielleicht in die Luft ging.

Ich verpackte den hochexplosiven »Ball« in meinem Rucksack, unser »Shit bag« packte ich noch obendrauf. Kaum hatte ich die beiden Höllensubstanzen verstaut, wurde über Funk die Ankunft der QRF in knapp einer Minute gemeldet. Noch eine schnelle Kontrolle, ob wir nichts vergessen hatten, und schon standen wir an einer Häuserecke und sicherten unseren Bereich. Da kam auch schon mit einem Affenzahn der Jeep der QRF um die Ecke gejagt und bremste schlitternd vor uns ab. Wir schmissen unsere Ausrüstung auf die Ladefläche, und kaum war der Letzte eingestiegen und hatte sich noch nicht mal hingesetzt, gab der Fahrer Gas. Ich wurde gegen zwei meiner Kollegen geschleudert und fluchte. Plötzlich verzog mein Nebenmann angewidert das Gesicht und fragte: »Was stinkt hier eigentlich so bestialisch?« Wir schnupperten alle und mir wurde heiß und kalt. Durch die unsanfte Behandlung beim Einsteigen musste unser »Shit bag« in meinem Rucksack aufgegangen sein.

Ich schluckte, räusperte mich und tat kund: »Ich weiß, was so riecht.« Die anderen sagen mich fragend an. Als ich mit meinem Bekenntnis fertig war, herrschte kurz Stille und danach unbändiges Gelächter. Eingehüllt in eine übelriechende Wolke und mit Höchstgeschwindigkeit rasten wir lachend wie die Kinder durch die Nacht zur »Kabul Garrison«, wo es alles andere als lustig zuging. Schon komisch, wie man sich verhält, wenn einem das Adrenalin durch den Körper pumpt. Es ist wie ein Kick, unbeschreiblich, man fühlt sich voller Tatendrang und unbesiegbar. Die gefährliche Situation, in der man sich befindet, spielt überhaupt keine Rolle mehr. Was ja auch sein Gutes hat, denn so bleibt man auch bei Gefahr leistungsfähig.

Über Funk wurden wir permanent über die neuste Lageentwicklung vor der »Kabul Garrison« informiert. Wir wurden wieder ruhig und lauschten gespannt auf die Anweisung, wo wir in Stellung gehen sollten. Wenn alles glattliefe, würden wir in drei Minuten abgesetzt werden, und zwar hinter den Panzern mit den afghanischen Polizisten. Auf den Fahrzeugen der QRF befanden sich auch Panzerabwehrwaffen. Die Niederländer verwendeten die LAW, das steht für »Light antitank weapon« und ist eine leichte Panzerabwehrwaffe, die wohl besser als »Bazooka« bekannt ist. Sie hat ein kleines Rohr zum Auseinanderziehen, ist nur aus kurzen Distanzen zu gebrauchen und hat eine geringe Durchschlagskraft. Aber auch ein schwereres Modell, nämlich die AT-4, war vorhanden. Deutlich größer als die LAW, aber auch schwerer und durchschlagkräftiger. Weil wir keine Ahnung hatten, wie die russischen Panzer ausgestattet waren, gingen wir auf Nummer sicher und nahmen die größeren AT-4.

An unserem befohlenen Platz saßen wir ab und verteilten uns hinter den Panzern, vor denen sich die afghanischen Polizisten in Position gestellt hatten. Wir meldeten über Funk, dass wir bereit waren, und schon riefen und pfiffen wir den vor uns in Stellung liegenden afghanischen Polizisten zu. Das war die schnellste und effektivste Weise, um auf uns aufmerksam zu machen. Erst drehte sich ein Kopf nach diesem komischen Pfeifkonzert um und erstarrte, dann folgten weitere, und schließlich brach vor uns die nackte Panik aus. Sie hatten wohl die Schützen mit den Panzerfäusten erkannt. Zwei Polizisten rannten sich sogar gegenseitig über den Haufen, was natürlich für unterdrücktes Gekicher auf unserer Seite sorgte. Alles in allem hatte unser Auftauchen einen sehr positiven Effekt: Die Polizisten saßen zügig auf die Panzer auf und brausten davon. Sie fuhren einfach so davon. Selbst für das obligatorische Schimpfen und Bespucken blieb keine Zeit.

Nun war es an uns, konsterniert dreinzublicken. Damit hatten wir nicht gerechnet. Schon eher mit einer endlosen Diskussion, wie sonst üblich. Die eine Hälfte unseres Teams blieb in Stellung, während die andere in die Garrison ging, um dort das Vorgehen der restlichen Teile zu sichern. Das Ganze dauerte keine drei Minuten, da war das gesamte Kommando innerhalb der Ummauerung, die sich um diese Polizeistation zog. Die Gefechtsstände machten sich ebenfalls marschbereit, die Ausrüstung wurde verpackt und die Fahrzeuge wurden noch einmal vor Fahrtbeginn routinemäßig überprüft. Gegen Mittag rückten alle ab in Richtung Warehouse. Im Camp kümmerte ich mich gleich um die fiese Stinkbombe, die ich noch immer mit mir herumschleppte. Mit viel Wasser, Seife und einer Bürste bearbeitete ich meinen Rucksack. Hätte ich einen zweiten gehabt, ich hätte den alten kurzerhand verbrannt. Nach dem obligatorischen »Back brief«, bei dem die Operation resümiert wurde, ließen wir den Abend locker ausklingen. Die Operation »Sabre« war geschafft.

In den nächsten Tagen wurden die beiden »Verursacher« dieser Krise, die zwei Fallschirmjäger, aus dem Land geflogen. Eine Geste des guten Willens gegenüber General Ahnan. Man musste also nur seinen Auftrag ernst nehmen und durchführen – und schon wurde man ausgeflogen? War das die Lehre aus diesem Vorfall? Eine Vorgehensweise, die allen, mit denen ich darüber sprach, nicht einleuchtete. Natürlich war diese Konsequenz wieder einmal der Diplomatie geschuldet. Die ganze Sache war nichts weiter als eine Kraftprobe und ein Testballon, wie weit man gehen konnte mit den ISAF-Truppen. Sollte dies öfter passieren, würde das bisschen Respekt, das wir uns im Land erarbeitet hatten, völlig untergraben. Zumindest dachten das viele Soldaten, mit denen ich redete und die fast täglich außerhalb des

Camps zu tun hatten. Die ständigen Kompromisse bargen die Gefahr, dass man hier irgendwann von gewissen Leuten nicht mehr ernst genommen wurde. Wir hielten dieses Verhalten für mehr als gefährlich. Ein Soldat brachte es auf den Punkt, als er sagte: »Die Generäle des ersten und des zweiten Kontingents täten gut daran, sich eine Scheibe von General Ahnan abzuschneiden. Seine Operation war zwar gegen uns gerichtet, aber damit hat er zumindest Stärke und Durchsetzungswillen bewiesen« – was viele auf Seiten der Deutschen vermissten.

Aber was konnten wir schon tun, als reine Schutztruppe? Wir hatten keine schweren Waffen, mit denen wir uns im absoluten Krisenfall hätten verteidigen können. Ein paar Wiesel, also Luftlandewaffenträger mit einer 20-mm-Bordmaschinenkanone oder den Panzerabwehrlenkflugkörpern TOW-2 bestückt, deren Bewaffnung und Panzerung noch nicht mal mit einem der in Afghanistan gängigen alten T-55-Panzer mithalten konnten – das war's dann schon. Und in den anderen Kontingenten sah es nicht anders aus. Auch sie hatten nur leichtes Gerät dabei. Nichts, was wirklich zur Abschreckung dienen könnte. Auch die Möglichkeit, Luftunterstützung anzufordern, war mehr als mau.

Bis heute dürfte sich an diesem Umstand nichts geändert haben, obwohl die Intensität der Konflikte in Afghanistan von Tag zu Tag zunimmt und auch für die ISAF-Truppen immer gefährlicher wird. Täglich gibt es neue Meldungen über Kämpfe in den Südprovinzen. Sogar der vergleichsweise ruhige Norden des Landes, wo die deutschen ISAF-Soldaten heute im Schwerpunkt eingesetzt sind, wird von Selbstmordanschlägen und Raketenangriffen erschüttert, bei denen es bereits Tote und Verletzte gab. Und auch für ausländische Zivilisten, die für westliche Firmen oder für NGOs arbeiten, wird es immer brenzliger, weil kriminelle Banden und die Taliban immer mehr auf dem Vormarsch sind. Die Entführung zweier deutscher Bauingenieure, von denen einer erschossen und der andere nach Monaten freigelassen wurde, und die aus einem Lokal entführte deutsche Entwicklungshelferin, die schnell vom afghanischen Geheimdienst befreit wurde, sind vermutlich nur der Anfang.

Sechs Tornados als Aufklärer wurden entsandt – und selbst darüber wurde in Deutschland gestritten. Meine Überzeugung ist, dass man einen solchen Auslandseinsatz nicht aus Wunschdenken heraus kleinhalten kann. Wenn man Truppen zur Durchsetzung eines Mandats einsetzt, hat die militärische Führung verdammt noch mal die Pflicht, ihnen alle Möglichkeiten zu bieten, die sie zur eigenen Verteidigung oder Abschreckung benötigen. Tut man dies nicht, handelt man fahrlässig gegenüber den eingesetzten Soldaten und kommt seiner Fürsorgepflicht nicht nach. Diese Frauen und Männer leisten eine hervorragende Arbeit unter sehr schwierigen Bedingungen. Unterstützung, und zwar ideell wie materiell, ist da doch das Mindeste, was man verlangen kann!

Der nächste Tag, der nächste Auftrag. Eine 48-Stunden-Patrouille in und um Kabul stand an. Während der Massud-Tage waren überdurchschnittlich viele Gewalttaten gegen die Bevölkerung aufgetreten. Die Zahl der Überfälle, Haus- und Ladeneinbrüche war in die Höhe geschnellt. Das lag wohl daran, dass die ISAF-Soldaten im gesamten Raum Kabul zur Absicherung der Feierlichkeiten eingeteilt gewesen waren und ihre normalen Aufgaben vernachlässigen mussten. Um den Kriminellen die Stirn zu bieten und wieder ruhige Verhältnisse zu erreichen, sollten wir nun verstärkt präsent sein. Da wir gerade erst eine Woche in einem Beobachtungspunkt für die Massud-Tage zugebracht hatten, waren wir alle ziemlich kaputt und nicht gerade begeistert über diesen neuen Auftrag. Aber natürlich erkannten wir die Notwendigkeit dieser Maßnahme. Leicht grummelnd machten wir uns an die Planung und suchten das benötigte Material zusammen. Während der Patrouille sollten wir auch draußen schlafen, wir mussten genug Wasser, Verpflegung und Batterien einpacken. Anhand der Meldungen der letzten Tage erstellten wir unseren Einsatzplan. Wo in den letzten Tagen gehäuft Gewalttaten aufgetreten waren, wollten wir verstärkt Präsenz zeigen. Nach dem ersten Tag wollten wir dann flexibel reagieren. Außerdem hofften wir, im Zuge der Gesprächsaufklärung neue Erkenntnisse und Hinweise aus der Bevölkerung zu erhalten, denen wir dann gezielt nachgehen wollten.

Kaum zwölf Stunden nach unserem Abzug aus der »Kabul Garrison« saßen wir wieder in unseren Fahrzeugen und begannen bei Nacht mit der Patrouille. Der einzige Lichtblick bei diesem Einsatz war das INSAF-Hotel, genauer: eine Hähnchenbraterei genau vor dem Hotel. Verführerisch duftend drehte sich dort das Geflügel und ließ uns das Wasser im Munde zusammenlaufen, wann immer wir daran vorbeikamen. Spätestens am nächsten Abend, so viel stand fest, könnte uns die Einmannverpflegung gestohlen bleiben. Ein knuspriges Hähnchen wäre eine schöne Belohnung für den ansonsten ziemlich unspektakulären Einsatz.

Die Patrouille war nämlich reine Routine. Die Banden, die in den letzten Tagen für Unruhe gesorgt hatten, ließen sich nicht blicken. Und in puncto Hinweisen aus der Bevölkerung sah es ebenfalls mau aus. Die Kriminellen, das war deutlich zu erkennen, hatten Angst vor Repressalien. Am zweiten Abend, wir alle hatten lediglich in den Fahrzeugen geruht, was mächtige Rückenschmerzen nach sich zog, war es dann so weit. Gegen 21 Uhr gab uns der Teamführer per Funk das nächste Ziel durch: das INSAF-Hotel. Jippie!

Schlagartig war Stimmung in der Bude. Auch diejenigen, die zusammengekauert auf ihrem Sitz gelümmelt hatten, saßen kerzengerade und waren hellwach. Die Aussicht auf ein frisch gebratenes Hähnchen wirkte tatsächlich aufputschend! Keine dreißig Minuten später kauten zufriedene Kommandosoldaten, mit fetttriefenden Fingern und Mündern, ein Hähnchen. Andächtige Stille herrschte, so konzentriert waren alle auf das leckere Essen. Es schmeckte wirklich herrlich. Nach ereignislosen 48 Stunden – von der Hähnchenesserei mal abgesehen – meldeten wir uns zurück im Camp. Die Dusche wurde an diesem Tag ausgiebig und lang durch uns genutzt. Zum Teil ernteten wir wütende Blicke von anderen Soldaten, da wir den ganzen Betrieb aufhielten. Aber nach fast neun Tagen im Dauereinsatz hatten wir uns das redlich verdient.

Der nächste Tag stand unter einem guten Stern: Wir hatten endlich mal frei. Unser Plan war, erst mal richtig auszuschlafen und dann nach Kabul zu fahren, einfach so, zum Shoppen. Keiner von uns hatte schon ein Mitbringsel für seine Lieben daheim, es wurde also höchste Zeit, die afghanische Wirtschaft kräftig anzukurbeln. Nach einem ausgiebigen Frühstück fuhren wir los. Natürlich erst mal in eine Touristenfalle, die »Chicken Street«. In dieser Straße waren alle möglichen Handwerker vertreten, von Goldschmieden über Schreiner, die kunstvoll verzierte Truhen jedweder Größe herstellten, sowie Wasserpfeifenmacher. Allerdings waren ihre Waren deutlich teurer als auf den anderen Märkten. Unser Sprachmittler Mustafa riet uns, in kleinere Geschäfte fern des Trubels zu gehen. Dankbar für den Hinweis stimmten wir zu und fuhren einige versteckte Hinterhöfe im Zentrum von Kabul an, die wir nie gefunden hätten, wenn Mustafa uns keinen Tipp gegeben hätte.

Als wir durch die kleinen staubigen Seitenstraßen fuhren, war weit und breit kein vielversprechendes Geschäft zu sehen. Nur die üblichen Marktstände, die angelehnt an die zweistöckigen Häuserzeilen aufgebaut waren. Mit Tüchern hatten die Händler eine Art Sonnenschutz und Vordach gebaut, darunter hatten sie ihre Waren ausgelegt. Solche Stände gab es in Kabul wie Sand am Meer, allerdings herrschte hier weniger Betriebsamkeit als auf anderen Straßen. Wollte Mustafa uns ans der Nase herumführen? Doch dann bat unser Sprachmittler, dass der Fahrer anhalten solle, stieg aus und klopfte an eine Tür. Prompt öffnete sich ein Guckloch, und ein mürrisch dreinblickendes Männergesicht tauchte auf. Als er ein paar Meter weiter zwei Fahrzeuge voller ISAF-Soldaten sah, wechselte seine Mimik ziemlich schnell. Mit strahlendem Lächeln öffnete er die Tür. Ein sehr großer Hinterhof, vollgepackt mit Waren, die sich in Kisten, auf Ständern, alten Truhen und festgezurrt an Häuserwänden befanden, tat sich vor uns auf. Es war ein Bild wie aus einem orientalischen Basar: sehr farbenprächtig und üppig, ein sehr ungewohntes Bild in dieser sehr zerstörten und lehmfarbenen Stadt. Bald stand das ganze Kommando, natürlich feilschend wie die

Bekloppten, in diesem Hof. Ich schlenderte zwischen den Jungs und den Waren herum und blieb vor einer russischen Fallschirm-jäger-Uhr stehen. Diese Armbanduhr, das war mir sofort klar, war ein echtes Unikat. Ein Blick auf den Preis bestätigte mir diese Vermutung. Ganz schön teuer! Das gute Stück sollte umgerechnet etwa 50 US-Dollar kosten. Für die Verhältnisse hier war das ein sehr großer Batzen Geld. Ich nahm das kostbare Stück in die Hand und begutachtete es. »Für Kommandeure« stand in kyrillischen Zeichen unter dem Fallschirmjägeremblem, übersetzte mir Mustafa den Schriftzug. Das Prachtexemplar hatte es mir angetan, aber den Preis fand ich ziemlich übertrieben. Natürlich hätte ich die 50 Dollar ohne mit der Wimper zu zucken hinlegen können, aber so lief die Sache hier nicht. Feilschen gehörte zum Einkaufen dazu, und wer es geschickt anstellte, konnte den Betrag auch ordentlich drücken. Ich war jedoch nie der Typ, der gut feilschen konnte, und war nicht in der Stimmung, stundenlang mit dem Verkäufer zu verhandeln.

Mit einem kleinen Seufzer legte ich die Uhr wieder beiseite und setzte meinen Rundgang fort, ohne allerdings fündig zu werden. Nach ungefähr zwei Stunden Basarflair und Shopping wurde das Zeichen für den Aufbruch gegeben. Meine Kameraden strömten beladen und laut schwatzend zu den Fahrzeugen. »Na Achim, hast du die Uhr gekauft, um die du so lange herumgeschlichen bist?«, fragte mich Andrik in diesem Getümmel. Ich schüttelte den Kopf: »Nee, war viel zu teuer.« Er nickte und sagte: »Na, dann vielleicht das nächste Mal!«, und so fuhren wir los. Für alle war es ein schöner und entspannender Tag, den wir alle bitter nötig hatten.

Abends im Camp kam unser Sprachmittler Mustafa sehr aufgeregt auf uns zu. Wir fragten, was los sei, und er begann zu berichten: »Meinem Vater geht es sehr schlecht. Er liegt zu Hause und kann sich kaum bewegen vor Schmerzen. Könnt ihr ihn nicht zur Untersuchung ins ISAF-Lazarett bringen?« Puh, das war ein heißes Eisen. Sollte sich das herumsprechen, könnten wir und speziell der Sanitäts-Bereich uns vor Anfragen aus der Bevölkerung nicht mehr retten.

Jedoch handelte es sich hier um einen Spezialfall. Mustafa machte erstens einen guten Job bei uns. Und zweitens hatte ich schon geraume Zeit das Gefühl, dass er einen heiklen Nebenjob hatte. Erst etwas später wurde mir unmissverständlich klar: Mustafa arbeitete tatsächlich für den afghanischen Geheimdienst, den NDS. Das kam heraus, als ich in das Büro des MAD im Stabsgebäude gerufen wurde und mir einige Fotos anschauen sollte, auf denen mutmaßliche Mitarbeiter des NDS abgebildet waren. Ich schaute diesen Ordner mit Dutzenden von Männern aller Altersstufen durch und erkannte auf einem der Fotos unseren Sprachmittler, Mustafa. Das Bild war schon etwas älter, aber wenn man tagtäglich mit ihm zu tun hatte, konnte man ihn erkennen. Weiß Gott, wo die MADler diese Bilder aufgetrieben hatten. Nun war ich in einem Zwiespalt.

Noch am selben Abend ging ich zu Mustafa und sprach ihn auf die Sache mit dem NDS an. Er erbleichte und druckste herum. Doch nach und nach rückte er mit der Wahrheit heraus. Ich versprach ihm, alles für mich zu behalten – unter einer Bedingung: Ab jetzt hätten seine Informationen für uns die gleiche Qualität wie die für seinen zweiten Arbeitgeber, den NDS. Erleichtert stimmte er zu. Nun hatten wir eine wirklich gute, umfassend informierte Quelle zur Verfügung. Natürlich passte ich im Gegenzug auf, dass er nicht zu viel von unseren Operationen und Planungen mitbekam. Als Mustafa nun mit der Leidensgeschichte seines Vaters vor uns stand, waren wir einer Zwickmühle. War die Loyalität gegenüber Mustafa wichtiger als gegenüber unseren Leuten vom Lazarett? Wir wägten alle Gründe gegeneinander ab und entschieden uns zu helfen. Mustafa hatte uns schon zum damaligen Zeitpunkt öfter sehr gute und detaillierte Informationen zukommen lassen, die unser Leben vereinfacht hatten. Jetzt wollten wir ihm und seinem Vater helfen.

Also stieg das komplette Team 4.11 in ein Fahrzeug und fuhr zu Mustafas Vater. Der alte Mann lag in seiner ärmlichen Hütte auf dem Boden und krümmte sich vor Schmerzen. Wir hoben ihn vorsichtig hoch und brachten ihn zum Wagen, dabei schrie er mehrmals auf. Er hatte besonders intensive Schmerzen im

Nierenbereich. Es war gar nicht so einfach, ihn in eine Lage zu bringen, in der er es eine Weile aushalten würde. Langsam und vorsichtiger als sonst fuhren wir zurück ins Camp, um Erschütterungen zu vermeiden und Mustafas Vater nicht unnötig Schmerzen zu bereiten. Im Camp setzten wir ihn vor dem Sanitätszelt ab und verständigten die Ärzte. Sie waren natürlich nicht sonderlich begeistert, halfen dann aber. Bei der ersten Untersuchung stellte sich sehr rasch heraus, dass der alte Mann Nierensteine hatte. Die waren schon ziemlich groß und mussten ihm höllische Schmerzen bereiten. Mein Teamführer sprach mit den Ärzten, die sich daraufhin bereiterklärten, die Behandlung durchzuführen. Der alte Mann sah uns dankbar an, und auch Mustafa dankte uns mehrfach.

Am 16. September 2002 sollten wir alle einen freien Tag bekommen. Nichts lag an, die Patrouillen meldeten keine Vorkommnisse. Seit ein paar Tagen war es sehr ruhig in Kabul. Die »Show of force« in den Tagen nach den Feierlichkeiten zu Ehren Massuds hatte also Wirkung gezeigt, zumindest im Stadtbereich. Da niemand wusste, wie lange diese Ruhe halten würde, entschied die niederländische OPZ, möglichst vielen Kommandosoldaten etwas Ruhe zu gönnen. Pflichtbewusst meldete ich mich bei meinem deutschen Vorgesetzten, um ihn über meinen Leerlauf bei den KCT zu informieren. Das hätte ich mal lieber bleiben lassen.

Mein alter deutscher Disziplinarvorgesetzter der Aufklärungskompanie hatte etwa vor einer Woche das Land verlassen. Der Neue, Hauptmann Fiebig, wusste wohl nicht so recht, was er von mir halten sollte. Er verhielt sich relativ kühl und distanziert. Diesem Hauptmann ging es offensichtlich gegen den Strich, kaum Zugriff auf einen Soldaten seines Bereichs zu haben, da dieser ständig »Extratouren« mit den niederländischen Kommandos durchführte. Bei ihm musste es streng nach Vorschrift laufen. So ein Fall wie ich kam aber in den Vorschriften nicht vor. Für mich kam aber auf gar keinen Fall in Frage, freiwillig zu kapitulieren. Meine »Familie«, die niederländischen Kommandos, sollte in dieser Besetzung noch bis Anfang November in Kabul bleiben. So lange wollte ich auf alle Fälle dabei sein. Sonst hätte ich das Gefühl gehabt, ich lasse meine Kameraden im Stich. An all das dachte ich, als ich nun vor meinem Vorgesetzten stand und ihm erklärte, dass die KCT-Soldaten morgen einen Tag frei bekommen sollten. Er schüttelte den Kopf und meinte: »Das geht nicht! Ich kann im Moment auf keinen Mann verzichten.« Aha, dachte ich nur. Dabei verzichtet er doch schon die ganze Zeit auf mich! Was stand denn Wichtiges an, dass er mich auf einmal so dringend brauchte?

Die Aufklärungskompanie war zu diesem Zeitpunkt, wie der Rest des Kontingents, gerade im Wechsel begriffen. Fast täglich landeten Transportmaschinen der Bundeswehr auf dem KIA, brachten neue Soldaten und flogen andere aus. Auch die deutsche Aufklärungskompanie hatte am heutigen Tag drei neue Soldaten bekommen. Es waren Angehörige der Humint-Kräfte, die am nächsten Tag ihre Einführungstour durch Kabul machen sollten. Weil er nicht genug Soldaten zur Sicherung hatte, sollte ich die drei begleiten und einweisen. Na prima. Da hatte ich mal einen Tag frei, und schon kam ein »wichtiger Spezialauftrag« dazwischen. Aber was blieb mir anderes übrig? Disziplinarisch war ich ja Hauptmann Fiebig unterstellt. Es war also sein gutes Recht, mich für diesen Job heranzuziehen. Also fragte ich, wann es denn morgen losgehen und wo ich mich einfinden solle. Dann ging ich betrübt in die »Snedder-Lounge«, wo der Rest meines Teams war.

»Jungs, ich kann morgen leider nicht mit euch in den PX zum Einkaufen fahren. Spezialauftrag von den Deutschen«, erklärte ich ihnen. Sie schauten mich entgeistert an. Mein Teamführer fragte: »Sollen wir versuchen, dich bei deinem Chef freizubekommen? Wir können es wenigstens versuchen.« »Nee, lass mal. Das ist keine gute Idee, glaube ich«, beschwichtigte ich. Mein Standing bei dem deutschen Hauptmann war eh nicht gerade rosig. Wenn sich jetzt mein niederländischer Chef eingeschaltet hätte, wäre die Sache vermutlich noch komplizierter geworden. Ich wollte nicht den Eindruck erwecken, mich bei den Niederländern ausgeheult zu haben, um mich zu drücken. Also lieber die Kröte schlucken. Vielleicht verliert der deutsche Hauptmann irgendwann das Interesse an mir, hoffte ich. Doch es kam anders.

Selbstmordkommando
am Kabul Stadion

Am nächsten Tag ging ich zum vereinbarten Treffpunkt für die Einführungstour durch Kabul. Ein Hauptmann, ein Oberfeldwebel und ein Stabsunteroffizier standen wie aus dem Ei gepellt vor mir. Man sah den Männern an, dass sie gerade erst ins Land gekommen waren. Sie waren frisch rasiert und hatten einen mitteleuropäisch blassen Teint, ihre Uniformen waren tipptopp. Ich dagegen sah aus wie ein Schwein. Nach den vielen Nonstop-Aufträgen in den Tagen zuvor hatte ich noch keine Zeit gehabt, meine Ausrüstung ordentlich zu reinigen, nur das Notwendigste: Waffen und optisches Gerät. Fast vierzehn Tage am Stück war ich mit den Kommandos unterwegs gewesen, und entsprechend sahen ich und meine Ausrüstung auch aus. Dieser Eindruck wurde noch durch die glänzenden Stiefel und sauberen Uniformen der anderen drei unterstrichen. Der Unterschied war frappierend.

Ich stellte mich vor und erklärte ihnen anhand der Karte, welche Strecke wir heute zurücklegen wollten und was es dabei zu sehen geben würde. Auch gab ich ihnen eine kleine Einweisung in die allgemeine Lage in und um Kabul. Die drei hörten sehr interessiert zu und stellten viele Fragen, was mich freute. War ich doch selbst ein neugieriges Kerlchen, das andere mit seiner Neugier in den Wahnsinn treiben konnte. Nachdem sie mich anfangs wegen meiner Aufmachung ein bisschen schräg angeguckt hatten, war ich mir nun sicher, dass wir uns gut verstehen würden. Die drei machten einen aufgeschlossenen und offenen Eindruck auf mich. Zum Schluss unserer Besprechung fragte ich sie noch, ob sie etwas Bestimmtes sehen wollten oder noch irgendwelche Fragen hätten, was sie aber verneinten. Sie wollten nur einen

Überblick über Kabul und, ganz wichtig, die Stimmung aufnehmen, die in der Stadt herrschte. Zwei Fahrzeuge der Aufklärungskompanie standen uns zur Verfügung, ein abgeplanter, ungepanzerter Wolf und ein gepanzerter. Ich teilte die Besatzung natürlich so ein, dass ich – zusammen mit dem Stabsunteroffizier – auf dem abgeplanten Fahrzeug saß. Der Hauptmann und der Oberfeldwebel sollten den gepanzerten Jeep nehmen. Nachdem wir die Funkgeräte gecheckt hatten, meldete ich mich bei der OPZ im Stabsgebäude ab, und wir verließen das Camp Richtung Stadt.

Es war, wie jeden Tag, bereits am Morgen unerträglich heiß. Die ganze Stadt scheint auf Staub und Dreck gebaut zu sein. Wohin man nach all den Jahren Krieg auch schaute, alles war verfallen oder zerstört. Das war umso trauriger, als man dieser Stadt ansehen konnte, wie schön sie vor Jahrzehnten gewesen sein musste. Die Baukunst war an vielen Orten bemerkenswert und erinnerte mich an die leuchtenden Metropolen Europas. Meine drei Gäste zeigten sich fasziniert von dieser Stadt voller Gegensätze. Als wir auf der Jalalabadroad dahinschaukelten, sah ich mir aus den Augenwinkeln den Stabsunteroffizier an, der neben mir saß. Ich erkannte mich selbst in ihm wieder. Vor fünf Monaten war ich ebenfalls in einem Wagen auf dieser Straße mit Alex zu meiner ersten Stadtfahrt unterwegs, und mein Gesichtsausdruck hatte vermutlich so ausgesehen wie der des Stabsunteroffiziers neben mir. Er drückte sich die Nase an der Scheibe platt und versuchte alles, aber auch wirklich alles in sich aufzusaugen. Ich musste schmunzeln, als ich darüber nachdachte, wie schnell doch die Zeit vergeht.

Dass Hauptmann Fiebig mich für diesen Auftrag bestimmt hatte, ging schon okay. Ich war für die Rolle des Fremdenführers durch Kabul perfekt geeignet. Ich kannte die Stadt inzwischen wie meine Westentasche. Meine Kenntnisse resultierten auch aus einem Spiel, das sich die niederländischen KCT ausgedacht hatten. Einige Teammitglieder bekamen bei Fahrten durch die Stadt die Augen verbunden und mussten aufgrund der Geräuschkulisse und gefühlten Atmosphäre herausfinden, wo sie gerade waren. Auf den ersten Blick mag das wie eine spinnerte

Idee klingen. Aber es gab einen ernsten Hintergrund: Es war nämlich die perfekte Übung, um sich auch bei Dunkelheit in dieser Stadt zurechtfinden zu können oder im Falle einer Entführung Angaben zum Aufenthaltsort machen zu können. Ich hatte also den Stadtplan sowie die dazugehörigen Gerüche und Geräusche im Kopf und wusste genau, wie man am besten und vor allem am sichersten dorthin kam, wo man auch hinwollte.

Als Erstes wollte ich zum Interconti, da man von dort aus einen sehr guten Rundumblick auf wirklich alle Teile des Molochs Kabul werfen kann. Die kompletten Ausmaße der Stadt waren von dort oben perfekt zu sehen: Links im Osten lag die City von Kabul, daran schloss sich im Nordosten der KIA an. Etwa einen halben Kilometer entfernt lag in nördlicher Richtung ein Berg, in den eine gigantische Bunkeranlage eingelassen war, randvoll mit Sprengstoff und Munition gefüllt. Die EOD-Kräfte hatten nur einmal einen Blick hineingeworfen und sofort wieder kehrtgemacht. Keine Chance, diese Sprengstoffmassen zu entschärfen – bei einem Unfall wäre der gesamte Berg und bestimmt ein Viertel der Stadt zerstört worden. Im Westen konnte man schön die Polytechnische Hochschule sehen und das Loya-Jirga-Zelt, das noch immer für andere Veranstaltungen genutzt wurde. Sogar der Königspalast, unser nächstes Ziel, war südwestlich in der Ferne zu erkennen.

Als die drei sich einen ersten Eindruck verschafft hatten, setzten wir die Tour fort. Zwischendurch griff ich immer wieder zum Funkgerät und erklärte das eine oder andere, das mir gerade einfiel. Alles verlief bestens und ruhig. Auch die drei Männer wurden immer stiller im Verlauf unserer Tour. Unsere vorletzte Station war der Königspalast im zerbombten Süden der Stadt. Um den Palast herum befinden sich noch heute Gebäude für die ehemaligen Bediensteten des Königs, die einmal sehr schön ausgesehen haben müssen. Der riesige Palast ist komplett geplündert und zum Teil ausgebrannt, eine Folge der sehr heftigen Kämpfe aus der Zeit der Taliban-Herrschaft. In einem der vier kuppelförmigen Türme hatten die Briten einen Beobachtungspunkt eingerichtet.

Etwa vier Stunden waren wir schon unterwegs und fuhren nun zum letzten Punkt, zum Königsgrab, das in der Nähe eines sehr großen Gräberfeldes auf einer kleinen Anhöhe liegt. Von dort hat man einen sehr guten Ausblick auf die große Moschee und das »Olympia«-Stadion von Kabul. Geschützt durch eine ehemals lapislazuliblau strahlende Kuppel, steht der Sarkophag des ehemaligen Königs von Afghanistan genau in der Mitte unter dem Kuppeldach. Als Zaher Schah, der Sohn des toten Königs, über neunzigjährig aus dem Exil zurückgekehrt war, hatte sein erster offizieller Besuch der Grabstätte seines toten Vaters gegolten. Als meine drei Begleiter alles gesehen und mich ausgiebig befragt hatten, entschlossen wir uns, dass es für heute genug war und wir zurück ins Camp fahren wollten. Ich hatte mit den drei Soldaten nichts anderes gemacht als Alex ein paar Monaten zuvor mit mir: eine Einweisung in den Stadtbereich, die Hauptstraßen und einige »Sehenswürdigkeiten« – das war es im Großen und Ganzen. Obwohl ich hier gerade eine »Extratour« der ungewohnten Sorte fuhr, freute ich mich, dass ich den Männern mit meinem Wissen helfen konnte. Müde von den vielen neuen Eindrücken trotteten die drei hinter mir zu den Fahrzeugen. Wir waren noch nicht losgefahren, da ertönte ein Funkspruch: »An alle, meiden Sie Kabul Stadion; an alle, meiden Sie Kabul Stadion, Ende.« Was war dort wohl los?

Die drei Neulinge waren merklich überrascht. Natürlich war auch meine Neugier geweckt. Von unserer Position aus konnte man das Stadion gut erkennen. Ich nahm ein Fernglas, um die Lage näher zu untersuchen, und sah im Umfeld eine Häufung von grünen Punkten, also Soldaten. Die drei stellten keine Fragen, als ich ihnen sagte, dass ich mir die Sache gerne aus der Nähe angucken würde. Bisher war ja alles recht entspannt abgelaufen. Wahrscheinlich dachten sie sich: »Der macht das schon.« Also fuhren wir los – nicht Richtung Camp wie geplant, sondern Richtung Stadion.

Schon nach ein paar Minuten näherten wir uns dem Stadion von Süden auf der Route Indigo, dem Schauplatz des Geschehens. Als das Stadion rechter Hand in Sichtweite kam, drosselte ich die Geschwindigkeit und hielt nach irgendwelchen Hinweisen Ausschau. Die ließen nicht lange auf sich warten: Am linken Straßenrand sah ich mehrere Militärfahrzeuge der ISAF stehen. Schon kam ein deutscher Offizier gestikulierend auf uns zugerannt. Die Dienstgradabzeichen des Majors glänzten silbern in der Sonne, als er unsere beiden Fahrzeuge hinter die dänischen Fahrzeuge winkte, die dort bereits standen. In einiger Entfernung konnte ich amerikanische Fahrzeuge ausmachen. Alle standen sie gedeckt, auf Hinterhöfen oder versteckt in kleinen Gassen. Hier muss irgendwas ganz Großes im Gange sein, folgerte ich. Dann stiegen wir aus.

Der Major winkte uns bereits ungeduldig zu sich. Ich erkannte ihn als Angehörigen der Aufklärungskompanie, der als Reservist nach Kabul gekommen war. Sicherlich war er in seinem Fachbereich unschlagbar – das Problem war nur, dass diese Situation hier eindeutig nicht zu seinem Fachgebiet gehörte. Trotzdem war sein Auftreten von einer gewaltigen Arroganz geprägt. Er war ein braungebrannter Typ mit Gardemaß von etwa eins neunzig und trug seine Haare relativ lang. Es fehlte nur noch die Sonnenbrille. Dass er in der Aufklärungskompanie gelandet war, wunderte mich nicht. Dort landeten alle, die keine feste Bestimmung hatten, genau wie ich. Dazu gehörten reine Aufklärungskräfte der elektronischen Kampfführung, also unsere Abhörspezialisten für Funk und Mobiltelefone, über die Humints bis hin zu dem Fernspähtrupp, der wie ich an die niederländischen Kommandos abgestellt war. Und natürlich auch mehr oder weniger wertvolle Offiziere wie dieser Spezialist hier.

Tatkräftig begann der Major, uns in die Situation einzuweisen. Gemäß amerikanischer Gesprächsaufklärung war auf der Route Blue, gleich am Anfang dieser Hauptstraße ungefähr 300 Meter links vor uns, ein Motel. Vor diesem Gebäude sei ein weißer Kombi geparkt, der – so betonte er mit wichtigem Gesichtsausdruck – mit Sprengstoff beladen sei. Weniger sein theatralischer Gesichtsausdruck als vielmehr der Inhalt seiner Aussage ließ mich schlucken. In dem Motel, so fuhr der Major fort, träfen sich gerade mehrere Personen, nämlich mutmaßliche Terroristen, zu einem konspirativen Gespräch. Ich sah verstohlen in die Gesichter meiner drei Begleiter, ob sich darin ähnliche Fragen abzeichneten, wie sie mir gerade durch den Kopf gingen: Warum erzählst du mir das alles? Was habe ich damit zu tun? Gute Frage!

Ich spähte an den Fahrzeugen vorbei nach Norden und konnte am Anfang der Route Blue ein etwas größeres Gebäude erkennen, bei dem es sich wohl um das Motel handelte. Jedenfalls hatten eine Menge amerikanischer Soldaten das Haus in gehörigem Abstand umstellt. Keiner von ihnen bewegte sich auf das Motel zu, zumindest niemand in Uniform. Afghanische Zivilisten flanierten völlig unaufgeregt herum. Wahrscheinlich hatten sie keine Ahnung von dem hohen Gefahrenpotential. Der Bereich war auch nicht abgesperrt worden. Wenn hier massenweise Amerikaner zugange waren, musste an der Geschichte des Majors etwas Wahres dran sein. Der war voller Tatendrang, aber ich hörte seinen weiteren Ausführungen nur mit halbem Ohr zu und beobachtete weiter die Lage am Objekt. Doch dann dachte ich, ich höre nicht recht. Der gute Mann lief zur Hochform auf: Offensichtlich glaubte er, ausgerechnet er müsse nun etwas unternehmen, um die Lage zu entschärfen. Nun war ich ganz Ohr.

Er hatte auch schon einen Plan im Kopf, wie er uns wissen ließ: »Wenn die Amerikaner sich so passiv verhalten, dann ziehen wir jetzt diese Terroristen aus dem Verkehr.« Wir? Ich schluckte und sah mich um. Wen bitte schön meinte er denn? Mein Blick blieb an meinen drei fassungslosen Begleitern hängen. Doch der Major war schon drauf und dran, unseren Viermanntrupp für den Zugriff einzuteilen. Ich dachte, das gibt's doch nicht! Der Mann musste komplett übergeschnappt sein!

Unwillkürlich fühlte ich mich an einen anderen Major erinnert, der in einem schwachen Moment einen ganz ähnlichen Ansatz der Befehlsausgabe und Menschenführung bewiesen hatte. Zu Beginn meines Einsatzes war der Material-Nachschub noch direkt aus Deutschland bezogen worden. Verpflegung, Wasser, Treibstoff und Bekleidung – also alles, was wir brauchten – wurden in riesigen Flugzeugen vom Typ Antonov AN-124, die die Bundeswehr in der Ukraine gemietet hatte, nach Kabul transportiert. Weil das Wetter schon einige Male die Nachlieferung aus der Luft verhagelt hatte, wurde irgendwann der Sprit knapp. Der deutsche General erteilte daraufhin den Befehl, Diesel nur noch an die Infanteriekräfte auszugeben, damit diese wenigstens ihre Patrouillen in der Stadt durchführen konnten. Besagter deutscher Major wollte jedenfalls auch in die Stadt und fuhr mit seinem Kraftfahrer zur Spritausgabe, die von einem Stabsunteroffizier geführt wurde. Der verweigerte den geforderten Sprit, wie es ihm vom General per Dienstanweisung befohlen worden war. Der arme Soldat wies eisern immer wieder auf den Befehl hin, doch der Major pochte immer lautstärker auf seinen Dienstgrad, legte die Hand auf seine Pistole und machte dem Soldaten klar, dass man die Angelegenheit auch anders regeln könne. Klar, dass der Kamerad sofort den Sprit rausrückte. Später beschwerte er sich über diesen Vorgang. In Deutschland hätte man so was schließlich »bewaffneter Raubüberfall« genannt. Folgen hatte diese Beschwerde nicht. Der Major musste lediglich ein paar Tage Urlaub nehmen, damit Gras über die Sache wachsen konnte. Nach seiner Rückkehr aus Afghanistan bekam er selbstverständlich seine Einsatzmedaille verliehen und konnte nun in Deutschland seine Heldengeschichten zum Besten geben.

Auch der Major am Stadion gehörte in diese Kategorie. Er spielte nicht nur den Helden, sondern zog dabei verdammt noch mal Untergebene mit hinein, die sich seinen Befehlen zu fügen hatten. Während ich noch überlegte, wie ich ihm den Zahn ziehen könnte, weihte er uns bereits voller Enthusiasmus in seinen Zugriffsplan ein: Sobald die drei Terroristen aus dem Gebäude gekommen und in das Auto gestiegen wären, konnten sie aufgrund der Verkehrslage nur noch nach Norden fahren. An diesem Nadelöhr sollten der Hauptmann und der Oberfeldwebel in dem gepanzerten Wolf warten und den Kombi zum Stehen bringen, indem sie ihn gezielt rammten. Der Stabsunteroffizier und ich sollten dann den Zugriff auf die Insassen des Fahrzeugs führen und diese festnehmen. Die Voraussetzungen seien günstig, schließlich sei der Wolf ja gepanzert und bei einer Sprengladung von wenigen Kilo – woher er das wissen wollte, war mir schleierhaft – wäre das aus seiner Sichtweise ja gar kein Problem. Er selbst würde diese Maßnahmen aus der Distanz dirigieren.

Ich betrachtete meine drei Kameraden. Nie zuvor habe ich menschliche Gesichter so schnell ein solches Farbenspiel durchlaufen sehen. Sie hatten begriffen, was der Major von ihnen verlangte, und waren schwer damit beschäftigt, das Gehörte zu verarbeiten. Auch ich dachte nach und überlegte mir, wie der gepanzerte Wolf eine Explosion wohl wegstecken würde. Aus Erfahrung wusste ich: schlecht bis gar nicht. Ob nun gepanzert oder nicht, für so etwas wurde dieses Fahrzeug garantiert nicht gebaut. Selbst wenn die Verdächtigen ihre Bombe gar nicht zünden würden oder statt mit Sprengstoff »nur« mit ein paar Maschinengewehren ausgestattet wären – mit den gerade erst ins Land gekommenen Kameraden, unserer schlechten Ausrüstung und einem übergeschnappten Major als Befehlshaber konnte diese Aktion nur im Desaster enden. Ich war in der Vergangenheit schon bei solchen Zugriffen dabei gewesen. Deshalb wusste ich, dass für solche Operationen mindestens vierzig bis sechzig Soldaten nötig sind. Dazu kommen die entsprechende schwere Bewaffnung und Ausrüstung, gepanzerte Fahrzeuge, Sprengstoff-Spezialisten, Hunde und, und, und. Vor allem braucht man viel Vorbereitungszeit, und man musste die Lage vor Ort mitbedenken. Hier am Stadion war die Straße ziemlich belebt. Es wimmelte von Zivilisten in ihren Autos, Fußgängern und Müttern mit kleinen Kindern. Die Gefährdung des Umfelds war überhaupt nicht zu verantworten. Selbst die kampferprobten amerikanischen OEF-Soldaten mieden den Bereich um das Fahrzeug der mutmaßlichen Terroristen.

Ich kam zu dem Schluss, dass ich dem Major wohl eine kleine Einführung in Sachen Realitätswahrnehmung, Selbstüberschätzung und Verantwortungsgefühl geben musste. Er aber war ein Mensch, der nach der Maxime lebt: »Verwirren Sie mich nicht mit Fakten, meine Meinung steht fest.« Ich meldete mich zu

Wort. »Herr Major, dem Funkspruch zufolge erfolgte ganz klare Weisung, Kabul Stadion zu meiden. Es wurden dort keine Ad-hoc-Zugriffsaktionen befohlen.« »Die Situation ist günstig«, widersprach er. »So eine Chance, Terroristen und Sprengstoff aus dem Verkehr zu ziehen, kann man sich doch nicht entgehen lassen!«

Dem Hauptmann, dem Oberfeldwebel und dem Stabsunteroffizier entglitten nun vollends die Gesichtszüge, genauso wie mir. Es war nicht zu fassen! Der Typ war einfach unverbesserlich: eine Zugriffsaktion auf ein Auto, vermutlich voller Sprengstoff, in einem nicht aufgeklärten Gebiet ohne eigene Sicherungsteile – das widersprach nicht nur jedem taktischen Vorgehen, sondern auch dem gesunden Menschenverstand! So eine Operation war definitiv etwas für das KSK, die KCT oder ähnliche Spezialeinheiten. Und nichts für drei Humint-Kräfte und einen Fallschirmjäger, die sich gerade einmal fünf Stunden kannten! Auch die Bewaffnung unseres Trupps war mehr als lächerlich. Der Hauptmann und der Oberfeldwebel hatten jeweils eine Pistole P8, der Stabsunteroffizier ein Sturmgewehr G36. Ich hatte diese Waffentypen beide am Mann, aber das war's dann auch schon. Die Munition meiner drei Begleiter beschränkte sich auf je dreißig Schuss für die Pistole und ein Magazin mit dreißig Schuss für das Sturmgewehr. Nicht viel also. Wäre es zu einer Schießerei gekommen, hätten wir uns vielleicht dreißig Sekunden über Wasser halten können, dann hätten wir verschossen gehabt – wenn wir nicht vorher bei dem Rammvorgang in die Luft geflogen wären, was sehr viel wahrscheinlicher war. Ich teilte diese Gedanken dem Major mit und wies noch einmal ausdrücklich darauf hin, welche Truppen für so einen Zugriff geeignet wären. »Ist doch alles kein Problem«, meinte er. »Die Kommandos« – und damit konnte er nur die Niederländer meinen, die die einzigen breit aufgestellten Spezialkräfte unserer KMNB waren – »sind doch bereits alle hier im Raum.«

Das war mir neu und kam mir – gelinde gesagt – spanisch vor. Mit einer Mischung aus Zweifel und Hoffnung überprüfte ich mit meinem Funkgerät, mit dem ich immer zu meinen niederländischen Kameraden Verbindung hatte, ob sie sich meldeten. Pustekuchen. Wahrscheinlich kauften sie gerade den PX leer oder lagen wohlverdient in Bagram in der Sonne. Ich wies den Major auf seinen Irrtum hin, der aber zeigte sich unbeeindruckt. »Schluss jetzt mit den Diskussionen. Ich will Taten sehen. Dies ist im Übrigen keine Bitte, sondern ein Befehl!« Wohl oder übel bewegten die drei Humints und ich uns mit den Fahrzeugen von hinten in eine dem Motel gegenüberliegende Seitenstraße. Dann betraten wir zusammen mit dem Major eine zweigeschossige Ruine, um die Lage von dort aus zu sondieren. Während ich äußerlich Folge leistete, hatte ich noch immer vor, den Major von diesem wahnwitzigen Selbstmordplan abzubringen. Ein Blick auf das Motel und den belebten Vorplatz würde ihn hoffentlich zur Vernunft bringen.

Auf der Straße vor dem Gebäude war die Hölle los, wie an jedem Tag. Hunderte von Menschen strömten zu dem angrenzenden Markt und bepackt mit Obst, Gemüse und Haushaltsgegenständen wieder weg. Inmitten dieses Menschengewühls wollte der Major seine Aktion durchziehen? Ich wagte einen erneuten Vorstoß, aber der Major beharrte weiterhin auf dem Zugriff. Da platzte mir endgültig der Kragen. Meine drei Begleiter hatten bis jetzt kein einzigen Ton von sich gegeben. Nun wendete ich mich direkt an sie. »Dann hört mal zu, ihr drei. Wenn wir das jetzt so durchziehen, wie der Herr Major es befiehlt, gibt es zwei Möglichkeiten. Entweder unser Fahrzeug fliegt bei dem Rammvorgang in die Luft, was auch ein gepanzerter Wolf, der danebensteht, nicht aushält. Möglichkeit zwei: Es gibt keine Explosion und die Terroristen springen nach unserem Rammversuch aus dem Fahrzeug und beginnen auf uns zu feuern. In diesem Moment«, wendete ich mich an den Stabsunteroffizier, »kommen wir beide ins Spiel.« Der sah mich unbehaglich an, was sich noch steigerte, als ich fortfuhr: »Wir beide sprinten dann über die Straße, um die Terroristen möglichst schnell kampfunfähig zu machen.« Er schaute mich bedröppelt an und fragte: »Was soll ich machen?«

»Keine Ahnung, was ihr macht«, gab ich zurück. »Ich jedenfalls mache nichts, nada, niente. Ich werde mich irgendwo gedeckt hinlegen und wenn der Spuk vorbei ist, Erste Hilfe leisten.« Sie schauten mich irritiert an. Die drei waren ja kaum vierundzwanzig Stunden im Land – und dann so etwas. Meine Schützlinge taten mir echt leid. Der Major war nicht weniger irritiert. Er wurde nun richtig wütend und brüllte mich an: »Was fällt Ihnen ein? Wer sind Sie überhaupt?« Ich nannte ihm meinen Namen, Einheit und Rang und stellte in ruhigem Ton, aber unmissverständlich klar, dass ich seinen Befehl nicht ausführen werde.

Als er mich immer weiter beschimpfte und zum Gehorsam aufforderte, traf ich einen gewichtigen Entschluss. Ich holte tief Luft und ließ ihn wissen: »Hiermit erkläre ich mich nach Paragraf 6 der VVO« – das ist die Vorgesetztenverordnung der Bundeswehr – »zum Vorgesetzten und befehle meinen Teilen, unmittelbar jetzt mit mir zurück ins Camp zu verlegen.« Da hatte ich meinen Fehler Nummer zwei begangen. Laut Paragraf 6 der VVO darf man sich nur gegenüber gleichrangigen Soldaten zum Vorgesetzten erklären, für höherrangige gilt dieser Paragraf nicht. Der Major wurde kreidebleich. Er hatte wohl mit allem Möglichen gerechnet, aber nicht mit dieser Erklärung. Befriedigt, aber noch mit jeder Menge Adrenalin im Blut, führte ich die drei Neuankömmlinge zurück zu den Fahrzeugen. Hinter uns zeterte der Major immer noch. Bedrückt und schweigend fuhren wir zurück ins Camp.

Unsere Vierergruppe löste sich ohne großen Wortwechsel und ohne Nachbesprechung im Camp auf. Wahrscheinlich waren die drei noch von den vielen Eindrücken der letzten Stunden erschlagen, und auch ich war eher wortkarg. Ich ging sofort zu einem Oberst des J2 und schilderte ihm den Vorfall am Stadion. »Schon gut, Sie haben alles richtig gemacht«, versicherte er mir – was mir auch nicht wirklich helfen sollte. Die Sache hatte nämlich noch ein Nachspiel. Der Major wandte sich mit seiner Version der Story direkt an meinen Disziplinarvorgesetzten, der ja nicht gerade mein bester Freund war. Damit stand ich Hauptmann Fiebig gegenüber wieder einmal nicht gut da. Und das, obwohl ich am Stadion Schlimmeres verhindert hatte. Der Rest des Tages plätscherte so vor sich hin, ich fühlte mich regelrecht betäubt. Nachdem meine niederländischen Kameraden von ihrer Spritztour zurück waren, schüttete ich ihnen mein Herz aus. Sie waren ziemlich aufgebracht. Vor allem darüber, dass der Major behauptet hatte, sie hätten in der Nähe in Bereitschaft gestanden. Nun war es an mir, sie zu beruhigen. Tatsächlich hat sich das Blatt an diesem Tag unwiderruflich für mich gewendet.

Am nächsten Tag hatte mein Team 4.11 einen Termin in der niederländischen Botschaft. Wir wollten mit den Botschaftsangehörigen über die Ortschaft Mayda reden, wo sich unseren Informationen zufolge Taliban-Kämpfer aufhalten sollten. Ein schöner Nebeneffekt war, dass es in der Botschaft immer gutes Essen gab, was man vom Camp nicht behaupten konnte. Auch aus einem anderen Grund waren die Angehörigen der Botschaft interessante Gesprächspartner für uns: Als Diplomaten hatten sie natürlich noch andere Möglichkeiten und Mittel, an Informationen zu kommen – auch weil sie nicht sklavisch an die AOR gebunden waren und sich freier bewegen konnten. Leider hatten sie keine Erkenntnisse über Mayda, nur kleine Informationsfetzen über dieses Gebiet im Allgemeinen ergatterten wir von ihnen. Damit stand für die Kommandos fest: Wir müssen selber dorthin und nachsehen, um unser Lagebild zu vervollständigen. Mit vollen Bäuchen machten wir uns abends zurück ins Camp. Ich hatte keine Ahnung, dass mir der Tag der »Wahrheit« bevorstand.

Am nächsten Morgen erreichte mich die Meldung, dass ich mich bei Hauptmann Fiebig, meinem Chef bei der Aufklärungskompanie, melden solle. Mit einem komischen Gefühl in der Magengegend ging ich gleich nach dem Frühstück zu ihm. Meine Kameraden wünschten mir viel Glück, was ich bitter nötig hatte. Kaum war ich vor ihm angetreten, bombardierte er mich mit Vorwürfen. Es ging – wie sollte es anders sein – um die Sache am Stadion. Allein mein Entschluss, diesen Befehl zu verweigern, war der Inhalt dieses doch sehr einseitigen Gespräches.

Nach minutenlangen Belehrungen versuchte ich Hauptmann Fiebig zu erklären, was mich zu dieser Handlung bewogen hatte. Doch ich drang damit nicht zu ihm durch. Die Lage vor Ort, die Ausrüstung unseres kleinen Trupps und die mangelnde Erfahrung der drei Neuankömmlinge – das war für ihn alles nicht ausschlaggebend. Wieder und wieder, wie bei einer hängenden Schallplatte, musste ich mir anhören, dass es nicht sein könne, an der Kompetenz eines Offiziers zu zweifeln. Als er endlich mit seiner Standpauke fertig war, erteilte er mir einen Auftrag für die Nacht.

Ich sollte ein Aufklärungsgerät sichern, die sogenannte EULe – das steht für »elektronisches Unterstützungsgerät leicht«. Dieses war, südlich hinter dem Camp, auf einem Berg stationiert. Das Gerät befand sich auf einem Jeep und sollte Bewegungen in dem umliegenden Gelände aufklären. Die Botschaft war angekommen: Ich musste also Wache schieben. Nun gut, dachte ich mir, jetzt bloß nicht die Situation eskalieren lassen. Ich ging zurück zu meinem Zelt und griff mir meine Ausrüstung, um mich kurz danach bei den Kommandos abzumelden. Captain Hemskerk, der Chef der KCT, bot mir an, sich einmal mit meinem deutschen Vorgesetzten zu unterhalten. Auch wenn das gut gemeint war von ihm: Ein Gespräch mit so einem Mann würde eh nichts bringen. Von einem niederländischen Offizier würde er sich ebenso wenig überzeugen lassen wie von mir. Bevor die Stimmung zwischen mir und Hauptmann Fiebig noch schlechter würde, solle er es einfach auf sich bewenden lassen, bat ich meinen niederländischen Chef. Ich verabschiedete mich von den Niederländern und begab mich in den Bereich, wo ich die Bediener des Aufklärungsradars treffen sollte.

Den Führer dieser Aufklärungsaktion kannte ich. Er hatte bereits mitbekommen, was für ein Donnerwetter ich über mich ergehen lassen musste. »Die werden dich wohl bald nach Hause schicken«, meinte er mitleidig. Ich zuckte mit den Schultern. Und wennschon. Die Entscheidung über meinen weiteren Verbleib im Einsatzland lag ohnehin nicht in meiner Hand, und mittlerweile war mir alles egal. Dann wies er mich in die Karte ein und erklärte mir unseren Auftrag für die Nacht. Der Dienstantritt fiel mir dann gar nicht mal so schwer: Eine sehr milde und schöne Nacht lag vor uns. Mit zwei Fahrzeugen, auf einem davon die EULe, und vier Männern fuhren wir zu unserem Einsatzort. Auf dem Berg angekommen, wurde das Gerät betriebsbereit gemacht, und die Überwachung begann. Mein einziger Job war, dafür zu sorgen, dass uns niemand zu nahe kam. Ich stellte mein Fahrzeug hinter den Jeep der Aufklärer und machte mich mit der Umgebung vertraut. Völlig deckungsloses Gelände auf diesem kleinen Berg – das erleichterte mir meinen Auftrag ungemein. Niemand konnte unbemerkt hier zu uns heraufgelangen. Vor allem, da die Nacht sternenklar werden sollte und also sehr viel Restlicht zur Verfügung stand. Die Sicht durch mein Nachtsichtgerät war entsprechend außergewöhnlich gut.

Ich hatte alles im Blick. Ruhig, wie es dort oben war, entspannte ich mich langsam. Friedlich betrachtete ich mir den Sternenhimmel über Kabul und dachte auch kurz über meine Situation nach. Ich kam aber zu dem Schluss, dass die Nacht hier oben viel zu schön war, um sinnlos herumzugrübeln. Also nutzte ich die Zeit, um mich mit meinen Kameraden zu unterhalten. Als die Dämmerung begann, bauten wir ab und fuhren zurück zum Camp. Hauptmann Fiebig begrüßte mich mit einem hämischen Grinsen und fragte mich, ob es mir dort oben gefallen habe. »Klar«, sagte ich und erntete daraufhin einen grimmigen Blick. Was wollte er hören? Dass ich »geläutert« von diesem Berg gestiegen war? Eigentlich war es mir auch egal, was er von mir hielt. Einigen Leuten kann man es eh nie recht machen, egal was man tut. Mit knurrendem Magen ging ich mit den Kameraden der EULe zum Frühstück.

Am 19. September 2002 bekamen wir endlich den offiziellen Auftrag von unserer OPZ, in Richtung Mayda aufzuklären. Ob die KMNB über diese Aktion Bescheid wusste, kann ich nicht sagen. Ich glaube aber, dass die Niederländer diese Information weitergegeben haben, um ein gewisses Maß an Rückendeckung zu haben. Es waren nun schon drei Wochen vergangen seit der Begegnung mit den acht Afghanen auf dem Berg, die uns von dem Nest der Taliban berichtet hatten. Endlich kamen wir zu unserem Objekt der Begierde. Ich war gespannt, was wir finden oder herausbekommen würden. Wir mussten uns aber noch ein wenig gedulden. Die Fahrt sollte erst zwei Tage später losgehen. Wir verbrachten die Tage mit Übungen. Die Scharfschützen gingen auf die Schießbahn, die Funker kontrollierten ihre Geräte und reparierten beschädigtes Material, die Sprengstoffspezialisten jagten irgendetwas hoch – kurzum: Jeder war mit etwas beschäftigt, was er gerne tat. Da wir wussten, dass wir uns ziemlich weit außerhalb der AOR bewegen würden, trainierten wir bestimmte Vorgehensweisen, etwa das sogenannte Ausweichschießen, besonders intensiv. Schließlich konnten wir im Falle einer Krise nicht mit schneller Hilfe durch die QRF oder Patrouillen rechnen.

Bereits am Vorabend der Operation machte sich die Anspannung bei allen bemerkbar. Der Start war für die Nacht geplant. Wollten wir uns doch bei Dämmerung dieser Ortschaft nähern. Wir kontrollierten ein letztes Mal unsere Ausrüstung und unsere Waffen, erhielten eine Einweisung in die Wegstrecke und gingen das Verhalten in Notsituationen durch. Dann brachen wir auf: Mayda, wir kommen! Wir kalkulierten mit einer Fahrtzeit von vier bis fünf Stunden. Sehr zügig durchquerten wir Kabul, und ich bemerkte, wie sich meine Laune verbesserte, je weiter wir uns vom Camp entfernten, insbesondere vom Chef der Aufklärungskompanie. Endlich war ich wieder mit meiner »Familie« unterwegs.

Bei Nacht erinnerte die Gegend außerhalb Kabuls an eine Mondlandschaft. Überall sahen wir kleine Krater und Geröllfelder, von einem fahlen, fast bläulichen Licht überdeckt. Ein paar Kilometer vor unserem Ziel verließen wir die Straße. Wir wollten nun über kleinere Wege einen Aussichtspunkt erreichen, um uns einen Überblick zu verschaffen. Die ungeklärte Minenlage in diesem Gebiet regte uns alle nicht besonders auf. Wir verließen uns auf eine einfache Grundregel: Wenn wir einen Weg mit Fahrspuren fanden, wurde er offensichtlich von Einheimischen genutzt, was eine Gefährdung ausschloss – das hofften wir zumindest. Im späteren Verlauf wurden die Straßen und Wege immer schlechter und waren schließlich nicht mehr zu benutzen.

Nur noch die allgegenwärtigen Wadis waren vorhanden. An einigen Stellen stieg sogar mein Teamführer aus dem Fahrzeug und ging unserer Fahrzeugkolonne zu Fuß voran, um das Gelände zu sondieren. Dabei gab er einen fatalistischen Spruch zum Besten: »Das Gute an Minen ist: Man kommt immer nach Hause!« Gott sei Dank passierte nichts.

Als es dämmerte, hatten wir den GPS-Koordinaten zufolge Mayda beinahe erreicht. Wir waren fast am Ziel, als das Wadi endete und wir vor einer zwei Meter hohen Wand aus Erde standen. Hier war kein Weiterkommen für uns. Wir fuhren ein paar Meter zurück und verließen mit den Fahrzeugen das Wadi. Die ganze Zeit zuvor hatten wir uns parallel zu einer größeren Straße bewegt, auf die wir nun umschwenkten. Wir waren erst wenige Meter auf der Straße unterwegs, als wir rechts von uns eine Ortschaft liegen sahen: Mayda, vielleicht noch zwei Kilometer entfernt. Links von uns zog sich eine Hügelkette bis zum Horizont. Plötzlich bemerkten wir Bewegungen auf diesen Bergen. Verflucht, das mussten Wachposten sein! Unsere unbemerkte Annäherung hatte sich somit erledigt. Die Männer bewegten sich auf einmal hektisch hin und her, vermutlich gaben sie unser Auftauchen über Funk durch. Und tatsächlich: Kurz darauf waren auch in der Ortschaft deutlich Bewegungen zu erkennen. Noch viel schlimmer allerdings war das Geräusch, das wir nun hörten: startende Panzermotoren! Uns wurde immer mulmiger zumute. Damit hatten wir nicht gerechnet.

Schon wurden am Ortsrand die schweren Ungetüme sichtbar, eindeutig in unsere Richtung ausgerichtet. Wir standen wie auf dem Präsentierteller in knapp zweitausend Metern Entfernung. Jetzt kommt gleich ein kleiner Lichtblitz und eine weiße Rauchwolke aus dem Panzerrohr, und dann – rumms! – schlägt eine Granate nicht weit von uns ein, dachte ich. Angespannt beobachteten wir weiter, was passierte, hatten aber schon für eine schnelle Flucht die Fahrzeuge gewendet.

Eine Zuordnung dieser hochbewaffneten Verbände war nicht möglich, aber die schnelle Reaktion und die Alarmposten auf den Hügeln sprachen eine deutliche Sprache. Taliban hin oder her: Diese Truppenteile waren uns garantiert nicht freundlich gesinnt. Zumindest hatten die ISAF-Aufschriften auf unseren Fahrzeugen sie nicht davon abgehalten, solche Geschütze gegen uns aufzufahren. Die Sache wurde uns deutlich zu heiß. Endlich setzte unser Teamführer über Funk den erlösenden Ausweichbefehl ab. Sofort fuhren wir an und erreichten kurz darauf Höchstgeschwindigkeit. Nur schnell raus aus dem Wirkungsbereich der Panzer! Keiner von uns wollte abwarten, bis wirklich das Feuer auf uns eröffnet wurde. Unsere Aufklärungsergebnisse mussten erst einmal reichen.

Schon nach knapp zwei Stunden hatten wir den Rand der AOR erreicht. Uns allen wurde es etwas leichter ums Herz. Einer meiner Kameraden sprach uns allen aus dem Herzen: »Zum Glück war das Wadi zu Ende und hat nicht weiter zur Ortschaft geführt!« Wir alle dachten dasselbe. Nicht auszumalen, was passiert wäre, wenn wir noch näher an Mayda und die dort stationierten Verbände herangekommen wären. Hätte sich einer der Panzerkommandanten entschlossen uns anzugreifen, hätten wir keine Chance gehabt.

Zurück im Camp gaben wir im Laufe des Tages unsere Berichte an die OPZ. Diese wurden natürlich auch an die Verantwortlichen der deutschen KMNB weitergereicht. Welche oder ob überhaupt Maßnahmen eingeleitet wurden, weiß ich leider bis heute nicht. Ob Mayda damals die Heimat von Taliban-Verbänden war oder womöglich noch heute ist oder dort Angehörige einer der vielen privaten Armeen irgendwelcher Warlords lebten, wird wohl immer ein Geheimnis bleiben. Allerdings gab es noch jede Menge anderer verlassener Bergdörfer, in denen sich international gesuchte Terroristen gut verstecken können, wie wir am nächsten Tag erstaunt feststellten.

Wir fuhren an diesem Tag sehr weit Richtung Osten, auf der Route Grimson. Schon bald umschlossen uns links und rechts hohe Felswände, die Straße wurde immer steiler. Irgendwann lag die Ortschaft Gazak vor uns, ein unbedeutender kleiner Marktflecken, der uns die Grenze der AOR anzeigte. Wir zögerten nur kurz und fuhren dann weiter in den Talkessel. Unser

Teamführer gab uns über Funk die weitere Vorgehensweise durch: Wir sollten der Straße noch etwa eine Stunde lang folgen und dann umkehren. So fuhren wir durch diese karge Geröll-landschaft. Einmal sahen wir eine kleinere Ansammlung von Hütten in den Bergen liegen, das war aber auch das einzige Zei-chen menschlichen Lebens. Wir fuhren und fuhren, drangen im-mer tiefer in den uns unbekannten Canyon ein, bis wir plötzlich am Horizont eine kleinere Ortschaft vor uns erkannten. Etwas beunruhigt hielten wir an. Wir alle hatten noch die Erfahrungen mit dem mutmaßlichen Taliban-Nest Mayda in den Knochen. Jochem und Lambert blieben bei den Fahrzeugen zum Sichern, ich machte mich mit den fünf anderen auf die Suche nach einem guten Beobachtungspunkt. Wir wollten uns diesen kleinen Ort ein bisschen genauer anschauen. Nachdem wir eine kleine Senke durchschritten hatten, befanden wir uns auf einem etwas über-höhten Punkt, vielleicht 800 Meter von der Ortschaft entfernt. Diese Distanz war ausreichend, um die Ortschaft einer näheren Überprüfung zu unterziehen.

Wir bezogen Stellung und packten unsere Waffen mit den Fernoptiken aus. Was wir zu sehen bekamen, war eine ganz ty-pische, unspektakuläre Szenerie: Eine Menge Afghanen in typi-scher Landestracht – teils mit Esel am Zügel, teils ohne – gingen ihren Geschäften nach. Sie trugen Sandalen, Schlabberhosen und knielange Hemden, hatten Tücher um den Kopf gewickelt und entweder Decken über den Schultern oder alte Armee-Ja-cken an. Das musste nichts bedeuten, sondern war vielleicht ein abgelegtes Kleidungsstück eines Soldaten. Es schien ein ganz normales, beschauliches Örtchen zu sein, ich konnte nichts Ver-dächtiges entdecken.

Plötzlich berührte mich mein Nebenmann leicht an der Schul-ter. Ich sah erstaunt zu ihm hin. Er nickte in eine bestimmte Richtung, auf die ich nun ebenfalls meine Optik ausrichtete. Nun kamen auf einmal sehr viele japanische Geländefahrzeuge in mein Sichtfeld. Ich war sehr verwundert, hier so eine große Anzahl von Fahrzeugen zu sehen. Gerade in kleinen Bergdör-fern waren die Menschen sehr arm und schon froh, wenn sie sich einen Esel als Lasttier leisten konnten. Diese motorisierten japanischen Lastesel aus Blech und Plastik lagen normalerweise weit außerhalb ihrer finanziellen Möglichkeiten. Die Sache wurde also langsam interessant.

Nach circa zehn Minuten kam plötzlich Bewegung in unser Blickfeld. Martialisch aussehende und bewaffnete Gestalten tauchten vor und neben der japanischen Fahrzeugflotte auf. Ich spannte mich an und versuchte, mein Fernrohr so ruhig wie möglich zu halten. Plötzlich zog mein Nebenmann scharf die Luft ein. Auch ich hörte auf zu atmen, als ich eine hagere Gestalt mit strengen, langen Gesichtszügen und gepflegtem, spitz zulaufendem Bart, abgeschirmt durch die Bewaffneten ein Haus verlassen und sich auf die Fahrzeuge zubewegen sah. Mein Nachbar flüsterte nur fragend: »Hekmatyar?«

Ich stutzte und rief mir angestrengt das Bild des Mannes in unserer Identifikations-Mappe ins Gedächtnis. Langsam erschien das Bild vor meinen Augen, und ich war mir nun auch ziemlich sicher. Dieser Mann hier vor meiner Linse musste Gulbuddin Hekmatyar, der Führer der Hezb-e Islami, der »Islamischen Partei« sein. Inzwischen verfolgte das ganze Team jeden seiner Schritte. Hekmatyar stand in einer Traube von Menschen, die sich ihm nur sehr langsam und ehrfürchtig näherten. Auch dieses Verhalten deutete darauf hin, dass wir eine Persönlichkeit von hohem Rang und Ansehen vor uns hatten.

Gulbuddin Hekmatyar war damals ein beinahe ebenso gesuchter Gegner der Amerikaner wie Osama bin Laden. Dieser charismatische Mann, ein sunnitischer Paschtune, war im Krieg gegen die Russen ein von Pakistan, Saudi-Arabien und sogar den USA unterstützter Mudjaheddin-Führer gewesen, der aber standhaft den direkten Kontakt zu den amerikanischen Waffenlieferern verweigerte. Auch nach dem Krieg hatte Hekmatyar großen Einfluss: Er war schon Verteidigungsminister und sogar Regierungschef unter Präsident Rabbani gewesen, und ihm wurde auch das während der Massud-Tage verübte Attentat auf Präsident Karzai im September auf die Fahne geschrieben, war er doch der größte Gegner der proamerikanischen Regierung in Kabul.

Wir guckten alle konzentriert auf die Szenerie. War das wirklich Gulbuddin Hekmatyar, der Führer der Hezb-e-Islami, den wir da klar und deutlich sehen konnten? Hundertprozentig sicher waren wir uns nicht. Aber es reichte uns für den Moment. Die Sache wurde uns nun zu heiß. Sollte das wirklich der Gesuchte sein, würden seine Männer nicht lange fackeln, wenn sie uns entdeckten. Vorsichtig und sehr langsam wichen wir zu unseren Fahrzeugen aus. Dort atmeten wir nur kurz durch und sausten schnell zurück Richtung Kabul. In den Fahrzeugen herrschte betretenes Schweigen. Ich versuchte, mir jede Einzelheit dieses Gesichts, das ich durch mein Spektiv gesehen hatte, einzuprägen und bloß nichts zu vergessen. Im Camp isolierten wir uns sofort und rekapitulierten unser Vorgehen. Reihum berichtete jeder, was er gesehen und erkannt hatte; die Ergebnisse hielten wir auf einem Flipchart fest.

Als alle ihre Beobachtungen geschildert hatten, übergab uns Andrik die Identifikations-Mappe. Er hatte bereits die Seite aufgeschlagen, auf der Hekmatyar zu sehen war. Schweigend wurde die Mappe von Mann zu Mann weitergereicht, bis zu mir. Ich nahm sie an und blickte in zwei Adleraugen, sah den dunklen, sehr gepflegten Spitzbart und das längliche Gesicht mit der hohen Kopfbedeckung. In diesem Moment hatte ich keinen Zweifel, dass es genau dieser Mann war, den wir dort gesehen hatten. Ich starrte auf das Foto und überlegte, welche Konsequenzen dieses brisante Aufklärungsergebnis nach sich ziehen könnte. Nachdem sich alle das Foto in der Mappe angeschaut hatten, fragte Andrik in die Runde: »Was glaubt ihr? War es Hekmatyar?« Alle sieben Mann unseres Teams nickten und sagten unisono, dass sie sehr, sehr sicher seien, dass es Hekmatyar gewesen sei. Das ganze Kommando saß wie auf Kohlen und wartete, wie es nun weitergehen würde. Schließlich fasste ich mir ein Herz und ging noch am selben Tag in die Abteilung J2, um dort direkt Bericht zu erstatten. Der diensthabende Hauptmann hörte sich meinen Bericht aufmerksam an. Jetzt hieß es warten.

Besuch vom Kanzler und ein Ausflug
mit dem deutschen General

Da ich in den letzten Tagen sehr stark eingebunden gewesen war, verordnete mir das niederländische Kommando einen Ruhetag. Mein niederländischer Chef dachte sogar daran, sich bei der deutschen Aufklärungskompanie abzusichern. Dort meldete er, ich sei weiter mit den KCT unterwegs, und rettete mich so vor dem Zugriff meines deutschen Vorgesetzten. Ich fühlte, dass ich einen Tag zum Ausspannen bitter nötig hatte. Einfach mal die Füße und vor allem die Seele baumeln lassen, duschen, rasieren, neue Uniform, dreckige Wäsche abgeben. Das war schon Luxus.

Meinen freien Tag verbrachte ich im Bereich der KCT. Ich wollte nicht Gefahr laufen, jemandem aus der Aufklärungskompanie über den Weg zu laufen. Schon schräg, dachte ich. Jetzt verstecke ich mich schon vor meinen eigenen Leuten, den Deutschen. Vielleicht lag es einfach daran, dass ich ziemlich am Ende war. Der Akku war leer, mein Körper schmerzte. Ständig war ich müde und konnte kaum noch die Füße richtig heben und schlurfte in meiner schlackernden Uniform energielos durch die Gegend. Bei den strapaziösen Einsätzen unter klimatisch extremen Bedingungen hatte ich viel Gewicht verloren. Viel mehr, als ich dachte, wie sich später herausstellen sollte.

Hatte ich schon seit geraumer Zeit eine gewisse »Leck mich am Arsch«-Einstellung gehabt, so potenzierte sich dieses Gefühl nun noch. Es war mir wirklich alles egal. Egal, was der Chef der Aufklärungskompanie in seinem Kämmerlein ausbrütete. Im Stillen freundete ich mich schon mit dem Gedanken an, bald wieder zu Hause zu sein. Das Einzige, was mich in dieser schwierigen Zeit noch aufrecht hielt, war meine enge Bindung zu meinen niederländischen Kameraden der KCT. In ihnen hatte ich meinen »Alex-Ersatz« gefunden, den ich dringend brauchte. Leute, die mich auf den Boden der Realität zurückholten, etwas wie eine Familie. Ich würde das Vertrauen und die Kameradschaft dieser Männer vermissen, wenn sich unsere Wege trennen würden. Aber noch war ich ja da und genoss meinen freien Tag in vollen Zügen.

Bei unserer nächsten Patrouille sollten wir uns einen Überblick über die Anzahl gepanzerter Fahrzeuge in Kabul verschaffen. Diese kleine Inventur wurde regelmäßig gemacht. Dazu wurden einige Kasernen der Polizei und der Armee (auch der privaten Truppen) angefahren, und es wurde nachgeschaut, ob sich seit der letzten Kontrolle etwas verändert hatte. In einige der fraglichen Gebäude hatten wir bisher keinen Zutritt gehabt, und so nahmen wir uns vor, diesen einen Besuch abzustatten. Um hereingelassen zu werden, legten wir uns eine Tarnstory zurecht: Wir erzählten den Leuten einfach, wir hätten die Erlaubnis des Polizeichefs, uns mal die Kasernen anzuschauen. Wir sollten überprüfen, ob wir irgendwie helfen könnten, also die Bedingungen für die dort stationierten Soldaten und Polizisten ein wenig angenehmer zu machen. Und tatsächlich: Bei einem dieser fraglichen Objekte glaubten die Leute uns und ließen uns hinein.

Als wir in der Halle standen, sahen wir etliche Fahrzeuge vom Typ der guten alten T-55 stehen. Die sechs Panzer waren allesamt gut gepflegt. Zumindest äußerlich machten sie einen funktionsfähigen Eindruck, was uns nicht reichte. Wir wollten natürlich wissen, wie gut die Dinger tatsächlich in Schuss waren. Dafür hatten wir so unsere Tricks auf Lager. Am besten behauptete man, dass die Geräte eh nicht funktionieren. Kaum hatte einer von uns diesen Verdacht geäußert, sah ich mit einem müden Lächeln zu, wie zwei Afghanen auf den Panzer krabbelten, die Luken öffneten und den Motor anließen. Er sprang sofort an. Das Schauspiel wiederholte sich noch fünfmal. Wir argwöhnten nämlich bei jedem weiteren Panzer, dass sie uns nur die funktionstüchtigen zeigten. Das wollten sie nicht auf sich sitzen lassen. Also lieferten sie uns den Beweis und ließen die Panzer der Reihe nach an. Mir war klar, warum die alten T-55 alle tadellos intakt waren, warum die Afghanen ihren Waffen beinahe mehr Aufmerksamkeit schenkten und Pflege zuteil werden ließen als sich selbst oder ihren Mitbürgern. Nach 23 Jahren Krieg und dem Gefühl der permanenten Krise, die jederzeit wieder aufbrechen konnte, waren diese Panzer eine Art Lebensversicherung für sie.

Als das Schauspiel vorbei war, beklagten sich die Afghanen bei uns, dass sie wenig Sprit hätten. Solche Probleme kannten wir bei der ISAF nicht. »Wenn wir euch Sprit besorgen, dürfen wir dann mal eine Runde in den T-55 drehen?«, fragte einer aus der Runde. »Aber selbstverständlich!«, ließen sie uns freudestrahlend wissen. Also fuhren wir zurück und besorgten ein paar Kanister Diesel. Die meisten der Jungs waren richtig scharf darauf, einmal mit einem alten russischen Panzer zu fahren. Nachdem wir den Afghanen die Kanister ausgehändigt hatten, fuhren meine Kameraden abwechselnd ein paar Runden auf dem Hof.

Der T-55 bereitete ihnen jedoch nicht unbedingt ein Fahrvergnügen, denn selbst bei offener Luke war die Sicht stark eingeschränkt, die Steuerung war sehr schwergängig. Die Kameraden registrierten, dass die innenliegenden Geräte gut in Schuss waren: Alles war picobello sauber, die beweglichen Teile waren gut geölt und gefettet. Die Afghanen hatten sich am Rand in Sicherheit gebracht und lachten über unsere doch recht unbeholfenen Fahrversuche. Ich ließ meinen holländischen Kameraden den Vortritt und amüsierte mich köstlich. Schmunzelnd dachte ich darüber nach, ob vielleicht einer dieser Panzer oder dieser Männer vor noch nicht allzu langer Zeit bei der Aktion »Kabul Garrison« dabei gewesen war. Möglich wäre es, lag diese Kaserne doch ganz in der Nähe zu dem Gebäude, in dem sich damals unser vorgeschobener Gefechtsstand befand. Wir hakten diesen Besuch als vertrauensbildende Maßnahme mit Spaßfaktor ab und verließen bald darauf das Gelände, um unsere Zählung an anderen Standorten fortzusetzen.

Im Camp machte ich mir Gedanken über eine weitere Verlängerung meines Engagements in diesem Land. Die Kommandos hatten bereits ihren Out-Termin erhalten, es war der 3. November 2002. Ich wollte ebenfalls bis zu diesem Zeitpunkt bleiben, um möglichst gemeinsam mit ihnen Afghanistan zu verlassen. Also schrieb ich meinen Antrag auf Verlängerung – allerdings mit sehr geringer Aussicht auf Erfolg, wie mir selbst klar war. Mein Verhältnis zu Hauptmann Fiebig von der Aufklärungskompanie war seit dem Vorfall am Stadion vollends beschädigt. Ich konnte mir kaum vorstellen, dass er mein Ansinnen unterstützen würde, und hoffte darauf, dass der Chef der KCT meine Verlängerung würde durchsetzen können. Er hatte mir bereits signalisiert, dass er es gerne sehen würde, wenn ich bis zum Wechsel der Kommandos bei ihnen bliebe. Meine Teamkameraden und ich hatten uns nicht nur aneinander gewöhnt und jede Menge gemeinsam erlebt, sondern eine feste Freundschaft geschlossen. Mit bangem Gefühl gab ich meinen Antrag bei der Aufklärungskompanie ab.

Wir hörten, dass die Amerikaner ein großes Waffenlager gefunden hatten. Über zehntausend AK-47-Sturmgewehre mit der notwendigen Munition sollen ihnen in die Hände gefallen sein. Die KCT hatten zwar bereits die verschiedensten Waffen zur Verfügung, wurden aber trotzdem hellhörig. Waren sie doch der Auffassung: Waffen aller Art kann man nie genug haben. So fuhren wir zu den Amerikanern mit einem Ersuchen, uns zu Ausbildungszwecken ein paar der russischen Sturmgewehre zu überlassen. Die Amerikaner waren ganz aufgeschlossen und meinten: »Kein Problem. Aber ihr müsst uns im Tausch etwas anderes geben.« Eine Hand wäscht halt die andere. Ihre Wünsche waren eher banal. Sie brauchten Plastikteller, Becher und Besteck – Dinge, die im deutschen Kontingent zur Genüge vorhanden waren. Ich organisierte über unsere Küche das Geforderte in kürzester Zeit. Am Abend hatte ich bereits alles zusammen.

Der amerikanische Materialverantwortliche freute sich wie ein kleines Kind über die Unmenge an Plastikbesteck, die Amis hatten nämlich im Moment einen Engpass bei diesen Artikeln. Ich wunderte mich, dass es selbst bei den Amerikanern mit ihren finanziellen Mitteln und der perfekten Logistik zu Engpässen in der Versorgung kam. Das zeigte mal wieder, wie weit wir hier vom Schuss waren. Trotzdem hatte bei der Übergabe alles seine Ordnung: Er überrreichte mir, mit einem Beleg, zehn Sturmgewehre und zehntausend Schuss Munition für diese. Als wir alles aufgeladen hatten, fuhren wir zurück ins Warehouse und begannen, die Waffen und Munition in unseren Container einzulagern. Die Niederländer freuten sich tierisch über diesen Zugewinn.

Der Bundeskanzler hatte sich für Ende September angesagt. Gerhard Schröder wollte bereits zum zweiten Mal Camp Warehouse besuchen. Beim ersten Mal hatte er fast im Schatten des »Kaisers«, Franz Beckenbauer, gestanden. Der war im Frühjahr mitgereist, um für die Fußball-WM in Deutschland die Werbetrommel zu rühren. Er hatte damals jede Menge Trikots und Fußbälle als Geschenke für afghanische Schulen dabei und stahl unserem Kanzler fast die Show. Was natürlich auch daran lag, dass dieses Volk sehr fußballbegeistert ist und Franz Beckenbauer kein Unbekannter war.

Allerdings hatten wir vor Schröders Besuch noch einen anderen Auftrag. Einen Tag vorher sollte in der Polytechnischen Hochschule von Kabul eine Handelskonferenz mit internationalen Vertretern der Wirtschaft stattfinden. Auch Präsident Karzai sollte teilnehmen, deshalb wurde die Absicherung mit ISAF-Truppen unterstützt. Die niederländischen Kommandos sollten die erweiterte Sicherung im Außenbereich übernehmen. Am Morgen fuhren wir zum Haupteingang der Polytechnischen Hochschule. Dort ließ sich auch unser vorgeschobener Gefechtsstand nieder. Nachdem wir uns alle mit den Örtlichkeiten vertraut gemacht hatten, wurden die verschiedenen Teams eingewiesen und für bestimmte Aufgaben eingeteilt. Wir, das Team 4.11, wurden zur Sicherung des Haupttores und unseres Gefechtsstandes eingesetzt. Dazu parkten wir unsere Fahrzeuge so, dass sie den Zugang zum Haupteingang der Hochschule behinderten und vorbeikommende Fahrzeuge die Geschwindigkeit drosseln mussten, wenn sie an uns vorbeiwollten. Wir stellten uns neben diese Barriere und beobachteten die Lage.

Außer mit der sengenden Hitze hatten wir mit Staub zu kämpfen. Neben der Hochschule befand sich der große Platz, auf dem die Loya Jirga stattgefunden hatte. Von dort wehte eine Menge Staub und Sand zu uns herüber, was sehr unangenehm war. Auch auf der Straße vor der Hochschule lag eine leichte Sandschicht, die bei jeder Böe aufgewirbelt wurde und uns in der Nase kitzelte und in den Augen brannte. Dann kam ein Fahrzeug der Stadtwerke auf uns zu und versprach eine Besserung der Lage. Der große rote Tankwagen, der wie ein alter 5-Tonner der Bundeswehr aussah, hatte vorne eine Sprengvorrichtung, mit dem er die Straße wässerte, um das Staubproblem zumindest für eine Weile zu verringern.

Der Wagen kam langsam auf uns zu, bis ich ihn per Handzeichen aufforderte, stehen zu bleiben. Der Fahrer hatte meine Geste auch registriert und drosselte sein Tempo. Allerdings stellte er seine Bewässerungsvorrichtung nicht ab, sodass mir ein Schwall Wasser über meine Stiefel und Hosenbeine spritzte. Ich war so sauer, dass ich den Mann aus seinem Führerhaus zog und ihn anschrie. Ich stand da, mit nassen Füßen und Hosenbeinen, und schüttelte den armen Kerl durch, während ich ihn auf Deutsch anschrie. Er verstand natürlich kein Wort und sah mich nur ängstlich an. Schon nach fünf Sekunden wurde mir die Lächerlichkeit meiner überdrehten Reaktion klar und ich ließ den armen Mann los.

Er sah mitgenommen aus und sackte fast vor mir zusammen. Ich musste ihn mir wieder greifen. Dieses Mal aber, damit er nicht umkippte. Als er sich gefasst hatte, zeigte ich ihm durch Gesten, dass er weiterfahren könne. Erleichtert stieg er in sein Fahrzeug, ich schaute ihm erst nachdenklich nach und dann in die Gesichter meiner Teamkameraden, die ebenso nachdenklich mich ansahen. Jochem kam auf mich zu und klopfte mir aufmunternd auf die Schultern. Nun schüttelte ich selbst den Kopf darüber, wie dünnhäutig ich mit zunehmender Einsatzdauer geworden war. Normalerweise konnte mich nichts so leicht aus der Ruhe bringen – und eben hatte ein harmloser Wasserschwall genügt, um mich beinahe aus der Haut fahren zu lassen. Das gefiel mir nicht, so gefiel ich mir nicht. Fast bereute ich, vor kurzem meine Verlängerung beantragt zu haben. Vielleicht wäre es besser, das Land so bald wie möglich zu verlassen. Ich war am Ende, meine Nerven waren bis zum Zerreißen gespannt, wie meine überzogene Reaktion auf diesen kleinen Vorfall bewies.

In Gedanken versunken, fast komplett in mich gekehrt, verbrachte ich den Tag vor der Hochschule, um die Handelskonferenz abzusichern. Glücklicherweise passierte sonst nicht mehr viel, was auch gut war. Denn nach dem Vorfall konnte ich mich kaum noch auf meine eigentliche Aufgabe konzentrieren. Auf dem Weg zurück ins Camp saß ich still auf dem Rücksitz und ließ mir alles noch einmal durch den Kopf gehen. Mein Team half mir dabei, indem es mich einfach in Ruhe ließ. Sie spürten wohl, dass ich die Sache gerade mit mir selbst ausmachte. Für diese Rücksicht war ich ihnen sehr dankbar.

Der Tag des Kanzlers war da. Das ganze Camp vibrierte und brummte vor hektischer Betriebsamkeit. Ich hatte mir vorgenommen, nah, ganz nah an Gerhard Schröder heranzukommen, da ich ihn vom Typ her sehr sympathisch fand. Schröder, durch und durch Medienmensch, traf einfach immer den richtigen Ton, wo auch immer er sich befand. Bis auf sein »suboptimales« Verhalten nach der verlorenen Bundestagswahl kann man ihm nichts vorwerfen, finde ich. Ich wollte die Gelegenheit nutzen und ihm wenigstens einmal die Hand schütteln. Die Bedingungen dafür waren ganz gut. Die Kommandos waren nur in den Konvoi vom Flughafen zum Camp eingebunden, ansonsten hatten wir an diesem Tag keine weiteren Aufträge oder Sicherungsmaßnahmen durchzuführen. Nachdem die Fahrzeugkolonne im Camp angekommen war, machte ich mich Hals über Kopf auf zum Stabsgebäude, da Schröder dort eine Einweisung in die Lage des deutschen Kontingents erhalten sollte. Meine niederländischen Kameraden hatten mir im Davoneilen noch grinsend viel Spaß mit dem deutschen Kanzler gewünscht – und den sollte ich auch haben.

Ich harrte mit etlichen anderen Neugierigen aus. Als das Briefing des Kanzlers zu Ende war, öffnete sich die Tür, und Schröder kam zusammen mit General Schlenker heraus. Der Kanzler strahlte alle Soldaten um ihn herum an und wechselte mit dem einen oder anderen auch ein paar Worte. Ich hatte mich bereits in die Schlange eingereiht und wartete gespannt, dass er zu mir käme. Endlich war ich an der Reihe, Schröder ging auf mich zu und schüttelte mir die Hand. Punkt eins auf meiner Liste war damit abgehakt. Nun konnte Punkt zwei folgen. Mit einem Grinsen sagte ich: »Herr Bundeskanzler, Ihre Haare sind aber wirklich gefärbt!« Auch er musste lachen und sagte nur grinsend: »Ach hörn'se auf, hörn'se auf! Alles Gute weiterhin!«, drückte noch einmal kurz meine Hand und entschwand. Punkt zwei, der mir auf der »Seele« gebrannt hatte, war damit auch erledigt. Befriedigt und mit einem Lächeln auf dem Gesicht ging ich zum Mittagessen. Hatte mir das kurze Intermezzo mit dem Kanzler meine Meinung über ihn doch bestätigt. Einfach ein sympathischer Mensch, egal welcher Partei er angehörte oder wie gut seine Politik war.

Dann stand schon das nächste Intermezzo mit einem »hohen Tier« an: Der Chef der KMNB, General Schlenker, plante eine Fahrt Richtung Paghman mit uns. Da die KCT gute Aufklärungsergebnisse aus dieser Gegend geliefert hatten, wollte er sich nun einen persönlichen Eindruck von der Lage vor Ort verschaffen. Ich begrüßte das, denn bislang hatte ich den General als Ordnungsfanatiker mit zweifelhaften Prioritäten kennengelernt. Er wollte ein Kasernenleben wie in Deutschland – dabei waren wir in Afghanistan und führten einen der bislang heikelsten Auslandseinsätze in der Geschichte der Bundeswehr durch! Hier war alles andere als heile Welt, weshalb seine Igel-Taktik alles andere als angebracht war. Er war bislang dadurch aufgefallen, mehr und mehr Personal zur Kontrolle der Lagerordnung einzusetzen. Das hatte für ihn den Vorteil, dass drinnen Zucht und Ordnung herrschten und draußen die Gefahr von Zwischenfällen mit deutschen Teilen minimiert wurde. Wer nicht rausfährt, kann auch keine Fehler machen.

Bereits zuvor hatte ich den besten Beweis für meine Einschätzung des Generals erhalten. Als ich ein paar deutsche Kameraden besuchte, lief mir der Adjutant des Generals ziemlich aufgeregt über den Weg. Ich kannte den Mann aus Deutschland und fragte ihn, was denn los sei. »Weißt du, wo ich ein Bügeleisen und ein Bügelbrett herbekomme?«, wollte er von mir wissen. Wie bitte? Das konnte wohl nicht sein Ernst sein! Ich zog ihn mit mir ans Fenster: »Was siehst du hier, Kamerad?«, fragte ich ihn in aller Seelenruhe. Er brauchte nicht lange überlegen und sagte »nichts!«. Diese Übung hatte er schon mal bestanden. »Richtig, wir sind nämlich in Afghanistan!«, kommentierte ich seine Einsicht. »Wozu brauchst du denn ein Bügeleisen?«, wollte ich von ihm wissen. General Schlenker wünsche, dass seine Uniform gebügelt werde, war die Antwort. Er wolle bei Besprechungen adrett aussehen. Aha, dachte ich mir, die Sorgen möchte ich mal haben. Später fiel mir auf, dass die Uniform des Generals tatsächlich gebügelt aussah – wo auch immer der Adjutant das Bügeleisen besorgt haben mag.

Ich hatte ja auch schon meine eigenen Erfahrungen mit den seltsamen Prioritäten von General Schlenker gemacht. Ich war nämlich im Camp von unseren Feldjägern »geblitzt« worden. Im gesamten Bereich des Warehouse galt eine Höchstgeschwindigkeit von 15 Stundenkilometern, was wegen der vielen Soldaten, die dort unterwegs waren, und natürlich auch wegen der Staubentwicklung sinnvoll war. Als ich mich an diesem Tag in mein Fahrzeug setzte und offensichtlich einen Tick zu schnell anfuhr, war es passiert: Mit 18 Stundenkilometern wurde ich »aufgeschrieben«, was eine Meldung an meinen besten »Freund«, den Chef der Aufklärungskompanie, nach sich zog. Da ich beileibe nicht der Einzige war, dem so etwas mal passierte, gab es in aller Regel keine Konsequenzen. Trotzdem hatte ich ein komisches Gefühl, hier im Camp Radarkontrollen über mich ergehen lassen zu müssen. Typisch deutsch, dachte ich nur.

Mit all diesen Erfahrungen im Hinterkopf war ich natürlich gespannt, was für ein Bild der General bei unserem Ausflug nach Paghman abgeben würde. Besonders neugierig waren wir auf seine Reaktion, wenn wir den Rand der AOR erreichen würden. Am Vormittag des 1. Oktober fuhren wir vom KCT-Team 4.11 mit zwei niederländischen Fahrzeugen und natürlich unter besonderer Beachtung der erlaubten Höchstgeschwindigkeit vor das Stabsgebäude, um General Schlenker abzuholen. Dort warteten bereits zwei Fahrzeuge der deutschen Feldjäger, in denen sich die Personenschützer des Generals befanden. Das waren gutausgebildete Leute, die aber durch ihren für solche Fahrten völlig ungeeigneten 08/15-Wolf der Bundeswehr echt gehandicapt waren. Ich kannte das Problem schon, deshalb hatte ich wenige Tage zuvor mit den drei Fernspähern die zwei deutschen Wolfs, die uns zur Verfügung standen, umgebaut.

Als Erstes planten wir das Fahrzeug ab, damit wir in einer Gefahrensituation schneller und leichter das Fahrzeug verlassen könnten. Aus dem gleichen Grund mussten die Frontscheiben dran glauben: Wir klappten die Scharniere nach vorne und befestigten die Scheiben in den dafür vorgesehenen Halterungen auf der Motorhaube. An den Seiten brachten wir Ablagen aus Unterlegblechen an – eine prima Methode, um unsere Rucksäcke, Wasser-Kanister und Verpflegung zu verstauen. Doch die Schrauberei an dem Wolf ging noch weiter: Einen der Rücksitze drehten wir um 180 Grad, sodass einer ständig nach hinten beobachten und sichern konnte und sich dabei nicht den Hals verrenken musste. Zu guter Letzt befestigten wir eine solide Eisenstange am Überrollbügel des Fahrzeugs. Diese reichte vom höchsten Punkt bis hinunter zur Motorhaube und hatte eine lebenswichtige Funktion: unsere Hälse vor über die Straße gespannten Drähten zu schützen. Quasi alle anderen NATO-Nationen haben solche Drahtabschneider oder auch »Wirecutter« fest an ihren Fahrzeugen installiert, und wir wollten nicht die Einzigen sein, die »ohne Kopf« herumfuhren. Nachdem wir fast den ganzen Tag an dem Jeep gewerkelt hatten, schauten wir uns stolz das Ergebnis an. So, wie der Wolf nun vor uns stand, war er optimal für unsere Aufgaben und auch die bevorstehende Erkundungstour mit General Schlenker gerüstet.

Schon am nächsten Tag wurden wir im Camp von einem technischen Offizier der Bundeswehr auf die Umbauten an unserem

Wolf angesprochen. Sein einziger Kommentar dazu war: »Sofort wieder in den Urzustand versetzen, ansonsten lege ich das Auto still!«. Ich kam mir vor wie in einer deutschen Kreisstadt beim DEKRA-Gutachter und verstand die Welt nicht mehr. Sollten wir Deutsche weniger Schutz als Soldaten aus anderen Ländern genießen, nur weil die deutsche Straßenverkehrsordnung und die Vorstellungen des TÜV dagegensprachen? In einem Land, in dem die deutsche Straßenverkehrsordnung und die Meinung des TÜV so irrelevant waren wie nur sonst was? Dabei hatten wir weder an den Bremsen noch an den Gurten oder anderen sicherheitsrelevanten Einrichtungen des Jeeps etwas geändert. Wir hatten lediglich Verbesserungen allgemeiner Art durchgeführt, Dinge, die uns das Leben leichter machten, ja sogar unser Leben sicherten. Wohl oder übel machten wir uns daran, den Wolf wieder in seinen ursprünglichen, vom deutschen TÜV abgesegneten Normalzustand zu bringen. Nach einem weiteren halben Tag Arbeit hatten wir der Vorschrift Genüge getan – und zwei Fahrzeuge zur Verfügung, die so tauglich waren wie ein Ruderboot für eine Atlantik-Überquerung.

Den General konnten wir unmöglich dieser Gefahr aussetzen, weshalb wir uns einig waren, dass er im zweiten Fahrzeug der Niederländer, ausgerüstet mit professionellen Wirecuttern und fest installierten, schwenkbaren Maschinengewehren, sitzen sollte. Die beiden TÜV-kompatiblen Fahrzeuge der Feldjäger würden dann die Nachhut bilden. Ich saß im gleichen Fahrzeug wie der General, genau hinter ihm, und wunderte mich über seinen Aufzug. Er hatte seine Ärmel hochgekrempelt und einen Tropenhut auf. Ich fragte ihn, ob er seinen Anzug nicht verändern wolle. Bei unserer Fahrt im abgeplanten Wolf würde es sehr staubig zugehen. Sogar ein Sandsturm lag im Bereich des Möglichen, und der mit Staub und Steinchen vermischte Wind konnte so scharf sein, dass man sich davon sogar Schnittverletzungen zuzog. Ich bot ihm sogar fürsorglich einen »Shemag«, ein um den Kopf zu wickelndes Tuch, und eine Staubschutzbrille an, was er aber ablehnte. Nun gut, dachte ich, wer nicht will, der hat. Und so fuhren wir los.

Zügig durchfuhren wir den nördlichen Teil Kabuls und erreichten den Stadtrand. Nach zwei Stunden waren wir am Rand der AOR bei Paghman angekommen. Als uns die afghanischen Wachposten sahen, winkten sie uns schon freundlich zu. Wir hatten uns rar gemacht in der letzten Zeit. Insgeheim hoffte das ganze Team, dass der General von Neugier getrieben mit uns zu dem Haus von Janjalani aus der Gruppe Abu Sayyaf fahren wollte. Exakt am Rande der AOR blieb unser kleiner Tross stehen. Alle Augenpaare schauten auf den General und warteten, was nun passieren würde. Der gab unmissverständlich zum Ausdruck, dass es ihm reiche und er nicht weiterfahren wolle. Mein Teamführer Andrik hakte nach und sprach ihn darauf an, ob er die Chance einer Kontaktaufnahme zu Janjalani, auf die wir ja die ganze Zeit hingearbeitet hatten, nicht nutzen wolle. »Nein«, sagte der General, »die AOR wird nicht verlassen.« Dabei musste er als Chef der KMNB wissen, dass wir genau das bereits mehrfach getan hatten. Schließlich waren unsere Aufklärungsergebnisse immer der OPZ der KMNB mitgeteilt worden. Meine niederländischen Kameraden konnten ihre Fassungslosigkeit kaum verbergen. Sollte alles für die Katz gewesen sein? Ich weiß bis heute nicht, ob irgendwann später eine ranghohe Person der KMNB mit Janjalani gesprochen hat. Jedenfalls war in späteren ISAF-Karten, und zwar bereits zwölf Monate später, der Grenzverlauf der AOR ausgedehnt worden, sodass Janjalanis Haus innerhalb des Zuständigkeitsgebiets der KMNB lag.

Für den General dürfte unschwer zu erkennen gewesen sein, dass wir enttäuscht waren, da wir alle betreten schwiegen. Er guckte sich aus dem Fahrzeug heraus ein bisschen die Gegend an und stieg tatsächlich einmal an der Grenze zur AOR aus. Er gab aber keine Anzeichen, auch nur ein Wort mit den dort stationierten afghanischen Wachleuten wechseln zu wollen. Weil das alles zu nichts führte, traten wir bald die Rückfahrt an, die auf Wunsch des Generals von einigen Pausen unterbrochen wurde. Er wurde auf den Feldwegen durchgeschüttelt und ordentlich eingestaubt, dazu brannte die Sonne unerbittlich vom Himmel. Auf seinen Armen zeichnete sich bereits ein Sonnenbrand ab. Nochmals bot ihm einer meiner Kameraden einen »Shemag« und eine Staubschutzbrille an, doch er blieb stur. Nach ungefähr fünf Stunden erreichten wir das Camp. Der General machte einen ziemlich mitgenommenen Eindruck. Das KCT-Team trat zum Schluss dieses kleinen Ausflugs an, um sich von General Schlenker zu verabschieden. Der würdigte das Team mit einem kernigen Spruch: »Nun weiß ich, was es heißt, ein Kommandosoldat zu sein!« Wir schauten uns nur verdutzt an und dachten uns unseren Teil. Gestützt durch einen Feldjäger, verschwand der General im Stabsgebäude. Wave and smile!

Obwohl wir keine großen Anstrengungen hinter uns hatten, war unsere Stimmung am Boden. Schließlich hatten wir in den letzten Wochen einen echten Knochenjob gehabt, um den Kontakt zu dem Führer der Abu Sayyaf herzustellen. Und nun wurde das Ergebnis unserer Arbeit und die daran anknüpfende Chance einfach so ignoriert. Das fühlte sich alles andere als gut an.

Schon in der Nacht ging unser nächster Auftrag los: die Beobachtung und Aufklärung von Schmugglertätigkeiten. Die waren südlich hinter unserem Camp erkannt worden. Nicht direkt hinter der Begrenzung des Camps, so dreist waren die Schmuggler dann doch nicht. Sie nutzten das Gelände, das wenige Kilometer hinter dem Camp steil nach oben führte, auf Höhen von 2500 bis zu 3000 Metern. Wir hatten also mal wieder eine kleine Bergtour vor uns. Da wir »nur« beobachten sollten und nicht eingreifen, richteten wir uns auf eine relativ ruhige Nacht ein. Und so kam es dann auch. Trotz der Ausgangssperre konnten wir jede Menge Bewegungen in diesem Bereich ausmachen, womit wir alle nicht gerechnet hatten. Kleinere Trupps, teilweise mit vollbeladenen Eseln, zogen über die Berge Richtung Kabul und verschwanden in der Stadt. Zu gerne hätten wir diese kleinen Karawanen angehalten, um herauszubekommen, was denn da in die Stadt transportiert wurde, mitten in der Nacht.

Als wir am Morgen des 3. Oktober ins Camp zurückkamen, war bereits alles für den »Tag der Deutschen Einheit« vorbereitet. Es sollten Veranstaltungen und Spiele zur allgemeinen Belustigung stattfinden. Eine Art »Spiele ohne Grenzen« mit Fußballturnieren, Dosenwerfen, LKW-Ziehen, Sandsack-Weitwerfen. Beliebt war auch das »Waffen-Puzzle«: Fünf Waffen wurden in Einzelteile zerlegt, auf einen Haufen gelegt, und auf Kommando mussten fünf Leute probieren, die Dinger wieder zusammenzusetzen. »Brot und Spiele« nannten wir das Theater zynisch und freuten uns trotzdem über die Abwechslung. Hauptmann Fiebig von der Aufklärungskompanie gelang es allerdings, mir einen Strich durch die Rechnung zu machen. Er ordnete an, dass ich zusammen mit drei deutschen Fernspähern – Marcel, Oli und Björn waren nach ihrem dreimonatigen Einsatz inzwischen durch Nachrücker, die auch den KCT unterstellt wurden, ausgetauscht worden – die Feier vom Dach des Stabsgebäudes aus überwachen sollte. Na toll, sagte ich mir. Wozu hatten wir denn eine reguläre Wache? Konnte die nicht die Sicherheit des Camps gewährleisten?

Ich war zwar sauer, aber ehrlich gesagt hatte ich schon fast mit so etwas gerechnet. Wir fluchten und schafften unsere Ausrüstung hoch aufs Dach. Dort übernahm jeder von uns eine Hausseite zur Überwachung, auf Deutsch: vier Mann, vier Ecken. So lag jeder für sich von acht Uhr früh bis gegen 22 Uhr auf diesem Dach in der gleißenden Sonne und schmorte vor sich hin, während unten im Camp die Leute ihren Spaß hatten und ausgelassen feierten. Wenigstens drang etwas Musik zu uns nach oben.

Plötzlich ging hinter uns die Dachluke auf. Ich rechnete damit, im nächsten Moment das grinsende Gesicht unseres Chefs der Aufklärungskompanie zu erblicken, aber dem war nicht so. Wäre er es gewesen, er wäre wohl vom Dach geflogen, so sauer waren wir auf ihn. Wir bekamen sehr willkommenen Besuch: Unsere niederländischen Kameraden stiegen zu uns aufs Dach, vollbeladen mit Essen und Softdrinks. Mir knurrte augenblicklich der Magen bei diesem Anblick. Ich hatte gar nicht gemerkt, wie hungrig ich war. Dabei wurde unter uns gegrillt, der Duft von gebratenem Fleisch hing die ganze Zeit in der Luft. Abwechselnd aßen wir mit unseren Kameraden der Kommandos und hatten so wenigstens ein bisschen Spaß auf diesem Dach. Sonst kümmerte sich nicht eine Menschenseele um uns oder fragte sich, wie wir dort oben zurechtkämen. Aber unsere »Familie« kümmerte sich um uns. Wir merkten mal wieder, dass auf unsere niederländischen Kameraden Verlass war.

Nach dieser Aktion war mir sonnenklar, dass ich bei diesem Chef nie und nimmer meine Verlängerung durchkriegen würde. Und so begann ich zu überlegen, wie ich das irgendwie anders hinbekommen könnte. Kurz nach zehn verließen wir unseren glorreichen Beobachtungspunkt. Eine Dusche hatten wir alle bitter nötig. Dann noch ein Dienstabschluss-Bier in der »Snedder-Lounge«, und so nahm der Abend für uns vier doch noch ein versöhnliches Ende.

In den kommenden Nächten bezogen meine Kameraden von den KCT und ich immer wieder unsere nächtlichen Beobachtungspunkte im Gebirge und sahen diese kleinen Trecks aus den Bergen kommen. Wir dokumentierten jede dieser Bewegungen und meldeten sie am nächsten Tag an unsere OPZ. Wir erwarteten quasi täglich den Befehl zur Durchsuchung dieser Karawanen – aber der blieb, zu unserem Leidwesen, aus. Langsam wurde die Sache wirklich langweilig. Der einzige Trost war (mal wieder) Radio Andernach. Je nachdem welcher Soldat sich als DJ versuchen durfte, lief mal eine Stunde Hardrock oder Techno – was ja ganz nett war. Aber wenn der moderierende Kamerad uns direkt ansprach, sein »toi, toi, toi für die Kameraden auf schwieriger Mission – und passt auf euch auf!« durchgab und die CD mit unserer Wunschmusik einlegte, die wir zuvor beim Sender abgegeben hatte, waren wir selig. Und so lagen wir mit unseren Headsets in den Bergen und lauschten Radio Andernach. Als der DJ mein Lieblingslied »Runaway« der irischen Band The Corrs spielte, musste ich fast aufpassen, nicht mitzusummen.

Nach unserer zweiten oder dritten Nacht in den Bergen erreichten wir um vier Uhr früh das Camp. Ich wollte nur noch aus meiner Uniform raus und duschen. Also ging ich zu den nagelneuen Waschcontainern und wollte die Tür öffnen – aber nichts passierte. Abgeschlossen? Was soll das denn?, dachte ich. Mit Badelatschen, kurzer Hose und T-Shirt machte ich mich auf, den

Verantwortlichen mit dem Schlüssel zu suchen. Ich steuerte auf den Bereich der Feldlagerbetriebskompanie zu, wo der Unteroffizier vom Dienst (UvD) saß und den Bereich überwachte und das Telefon hütete. Als ich halbnackt vor ihm stand, schaute er scheel von seinem Laptop auf.

Ich schilderte ihm mein Problem und fragte nach dem Schlüssel. »Den kann ich nicht rausgeben. Ein paar der Offiziere, die neben den Duschen untergebracht sind, haben sich beschwert. Sie fühlen sich gestört, wenn mitten in der Nacht die Tür auf- und zuklappt.« Wie bitte? Denen geht's wohl zu gut, dachte ich und konnte nur mühsam meine Entgeisterung verbergen. »Okay, okay«, sagte ich, »ich bin auch ganz leise.« Doch der UvD schüttelte den Kopf. Mir war schon klar, dass er nichts dafür konnte, er musste einfach seinen Auftrag durchsetzen. Aber ich wollte, nein, ich musste duschen. »Ich bin echt nicht in der Stimmung, endlos zu diskutieren«, teilte ich ihm mit. »Und wenn du mir jetzt nicht den Schlüssel gibst, breche ich halt das Schloss auf.« Mir war wirklich alles egal in diesem Moment, ich dachte an nichts anderes als ans Duschen. Er schaute forschend in mein Gesicht und entdeckte wohl etwas, was ihm nicht gefiel. Denn er händigte mir den Schlüssel aus – allerdings mit der Ergänzung, dass er den Vorfall melden müsse. »Versteh ich«, meinte ich, »du machst ja auch nur deinen Job«, und nannte ihm meinen Namen, Dienstgrad und Kompanie. Wasser auf die Mühlen meines Chefs, dachte ich nur, als ich mich zu den Duschcontainern aufmachte. Niemand beschwerte sich, da ich wie versprochen die Tür leise öffnete und schloss. Das interessierte meinen Chef natürlich nicht im Geringsten.

Am nächsten Morgen, oh Wunder, sollte ich mich bei der Aufklärungskompanie melden. So trat ich mal wieder diesen Gang an, um mir meine Standpauke abzuholen. Meine gestrige Duschaktion war allerdings nicht das Thema. Ich bekam die offizielle Absage auf meinen Verlängerungsantrag in die Hand gedrückt. Mein Vorgesetzter hatte sich nicht durchringen können, meinen Einsatz um gerade mal drei Wochen zu verlängern. Ich würde also das Land zum 13. Oktober nach exakt sechs Monaten verlassen. Gerechnet hatte ich zwar schon damit, aber wie sagt man so schön: Die Hoffnung stirbt zuletzt. Als ich die Ablehnung nun schwarz auf weiß sah, wurde ich doch etwas blass und ärgerte mich. Begründet wurde die Absage wie folgt: »Die erneute Verlängerung Ihrer Einsatzdauer wird von Ihrem Disziplinarvorgesetzten nicht befürwortet.« Handschriftlich dazugekritzelt stand noch: »Ü2 nicht vorhanden«. Das war natürlich der Hammer. Mittlerweile hatte ich an den verschiedensten Operationen teilgenommen und in diesem Rahmen auch als geheim eingestufte Informationenen erhalten. Sollte das alles ein großer Fehler gewesen sein? Im Endeffekt hielt ich die schriftliche Bestätigung in der Hand, dass ich nicht berechtigt gewesen war, diese Informationen zu erhalten. Nach dieser Definition hatten also einige meiner früheren Vorgesetzten eine Dienstpflichtverletzung begangen, indem sie mir Informationen zukommen ließen, für die ich wegen meiner fehlenden Ü2 keine gültige Berechtigung besaß. Das saß!

Ich fragte mich, wie es nun mit mir weitergehen sollte. Wenn man dieses Schriftstück ernst nahm, hätte ich ja auf keinen Fall weiter mit den niederländischen Kommandos arbeiten dürfen, da sie ja immer wieder Informationen erhielten, die als geheim eingestuft waren. Doch ich sollte mich wundern. Es passierte nämlich nichts. Rein gar nichts! Bis zu meinem Rückflug nach Deutschland verrichtete ich weiter meine Einsätze mit den KCT und hatte Einblicke in Dinge, die ich nicht haben durfte.

Auf dem Flur lief ich einem Offizier über den Weg. Es war der Verteidigungskommandeur, der sogenannte »DECOM Land«, der die Truppe im Gefecht führt. Er hielt mich an und fragte, wer ich sei. »Ach«, sagte er, »der Duschcontainer!« Nach einer kurzen Standpauke nahm er mich beiseite und fragte mich, was mich denn dabei geritten habe. Ich erzählte ihm von dem anstrengenden Einsatz und der absoluten Notwendigkeit, danach wenigstens duschen zu können. Er schmunzelte und meinte: »Sie sind also der deutsch-niederländische Kommandosoldat. Sehr interessant. Lassen Sie uns mal einen Kaffee trinken gehen.« Im Laufe des Gesprächs ging es natürlich auch um meinen abgelehnten Antrag auf Verlängerung. Er hörte sich die Geschichte an, bei der ich mich besonders über die Absurdität meiner nicht vorhandenen Ü2 als Ablehnungsgrund bei gleichzeitiger Weiterbeschäftigung bei den KCT ausließ. Der Offizier meinte dazu, über die Ablehnung sowie meinen weiteren Dienst könne allein mein Disziplinarvorgesetzter entscheiden. Auch wenn es paradox ist?, dachte ich mir im Stillen. Der Offizier machte mir nicht viel Hoffnung, versprach mir aber, ein gutes Wort für mich einzulegen.

Mit hängenden Schultern ging ich in die »Snedder-Lounge« und reichte wortlos die offizielle Ablehnung an meinen Teamführer weiter. Andrik las den Wisch kurz durch und verschwand damit. Dann kam er wieder und teilte mir mit, dass er den Chef der KCT informiert habe. Hemskerk wolle sich sofort hinsetzen und ein Schreiben aufsetzen, in dem er um meine Verlängerung bis zum 3. November bitten wolle. Sie hätten sehr gute Erfahrungen mit mir gemacht und könnten wegen laufender Operationen nicht auf mich verzichten. Ich atmete auf, alleine wegen dieser Geste. Meine deutschen Vorgesetzten traten mir in den Hintern – und die Niederländer hoben mich wieder auf und halfen mir, den Staub von den Hosen zu klopfen. Mir wurde mal wieder bewusst, was ich an meiner »Familie« hatte. Auch wenn das Engagement des KCT-Chefs keine Wende brachte.

Jetzt sah ich nur noch eine Möglichkeit, das Ruder herumzureißen. Ich fragte den Verbindungsoffizier zur deutschen Botschaft, ob er mir ein Treffen mit einem Mitarbeiter des BND vermitteln könne. Wenn ich diesem schilderte, dass und wie wir vermutlich Gulbuddin Hekmatyar aufgeklärt hatten, bekämen wir vielleicht den Auftrag, die Sache weiter zu verfolgen, wobei die Niederländer nicht auf mich verzichten könnten. Nachdem ich mit dem Hauptmann Rücksprache gehalten hatte, versprach er mir, einen Kontakt herzustellen. Was auch geschah. Wir fuhren gemeinsam zur deutschen Botschaft, um das Gespräch mit dem BND zu suchen. Der entsprechende Mitarbeiter war gerade nicht im Haus. Da der Hauptmann wusste, wo er stattdessen anzutreffen sein könnte, fuhren wir dorthin. Wir klopften an das große, in eine Mauer eingelassene Eingangstor. Ein Bediensteter ließ uns herein und brachte uns zum Haupteingang des Gebäudes. Dort öffnete uns ein Mann in Shorts die Tür und bat uns herein. Der Hauptmann stellte mich kurz vor und erwähnte meine bisherigen Tätigkeiten. Mein Gegenüber nickte und sagte, er wüsste schon, worum es ginge. Mein Name sei ihm bekannt. Auch die Probleme wegen offizieller Zuständigkeiten und tatsächlichem Einsatz kenne er bereits. Aha, dachte ich nur. Ich sehe diesen Mann gerade zum ersten Mal, und ich bin für ihn wie ein offenes Buch.

»Was können Sie denn liefern?«, wollte der BND-Mitarbeiter wissen. Ich erzählte ihm von unserer Aufklärungsfahrt nach Osten, bei der wir eine Person aufgestöbert hatten, die Hekmatyar verdammt ähnlich sah. Er hörte sehr interessiert zu, machte sich aber keine Notizen. Als ich von allen unseren Beobachtungen berichtet hatte, schmunzelte er und sagte: »Das kann sehr wohl Gulbuddin Hekmatyar gewesen sein. Wir wissen schon eine ganze Weile, dass er sich in dieser Gegend aufhält.« Ich schaute ihn ungläubig an. Diese Info war gar nicht neu für ihn? Es ratterte in meinem Kopf. Wenn sogar der BND den Aufenthaltsort von Hekmatyar kannte, dann wüssten mit Sicherheit auch die Amerikaner Bescheid. Er ahnte wohl, was in mir vorging, und kam meiner Frage zuvor. »Uns ist es lieber, Hekmatyar an der Spitze der Hezb-e-Islami zu haben als jemanden völlig Unbekanntes. Über ihn wissen wir ganz gut Bescheid. Für uns ist der Typ berechenbar.« Verdammte Politik, verdammte Diplomatie, durchfuhr es mich. Der BND-Mann dozierte weiter. »Wenn Hekmatyar eliminiert würde, hätte das unüberschaubare Folgen. Er würde dadurch zu einem Märtyrer. Besser also nur beobachten als zugreifen«, war das Letzte, was er noch zu diesem Fall sagte. Wir sprachen noch über ein paar Belanglosigkeiten, dann verabschiedeten wir uns voneinander. Ich war enttäuscht. Wieder hatten wir nichts Greifbares in der Hand und mussten tatenlos bleiben. Eine Fürsprache von Seiten des BND wegen meiner Verlängerung konnte ich mir auch abschminken. Wenigstens hatte ich alles versucht.

Abschied von meiner »Familie«

Ich war ganz schön deprimiert, dass an meiner Rückkehr anscheinend nicht mehr zu rütteln war. Auch mein Team war nicht so gut drauf wie sonst. Trotzdem musste es irgendwie weitergehen. Wir machten uns marschbereit für eine Fahrt nach Bagram. Dort sollten wir Absprachen mit dem deutschen KSK treffen. Da sie innerhalb der »Operation Enduring Freedom« zu unterbeschäftigten Handlangern geworden waren, hatten sie mit den Niederländern vereinbart, je einen KSK-Soldaten als Beobachter in ein niederländisches KCT-Team zu stecken. Nun wollten wir mit ihnen die weitere Vorgehensweise klären, die de facto auf eine Vermischung der verschiedenen Mandate von OEF und ISAF hinauslief.

Bis zum ersten afghanischen Checkpoint war noch alles in Ordnung, dann aber plötzlich zischte es. Dieses Geräusch kannten wir nur zu gut: Wir wurden aus den Bergen beschossen und gingen in Deckung. Ein Fahrradfahrer, der hinter uns fuhr, hatte wenig Glück. Als er plötzlich blutend von seinem Rad sackte, stoppten wir, sprangen aus den Fahrzeugen und versuchten aufzuklären, woher das Feuer kam. Unsere beiden Maschinengewehre auf den Jeeps schossen Deckungsfeuer. Niemand von uns konnte den oder die Schützen erkennen, und so entschied Andrik, dass wir aufsitzen und den Bereich schnellstmöglich verlassen sollten, bevor noch jemand getroffen wird. Wir schossen mit den MGs noch ein paar Salven in die Berge, machten uns ansonsten so klein wie möglich und fuhren los. Wir entfernten uns von dem Zischen und entspannten uns wieder. Die Meldung über den Vorfall setzten wir per Funk an unsere OPZ ab und gaben auch die Koordinaten durch. Das war auch deshalb wichtig, weil wir uns nicht um den verletzten Radfahrer hatten kümmern können. So konnte unsere OPZ den Vorfall und den Verletzten an die afghanische Polizei melden.

In Bagram verliefen die Absprachen zügig und reibungslos. Drei Soldaten des KSK sollten künftig im Camp Warehouse untergebracht werden. Diese drei waren auch zusätzlich als EOD-Kräfte ausgebildet, was den Niederländern natürlich nur recht war. Sie sollten in den Folgetagen zur Dokumentation bei den verschiedensten Patrouillen mitfahren. Auf dem Rückweg wuchs die Anspannung, als wir die Stelle passierten, wo wir auf dem Hinweg beschossen worden waren. Diesmal blieb alles ruhig, und auch der Radfahrer war wohl abgeholt worden. Nur ein etwas dunkler Fleck auf der Straße erinnerte daran, dass hier vor kurzem ein angeschossener Zivilist gelegen hatte.

Am nächsten Tag setzte mich der letzte »Nackenschlag« schachmatt: Der DECOM Land kam zu mir und teilte mir mit, dass an meinem Abflugtermin definitiv nicht zu rütteln sei. Ich solle mich auf meine Abreise am 13. Oktober einstellen. Er klopfte mir aufmunternd auf die Schulter und sagte: »Jetzt bist du schon so lange hier, hast eine Menge gesehen und getan. Irgendwann muss auch mal Schluss sein.« Ich nickte matt.

Bei den Kommandos stand die Operation »Vektor« vor der Tür, die sich über mehrere Wochen hinziehen sollte. In und um Kabul sollten OPs eingerichtet und betrieben werden, um bei Tag und Nacht mal wieder die Schmuggler zu überwachen. Das klang für meinen Geschmack ein bisschen nach Beschäftigungstherapie, nach den Erfahrungen mit der letzten Operation dieser Art. Andrik fragte mich frank und frei, ob ich überhaupt noch an dieser Aktion teilnehmen wolle. »Ein oder zwei Touren würde ich noch mitmachen. Aber dann muss ich mich langsam um den Papierkram und die Abgabe meiner Ausrüstung kümmern.« So konkret hatten wir noch nie über meine bevorstehende Abreise gesprochen. Prompt sank die Stimmung wieder um ein paar Grade ab. »Du bist herzlich willkommen und gern gesehen, wann immer du mitfahren möchtest«, bekam ich zu hören. Ich schluckte bei diesen gutgemeinten Worten und nickte.

Zwischen den Zeilen hatte mir Andrik zu verstehen gegeben, dass er mich nicht mehr mit einplante. Das traf mich hart. Härter, als ich erwartet hatte.

Zu allem Unglück lief mir auch noch der Major vom Stadion über den Weg, als ich mein Material bei der Aufklärungskompanie abgab. Er lächelte mich sogar an. In mir stiegen wieder Wut und Enttäuschung über seine unangemessene Reaktion am Stadion hoch. In meinen Augen hatten solche Leute den Rang Offizier nicht verdient. Aber was soll's, dachte ich mir. Es gibt in jedem Beruf genug Vorgesetzte, bei denen man nicht nachvollziehen kann, wie sie zu ihrem Posten gekommen sind. Kann sein, dass sie fachliche Koryphäen waren. Aber in meinen Augen war das nicht das entscheidende Kriterium, das einen guten Chef ausmachte. Ich war froh, auch andere Führungskräfte erlebt zu haben, die sich wohltuend von dem blasierten Major und dem Chef der Aufklärungskompanie abhoben. Die wirklich guten Vorgesetzten teilten alle Entbehrungen und Härten mit ihren Soldaten und standen fest hinter ihnen. Wenn mal einer aus der Riege einen Fehler machte, traten sie ihm zwar in den Hintern, aber damit war die Sache dann auch abgehakt und sie machten ohne ständige Vorhaltungen weiter. Der Major und Hauptmann Fiebig kamen mir wie kleine quengelige Kinder vor: Bekamen sie nicht ihren Willen, fingen sie sofort zu plärren an. Bei diesem Gedanken musste ich schmunzeln und winkte dem Major lächelnd zu. Als er daraufhin abrupt abdrehte, musste ich noch mehr grinsen und fühlte mich in meinen Überlegungen bestätigt.

Drei Tage vor meinem Abflug rief ich in meinem Heimatbataillon an und kündigte mich an. Mir wurde mitgeteilt, dass in einer Woche ein Spezialzug-Lehrgang anstand und man mich dafür eingeplant habe. Mein erster Impuls war, daran teilzunehmen. Bloß nicht von dieser permanenten Anspannung in ein Loch fallen und nichts zu tun haben. Doch dann entschied ich mich dagegen. Ich konnte schließlich nicht wissen, in was für einer Verfassung ich in Deutschland ankommen würde. Meine letzten Tage verbrachte ich mit dem Absteuern von Material und dem Ausfüllen meines Laufzettels. Auf dieser Liste waren alle Abteilungen vermerkt, die ich anlaufen musste. Und das waren eine ganze Menge – wir waren schließlich bei der Bundeswehr. Nachdem ich bei den Verantwortlichen eine Unterschrift geleistet oder Material abgegeben hatte, wurde mir die Entlastung per Autogramm bestätigt. Ganz zum Schluss musste man diesen von x Leuten unterschriebenen Zettel in der Personalabteilung abgeben.

Als ich am 11. Oktober alle Waffen und Munition abgeben musste, war für mich der Ofen aus. Ich kam mir unsagbar doof und nackt bei dem Gedanken vor, noch volle zwei Tage ohne Waffen herumzulaufen. Rein rational war mir klar, dass ich sie im Lager nicht unbedingt brauchen würde. Aber ich hatte mich dermaßen an meine Ausrüstung gewöhnt und war so auf Sicherheit gepolt, dass ich echt erschüttert war. Also zettelte ich eine Diskussion an, ob ich nicht ausnahmsweise meine Waffen am Morgen meines Abflugtermins abgeben könne, wurde aber abgewürgt. Nein, auf keinen Fall, hieß es. Das wäre alles zu spät, und der Laufzettel wäre dann ja auch nicht komplett ausgefüllt.

Völlig deprimiert saß ich abends an der Bar in der »Snedder-Lounge« und wartete, dass meine Kameraden von ihrer Tour zurückkamen. Als mein »ehemaliges« Team, so nannte ich es in Gedanken schon, eintraf, versetzte es mir einen Stich, sie zu sehen. Ihnen fiel sofort auf, dass irgendwas mit mir nicht stimmte, dass etwas fehlte. Nämlich meine Waffen. Deprimiert erzählte ich ihnen, dass ich alles hatte abgeben müssen. Kurz entschlossen packten sie mich und schleiften mich zum Waffencontainer der KCT. Mein Teamführer schloss auf, machte eine einladende Handbewegung und sagte nur: »Bedien dich!« Meine Laune besserte sich merklich. Zeigte es mir doch noch einmal das Vertrauen, das diese Männer in der gemeinsamen Zeit zu mir entwickelt hatten. Der Abschied von ihnen würde mir echt schwerfallen.

Meinen letzten Tag, den 12. Oktober, verbrachte ich vollständig bei den Kommandos. Sie hatten bereits durchblicken lassen, dass sie eine »kleine« Abschiedsfeier für mich vorbereitet hatten. Da war es natürlich Ehrensache, die gesamte Nacht in der »Snedder-Lounge« mit ihnen zu verbringen und eine ordentliche Party zu feiern. Ich hatte allerdings eine Heidenangst vor meinen körperlichen Reaktionen, falls eine Abschiedsrede gehalten werden sollte. Dass es mir nicht ums Rotwerden wie bei meiner ersten Zusammenkunft mit den Jungs ging, brauche ich wohl nicht zu erwähnen. Ich wollte keinen sentimentalen Anfall kriegen, sondern einfach nur mit den wichtigsten Menschen der letzten drei Monate meines Lebens einen schönen Abend verbringen. Meine Gefühle an diesem Abend kann ich nicht in Worte fassen. Es war ein ständiges Hin- und Herschwanken zwischen der Freude auf Deutschland und meine Familie zu Hause und der Trauer, hier eine andere Familie zurückzulassen.

Als der Chef der Kommandos dazukam und sich für eine Rede bereitstellte, wurde mir angst und bange. Er rekapitulierte meinen Einsatz von der ersten Minute in Kabul an – auch aus der Zeit, als ich noch im Stab in der OPZ der KMNB eingesetzt war. Offensichtlich hatte er sich alle Informationen aus dem Stab besorgt. Schon musste ich schlucken. Doch das war noch steigerungsfähig. Am Ende seiner Rede bat er mich nach vorne und überreichte mir ein Dankesschreiben der niederländischen KCT, das ich bei der ganzen Aufregung jetzt schlecht lesen konnte. Es ging ja auch schon weiter mit den Präsenten: Er gab mir noch den Coin, eine Münze mit dem Wappen der Einheit, der nur an Mitglieder übergeben wird. Das absolute Highlight war eine kleine silberne Statue, eine Figur eines Korpskommandosoldaten. Es stellte eine seltene und hohe Auszeichnung dar. Sämtliche Kameraden hatten diese Figur noch nie in den Fingern gehabt, geschweige denn eine verliehen bekommen, und strömten auf mich zu, um sie sich anzusehen. Ich war den Tränen nahe, und sprechen konnte ich erst recht nicht mehr. Eine Rede auf Englisch hatte ich mir zwar zurechtgelegt, bekam aber nun kein Wort heraus. Alle KCTler standen um mich herum, klopften mir auf die Schulter und schüttelte mir die Hände. Meine Blicke verschwammen immer mehr. Ich konnte nur noch nicken und »Danke« sagen, um dann mal kurz an die frische Luft zu flüchten. Als ich mir draußen eine Wimper entfernt hatte, die mir offensichtlich ins Auge geraten war, atmete ich tief durch und ging wieder hinein.

Eine Überraschung stand mir noch bevor, und zwar von meinem Team. Andrik versammelte seine Soldaten um sich und rief mich zu sich. Nicht schon wieder, dachte ich nur und versuchte, mich wenigstens diesmal am Riemen zu reißen, was mir aber nicht gelang. Wenigstens schwang er keine große Rede, sondern dankte mir im Namen des gesamten Teams für meine geleistete Arbeit und übergab mir ein kleines Päckchen. Als ich es mit zittrigen Fingern öffnete und den Inhalt erkannte, musste mir schon wieder die verdammte Wimper ins Auge geraten sein. Vor mir lag die russische Fallschirmjäger-Uhr, die ich damals auf dem Hinterhof-Basar gesehen, aber nicht gekauft hatte. Ich war unendlich gerührt, dass mir meine Kameraden einen Herzenswunsch von den Augen abgelesen und erfüllt hatten. Irgendwann, so plapperten sie wild durcheinander, hätten sie einen Trupp zu diesem Laden geschickt und die Uhr als Abschiedsgeschenk für mich gekauft. Schließlich legte mir der Teamführer noch sein T-Shirt mit dem Abzeichen und dem Logo der KCT auf das Päckchen obendrauf. Ich konnte nicht mehr. Vollbepackt nickte ich dankbar in die Runde, zu mehr war ich nicht mehr fähig.

Eine tiefere Freundschaft zu einer Gruppe von Soldaten hatte ich noch nie empfunden und sollte ich auch nicht mehr erleben. Meine niederländischen Kameraden waren mir aufrichtig ans Herz gewachsen. Wir sind in diesen drei Monaten einen langen und steinigen Weg in diesem erstaunlichen, schönen und verwirrenden Land gegangen, hatten viel Schlimmes gesehen und erlebt, aber auch ebenso viel Gutes. Mich faszinierte diese Menschlichkeit, die tiefe Freundschaft, das Vertrauen und der Respekt, die diese Männer miteinander hegten und pflegten und die in etlichen Übungen und Einsätzen gewachsen waren. Leider war das für die Bundeswehr undenkbar. Durch die ständige Versetzung der Offiziere und Feldwebel herrscht eine hohe Fluktuation in den Einheiten, was für das Miteinander alles andere als optimal ist. Mit einer solchen Struktur und Personalpolitik war eine vernünftige Vertrauensbasis, wie ich sie bei den Niederländern erfahren durfte, leider nicht zu erreichen.

Endlich bekam ich dann doch meinen Mund auf und dankte allen für das mir entgegengebrachte Vertrauen und die Kameradschaft. Dann feierten wir bis zum Morgengrauen weiter. Kurz vor der Dämmerung lag ich vor der »Snedder-Lounge« auf einer Sandsackstellung und sah mir den Sternenhimmel an. Schlafen konnte ich nicht mehr.

Ursprünglich hatte der Bus zum Flughafen morgens um halb sechs starten sollen. Bereits am Vorabend hatte sich dieser Plan zerschlagen. Eine türkische Transportmaschine war im Anflug auf den KIA in circa 6000 Metern Höhe durch eine »Stinger«-Rakete beschossen worden. Der Pilot riss die Maschine fast in einen Sturzflug, um die Geschwindigkeit zu erhöhen. Gott sei Dank traf die Rakete das Flugzeug nicht. Nach diesem Zwischenfall wurde der KIA bis auf weiteres gesperrt. Eilig wurde ein Alternativplan erstellt. Nun sollten alle Ausreisenden und Heimaturlauber nach Bagram gebracht werden, um von dort mit der Transall C-160 nach Termez ausgeflogen zu werden. Mein Gepäck war sehr geschrumpft, hatte ich doch schon eine Menge Ausrüstung abgegeben. Andere, privat angeschaffte Sachen hatte ich an für mich wichtige Menschen verschenkt. So standen nur noch meine Kampftragetasche und mein Rucksack bereit. Nicht viel Gepäck für sechs Monate, dachte ich. Allerdings war mir in diesem Moment schon bewusst, dass ich außerdem eine Menge mehr »Gepäck« in meinem Kopf aus diesem Land mit nach Hause nahm.

Kurz vor fünf stand ich auf und wollte mich leise auf den Weg zum Stabsgebäude machen, wo wir mit Bussen abgeholt werden sollten. Daraus wurde nichts. Als ich den Bereich der Kommandos verließ, stand tatsächlich mein KCT-Team gestiefelt und gespornt vor mir. Sie wollten mich begleiten, als »Ehreneskorte«. So saß ich zum letzten Mal mit dem Team 4.11 auf die Jeeps auf, um die paar Meter bis zum Stabsgebäude hinter mich zu bringen. Ein Feldwebel aus der Personalabteilung stand bereits vor dem Bus und hakte die Namen auf einer Liste ab. Auch Hauptmann Fiebig, der Chef der Aufklärungskompanie, stand dort und verabschiedete die Soldaten aus seinem Bereich. Auch mir hielt er die Hand hin und wünschte mir »Alles Gute«. Ich schlug ein und erwiderte »Hoffentlich auf Nimmerwiedersehen!«, drehte mich um und stieg ein.

Schweigend fuhren wir aus dem Camp auf die Jalalabadroad, auf der sich bereits die ersten Händler mit ihren Eselskarren tummelten. Am Abzweig nach Norden Richtung Bagram schaute ich nach hinten und sah, dass die beiden Jeeps der Niederländer sich hinter den Bus gesetzt hatten. Die Jungs machten tatsächlich Ernst mit ihrer Eskorte. Während der gesamten Fahrt schwieg ich und grübelte vor mich hin. Ich warf einen letzten Blick zurück und sah den Moloch Kabul im Morgengrauen liegen. Im frühen Licht des beginnenden Tages sah die Stadt fast friedlich aus. Nach einem halben Jahr vor Ort wusste ich es besser und hoffte, dass den hier eingesetzten Soldaten das Schicksal der britischen Truppen im 19. Jahrhundert erspart bleibt. In Gedanken wünschte ich ihnen alles Gute und drehte mich, mit einem Ruck, nach vorne um. Ein Wunsch begleitet mich bis heute: in vielleicht zehn, zwölf Jahren nach Kabul zu fliegen, um mir die Entwicklung dieser Stadt anzusehen. Ohne Angst zu haben oder Gefahr zu laufen, entführt oder das Opfer eines Anschlags zu werden.

Das Land und dessen Bewohner faszinieren mich bis heute. Der Übergang der Jahreszeiten von Sommer auf Winter ohne Herbst oder Frühling. An einem Tag ist es noch weit unter null Grad kalt, am nächsten Tag ist strahlender Sonnenschein mit mehr als zwanzig Grad Celsius. Oder die monotone, einfarbige Gerölllandschaft, die wie die Bilder vom Mond aussieht. Nur dass man in Afghanistan im nächsten Tal den Garten Eden vor Augen hatte. Saftige Wiesen, ein munter plätschernder Bach, der durch ein malerisches Bergdorf fließt. Dazu die duld- und genügsamen Menschen, die in den letzten Jahrzehnten viel Leid erfahren hatten und doch mit einem unbändigen Kampfes- und Überlebenswillen allen Widrigkeiten von russischen Truppen bis zu den Taliban getrotzt hatten. All diese Eindrücke hatten mich gefangen genommen. Und als totaler Gegensatz dazu die Grausamkeiten, die hier begangen wurden und begangen werden, gegen das eigene Volk und gegen die ausländischen Truppen.

Ich versuchte, diese ganzen Eindrücke zu sortieren, als mir plötzlich etwas ganz anderes bewusst wurde: Ich hatte Angst davor, zurück in den normalen deutschen Alltag gestoßen zu werden. Das war es, was mich gerade am allermeisten bedrückte. Ich nahm mir vor, mich nach meiner Rückkehr sehr genau zu beobachten. Ich musste aufpassen, dass ich nicht unweigerlich in ein tiefes schwarzes Loch fiel und davon verschlungen wurde. Besser wäre es, nach dem wohl unweigerlichen Fall sehr schnell auf der anderen Seite wieder hinauszuklettern. Mit diesem Vorsatz fühlte ich mich schon etwas besser und konnte den Rest der Fahrt genießen. Als wir kurz vor dem Eingang des amerikanischen Luftstützpunkts angelangt waren, überholten die Kommandojeeps den Bus. Ich guckte ihnen irritiert nach, hatte ich doch mit ihnen vereinbart, dass sie lediglich bis zu diesem Tor mitkommen. Ich hatte einfach keine Kraft mehr für endlose Abschiedszeremonien. Als wir das Haupttor erreichten, standen rechts und links die beiden Jeeps der Niederländer. Meine Kameraden hatten sich davor aufgereiht und salutierten. Schon wieder diese verdammte Wimper im Auge. Auch ich salutierte ihnen mit tiefem Respekt. Ich entschied mich für den Blick nach vorn und drehte mich nicht mehr um.

Ich setzte mich abseits von den anderen neben den Taxiway, um meine Ruhe zu haben. Doch bald waren Motorengeräusche aus der Luft zu hören. Ich sah auf und erblickte die C-160 Transall, die sich leicht schwankend im Anflug befand. Dann ging alles sehr schnell. Kurz nach der Landung öffnete sich das hintere Ladetor, und alle Passagiere, ungefähr vierzig Soldaten, tippelten im Gänsemarsch in dieses schwarze Loch. Weil ich gerne alleine sein wollte, suchte ich mir einen abgelegenen Platz im hinteren Teil der Transportmaschine und ließ mich kraftlos in den Sitz plumpsen. Dann schloss sich das Tor und wir rumpelten auf der unebenen Startbahn los. Als der Pilot die Nase der

Transall hochzog, dachte ich wehmütig an die zurückliegende Zeit und an das, was vor mir lag.

Ich fröstelte, war es doch im Heck der C-160 deutlich kühler als vorne oder in der Mitte, da die Turboprop-Motoren mit ihren heißen Abgasen diesen Bereich wärmten. Die vierzig Minuten bis nach Termez vergingen wie im Flug. Schon senkte der stählerne Vogel seine Nase. Unter uns zog die eintönige Gerölllandschaft dahin, es war kaum eine Veränderung oder ein Übergang von Afghanistan nach Usbekistan, wo der Luftstützpunkt lag, zu erkennen. Nach einer sanften Landung wurden wir direkt auf dem Rollfeld zu einem Airbus der Luftwaffe geführt, der schon bereitstand. Ich schritt die Gangway hoch, suchte mir einen Sitz am Fenster und lehnte mich mit geschlossenen Augen zurück.

An den Flug zurück nach Köln-Mechernich kann ich mich überhaupt nicht mehr erinnern. Die meiste Zeit hing ich meinen Gedanken nach oder schlief. Nur an eine Sache kann ich mich entsinnen: an den Tomatensaft, den ich in rauen Mengen trank. Ich liebe nämlich Tomaten, die ich in den vergangenen Monaten schmerzlich vermisst hatte. Kein Wunder, dass ich einen wahren Heißhunger auf dieses Zeug hatte und den Getränkeservice weidlich nutzte. Nach ein paar Stunden Flugzeit war eine sehr starke Veränderung der Landschaft zu erkennen. Die sandfarbene Szenerie wurde abgelöst von einem wohltuenden satten Grün, und zwar durchgehend. Irgendwie erwachte ich wieder zum Leben bei diesem Anblick. Es waren die Farben, mit denen ich aufgewachsen war und auf die ich mich nun wie ein kleines Kind freute.

Von Kabul aus hatte ich meinem Heimatbataillon die Landezeit durchgegeben. Mir war versprochen worden, dass mich jemand in Mechernich abholt. Das beruhigte mich etwas, denn ich hatte keine Ahnung, wie es nach meiner Landung weitergehen sollte. Kurz vor dem Einsatz hatte ich mich von meiner Frau getrennt. Da war nichts mehr zu kitten gewesen. Die Zeit von der Trennung bis zur Verlegung nach Kabul hatte ich in der

Kaserne gewohnt. Ich hatte nichts: kein Zuhause, keine Möbel, wirklich nichts! Das schwarze Loch tat sich bedrohlicher und größer vor mir auf, als ich es mir vorgestellt hatte. Eins nach dem anderen, machte ich mir Mut. Ich habe schon ganz andere Dinge hingekriegt.

Der Pilot gab durch, dass wir den deutschen Luftraum erreicht hatten. Neugierig blickte ich aus dem Fenster und sah das charakteristische Schachbrettmuster der Felder vorbeiziehen. Sechs Monate lang hatte ich so was nicht mehr gesehen, die Farbenvielfalt schlug mich in ihren Bann. Dann gingen wir auch schon in den Sinkflug.

Nachdem sich die Tür des Flugzeugs geöffnet hatte, strömte mir sehr kühle und frische Luft entgegen. Ich schloss meine Augen und atmete diese herrlich frische Luft in vollen Zügen ein, tankte regelrecht meine Lungen mit ihr auf. Dann stiegen wir aus und wurden zu dem Ankunftsgebäude gefahren. Selbst im Bus zitterte ich vor Kälte, war ich doch die letzten Monate andere Temperaturen gewohnt. Neben und vor dem Gebäude des militärischen Flughafenbereichs standen eine Menge Angehörige der zurückkehrenden Soldaten. Es waren auch einige grüne Tupfer dazwischen zu sehen. Also hielt ich nach meinem Kameraden Sascha aus Oldenburg Ausschau und entdeckte ihn auch in dem Menschenpulk. Ich freute mich auf unser Wiedersehen. Sascha war während der Ausbildung zum Scharfschützen und der Vorauskräfte mein Buddy gewesen, und ich mag ihn sehr. Freudig stieg ich aus und ging direkt auf ihn zu. Suchend schaute er sich um und musterte die Neuankömmlinge. Ist der blind?, fragte ich mich. Ich bin keine zwei Meter von Sascha entfernt und er sieht mich nicht?

Mir fiel urplötzlich ein, wie viel Gewicht ich in dem Einsatz verloren hatte und dass er mich womöglich nicht erkannte. Als ich dann direkt vor seiner Nase stand, entglitten ihm die Gesichtszüge und er fragte nur: »Achim?« Ich nickte stumm, dann umarmten wir uns. Seinem entsetzten Gesichtsausdruck konnte ich entnehmen, dass er mich tatsächlich nicht erkannt hatte. Mit siebzehn Kilogramm weniger auf den Rippen und der schlackernden Uniform war ich wirklich kaum wiederzuerkennen. Während wir auf das Gepäck warteten, sah ich mich immer wieder sichernd um. Eine alte Gewohnheit aus Kabul. Mensch, du bist zu Hause. Also hör auf mit dem Mist!, schalt ich mich selber.

Aber so schnell kommt man nicht aus seiner Haut. Wir luden das Gepäck auf den olivgrünen VW-Bus und fuhren los, Richtung Oldenburg. Nur langsam entwickelte sich ein Gespräch zwischen Sascha und mir, aber eher über belangloses Zeug. Nach 182 Tagen in Afghanistan zog an meinem Fenster das erste Mal wieder die typisch deutsche Landschaft vorbei. Ich war fast verschreckt wegen der vielen Fahrzeuge auf der Straße. Unwillkürlich hielt ich mich am Haltegriff fest und wartete auf die unvermeidlichen Schlaglöcher. Als mich Sascha schräg von der Seite anschaute, wurde mir bewusst, wie unangemessen ich mich verhielt. Ich war wieder zu Hause! »Deutschland! Deutschland! Deutschland!«, war mein Mantra dieses Tages und noch vieler folgender, um es halbwegs in meinen Kopf zu bekommen.

Zurück in der fremd
gewordenen Heimat

An der ersten Autobahnraststätte schrie ich: »Anhalten!« Grinsend setzte Sascha den Blinker und fuhr ab. An der Essenstheke bestellte ich mir eine kleine Portion Pommes und eine Riesenportion Mayonnaise dazu. Darauf hatte ich Heißhunger. Zufrieden mampfte ich meine Fritten und sah mir fasziniert den Trubel um mich herum an. Am meisten irritierte mich, dass niemand eine Waffe trug. Auch die vielen unverschleierten Frauen ließen mich immer wieder verwundert aufblicken. Von einer Minute auf die andere kam ich mir vollkommen fehl am Platze vor. »Lass uns weiterfahren«, bat ich Sascha. Da konnte ich noch nicht wissen, dass dieses Gefühl der Deplatziertheit in der Öffentlichkeit mich noch eine ganze Weile begleiten würde.

Nachts erreichten wir die Kaserne in Oldenburg. Alles um mich herum kam mir fremd vor, fast unheimlich. Offensichtlich hatte ich einen handfesten Koller aus diesem Einsatz mitgebracht. Ich widerstand der Versuchung, mit meinem Handy in Afghanistan anzurufen. Es wäre ein Leichtes gewesen, denn ich hatte alle Nummern meiner Kameraden von den KCT eingespeichert und musste mich wirklich zwingen, es nicht zu tun. Für mich stand fest, dass ich mit diesen für mich völlig neuen Eindrücken in Deutschland alleine klarkommen musste. Ich stellte mein Gepäck in mein Zimmer und saß ratlos da. Die Wände erdrückten mich fast. Ich wollte nur noch raus und fragte Sascha, ob er mich nach Oldenburg fahren könne. Moni, eine gute Freundin, hatte mir angeboten, die ersten Tage bei ihr unterzukommen, wusste sie doch um die Trennung von meiner Frau vor dem Einsatz. Dieses Angebot nahm ich nun dankbar an, und so fuhr mich Sascha zu ihr.

Nach einer kurzen Begrüßung verkrümelte ich mich sofort auf Monis Couch. Ich wollte nur noch schlafen und nichts mehr sehen und hören. Besonders graute mir vor meinem Besuch bei meinen Eltern. Was sollte ich ihnen erzählen? Wie würde das ablaufen? Lieber, so dachte ich mir, kläre ich Minen auf, als meinen Eltern verharmlosende Geschichten aus Afghanistan zu erzählen. Mit solchen Gedanken dämmerte ich vor mich hin, trotz meiner großen Müdigkeit fand ich einfach keine Ruhe. Den Rest der schlaflosen Nacht tigerte ich in Monis Wohnung herum. Noch immer kam ich mir ohne Waffe und Ausrüstung nackt und schutzlos vor. Ein Gefühl, das aus vielen Gründen in den nächsten Wochen mein ständiger Begleiter wurde. Ich betäubte es, indem ich vor der Schlafenszeit Alkohol trank. Das half. Allerdings löste dies nicht das Hauptproblem, wie mir Gott sei Dank noch rechtzeitig klar wurde. Stattdessen verlegte ich mich auf Sport. Das war gesünder und half auch besser. Lieber wachte ich morgens mit einem Muskelkater auf als mit einem dicken Kopf.

An meinem ersten Morgen wurde ich vom beständig gegen das Fenster trommelnden Regen geweckt. Während sich kaum jemand über solches Wetter freut, war ich völlig aus dem Häuschen, nach einem halbem Jahr in der Wüstenstadt endlich mal wieder Regen zu sehen. Ich zog schnell meine Sachen an, ging nach draußen in den Vorgarten und stand mit ausgestreckten Armen regungslos da. Andere Bewohner der Siedlung hetzten gerade unter Regenschirmen zur Arbeit und schauten ratlos auf die Person, die dort auf dem Rasen stand und sich nassregnen ließ. Doch ihre Blicke waren mir egal, der heftige Schauer tat mir sogar gut. Ich war zwar bis auf die Haut durchnässt, doch ich hatte mir damit wenigstens einen Teil meiner Probleme irgendwie abgewaschen. Ich saß noch länger als eine Stunde in meinen nassen Klamotten auf dem Balkon und genoss den Geruch von frischem Gras nach einem Unwetter.

Am späten Nachmittag rief ich zu Hause an. Ich hatte dieses Gespräch mit meinen Eltern schon länger als nötig hinausgezögert. Meine Mutter freute sich sehr, dass ich wieder da war – vor allem heil. Wir verabredeten, dass ich am Sonntag zu ihnen nach Wolfsburg komme. Nach dem Anruf ging es mir schon etwas besser. Dann nahm ich die nächste Hürde in Angriff: einkaufen gehen. Mit großen Augen bewegte ich mich durch den Supermarkt und staunte wie ein kleines Kind. Nie hätte ich gedacht, dass man auch bei der Rückkehr in sein Heimatland einen Kulturschock bekommen konnte. Aber das war genau das, was gerade mit mir passierte. Als ich durch die vollbestückten Regalreihen lief, konnte ich zum ersten Mal wertschätzen, was wir Westeuropäer als selbstverständlich hinnahmen. Da gab es fünfzehn Sorten Schinken, ein Kühlfach mit einigen Metern Milchprodukten und Joghurt mit 20, 3,5 oder 0,1 Prozent Fett, dazu Schokolade und Nudeln in allen Formen und Farben – und in Afghanistan sterben noch immer Kinder an Unterernährung. Das war zu viel für mich. Mir wurde übel und ich sah zu, schnell aus dem Geschäft zu kommen. Stolpernd erreichte ich Monis Wohnung und verließ sie den Rest des Tages nicht mehr. Das fängt ja gut an, dachte ich. War ich doch kaum dreißig Stunden in Deutschland.

Ich saß erschöpft in Monis Wohnzimmer, als mein Handy klingelte. Eine vertraute, leicht knisternde Stimme fragte mich, ob ich heil zu Hause angekommen sei. Mir stockte fast der Atem. Es war mein Teamführer aus Kabul! Fast schluchzend konnte ich nur einen Satz immer und immer wieder sagen: »Ich will zurück! Ich will zurück!« Ich kam mir vor wie jemand, der die letzten zwanzig Jahre seines Lebens in Einzelhaft verbracht hatte und nun begnadigt worden war. Trotzdem sickerte langsam bei mir durch, dass ich gerade überreagierte. Mein Teamführer verstand, was mit mir los war, und versuchte, mich auf den Teppich zu holen. »Bleib cool«, riet er mir, »das ist am Anfang ganz normal. Ich hab schon ein paar Einsätze wie diesen auf dem Buckel und weiß sehr gut, wie es einem danach geht. Besonders dann, wenn die Unterschiede zwischen Einsatzland und Heimat so groß sind.« Ich stand da wie ein begossener Pudel und konnte darauf nichts erwidern.

Mit den nächsten Tagen wuchs meine Unzufriedenheit. Ein wenig halfen mir meine Gespräche mit Moni. Zwar erzählte ich ihr nur einen kleinen Teil meiner Erlebnisse. Aber es tat gut, dass sie einfach nur zuhörte und keine klugen Ratschläge gab. Ihr offenes Ohr trug dazu bei, dass ich mich ein kleines bisschen besser fühlte. Moni war beeindruckt, was sie alles zu hören bekam. »Mir war nicht klar, was in Afghanistan wirklich passiert«, meinte sie. »In der Presse hieß es immer, es sei alles normal und es gäbe keine Gefahr für die Soldaten«, schilderte sie mir ihren vorherigen Kenntnisstand. Mir fielen wieder die im Camp veranstalteten »Monkey-Shows« ein. Die PR-Maschine hatte also funktioniert.

Es begann eine sehr einsame Zeit. Über meine Erfahrungen und Anpassungsschwierigkeiten konnte ich mit niemandem reden. Weder mein Freundeskreis noch meine Kameraden in der Kaserne überblickten die Situation. Viele machten Scherze, die mich bis ins Mark trafen. Ein Standardspruch war: »Na, schönen Urlaub da unten gehabt?«, oder: »Wann holst du dir denn dein neues Auto von dem Urlaubsgeld, das du da unten bekommen hast?« Afghanistan war immer »da unten«, was mich maßlos ärgerte. Diese westliche Arroganz und Überheblichkeit gingen mir auf den Wecker. Auch wenn einige nur einen doofen Scherz machen wollten, trafen mich diese Sprüche jedes Mal sehr hart, und ich verbarg meinen Unwillen mit einem gequälten Lächeln. Vor allem den Kameraden hätte ich liebend gerne von den Menschen »da unten« berichtet und klargemacht, dass sie, diese vermeintlichen Supersoldaten, keine fünf Minuten überleben würden, wenn es zum Schlagabtausch mit diesen erfahrenen und harten Bergkämpfern kommen sollte. Es fiel mir sehr schwer, mit der Unwissenheit und Unsensibilität meiner Umgebung zurechtzukommen. Ich fragte mich, wo das noch hinführen sollte. Ich brauchte dringend eine neue Aufgabe.

Bereits am Tag nach meinem hastig abgebrochenen Besuch im Supermarkt meldete ich mich in meiner neuen Einheit in Varel und erlebte eine freudige Überraschung: Ein bekanntes Gesicht hinter dem Schreibtisch grinste mich an. Es war Stabsfeldwebel Reichert, den ich aus Kabul kannte. Er hatte dort die Betreuungseinrichtung »Drop Zone« aufgebaut und betrieben und auch die Party am »German Day« organisiert. Dass er mein neuer Spieß war, freute mich riesig. Seine Einstellung war mir schon in Kabul positiv aufgefallen: Probleme kannte er nicht. Diese waren nur dazu da, um angepackt und gelöst zu werden. Deshalb merkte er wohl auch sehr schnell, dass ich Schwierigkeiten mit der Eingewöhnung hatte. Er meinte, ich solle mich erst mal bei meiner neuen Einheit, dem Spezialzug, melden, und dann würden wir weitersehen.

Im Lagezentrum traf ich auf einen Soldaten, den ich von Übungen und Lehrgängen in Deutschland kannte, der aber nicht in Afghanistan gewesen war. Kaum hatte er mich gesehen, begrüßte er mich: »Na, aus dem Urlaub zurück?« Am liebsten hätte ich sofort kehrtgemacht. Dass nicht mal die eigene Truppe den Horizont hatte, die Friedens-PR der Bundeswehrführung zu durchschauen, hätte ich nicht gedacht. Ich entschied mich, niemandem im Spezialzug auch nur ein Sterbenswörtchen über meine Tätigkeiten in Afghanistan zu erzählen. Ein paar der anderen anwesenden Soldaten war allerdings bereits zu Ohren gekommen, dass ich für die KCT unterwegs gewesen war, und sie fragten mich neugierig, was das denn gewesen sei. Ich winkte nur müde ab. »Leute, ich hab den Kanal echt voll. Vielleicht erzähle ich euch irgendwann später mal davon.« Zum Glück akzeptierten sie das und ließen mich in Ruhe.

Die ersten Begegnungen mit Kameraden hatten mir gezeigt, dass ich noch auf einem anderen Planeten weilte und dass mich niemand hier verstand. Ich ging zurück zu Feldwebel Reichert und fragte, ob ich ein paar Tage Urlaub nehmen könnte. Schließlich hatte ich das letzte halbe Jahr nonstop durchgearbeitet, und das bei Tag und Nacht. Kein Problem, sagte er mir. Ich solle mir bloß noch das Okay meines Gruppenführers holen. Mit diesen guten Aussichten machte ich mich los. Die Begrüßung hätte für meinen Geschmack allerdings etwas freundlicher ausfallen können. Das Erste, was ich zu hören bekam, waren Sprüche – nach dem Motto: Sie haben sich nach Afghanistan verdünnisiert, obwohl wir Sie dringend zur Neuaufstellung des Spezialzugs gebraucht hätten. Ich dachte, ich spinne! War ich denn auf einmal zu Mister Wichtig mutiert? In den Monaten und Jahren zuvor hatte ich so meine Erfahrungen gemacht, die mich in dieser Hinsicht sehr desillusioniert hatten.

Dazu muss ich kurz ausholen und werde auch die offene Frage um meinen Dienstgrad klären. Nach dem Abi war ich ein Jahr durch die Welt gereist, bevor ich das erste Mal mit der Bundeswehr in Kontakt kam. Ich leistete meinen fünfzehnmonatigen Wehrdienst bei einem Panzergrenadier-Bataillon und verließ die Truppe als Obergefreiter. Danach jobbte ich ein halbes Jahr hier und dort und begann dann als Aushilfe für eine Helikopter-Flugservice-Gesellschaft, wo ich später auch zum Berufshubschrauberpiloten ausgebildet wurde. Danach begann ich eine Ausbildung zum Polizeivollzugsbeamten im Bundesgrundschutz, doch ich langweilte mich so sehr, dass ich das Weite suchte und bei der Fremdenlegion der französischen Armee anheuerte. Doch nach wenigen Wochen zog ich mir eine Verletzung zu und schied deshalb aus. Mittlerweile 28 Jahre alt, hatte ich mich mehr zum Spaß bei der Bundeswehr beworben. Mir war eigentlich klar gewesen, dass ich zu alt war für eine Karriere beim Bund. Doch erstaunlicherweise wurde ich genommen – mit dem Versprechen, bei entsprechender Leistung auf keine Hürde zu treffen, die meinen Weg nach oben behindern würde.

Im April 1995 wurde ich Soldat auf Zeit für zunächst vier Jahre, und zwar in der Laufbahn der Mannschaftsdienstgrade, weil in dieser Truppe gerade keine Unteroffizier-Stellen frei waren. Für mich war das kein Problem. Ich wusste ja, dass ich bei entsprechender Leistung vorankäme. Und das hatte ich mir vorgenommen. Ich wurde in eine Kampfkompanie, das Fallschirmjäger-Bataillon 314, nach Oldenburg berufen. In dieser Kompanie fand ich eine Familie, in der zwar ein rauer Ton herrschte, aber in der auch immer nach Leistung beurteilt wurde. Nachdem ich durch gute Leistung in allen mir anvertrauten Bereichen glänzte, wurde ich Anfang 1996 auf den Unteroffizier-Lehrgang geschickt. Man verlängerte mich auf sechs Jahre und prophezeite mir eine militärische Karriere. Nachdem ich immer wieder positiv auffiel, hat man mir eine Weiterverpflichtung in der

Laufbahn der Feldwebel angeboten und auch eine Stelle in meiner Einheit zur Verfügung gestellt. Zum damaligen Zeitpunkt war das recht ungewöhnlich. Dazu musste ich allerdings auf zwölf Jahre verlängert werden. Und genau da fingen die Probleme an.

Anfang 1999 kam die schockierende Nachricht: Ich würde nicht zum Feldwebel befördert, nicht verlängert und würde nach Ablauf meiner sechs Jahre, also im April 2001, aus der Bundeswehr entlassen. Die Begründung der Stammdienststelle des Heeres lautete wie folgt: Ich sei für die Förderung zum Feldwebel zu alt und somit ein Präzedenzfall, auf den sich andere nach mir berufen könnten. Wenn ich weiter bei der Bundeswehr beschäftigt sei und irgendwann einen Antrag auf Berufssoldat stelle, habe man keinen Entscheidungsspielraum und könne mich nicht ablehnen. Da für die Bewilligung dieser Anträge immer der Schlechteste eines Jahrgangs zum Vergleich herangezogen wird, sei man in der Falle und müsse mich automatisch nehmen, weil ich ja schon jetzt besser als die Leute meines Jahrgangs sei. Gegen die Verlängerung auf zwölf Jahre sprach auch mein Eintrittsalter von 28 Jahren, denn mit 40 Jahren wird man automatisch Berufssoldat. Dieses Argument konnte ich beim besten Willen nicht nachvollziehen. Ich habe nämlich bis zu meinem Bundeswehr-Ausstieg im Januar 2006 in allen Beurteilungen – in denen es auch eine Rubrik »Erklärung des Beurteilten« gibt, wo man über seine Vorstellungen zum weiteren Werdegang Angaben machen kann – per Unterschrift bezeugt, dass ich an einer Übernahme zum Berufssoldaten nicht interessiert war.

Die Begründung der Stammdienststelle war ein Schock. Nicht nur für mich – auch für meine Kameraden und Vorgesetzten. Ich nahm mir über den Bundeswehrverband einen Anwalt und brachte den Fall vor Gericht. Das Urteil: Die letzte Entscheidung in Personalfragen liege bei der Stammdienststelle. Den Aufstieg zum Feldwebel konnte ich mir also abschminken. Wenn dies das letzte Wort wäre, müsste ich schon bald, nämlich ein Jahr vor meinem Austritt, so wie es üblich war, in den Berufsförderungsdienst gehen müssen. Doch da blitzte ein Lichtstrahl am Horizont auf, und zwar in Form meines hervorragenden Kompaniechefs. Er setzte alle Hebel in Bewegung, dass ich zumindest in meiner Laufbahngruppe auf zwölf Jahre verlängert werde. Das war eigentlich so gut wie unmöglich in meiner Truppengattung. Verlängert wurden nur sogenannte »Spezialisten«. Zum Beispiel Gabelstaplerfahrer, Kranbediener, Köche, Verwaltungsfachleute und so weiter. Alles nicht meine Verwendungsreihe. Aber es gab noch eine andere Möglichkeit: die Vorauskräfte der Brigade – einzelne Soldaten, die immer wieder für Spezialaufträge herangezogen wurden und die nur dem Kommandeur unterstanden. Dazu müsste ich jede Menge Lehrgänge machen: verschiedene Einzelkämpferlehrgänge, Freifallspringerlehrgänge, Scharfschützenausbildung sowie weitere Spezialisierungslehrgänge.

Das hörte sich gut und sinnvoll an, hatte aber einen Haken: Diese ganzen Kurse waren in einem sehr kurzen Zeitraum zu absolvieren, weil ich ja immer noch nur für sechs Jahre verpflichtet war und der Berufsförderungsdienst vor der Tür stand. Rein rechnerisch würde ich die Kurse in dieser Zeit problemlos durchziehen können. Aber unter einer Bedingung: Ich müsste alle Kurse ohne Pause hintereinander bestehen. Ohne Ausfälle durch Verletzung, Krankheit oder weil ich irgendwo durchfalle. Es gab nur ein Problem: Für alle diese Lehrgänge brauchte ich eine Rest-Dienstzeit von zwei Jahren. Die hatte ich nicht. Ich wurde also offiziell als Reservist für die Vorauskräfte der Luftlande-Brigade 31 eingeplant und durfte somit auch ohne entsprechende Restdienstzeit die wichtigen Lehrgänge besuchen. Viele zweifelten daran, dass ich das Programm schaffen würde, da die Ausfallquote bei diesen Lehrgängen sehr hoch war und ich nicht einen einzigen Fehler machen durfte. Doch es klappte: Ich bestand sie alle.

Ende November 1999, also in allerletzter Minute, kam dann meine Verlängerung auf zwölf Jahre. Da sich mein Fall mittlerweile bis in die Division herumgesprochen hatte, schickte man mich immer wieder auf Lehrgänge, forderte mich für irgendwelche Aufträge an und versprach mir immer wieder meine Beförderung. Vor allem mein Kompaniechef hatte sich schwer ins Zeug gelegt. In einer späteren Stellungnahme zu meinem Weiterverpflichtungsantrag schrieb er: »Wohlgethan ist ein Stabsunteroffizier von außergewöhnlicher Leistungsbereitschaft und Leistungsvermögen. Er ist mit Abstand der leistungsfähigste Stabsunteroffizier, den ich in über 16 Dienstjahren erlebt habe. Ein Leistungsunterschied zu den Feldwebeln und Oberfeldwebeln der Kompanie ist nicht erkennbar. In Teilbereichen ist er sogar besser qualifiziert.« Die Mischung, die mein Kompaniechef ansprach, war genau das, was mich für meine Aufgaben in Afghanistan prädestiniert hatte: Ich war extrem gut ausgebildet, aber vom Rang her gerade mal Mittelklasse.

Die Versprechungen der Bundeswehr bezüglich meines beruflichen Vorankommens gingen übrigens auch nach meinem Einsatz in Kabul weiter: Ich wurde in eine neue Spezialeinheit, die Spezialzüge der »Division Spezielle Operationen« aufgenommen, an deren Aufstellungskonzept ich aufgrund meiner Erfahrungen maßgeblich mitwirkte. Dennoch schied ich am 16. Januar 2006 mit 39 Jahren und sechs Monaten nur als Stabsunteroffizier aus. Vom Berufsförderungsdienst der Bundeswehr hatte ich zuvor eine Ausbildung zum Personenschützer finanziert bekommen, die ich in Deutschland und Israel absolvierte. Das war eine gute Grundlage, um mich als Sicherheitsberater für Aufträge im In- und Ausland selbständig zu machen. Am liebsten waren mir aber meine Jobs zu Hause in und um Wolfsburg. Ich habe zum Beispiel Selbstverteidigungskurse für Frauen und Kinder gegeben – nicht selten verzweifelte Opfer häuslicher Gewalt oder von unberechenbaren »Stalkern«.

Das war schon eher nach meinem Geschmack. Mir war längst klar geworden, dass ich mich nach einem sinnvollen Job im zivilen Bereich sehnte. Ich hatte keine Lust, mein ganzes Leben lang in den Krisengebieten der Welt herumzuturnen, ständig auf dem Sprung zu sein und immer in Deckung gehen zu müssen, weil ich permanent in der Schusslinie war. Es war zwar das, wofür ich perfekt ausgebildet worden war. Aber ich hatte keine Lust mehr darauf und sehnte mich nach einer anderen, ruhigeren Existenz. Bei allem, was ich privat oder gesundheitlich verloren habe, was ich dienstlich gesehen oder getan habe, fragte ich mich immer öfter: War es das wert?

Doch das war alles Zukunftsmusik, als ich vor dem Gruppenführer meines Zuges stand und mich aus Kabul zurückmeldete. Wie ich es von der Bundeswehr gewohnt war, stellte er mir eine Frage, die typisch für die Bürokratie in diesem Laden war: »Wie viele Freifallsprünge haben Sie dieses Jahr schon gemacht?«, wollte er wissen. Vier, sagte ich ihm, und ahnte schon, worauf das hinauslaufen würde. Pro Jahr muss man nämlich acht Freifallsprünge und mindestens einen automatischen Sprung nachweisen, um die Lizenz zu erhalten. Natürlich plante er mich auch umgehend bei den nächsten Sprungdiensten ein. »Das Springen hat bei uns größte Priorität. Sie müssen schnellstmöglich die restlichen vier Freifallsprünge und den automatischen Sprung nachholen.« Ich erwiderte nur, dass ich noch ein paar Tage Urlaub bräuchte, um etwas zu regeln, und dann zur Verfügung stünde. Er nickte und entließ mich. Ich ging zurück zu Spieß Reichert, um meinen Urlaubsantrag einzureichen, und verließ die Kaserne. Die nächsten zwei Wochen wollte ich versuchen, wieder definitiv in Deutschland anzukommen:

Die restlichen Tage bis zum Wochenende hockte ich in Monis Wohnung in Oldenburg und kämpfte gegen das schwarze Loch. Ich schaffte es höchstens bis zum nächsten Kiosk, um Zigaretten und eine Zeitung zur Wohnungssuche zu kaufen. Zwischendurch riefen ein paar meiner Kameraden an und fragten, ob ich am Wochenende mit in eine Disco kommen wolle. Ich sagte zu. Ein bisschen Abwechslung könnte nicht schaden, dachte ich.

Am Freitagabend holten sie mich ab und wir fuhren los. Unsere erste Station war eine Cocktailbar. Schon nach zwei Drinks war ich so besoffen, dass ich kaum mehr stehen konnte. Ich vertrug wirklich nicht mehr viel. Weil ich kein Spielverderber sein wollte, gingen wir als Nächstes in eine Disco, das »La Cara«. Im Gedränge zwischen den vielen fremden Leuten mit unheimlich viel Körperkontakt fühlte ich mich überhaupt nicht wohl. Ziemlich angespannt erreichte ich die Bar und postierte mich so, dass sich niemand hinter mich stellen konnte und ich den gesamten Laden im Blick hatte. So hielt ich mich an meinem Bier fest und guckte mich nach »verdächtigen« Personen um. Meine Kameraden merkten, wie unwohl ich mich fühlte, und schirmten mich ab. Aber das nutzte auf Dauer auch nix, weshalb ich das Experiment abbrach. »Jungs, ich muss raus aus dem Laden.« Das Geschiebe und die vielen Leute auf engstem Raum waren einfach zu viel für mich. Meine Freunde nickten verständnisvoll und winkten beschwichtigend ab, als ich mich für den schnellen Aufbruch entschuldigte.

Wir beschlossen, stattdessen etwas essen zu gehen, und steuerten eine Dönerbude an. Als ich bestellte, machte mich einer der anderen Gäste doof von der Seite an, weil ihm wohl unsere kahlrasierten Köpfe nicht gefielen. Das brachte das Fass zum Überlaufen und ein wildes Rumgeschubse begann. Meine Kameraden packten mich und zogen mich auf die Straße. Ernüchtert stand ich da und konnte nur den Kopf darüber schütteln, dass ich mich so hatte provozieren lassen. Ich war erschreckend dünnhäutig geworden.

Ich wollte nur noch weg aus Oldenburg. Am nächsten Morgen ging ich zum Bahnhof und kaufte mir für Sonntag ein Bahnticket zu meinen Eltern. Meine Mutter freute sich. »Wie schön, dass du endlich kommst, Achim! Ich hole dich am Bahnhof ab.« Die Fahrt nach Wolfsburg verlief ruhig und angenehm, ich hatte fast den gesamten Großraumwagen für mich alleine. Am Bahnhof angekommen, sah ich schon meine Mutter mit strahlendem Gesicht auf mich zukommen. Doch plötzlich stoppte sie und sah mich von oben bis unten an. Ich stand vor ihr mit fast zwanzig Kilo weniger als zuvor, hatte hängende Schultern und einen gehetzten Blick. Kein schöner Anblick für jemanden, der einen so liebt, wie meine Mutter es tut.

Ich kannte sie als sehr toughe Frau, die jedes Problem sofort anging und sich durch nichts bei der Lösung beirren ließ. Nun stand sie vor mir, sah mir in die Augen und fing an zu heulen wie ein Schlosshund. Ich stand völlig hilflos und perplex da und ließ mich von ihr umarmen. In diesem Moment wurde mir zum ersten Mal bewusst, in was für einer Anspannung die Angehörigen von Soldaten leben, wie gedankenlos ich meine Eltern mit ihrer Angst zurückgelassen hatte. Was man diesen nahen Menschen antut, damit hatte ich mich während meiner sechs Monate Kabul nicht eine Minute lang beschäftigt. Mir ging es so weit gut, warum sollte ich mir Gedanken über den Seelenzustand meiner Angehörigen daheim machen? Ich bin es doch, der im Einsatz ist, nicht du! So hatte ich immer gedacht. Ich kam mir unendlich schäbig und gemein vor.

Wir verbrachten ein paar sehr schöne Tage zusammen. Dank der Kochkünste meiner Mutter nahm ich sogar etwas zu. Zum ersten Mal seit meiner Rückkehr nach Deutschland fühlte ich mich nicht mehr schutzlos. Jeder neue Tag bei meinen Eltern war besser als der vorhergehende, ich entspannte mich mehr und mehr. Doch ich schämte mich auch. Schließlich war ich nach sechs Monaten ohne allzu viele Anrufe nun sehr plötzlich aufgetaucht, nach dem Motto: »Hoppla, hier bin ich!« Doch auch dieses Gefühl verging. Bei den endlos erscheinenden Gesprächen mit meinen Eltern, in denen ich immer mehr loslassen konnte, sagten sie immer nur verwundert und kopfschüttelnd: »Darüber haben wir nichts gehört. Hier wurde nur berichtet, dass das Camp weiter ausgebaut wird und es allen dort gut geht.« Ich wusste nicht, über wen ich mich mehr ärgern sollte: über die Presseoffiziere der Bundeswehr oder die deutschen Medien, die dieses substanzlose Blabla kritiklos verbreitet hatten.

Nach einer Woche verabschiedete ich mich, da am Montag wieder mein Dienst begann. Das Zusammensein mit meinen Eltern hatte mir mehr Geborgenheit und Normalität vermittelt, als wenn ich es geschafft hätte, mir in dieser Zeit eine Wohnung zu suchen und sie einzurichten. Also fuhr ich mit meinen wenigen Habseligkeiten in die Kaserne nach Varel, wo ich meine neue Stube bezog und meinen Spind »baute«. Ohne dass ich mich bereits bei meinem Zugführer gemeldet hatte, wusste ich, was meine erste Tat im Dienst sein würde: Ich musste die noch fehlenden Fallschirmsprünge nachholen.

Nun hatte sich vor geraumer Zeit ein schwerer Unfall in Altenstadt an der Luftlande-/Lufttransportschule ereignet. Ein Freifaller hatte vergeblich versucht, seinen Hauptschirm in 3000 Fuß Höhe (entspricht circa 1000 Metern) zu öffnen. Als er dann den Reserveschirm zog, zerriss der während des Öffnungsvorgangs, und er stürzte zu Tode. Daraufhin wurden alle Freifallschirme der Bundeswehr gesperrt. Es sollte erst mal geklärt werden, wie es zu diesem Unglück hatte kommen können. Damit ich trotzdem wie geplant meine Sprünge durchführen konnte, wurden zivile Schirme für mich organisiert. Auch die Maschine war eine zivile, eine Cessna. Am Tag meines ersten Sprungs seit acht Monaten regnete es junge Hunde. Nicht sehr angenehm zu springen. Die Wolken hingen dicht über der Erde, weshalb ich aus 1400 Metern Höhe abspringen musste. Alles in allem war es ein Misttag, der mir hätte gestohlen bleiben können. Um ein Haar wäre es bei mir ähnlich dumm gelaufen wie bei dem abgestürzten Soldaten. Ich war gerade zum dritten Mal mit inzwischen völlig durchnässtem Schirm aus der Cessna gesprungen, als ich merkte, dass sich eine Seite nicht richtig öffnete. Verdammt, das hatte ich drei Jahre zuvor schon mal so ähnlich erlebt und war um ein Haar am Tod vorbeigeschrammt. Damals hatte sich beim Öffnen das Fallschirmpaket um mein linkes Bein gewickelt und war nicht mehr richtig aufgegangen. So war ich aus 300 Metern mit nahezu ungeöffnetem Schirm zu Boden gerast. Doch ich hatte Glück im Unglück: Ich schlug in einer von insgesamt drei Birken ein, die auf dem Sprungplatz in Wunstorf standen. Ein Bänderriss im Knie, drei kaputte Rippen und eine gebrochene Hand waren das Ergebnis.

Im Fallen versuchte ich, die bösen Erinnerungen an meinen damaligen Unfall zu verdrängen, und fing panisch an zu »pumpen«. Wie ein Wahnsinniger bewegte ich die beiden Steuerleinen schnell hoch und runter. So versuchte ich, Verdrehungen der Kappe oder der Fangleinen zu lösen, die den Schirm möglicherweise blockierten. Pappnass, wie er war, klebte der Schirm noch gefühlte Ewigkeiten weiter zusammen, während ich wie ein Stein weiter auf den Erdboden zusauste. Ich riss immer heftiger an den Leinen – und endlich hörte ich das charakteristische leise Knallen, wenn sich so ein Schirm entfaltet. Mit wild klopfendem Herzen sank ich hinunter und dachte: Herzlich willkommen zu Hause! Herzlich willkommen in der Bürokratie!

Hauptsache, ich hatte die Sprünge wie geplant und befohlen an genau diesem Tag absolviert. Der normale Bundeswehralltag hatte mich wieder. An ein Gespräch mit dem Bataillonskommandeur kann ich mich noch sehr gut erinnern. Dies fand ein paar Tage nach meinen Sprüngen statt. Wir saßen in seinem Büro. »Und, wie fühlen Sie sich, Wohlgethan? Jetzt, nach ein paar Tagen Alltag im Gegensatz zu Afghanistan?« Daraufhin konnte ich nur gelassen erwidern: »Herr Oberstleutnant, vor ein paar Wochen habe ich in der ›Champions-League‹ gespielt. Jetzt bin ich wieder in der Kreisklasse!«

Während der nächsten Wochen sickerte durch immer weitere Heimkehrer aus Afghanistan durch, was ich dort gemacht hatte und mit wem. Das schien einigen der Soldaten nicht ganz geheuer zu sein, jedenfalls mieden mich etliche von ihnen. Ich nahm das hin und hielt weiter schön meinen Mund. Nicht um mich noch interessanter zu machen – sondern aus einem einfachen Grund: Es war mir so was von egal, was die anderen über mich dachten, erzählten oder zu wissen glaubten. Ich sah keine Veranlassung, irgendetwas aufzuklären oder zu erklären. Sollten sie doch glauben, was sie wollten.

Mit der Zeit kam ich immer besser zurecht und näherte mich immer mehr einem normalen, gesunden Level. Nach etwa fünf Monaten war ich über den Berg. Ich erfreute mich an den satten grünen Wiesen und dem Geruch von frisch gemähtem Gras. Auch Rasenflächen konnte ich wieder betreten, ohne dass mir der Schweiß ausbrach, weil ich die Minengefahr fürchtete. Menschenaufläufe oder Gedränge stellten für mich nur noch insoweit ein Problem dar, als sie mich an meinem Weiterkommen hinderten. Ganz wichtig, ich begann mich wieder für das »schöne Geschlecht« zu interessieren. Sehr lange nach meiner Rückkehr hatte ich keiner Frau hinterhergesehen. Sie konnte noch so schön sein – ich hatte nicht mal das Bedürfnis nach einem Flirt.

Wenn ich mich auf eine Frau eingelassen hätte, hätte ich ihr ja zumindest von meinem Beruf erzählen müssen. Und dabei wäre unweigerlich auch irgendwann meine Zeit in Afghanistan zur Sprache gekommen. Dem wollte ich mich nicht aussetzen.

Nun, mit genügend Abstand und meiner wiedergewonnenen Gelassenheit, kann ich sagen, dass mich der Einsatz sehr stark veränderte. Er gewährte mir einen sehr tiefen und ausgiebigen Blick über den sprichwörtlichen Tellerrand, der mir eines klarmachte: Uns geht es gut. Mehr als das: Uns Deutschen, Österreichern, Franzosen geht es fantastisch. Im Gegensatz zu den Menschen »dort unten« leben wir Europäer in einem Schlaraffenland. Während sich hier so mancher tagelang mit dem »Problem« herumquält, welches neue Auto mit welcher Ausstattung er sich kauft, stellt man sich in Afghanistan die Frage: »Was essen wir heute? Und wo bekommen wir es her?« Ich habe in diesen sechs Monaten einen tiefen Respekt vor den Menschen in Afghanistan gewonnen und kann nur hoffen, dass sich dort ein dauerhafter und vor allem stabiler Frieden etabliert. Noch ist dieses Land allerdings weit davon entfernt. Die Koranschüler erstarken immer mehr und setzen im Süden des Landes bereits ganze Einheiten, nicht mehr Einzeltäter oder kleine Trupps, gegen die Koalitionstruppen der OEF, aber auch der ISAF ein. Jeden Tag werden ISAF-Soldaten in Kampfhandlungen verwickelt, mehr und mehr Kameraden kehren in Särgen nach Hause zurück. Auch im ach so ruhigen Norden des Landes mehren sich Attentate, gerade auf deutsche Truppen. Die Taliban unterscheiden nicht zwischen den friedenssichernden ISAF-Truppen und den Terroristen jagenden Spezialeinheiten der »Operation Enduring Freedom« Sie unterscheiden nur zwischen Gläubigen und Ungläubigen. Bis zu Frieden und Demokratie in Afghanistan ist es noch ein weiter, blutiger Weg.

Gleißendes Sonnenlicht fällt durch die Ladeluke der Transportmaschine C-160 Transall. Geblendet halte ich meine Hand vor die Augen und verlasse die Maschine. Schon wieder dieser süßliche Geruch und zu viel Staub, der sich auf meine Atemwege legt. Überall um mich herum liegen abgeschossene Flugzeug- und gepanzerte Fahrzeugwracks. Ich bin Angehöriger der deutschen Vorauskräfte, habe eine Wüstentarnuniform an und diesmal mein Sturmgewehr in der Hand. Aber keine Munition!

Ich kann noch nicht wissen, dass es diesmal noch chaotischer wird. Aber ahnen. Willkommen in Kunduz, Afghanistan, 5. November 2003.

Ich war wieder zu Hause.

Nachwort zur
Taschenbuch-Ausgabe

Im Oktober 2008 – ein Dreivierteljahr nach dem Erscheinen der Erstausgabe unseres Buches – sprach Franz-Josef Jung, Bundesminister der Verteidigung, anlässlich einer Trauerfeier eines in Afghanistan getöteten Soldaten erstmalig von »Gefallenen«. Dieses Wort wird nur für in Kampfeinsätzen zu Tode gekommene Soldaten verwendet. Unterlief Jung ein Versprecher? Machte sein Redenschreiber einen Fehler? Oder war die Verwendung dieses Wortes ein dezenter Hinweis darauf, dass sich die Bundeswehr in Afghanistan entgegen aller anderslautenden Verlautbarungen doch in einem Kampfeinsatz befindet?

Auch im Jahre sieben nach Beginn des ISAF-Einsatzes und nach der Erstveröffentlichung unseres Buches hinkt die Informationspolitik der Regierung immer noch deutlich der Realität hinterher. Immer noch wird offiziell der humanitäre Einsatz am Hindukusch in den Vordergrund gerückt, den es unbestreitbar gibt. Allerdings erreichen uns immer öfter Bilder von Anschlägen auf die internationale Schutztruppe (ISAF) und die Truppen der Operation Enduring Freedom (OEF). Letztere hatten schon immer wesentlich mehr Anschläge und Überfälle im Süden des Landes auszuhalten, nun rücken auch der Norden und die dort das Regionalkommando habende Bundeswehr immer weiter ins Visier radikaler Kräfte. Die Taliban führen ihren »Krieg durch Terror« gegen die meist nur leicht gepanzerten Kräfte der Bundeswehr durch. Eine Zermürbungstaktik, die im Besonderen die deutsche Bevölkerung beeindrucken soll und das Meinungsbild zugunsten eines Truppenabzugs immer weiter verstärkt.

Was also tun? Die eingesetzten Soldatinnen und Soldaten wirklich abziehen und das Land und seine Menschen sich selbst überlassen, wieder einmal?

Genau das Gleiche passierte 1989, als die sowjetischen Truppen nach zehnjähriger Besatzung das Land verließen. Gleichzeitig zogen auch die Militärberater der CIA aus den Stammesgebieten im pakistanisch-afghanischen Grenzland ab, sämtliche Unterstützungsgelder versiegten. Hatten die USA in der gesamten Zeit des Krieges über eine Milliarde Dollar vor allem für Waffen ausgegeben, geriet das Land am Hindukusch ab 1989 in Vergessenheit und blieb sich selbst überlassen. Eine dringend nötige Aufbauhilfe wurde nicht gewährt, und die von den Amerikanern zum Kampf gegen die Sowjets ausgebildeten und aus der muslimischen Welt rekrutierten »Gotteskrieger« radikalisierten sich zunehmend. Aus diesen Kräften, von den Afghanen »Araber« genannt, entstand Mitte der neunziger Jahre ein Großteil der radikalislamischen Taliban, die in einem blutigen Bürgerkrieg die untereinander zerstrittenen Clanchefs überrannten und bis auf eine kleine Region im Nordosten überall im Land ihr Terrorregime implementierten. Der Westen erkannte erst nach den Anschlägen vom 11. September 2001, was er sich dort selbst herangezüchtet hatte. Das alte Sprichwort »Der Feind meines Feindes ist mein Freund« bewahrheitete sich nicht.

Nun, sieben Jahre nach Beginn der beiden Missionen Operation Enduring Freedom und ISAF stehen die westlichen Nationen vor einem Trümmerhaufen – aber die so nötige kritische Analyse der letzten Jahre bleibt noch immer aus. Jede der vertretenen Nationen »wurschtelt« vor sich hin, eine Verbesserung der Lage ist noch lange nicht in Sicht. Kleine, örtliche Teilerfolge werden zu medialen Großereignissen aufgebauscht und als Beleg für die funktionierende Aufbauhilfe herangezogen. Den Menschen vor Ort hilft dies kein Stück weiter.

Eine kürzlich von ARD, CNN und CBS durchgeführte Befragung der afghanischen Bevölkerung zeigt das totale Versagen der westlichen Nationen beim Wiederaufbau am Hindukusch. Waren im Jahre 2002 noch die Mehrzahl der Afghanen erleichtert über die Präsenz der westlichen Truppen und setzten großes Vertrauen im Besonderen in die ISAF-Mission und die Deutschen, hat sich nun allenthalben Ernüchterung breitgemacht. Über

70 Prozent der Befragten gaben an, kein Vertrauen mehr in die Hilfsmission zu haben. Sie glauben nicht, dass es zu einer signifikanten Verbesserung ihrer Lebensumstände kommen wird.

In der Tat ist die Lage vor Ort schwierig. Diejenigen, die schon während des Krieges zwischen Sowjets und Mudschaheddin und später den Taliban die Fäden in der Hand hielten und zum Teil haarsträubende Verbrechen begingen, sind immer noch in Amt und Würden und stopfen sich die Taschen voll. Die Warlords und Clanführer, die auch vor dem eigenen Volk nicht haltmachten, gehören eher vor den Internationalen Gerichtshof in Den Haag als auf die Regierungsbank. Ein Neuanfang und ein Signal an die Bevölkerung sehen anders aus. Hilfsgelder versickern, und materielle Hilfe wird von den Clanchefs nur an ihnen zugetane Paladine verteilt. In dieser ganzen Gemengelage gerät die Bundeswehr im Norden immer heftiger in einen erbarmungslos geführten Guerillakrieg, auf den sie in keiner Weise vorbereitet ist – weder von der Erfahrung, noch von der materiellen Ausstattung, von der klaren Linie und Rückendeckung durch die Politik ganz zu schweigen. Was einst als »Freikauf« von der deutschen Beteiligung am Irak-Krieg gedacht war, entwickelt sich mehr und mehr zum Bumerang.

Dirk und ich befürchten, dass das Jahr 2009 eines der blutigsten des gesamten Konflikts werden wird. Die Zahl derer, die versehrt an Körper und Geist heimkehren werden, wird stark ansteigen. Dreißig Todesopfer (Stand 11/2008) sind bereits zu beklagen, und immer mehr Soldatinnen und Soldaten kehren mit posttraumatischen Belastungsstörungen von der gefährlichen Mission am Hindukusch heim. Während es nach offiziellen Angaben 2006 nur 45 Bundeswehr-Angehörige waren, begaben sich 2008 allein 245 Soldaten in ärztlich-therapeutische Behandlung, um ihre traumatischen Erfahrungen während des Einsatzes verarbeiten zu können. Die Dunkelziffer der tatsächlich Betroffenen dürfte sehr viel höher sein. Wir appellieren an die Politik, dass alles Menschenmögliche für diese Frauen und Männer getan wird. Auch vorbeugend, zum Beispiel durch Schulungen der Gruppen- und Zugführer, damit sie möglichst frühzeitig Alarmsignale und typische Symptome bei ihren Soldatinnen und Soldaten erkennen und eingreifen können. Leider wird bis heute zu wenig präventiv getan.

Die mangelhaften Zustände in Afghanistan waren auch Thema der vielen Zuschriften, die wir auf unser Buch erhalten haben. In zwischen 500 und 800 E-Mails und Briefen haben Bundeswehrler und ihre Angehörigen berichtet, dass sich bis heute nur sehr wenig geändert hat. Immer noch wenden sich Soldaten – teilweise direkt aus dem Einsatzland – an uns, die von unzureichender Ausstattung der Fahrzeuge und Funkgeräte berichten oder von Material, das nur eingeschränkt nutzbar ist. Auch steht bei einigen Truppengattungen die Ausbildung in der Kritik. Dass Zahnärzte als Notärzte für längere Patrouillen eingeteilt werden, zeigt die dünne Personaldecke der Bundeswehr und spricht nicht für die bestmögliche ärztliche Versorgung.

Im Besonderen wird immer noch die unzureichende Ausstattung des Kontingents mit Hubschraubern bemängelt. Tatsächlich ist die Luftbeweglichkeit der Truppe immer noch ein Witz. Die nach wie vor sechs mittleren Transporthubschrauber, deren Reichweite und Steigfähigkeit durch Zusatztanks und -panzerung stark eingeschränkt ist, reichen nicht einmal ansatzweise aus, um den Auftrag der Bundeswehr im kompletten Norden des Landes durchzuführen. Die im letzten Jahr in deutsche Hand übergegangene »Quick Reaction Force«, die schnelle Eingreiftruppe, ist somit alles – nur nicht schnell: Von ihrem Stützpunkt in Masar-i-Scharif benötigt sie circa 8 Stunden bis an den äußersten westlichen Rand des von den Deutschen kontrollierten Gebiets, des ISAF Regionalkommandos Nord.

Auch haben sich einige teure, neu beschaffte Fahrzeuge als wenig hilfreich erwiesen. Die neuen Schutzfahrzeuge namens »Mungo« sind an den Seiten gepanzert, aber nach oben hin offen und dienen wohl eher dem psychologischen als dem physischen Schutz. Viele, die uns von ihren Erfahrungen mit dem Mungo berichtet haben, haben ihn eher verflucht als gelobt. Dieses Fahrzeug wurde als schnelles und leichtes Transportmittel nach einem Luftlandeeinsatz konzipiert und wurde in Afghanistan der Felderprobung unterzogen. Im derzeitigen Einsatz werden verstärkt Mängel am Fahrwerk festgestellt, das den örtlichen Straßenverhältnissen nicht gewachsen ist. Am 20. Oktober 2008 wurde ein Anschlag auf die Bundeswehr in Kundus verübt, bei dem zwei Soldaten starben. Laut Pressemitteilung der Bundeswehr befanden sich die beiden außerhalb des Fahrzeugs, allerdings berichtete der *Spiegel,* dass die beiden Getöteten sich innerhalb des Fahrzeugs befunden hätten. Trotz der relativ geringen Menge an Sprengstoff wurde das Fahrzeug komplett zerstört.

Die Zersplitterung der deutschen Kräfte auf drei Standorte im Norden, so sinnvoll sie zum Wiederaufbau auch sein mögen, verschärft das Sicherheitsrisiko noch einmal immens. Nachdem die Taliban-Einheiten lange nur im Süden operierten und den dort stationierten westlichen Truppen viele Verluste beibrachten, ist seit Ende 2007 auch im Norden der organisierte Kampf der radikalen Kräfte in Fahrt gekommen. Nur durch ein gemeinsames Vorgehen der afghanischen Armee mit der damals noch von Norwegen geführten »Schnellen Eingreiftruppe« und logistischer Unterstützung der deutschen Kräfte konnte verhindert werden, dass eine gesamte Provinz im Nordwesten von den Taliban überrannt wurde. Diese offensiv geführte Mission namens »Hare Kate Yolo II« hat deutlich gemacht, dass die Taliban ihren Aktionsradius weiter ausdehnen. Bei ihren Angriffen unterscheiden sie nicht zwischen Kräften der ISAF oder der OEF: Westliche Truppen in Afghanistan werden bekämpft bis zu ihrem Abzug, ob sie nun aktiv den Kampf gegen den Terror unterstützen oder eine Hilfsmission durchführen. Da nützt es wenig, wenn hier in Deutschland der rein humanitäre Charakter der Mission immer in den Vordergrund gerückt wird.

Was wir am meisten bemängeln, ist das Fehlen jeglicher harter und nachprüfbarer Zielsetzungen. Weder Deutschland noch die NATO-Partner oder die Vereinten Nationen haben ein schlüssiges Konzept, wie das Land befriedet werden soll. Ebenso wenig scheint eine Analyse des bisherigen Engagements stattzufinden. Tatsächlich scheint es zwei verschiedene Länder namens

Afghanistan zu geben – eines aus deutscher bzw. europäischer Sicht und eines aus US-amerikanischer Sicht. »Die Situation (in Afghanistan) hat sich dramatisch verschlechtert«, sagte der neugewählte US-Präsident Barack Obama gegenüber den Medien. Glaubt man allerdings den Aussagen deutscher Politiker, »so ist man auf einem guten Weg in die Stabilität«. Über kurz-, mittel- und langfristige Ziele ist in der Öffentlichkeit nichts bekannt, Strategien für eine nachhaltige Beruhigung der Lage sucht man vergebens. Es ist keine Linie und keine Struktur in den Bemühungen der westlichen Nationen zu erkennen, schon gar keine gemeinsame. Und so können sich die verantwortlichen Politiker vor die Fernsehkameras stellen und verkünden, dass die bisherigen, selbst gesteckten Ziele zum Wiederaufbau voll und ganz erreicht worden sind. Kritische Analyse: Fehlanzeige!

Ende 2008 äußerte sich Konrad Freiberg, Vorsitzender der Gewerkschaft der Polizei, in einem Interview über die Schwierigkeiten bei dem Aufbau und der Schulung der afghanischen Polizeikräfte. Beispielsweise waren im Januar 2008 nur 16 Polizisten im Land, die lediglich den Auftrag hatten, den sogenannten »Politikerdienst« aufrechtzuerhalten. So heißt im Bundeswehrjargon die Betreuung der deutschen angereisten Politiker, denen die Fortschritte der afghanischen Polizeirekruten vorgeführt werden sollen. Mit 16 Polizisten vor Ort kann man sicher eine schöne Monkey-Show veranstalten, aber sicher keine Ausbildung der afghanischen Polizei betreiben! Freiberg meinte weiter, dass die bisherige Praxis der drei- bis vierwöchigen Schulungen der afghanischen Rekruten nicht ausreichen würde, die Sicherheitslage signifikant zu verbessern. Kein Wunder, wenn man bedenkt, wie lange Polizisten in Deutschland und anderen Ländern geschult und trainiert werden, bevor man sie auf die Straße lässt.

Fast amüsiert verfolgten wir Anfang 2009 ein EU-Treffen in Tschechien, auf dem die Schwierigkeiten bei der Ausbildung der afghanischen Polizei thematisiert wurden, und zwar aufgrund der Korruption in der Polizei selbst. Brauchte man für diese Erkenntnis tatsächlich sieben Jahre? Wer will es den Rekruten auch verdenken, dass sie ihre Hand aufhalten, wenn die chronisch klamme afghanische Regierung oftmals nicht in der Lage ist, die Gehälter zu zahlen. Diese jungen Männer sind häufig die Haupternährer ihrer großen Familien, sie sind also auf das Geld angewiesen. Auch dass eine Menge der ausgebildeten Rekruten abwandert und in eine der Privatarmeen der verschiedenen Provinzfürsten eintritt, ist da kaum verwunderlich. Im Gegensatz zu der Regierung zahlen diese Warlords pünktlich das Gehalt, und oftmals liegt dieses auch weit über dem der Polizei.

Ohne eine loyale, gut ausgebildete Polizeitruppe, die auch in den Provinzen Recht und Ordnung aufrechterhält, sowie eine funktionierende, zuverlässige Armee wird sich die Lage in Afghanistan nicht verbessern. Solange diese Voraussetzungen nicht geschaffen worden sind, wird kein privater Investor mit gutem Gewissen seine Experten in das Land am Hindukusch schicken, Millionenbeträge investieren und so Arbeitsplätze schaffen. Am weiteren Aufbau und der Stabilisierung von Polizei und Armee im Land führt also kein Weg vorbei.

Ein letzter Punkt ist die allgegenwärtige Drogenproblematik. Solange die westlichen Länder nicht endlich konsequent gegen den Mohnanbau vorgehen, werden die Geldströme der Provinzfürsten nicht versiegen, und ihr Einfluss wird weiterhin größer bleiben als jener der Zentralregierung in Kabul. Mit diesem Geld ist es ein Leichtes, ihre tausend Mann starken Privatarmeen weiterhin gut und pünktlich zu entlohnen, und so sind sie in vielen Landesteilen der größte Machtfaktor. Diese Machtmenschen interessiert nur ihr eigener Geldbeutel und das persönliche Vorankommen, eine Stärkung der Regierung in Kabul liegt nicht in ihrem Interesse. Und so werden sie auch weiterhin jegliche Bemühungen zur Stärkung des Präsidenten und seines Kabinetts hintertreiben.

Alles in allem fechten die Soldatinnen und Soldaten in Afghanistan einen Kampf gegen die berühmten Windmühlen aus. Wir wünschen ihnen dringend, dass die Regierung und die Bundeswehr die dabei nötige Rückendeckung und die beste Ausstattung bieten.

Der Kriegsschauplatz Afghanistan zwingt nun auch den neuen US-Präsidenten Barack Obama zu einer weiteren Aufstockung der US-Truppen. 17 000 zusätzliche amerikanische Soldatinnen und Soldaten werden 2009 in das Land am Hindukusch verlegt. Diese enorme Zahl darf aber nicht darüber hinwegtäuschen, dass es noch eine lange Zeit und vor allem eine koordinierte, gemeinsame Kraftanstrengung seitens der westlichen Nationen bedarf, um einen dauerhaften und stabilen Frieden in Afghanistan zu schaffen. Dieser liegt allerdings noch in weiter Ferne.

Achim Wohlgethan & Dirk Schulze im März 2009

Danksagung

Als mich Dirk Schulze im März 2007 anrief, konnte ich nicht einmal ansatzweise ahnen, was daraus erwachsen würde. Nun, acht Monate später, ist aus meinen Erlebnissen in Kabul ein fertiges Manuskript geworden. Gerade Dirks Mitarbeit war ein unersetzlicher Faktor bei der Entstehung dieses Buches, weshalb ihm, meinem Fallschirmjägerkameraden und Koautor, mein erster Dank gilt.

Beim Econ Verlag haben wir uns gleich heimisch gefühlt, auch wenn wir nach den ersten Gesprächen und vor der Vertragsunterzeichnung ordentlich Butter bei die Fische tun mussten. Im Besonderen danken wir dem Verlagsleiter Jürgen Diessl und unserer Lektorin Silvie Horch. Sie haben an uns geglaubt und uns diese große Chance eingeräumt. Danke dafür! Gerade die beiden haben uns 24 Stunden am Tag mit Rat und Tat zur Verfügung gestanden und oft eine Risikobereitschaft an den Tag gelegt, die für manche militärische Führung wünschenswert wäre.

Unsere »Textchefin« Silvie Horch kam auch in unsere »OPZ« nach Hamburg, wo die erste Fassung des Manuskripts entstand. Sie hat sich neugierig in die für sie fremde Materie eingearbeitet und dabei geholfen, dass aus den vielen Erlebnissen, Anekdoten und politischen Hintergründen ein gut lesbares Buch geworden ist, in dem die Leser hoffentlich viel Wissenswertes über die Bundeswehr und Afghanistan erfahren. Wir haben in unserem Leben sehr viele Menschen kennengelernt – aber nur wenige, die mit solch einer Professionalität und so viel Herzblut an einem Projekt gearbeitet haben. Extra Dank an dich, Silvie.

Ebenfalls gilt unser Dank Juliane Brümmer und Friederike

Schönherr, die uns durch den »Pressedschungel« lotsen und eine Lesereise organisieren werden. Die Werbetrommel hätte von niemandem besser gerührt werden können!

Natürlich bedanken wir uns auch bei dem interessierten Leser dieses Buches. Wenn Sie mögen, schreiben Sie uns und teilen Sie uns Ihre Meinung über das vorliegende Werk mit. Wir sind gespannt auf Ihre Reaktionen!

Den Soldatinnen und Soldaten im Einsatz wünschen wir ein kräftiges »Glück ab!« und hoffen, dass alle eingesetzten Armeeangehörigen unverletzt an Körper und Geist zu ihren Lieben zurückkehren.

»Last but not least« bedanken wir uns bei unseren Familien, die uns während der Arbeit an diesem Werk den Rücken freigehalten und uns immer unterstützt haben. Auch wenn das nicht immer leicht war.

Achim Wohlgethan & Dirk Schulze
Wolfsburg und Hamburg im November 2007

www.endstation-kabul.de
post@endstation-kabul.de

oder

Ullstein Buchverlage GmbH
Econ Verlag
»Endstation Kabul«
Friedrichstr. 126
10117 Berlin

Dokumenten-Anhang

Afghanistan Taschenkarte Afghanistan

für die Soldaten des deutschen Anteils International Security Assistance Force (DtA ISAF) in Afghanistan

Regeln für die Anwendung militärischer Gewalt

I. Auftrag und Grundsätze

1. Diese Taschenkarte gilt **nicht** für deutsche Teilnehmer an der Operation ENDURING FREEDOM.

2. Ihr Auftrag in Kabul und Umgebung und in der Region Kunduz lautet:
   - Unterstützung der vorläufigen Staatsorgane Afghanistans und ihrer Nachfolgeinstitutionen bei der Aufrechterhaltung der Sicherheit,
   - dass sowohl die afghanischen Staatsorgane als auch das Personal der Vereinten Nationen (inkl. ISAF) und anderes Zivilpersonal (insb. solches, das dem Wiederaufbau und humanitären Aufgaben nachgeht) in einem sicheren Umfeld arbeiten können,
   - Sicherheitsunterstützung bei der Wahrnehmung anderer Aufgaben in Unterstützung des Bonner Abkommens.

3. Diese Taschenkarte gilt **nur** für die Wahrnehmung dieser Aufgaben in und außerhalb von Liegenschaften auf dem Gebiet von Afghanistan.

4. Militärische Gewalt darf nur in Übereinstimmung mit den nachfolgenden Regeln angewendet werden.

5. Militärische Gewalt ist stets auf das geringst mögliche Maß zu beschränken (Grundsatz der Verhältnismäßigkeit).

II. Maßnahmen militärischer Gewalt zur Selbstverteidigung/Nothilfe

1. Sie haben das Recht, sich jederzeit und überall gegen einen Angriff zu verteidigen.

2. Sie haben das Recht, gegenwärtige rechtswidrige Angriffe gegen Jedermann im Rahmen der Nothilfe abzuwehren.

- Wenn es die Situation zulässt, ist dieser Anruf zu **wiederholen**.
- Wird der Anruf nicht beachtet, ist mindestens ein Warnschuss abzugeben.
- Jeder militärische Führer vor Ort befiehlt lageabhängig, in welcher Sprache der Anruf erfolgt.

3. Im Übrigen ist der Schusswaffengebrauch ohne Androhung nur dann gerechtfertigt, wenn er das einzige Mittel ist, um eine unmittelbare Gefahr für Leib oder Leben abzuwehren.

4. Der Schusswaffengebrauch darf nicht über das hinausgehen, was zur wirksamen Abwehr des Angriffs oder zur Durchsetzung des Auftrages erforderlich ist. Der Gebrauch der Schusswaffe ist unzulässig, wenn er erkennbar Unbeteiligte mit hoher Wahrscheinlichkeit gefährdet.

V. Verbote

1. Der Einsatz von C/S-Gas ist verboten.

2. Der Einsatz von Anti-Personen-Minen und Sprengfallen ist verboten. Der Einsatz anderer Kampfmittel erfolgt nur auf Befehl.

3. Vergeltungsmaßnahmen sind verboten.

VI. Weitere Maßnahmen

1. Ist ein Angriff endgültig abgewehrt, ist auch verletzten Angreifern sanitätsdienstliche Hilfe zu gewähren, sofern die Auftragserfüllung dies zulässt.

2. Festgenommene und entwaffnete Personen sind unter allen Umständen menschlich zu behandeln.

wenn von diesen eine Gefährdung von Personal oder Material oder für die Durchführung des Auftrages ausgeht.

IV. Schusswaffengebrauch

1. Der Beachtung des Grundsatzes der Verhältnismäßigkeit kommt beim Schusswaffengebrauch besonderes Gewicht zu. Der Gebrauch der Schusswaffe ist, sofern mildere Mittel (z. B. Faustschlag, Kolbenhieb) wegen der Gefährlichkeit des Angriffs keinen Erfolg versprechen, grundsätzlich in folgenden Fällen zulässig:

   – zur Selbstverteidigung,
   – im Rahmen der Nothilfe gemäß II. 2,
   – zur Durchsetzung einer Festnahme, Durchsuchung oder Beschlagnahme gemäß Ziffern II. 5 sowie III,
   – um die Wegnahme und Zerstörung von einsatzwichtigem ISAF-Material oder -Einrichtungen sowie Material und Einrichtungen der Vereinten Nationen und anderen internationalen Zivilpersonals gemäß Ziffer II. 3 zu verhindern
   – sowie
   – zur Durchsetzung des Auftrages.

2. Vor der Eröffnung des Feuers ist – **wenn die äußeren Umstände es ermöglichen** – der Schusswaffengebrauch durch Anruf in *Englisch* mit den Worten:

„UNITED NATIONS – Stop, or I fire!"

bzw. in *Pashto* mit den Worten

„Melgäro Mellatuna – Dreesch, ka ne se dasee kawum!"

(sprich: melgäro mellatunah – dreesch, ka ne se dasee kauum; ne und se mit „stummem „e"
Hinweis: Wichtigstes Wort: dasee – schließen; gesprochen: dasee mit weichem „s")

bzw. in *Dari* mit den Worten

„Mellaleh Motahed – Dreesch, darr rair on fair mekunam!"

(sprich: mellalee motahät –dreesch, darr ra'ir on fa'ir mekunamm
Hinweis: Wichtigstes Wort: fa'ir – schließen; gesprochen als zwei Worte)

   – anzudrohen.

3. Sie haben das Recht, Angriffe abzuwehren, die sich gegen Material und Einrichtungen der ISAF-Kräfte, der Vereinten Nationen sowie anderen internationalen Zivilpersonals (insb. solches, das dem Wiederaufbau und humanitären Aufgaben nachgeht) richten.

4. Sie dürfen geeignete Abwehrmaßnahmen bereits dann ergreifen, wenn ein Angriff unmittelbar droht oder bevorsteht.

5. Sie dürfen die Angreifer zum Zweck der Entwaffnung vorübergehend **festnehmen** und durchsuchen, bis diese sichergestellt ist, dass diese nicht mehr über Waffen verfügen, mit denen Sie oder andere getötet oder verletzt werden könnten.

6. Sobald es ohne Gefährdung des Auftrages möglich ist, werden die Festgenommenen den zuständigen afghanischen Behörden (Polizei- oder Sicherheitskräfte) übergeben. Ist dies nicht möglich, sind sie freizulassen, sobald dies ohne Gefährdung des Auftrages möglich ist.

III. Maßnahmen militärischer Gewalt zur Durchsetzung des Auftrages

1. Sie haben das Recht, Maßnahmen militärischer Gewalt gegen Angreifer (z. B. militärische oder paramilitärische Kräfte, zivile Taliban oder Terroristen) anzuwenden, wenn diese Sie an der Durchsetzung Ihres Auftrages hindern.

   – Dies schließt das Recht zur Festnahme, Durchsuchung und Entwaffnung feindseliger Kräfte und Zivilpersonen ein,

   – wenn diese die Sicherheit der ISAF-Kräfte, des Personals der Vereinten Nationen sowie anderen internationalen Zivilpersonals (insb. solches, das dem Wiederaufbau und humanitären Aufgaben nachgeht) bei der Durchführung des Auftrages bedrohen.

1. Sie haben das Recht, das unbefugte Betreten von Einrichtungen und besonders geschützten Bereichen des DtA ISAF mit militärischer Gewalt zu verhindern. Eingedrungene Personen dürfen Sie festnehmen, durchsuchen und entwaffnen.

3. Im Übrigen haben Sie mit festgenommenen Personen gemäß Ziffer II. 5 und 6 zu verfahren.

4. Sie dürfen gefährliche Gegenstände beschlagnahmen und sie notfalls unbrauchbar machen.

Kabul, 30.09.2002

SU Joachim Wohlgethan
PK: ▉▉▉▉▉▉▉

Betreff: Verlängerung meiner Einsatzdauer vom 13.10.2002 bis 03.11.2002.

Hiermit beantrage ich eine Verlängerung meiner Einsatzdauer vom 13.10.2002 bis
03.11.2002.
Ich befinde mich seit dem 14.04.2002 im Einsatzland.
Seit ca. 4 Monaten arbeite ich mit dem NL KCT zusammen und bin dort in einem
Team voll integriert. Der Kontingentwechsel dieses Teams wird am Anfang
November durchgeführt.
Um die Zusammenarbeit zu vollenden, beantrage ich meine Verlängerung um weitere
3 Wochen, bis zum 03.11.2002.

Wohlgethan, SU

104 (SF) KCT DET ISAF III

To : **J1 KMNB, J3 KMNB, C Fernsph** ████████

From : **OC KCT DET ISAF 3 Capt** ████████

Concerning: **Prolongation of the period from 13.10.02. till 03.11.2002 for SU**
Joachim Wohlgethan, PK: ████████

Dear Sir,

██ GE Fernspaeh'rs support the KCT DET ISAF. For the KCT DET ISAF it is for operational matters important to have the support of the ██ Fernspaeh'rs.

The KCT DET ISAF 3 went back in capacity because of operational matters of our unit in Macedonie (EU). Because of the support of the ██ Fernspaeh'rs the KCT DET ISAF 3 can still conduct their operational task to COM KMNB.

For this reason it is important for me as OC KCT DET to have the full support of the GE Fernspaeh'rs on the moment and in timings. The request made by SU Joachim Wohlgethan to stay with the KCT DET ISAF 3 till the 03.11.02. I agree without any means.

SU Joachim Wohlgethan is a professional support to our KCT DET; he supports our KCT DET since 03.07.02.
I want to inform you about the professional co-operation with the members of the Fernspaeh unit who are attached to our detachment. In the period that the former OC KCT DET ISAF 2, Major ████████, and I have worked with them it is become clear that they are a very helpful and experience asset in our unit. In lots of operations and missions their knowledge and outstanding behaviour was used to get the job rightfully done. Even not-asked they helped with the decision making process and kept myself and our patrol commanders at the right level.

   With regards,

   OC KCT-DET ISAF III
   ████████
   Captain
   Autokoo: ████████

Deutsches Einsatzkontingent ISAF
-          J 1   -

Herrn
Stabsunteroffizier
Joachim Wohlgethan
Aufklärungskompanie ISAF

Camp Warehouse

<u>über:</u> Aufklärungskompanie ISAF - KpChef -

<u>Betr.:</u>   Verlängerung der Einsatzdauer
<u>Bezug:</u> Ihr Antrag vom 30.09.2002

Ihr Antrag auf Verlängerung der Einsatzdauer bis zum 03.11.2002 wird abgelehnt. Ihr
OUT-Termin ist unverändert der 13.10.2002.

Begründung:

Die erneute Verlängerung Ihrer Einsatzdauer wird von Ihrem Disziplinarvorgesetzten
nicht befürwortet.

Im Auftrag

█████████
Hptm und S1Offz

Verteiler:

Soldat
Einheit
PersAkte Ausland
Entwurf

313

104 (SF) KCT DET ISAF III

APPRECIATION LETTER FOR JOACHIM WOHLGETHAN
PK: ▮▮▮▮▮▮

I write this appreciation letter as the Commander of the (SF) KCT DET ISAF III and I want to inform every one who it may concern about the professional co-operation with Joachim Wohlgethan who is a member of the Fallschirmjäger Bat 313, Special-Zug, which is attached to our (SF) detachment. In the last two months and in the period that the former Commander, Major ▮▮▮▮▮▮, and I have worked with him it is become clear that he is a very helpful and experience person in our unit. In lots of operations and "missions" ▮▮▮▮▮▮ his knowledge and outstanding behaviour was used to get the job rightfully done. Even not asked he helped with the decision making process and kept myself and his patrol commander at the right level.

Working at the strangest hours with complex and sometimes dangerous missions it is our job and little benefits are given.

Commanders can be proud to have Joachim Wohlgethan in command. In our unit, the KCT, we call the 104 (SF) Coy a "Band of Brothers" Joachim could easily be fit in! Therefore we hope that, in the future, we can do exercises and operations together with our great colleaque of the German Fallschirmjäger Special unit.
SU Joachim Wohlgethan is a professional support to our KCT DET; he supported our KCT DET from 03.07.02 till 13.10.02.
Together with this appreciation letter comes a financial appreciation of 200 Euro's.

With regards, "AHOUHA"

OC KCT-DET ISAF III

▮▮▮▮▮▮
Captain

l a n d m a c h t

1./Fallschirmjägerbataillon 313

Persönlich! Personalangelegenheit!

Beurteilung für Unteroffiziere ohne Portepee

A. Angaben zur Person

01 Name, Vorname, akademischer Grad			02 Personenkennziffer
Wohlgethan, Joachim			▓▓▓▓▓▓▓▓▓

03 Dienstgrad	04 PersBSt	05 TSK/TrGtg/DBer/VwdgBer/AVR	
StUffz	SDH Dez 2C12	H/FschJgTr/20115 (FC)	

06 Dienstposten	seit (Datum)	07 Dem Beurteilenden unterstellt	08 Ernennungsdatum
FschJgUffz u. ErkdUffz	01.04.02	seit 19.09.02	18.07.96

B. Angaben zur Beurteilung

01 Beurteilungsart

a) Planmäßige Beurteilung ☐

b) Sonderbeurteilung ☒ gem ZDv 20/6 Nr. 206 a)

02 Hauptsächliche Beurteilungsgrundlagen

a) Persönliche Kontakte: ☐ täglich ☒ häufig ☐ gelegentlich

b) Arbeitsergebnisse

c) Beiträge Dritter
Beitrag OEF
ZgFhr FschSpezZg

03 Fachlicher Beurteilungsbeitrag (nur für Soldaten im San-, MilMusik- und MilGeoDst)

☒ entfällt ☐ beigefügt des ☐ nicht beigefügt, weil

Anlagenblätter (Gesamtzahl)

C. Beschreibung der im Beurteilungszeitraum ausgeführten Aufgaben/Tätigkeiten (mit Zeitangaben von/bis)

04/95-04/02 FschJgGrpFhr imFschJgBtl 314
seit 11/99 Angehöriger der Vorauskräfte LLBrig 31. Dabei Teilnahme an zahlreichen Übungen
Einsatz im Rahmen deutscher Bundeswehrkräfte in Afghanistan:
- kurze Zeit eingesetzt als S3 Fw in der OPZ KMNB
- Personenschutz
- Aufklärung der Evakuierungsrouten für die KMNB mit Teilen befreundeter Nationen
- operative Aufklärung sowie Observation für J2 KMNB
- 4 Monate Abstellung zu NL KCT, dabei Teilnahme an verschiedenen Operationen in AFG
Seit 04/02 FschJgUffz im FschSpezZg der 1./FschJgBtl 313

D. Fremdsprachenkenntnisse (Sprache, SLP/Stufe, Datum Sprachprüfung/aktuelle Vorprüfung)

Englisch U/SE, englisches Flugfunkzeugnis, Französisch G/SE

E. Leistungen im Beurteilungszeitraum

I. Einzelmerkmale	Wertung		Änderung der Wertung
	Stufe	nb	(Stufe, Namenszeichen)
01 Einsatzbereitschaft	7		
02 Eigenständigkeit	6		
03 Belastbarkeit	7		
04 Durchsetzungsverhalten	6		
05 Auffassungsgabe	7		
06 Ausdruck	6		
07 Zusammenarbeit	6		
08 Praktisches Können	7		
09 Organisatorisches Können	6		
10 Dienstaufsicht	5		
11 Fürsorgeverhalten	6		

1 = Leistungen entsprechen nicht den Anforderungen •
2 = Leistungen entsprechen im wesentlichen den Anforderungen
3 = Leistungen entsprechen den Anforderungen
4 = Leistungen übertreffen erkennbar die Anforderungen

5 = Leistungen übertreffen erheblich die Anforderungen
6 = Leistungen übertreffen sehr deutlich die Anforderungen
7 = Leistungen überragen in außergewöhnlichem Maß
die Anforderungen (Spitzenleistung) •

PersnH/Bw/0133/F - (Bw 3406 /07.00)   Der Vordruck wird als elektronisches Formular ausschließlich vom BAWV ZI 2 zur Verfügung gestellt.   • • •

II. Ergänzende Kennzeichnungen zu den Einzelmerkmalen

(• Begründung der Wertungen 1, 7; ggf. Erläuterungen und Differenzierungen zu Wertungen, besondere Schwächen und Stärken, Angaben zu Sportleistungsnachweisen)

1999:	AMilA Testmarsch :	4 x teilgenommen, 4 x erfüllt, DSA erfüllt
	AMilA Testlauf:	2 x teilgenommen, 2 x erfüllt PFT erfüllt
2000:	AMilA Testmarsch :	4 x teilgenommen, 4 x erfüllt, DSA erfüllt
	AMilA Testlauf:	2 x teilgenommen, 2 x erfüllt PFT erfüllt
2001:	AMilA Testmarsch :	4 x teilgenommen, 4 x erfüllt, DSA erfüllt
	AMilA Testlauf:	2 x teilgenommen, 2 x erfüllt PFT erfüllt
2002:	AMilA Testmarsch :	4 x teilgenommen, 4 x erfüllt, DSA erfüllt
	AMilA Testlauf:	2 x teilgenommen, 2 x erfüllt PFT erfüllt
2003:	AMilA Testmarsch :	2 x teilgenommen, 2 x erfüllt, DSA erfüllt
	AMilA Testlauf:	2 x teilgenommen, 2 x erfüllt PFT erfüllt

Weitere Leistungsnachweise:
- FschSprAbzeichen in Gold, Portugiesisches FschSprAbzeichen
- Rettungsschwimmerabzeichen in Silber
- Militärwettkämpfe: Agressive Iron, Swiss-Raid-Commando, Luxkralle

Begründung der Wertungen Stufe 7:

Stabsunteroffizier Wohlgethan zeigt bei der Auftragserfüllung ein ungewöhnlich hohes Maß an persönlichem Engagement. Besonders unter schwierigen und gefährlichen Einsatzbedingungen entwickelt er sehr viel Energie, um auch schwer lösbare Problemstellungen erfolgreich zu bewältigen. Seine außerordentlich hohe Belastbarkeit war ein Garant für das erfolgreiche Bestehen in Afghanistan und die sehr gute Teilnahme an mehreren extrem fordernden Militärwettkämpfen. Gerade während seiner Tätigkeit in Afghanistan bewies er seinen sehr hohen Ausbildungsstand auch in ungewohntem Umfeld und unter völlig neuen Rahmenbedingungen. Dabei zeigte er auch, dass er in der Lage ist, sehr komplexe Zusammenhänge mit politischer Dimension im Sinne der militärischen Führung zu durchdringen und zielgerichtet umzusetzen.

F. Freie Beschreibung

(Verantwortungsbewußtsein, geistige Befähigung, Eignung zur Menschenführung/Teambefähigung, Befähigung zur Einsatz- und Betriebsführung, herausragende charakterliche Merkmale, Kameradschaft, berufliches Selbstverständnis, Bewährung im Einsatz und ergänzende Aussagen)

Stabsunteroffizier Wohlgethan ist ein verantwortungsbewusster und sehr leistungsstarker Unteroffizier, der sich voll mit dem Soldatenberuf identifiziert. Er verfügt über eine solide Allgemeinbildung und sehr gute geistige Anlagen. Durch seine Lebenserfahrung und ausgestrahlte Ruhe ist er ein begehrter Gesprächspartner für dienstliche und private Themen. Seine gut ausgeprägte Dialog- und Integrationsfähigkeit erleichtert ihm die Auftragserfüllung in unbekanntem Umfeld. Er ist in der Lage rasch auch sehr komplexe Zusammenhänge zu erkennen, schnell und sicher zu analysieren und handelt stets im Sinne des Auftrages. Stabsunteroffizier Wohlgethan beherrscht die Grundsätze der modernen Menschenführung und versteht es, ihm unterstellte Soldaten zielorientiert auch in sehr schwierigen Lagen erfolgreich zu führen. Dies wird ihm gerade durch seine sehr große militärische Erfahrung erleichtert. Außerordentlich loyal versteht er es, Aufträge auch gegen starke Widerstände durchzusetzen. Insgesamt ist Stabsunteroffizier Wohlgethan ein ausgeglichener Unteroffizier, der in seiner Dienstgradgruppe zur Spitzengruppe zählt und aufgrund seines Leistungsbildes für die Laufbahn der Unteroffiziere mit Portepee besonders geeignet erscheint.

G. Verwendungsvorschläge

01 Vorschlag für weitere Verwendung (Bereich/Ebene), für Mob-Verwendung (soweit erforderlich)

weiterhin FschJgUffz im FschSpezZg

02 Vorschlag für weitere Ausbildung

Englisch Ausbildung
Freifallausbildung Teil II
Kampfmittelerkunder EOR

H. Beurteilender Vorgesetzter (Beurteilungsdatum)

Ort, Datum, Unterschrift	Name, Dienstgrad, Dienststellung
Varel , 28.02.03	███████ Hptm u. KpChef

316

Glossar

AOR	Area Of Responsibility – Verantwortungsbereich der Mandatstruppe
Backup	Verstärkungs- bzw. Reservekräfte im Hintergrund, die im Notfall schnell zur Hilfe eilen können
BANG	Bataillon Afghanistan National Garde
BMP	Schützenpanzer russischer Produktion
BND	Bundesnachrichtendienst – deutscher Auslandsgeheimdienst
CIMIC	Civil Military Cooperation – zivil-militärische Zusammenarbeit im Rahmen der Wiederaufbauhilfe. Nicht zu verwechseln mit Entwicklungshilfe, sondern eher Hilfe zur Selbsthilfe
Debrief	Nachbesprechung – wird nach jeder Operation durchgeführt. Jeder einzelne Schritt des Teams wird nachvollzogen, bewertet und einer Fehleranalyse unterzogen.
Delta	Delta Force – amerikanische Spezialeinheit zur Geiselbefreiung
Dingo	Minensicheres, leicht gepanzertes Radfahrzeug der Bundeswehr
Division Spezielle Operationen	Bündelt alle luftlandefähigen Kräfte der Bundeswehr und wird bis 2010 etwa 10 000 Mann umfassen. Teile der Kräfte sind als Eingreifkräfte klassifiziert. Die in der Öffentlichkeit bekannteste unterstellte Einheit ist das Kommando Spezialkräfte (→ KSK)

Doorgunner	Maschinengewehrschütze an den Türen eines Luftfahrzeugs
EOD	Explosive Ordnance Disposal → speziell geschulte und trainierte Kräfte zur Erkennung und Beseitigung von Sprengstoffen, Munition, Granaten und Raketen
Humint	Human Intelligence – speziell geschultes Personal, das zur Gesprächsaufklärung eingesetzt wird
ID-Rep	Identifikationsreport – eine Zusammenstellung von Informationen wie Gewicht, Größe, Zahnabdrücke usw. über einen Angehörigen einer Einheit. Wird meist von Spezialeinheiten gemacht, um den Angehörigen im Todesfall identifizieren zu können
ISAF	International Security and Assistance Force – friedenssichernde und unterstützende Truppe in Afghanistan
J2	Die Abteilung 2 (das »J« steht für die strategische Ebene bei internationalen Einsätzen) ist zuständig für das militärische Nachrichtenwesen, darunter Feindlage und Aufklärung. Sie arbeitet eng mit den Geheimdiensten zusammen
J3	Die Abteilung 3 (das »J« steht für die strategische Ebene bei internationalen Einsätzen) ist für die Einsatz- und Operationsführung und besonders für die Arbeit in der → OPZ verantwortlich
Jasmin	Joint Analysis System Military Intelligence Network – Datenbank des → ZNBw zur Sammlung und Auswertung geheimdienstlicher Erkenntnisse
KIA	Kabul International Airport – internationaler Flughafen in Kabul Stadt

KCT	Korps Commando Troepen – niederländische Spezialeinheit, vergleichbar mit dem deutschen → KSK
KMNB	Kabul Multinational Brigade – offizieller Name für das multinationale ISAF-Kontingent in Kabul. Die verschiedenen Nationen waren für unterschiedliche Sektoren in der Stadt zuständig und stellten für ihren Verantwortungsbereich der KMNB einen militärischen Führer mit zum Teil eigener → OPZ
KSK	Kommando Spezialkräfte – deutsche Spezialeinheit zur Terrorbekämpfung, Aufklärung und Geiselbefreiung
MAD	Militärischer Abschirmdienst – deutscher Geheimdienst der Bundeswehr zur Aufklärung gegen die militärische Sicherheit gerichteter Straftaten
Mamba	Britisches Boden-Luft-Radar zur frühen Erkennung anfliegender Geschosse (Raketen oder Mörsergranaten) und Berechnung des Aufschlagpunktes
MIG	Kampfflugzeug russischer Produktion
NDS	National Directorate of Security – afghanischer Geheimdienst
OEF	Operation Enduring Freedom – in vielen Regionen der Welt agierende Militär-Operation unter amerikanischer Führung im Kampf gegen den Terror
OP	Observation Point – Observationspunkt, Aufklärungsversteck
Operation Enduring Freedom	→ OEF
OPZ	Operationszentrale – dort laufen alle Informationen des Einsatzverbandes zusammen und werden verarbeitet. Die OPZ führt

	und leitet die Operationen der Infanterie-verbände
Point of Impact	Einschlagpunkt einer Granate oder Rakete, wird berechnet durch → Mamba
PX	Amerikanischer Supermarkt an Militärstützpunkten, in dem die Soldaten zollfreie Waren einkaufen können
QRF	Quick Reaction Force – schnelle Eingreiftruppe. Besteht in aller Regel aus einem Infanteriezug und zusätzlichen Kräften wie Sanitäter, Feldjäger etc. Hat eine sehr kurze Bereitschaftszeit, um im Ernstfall die Patrouillen außerhalb des Camps zu unterstützen
RoE	Rules of Engagement – Regeln für die Kampfführung vom Einsatz körperlicher Gewalt bis hin zum Einsatz von Schusswaffen
SAS	Special Air Service – Spezialeinheit der britischen Armee, zuständig für Antiterror-Einsätze
SEAL	Sea Air Land – amerikanische Spezialeinheit für Aufklärungsmissionen, Sabotage und Infiltration
Shemag	Eine Art Palästinensertuch, das zum Schutz vor Staub und Hitze um den Kopf gewickelt wird
Wolf	Geländegängiger Jeep der Bundeswehr
ZNBw	Zentrum für Nachrichtenwesen der Bundeswehr – dieser Nachrichtendienst der Bundeswehr, der zum 1. 1. 2008 im → BND aufgegangen ist, sammelt und wertet mit Hilfe von → Jasmin sämtliche Aufklärungsdaten der Auslandseinsätze aus und stellt sie dem Führer des Einsatzverbands zur Verfügung